走出思想的边界

knowledge-power
读行者

旷世绝响

擂鼓墩曾侯乙墓发掘记

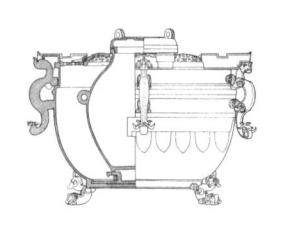

岳南 著

彩绘棺浮出水面，考古人员在进行吊棺前的绘图工作

内棺盖被吊起

吊棺现场

墓主外棺

曾侯乙复原像，中科院古脊椎动物与古人类研究所古人类学家据曾侯乙头骨复原塑制

考古人员正在清理乐器

考古人员取吊墓坑内下层大型编钟

全套编钟于墓中出水时情形 　　　　　编钟下层转角处佩剑青铜武士

中下层长枚甬钟正面钲部铭文"曾侯乙乍峙" 　　甬钟旋上猴头龙身钮的猴头

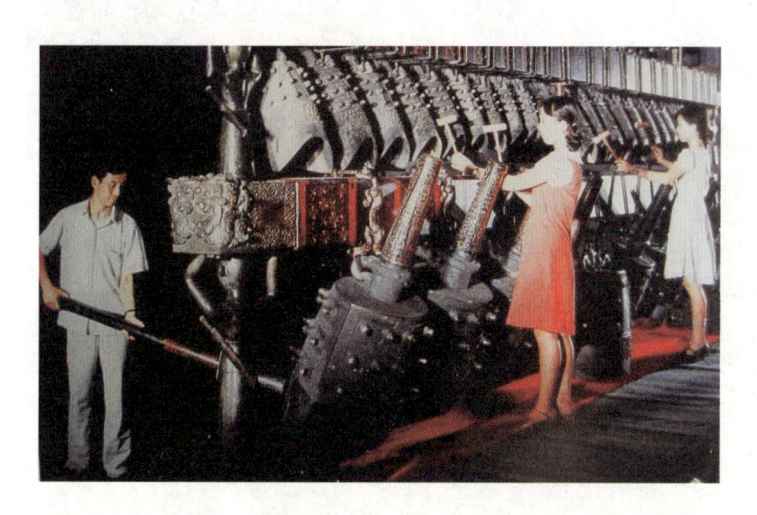

用新架起的编钟演出的情景

复原后的曾侯乙编钟

编钟架上悬挂的青铜楚王镈钟

青铜磬架怪兽立柱座（有舌）

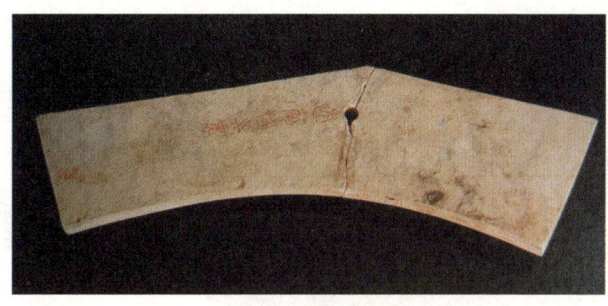

石磬（原件）

墓中出土的编磬复原全貌

木雕盘鹿

彩漆木雕盖豆

鸳鸯形漆盒上的钟磬乐舞图

木雕鸳鸯形盒

墓中出土的 E61 号衣箱

墓中出土 E66 号衣箱

E66 号衣箱盖板上的"甲寅三日"字样

墓中出土的竹排箫

墓中出土的瑟

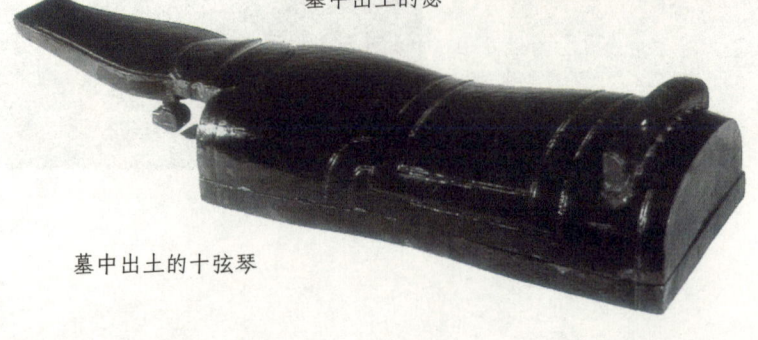

墓中出土的十弦琴

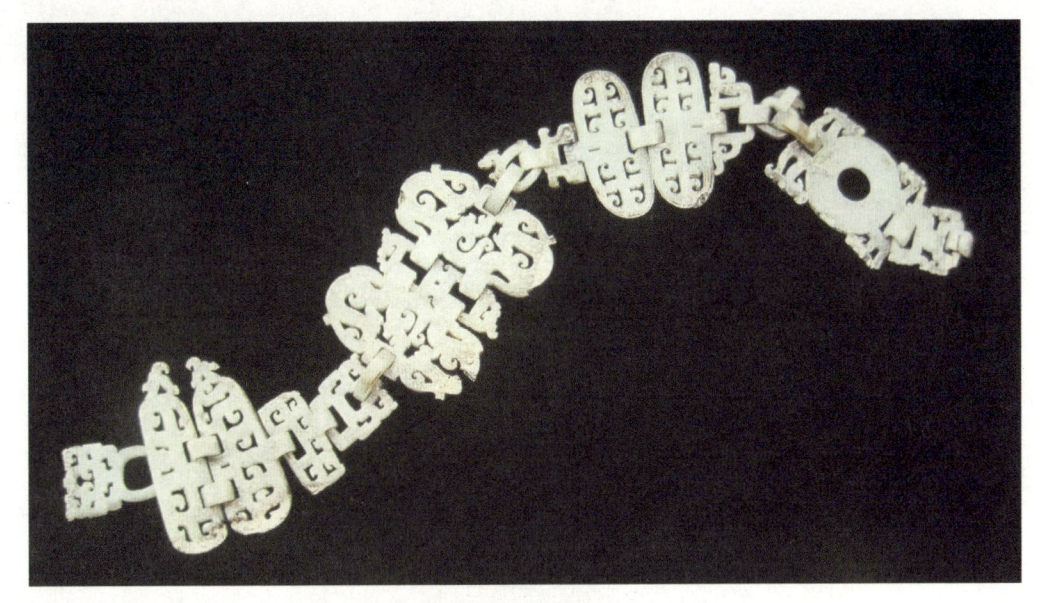

十六节龙凤玉挂饰

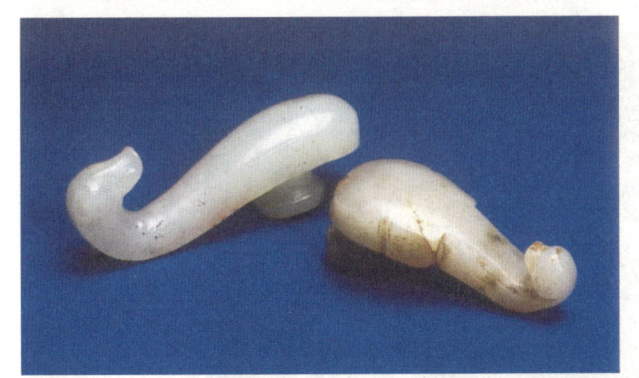

玉带钩

曾侯乙墓墓主口含的玉雕小动物

墓中出土的匜

墓中出土的大尊缶

青铜冰鉴俯视

墓中出土的青铜冰鉴

墓中出土的青铜尊盘

墓中出土的青铜尊颈部镂孔雕刻的反首龙

青铜尊自盘中分离后情形

墓中出土九鼎八簋之束腰大平底鼎

带方环圆形车軎

墓中出土的联禁铜壶

1955年安徽寿县蔡侯墓出土的青铜殳

带矛的车䡅

带矛的车䡅

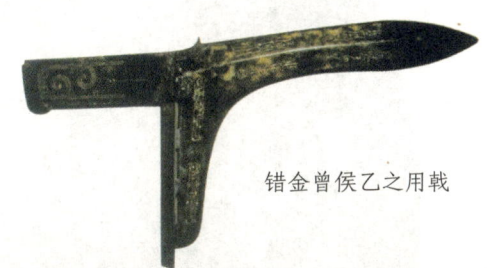

错金曾侯乙之用戟

墓中出土的矛（中）与殳（左，右） 　　墓中出土的带倒刺箭头

主棺下出土的金镇

金盏顶部图案

主棺下出土的有盖金杯

主棺室出土的绕于木陀上的金弹簧

主棺下出土的金盏与金漏勺

主棺内出土的四件金带钩

目录
Contents

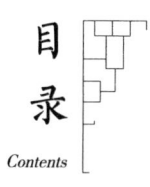

序　　　往事如昨忆犹今（谭维四）/1

序　章 /001

第一章　**发现与困惑** /007
　　　　东团坡风水之谜 /008
　　　　山冈突现青铜器 /013
　　　　荒唐的现场勘察 /020

第二章　**探铲下的古墓** /033
　　　　考古钻探 /034
　　　　盗墓贼的传家宝 /039
　　　　发现盗洞 /050

第三章　**从随县到北京** /057
　　　　梦想与光荣 /058
　　　　紧急上报发掘 /068
　　　　云集擂鼓墩 /078

第四章　墓穴·水窟 /087

椁盖板初现人间 /088
直升机飞临墓坑上方 /094
盗墓贼进入墓穴时间推断 /101

第五章　水中潜伏的隐秘 /111

盗贼如狐 /112
盗墓高手的五字秘诀 /122
一条黑影突出水面 /129
无头小鸭浮水而来 /141

第六章　珍宝初现 /147

三具棺材飞身立起 /148
编钟横空出世 /155
擂鼓墩观墓狂潮 /161

第七章　去来两无踪 /173

盗洞下发现人头 /174
盗墓现场复原 /181
棺下珍宝下落不明 /194
揭开狗头之谜 /206

第八章　墓室大清理 /215

开棺验尸 /216
王冶秋：大家不要捅乱子 /227
文物必须先运到省里去 /234

如何才能撞响古钟 /240
持棒鸟人的启示 /244

第九章　历史的印痕 /257

曾国之谜 /258
弑杀周幽王的千古悬案 /266
楚随交锋 /273
楚随博弈后的历史格局 /280
楚庄王称霸 /286

第十章　楚国沉浮 /303

伍子胥的家世情仇 /304
楚昭王奔随 /309
吴师在郢都的淫乱生活 /317
昭王复国 /320

第十一章　穿越历史的迷雾 /325

镈钟透露的历史隐秘 /326
墓主死亡密码 /332
曾侯乙归葬 /339
青铜礼器入葬之谜 /344
郭沫若的失误 /352
千古之谜，今可解矣 /360
青铜来源于何处 /364

第十二章　豪华的地下乐宫 /377
琴声飞扬的年代 /378
绝响 /387
脸上涂着血污的人 /395
21位女人之死 /401
曾侯乙的归宿 /409

主要参考文献 /419

后　记 /423

序

往事如昨忆犹今

谭维四

　　春夏之交，岳南先生把刚刚完成的书稿《旷世绝响》寄来，嘱我阅后提些意见，顺便写一篇简单的序言。我作为湖北省博物馆的一名文物考古工作者，有幸主持了曾侯乙墓田野考古发掘工作，目睹了一批珍贵文物面世，对当年的人与事及发掘过程较为了解，此前又看过岳南先生与友人合著的以考古发现为题材的纪实文学作品《风雪定陵》等书，并认为以这样的文学形式反映古代文化遗产的发现与发掘，是一件很好的事情，于是便愉快地答应下来。

　　屈指算来，曾侯乙墓从发现到发掘工作全部完成，至今有31年。若按湖北省政府与国家文物局共同为发掘者庆功授奖的1979年3月26日为这一事件完全结束的标志，则正好是30周年。30个春秋一晃而过，发掘时还算年轻的我渐入老境。有人说往事如烟，但有些往事并非如烟，也并未全部付之红尘，它仍存活于事件本身和一代代人心中，并随记录者、研究者不断发现、发掘、研究、传播，而长久留存于人们的记忆里。翻看岳南先生的书稿，我的感觉正是如此，面对一页页行云流水般的文字，一幕幕往事涌上心头，那难忘的日日夜夜以及曾侯乙墓出土的稀世珍宝，再度浮现在我的眼前。

　　20世纪70年代末，中国从10年"文革"浩劫中渐趋苏醒，

1

进入了一个大变革时代。1978年，武汉空军驻随县部队于营区山冈平地建造厂房时，意外发现了一座有明显盗洞的大型古墓。经报请省、中央批准，湖北省博物馆与襄阳地区、随县的考古人员组成联合考古队，进入现场进行抢救性大规模考古发掘。这便是后来轰动中外的擂鼓墩一号墓，即曾侯乙墓。此项发掘受到国内外学术界广泛关注，被誉为"20世纪中国境内最伟大的考古发现之一"。

曾侯乙墓位于随县西郊一个山冈上，坑口呈不规则多边形，规模宏大壮观，棺椁与随葬品匿藏于13米深的山冈底部。木椁面积有200多平方米，如此规模的木椁墓，为中国考古史上首次发现。发掘后，发现棺椁如初，彩绘清新亮丽，如同刚下葬一般。虽有盗洞深入墓穴深处，但因下面积水深达3米，盗墓贼下手极其困难，因而从发掘情况看，对整个墓室干扰不大，墓内共出土珍贵文物15 000多件。这些文物种类繁多，世所罕见，礼器、乐器、兵器、车马器、日用器具、丧葬用品、工艺装饰品等等，应有尽有。虽墓内椁室积水颇深，并有部分淤泥塞于椁底，但随葬器物大多排列有序，没有移位，这为考古人员研究古代葬制、礼仪等创造了条件。器物出土后，经过清洗，光亮如新，灿烂生辉。器形设计之巧，制作之精，规格之高，令人叫绝，许多种类在国内甚至世界上都是首次发现的。经国家文物局专家组鉴定确认，在曾侯乙墓出土的器物中，仅国家一级文物就达143件（套），其中国宝级9件（套）。一个墓内出土的国家一级和国宝级文物如此之多，在湖北是第一次，在全国也没有几处可与之匹敌。最令人瞩目的是一架青铜编钟，由大小65件组成，重达2.5吨，出土时仍保持下葬时的姿态，整套编钟有序地悬挂在一副铜木结构的彩绘梁架上，不但完好无损，且能发出纯正、优美的乐音。经专家测试，全套编钟音域宽达五个半八度，至今仍能演奏古今乐曲。埋藏两千多年的编钟重新出土奏响，被誉为"世界罕见的奇迹"。

除了精美珍贵的文物，这座古墓深受世人关注的另外一个重要内容是，出土的文字资料相当丰富，堪称晋武帝太康二年（公元281年）著名的《汲冢书》发现之后，1700多年来一座墓葬中出土文字资料最多的。正因为有了如此丰富的古代文字出土，才使许多湮没日久的历史谜团得以破解。通过对出土器物和文字对比考释，擂鼓墩一号墓墓主是古代江汉地区曾国一位名叫乙的男性国君，生活于战国时期，下葬具体年代在公元前433年或稍晚，距今已2400多年。墓主身份之高、入葬年代确切、随葬器物又如此丰富的古墓葬，在湖北省属首次发现，整个中国同类墓葬也为数不多。另外，曾侯乙墓恰好位于荆楚大地通向中原大地的随枣走廊，这是长江文化与黄河文化、南方荆楚文化与中原华夏文化交流荟萃之区，其文化内涵有着鲜明的时代特征与地域特色，为科学研究提供了许多珍贵的资料。可以说，曾侯乙墓的发现与发掘，是新中国成立后一项重大的考古收获，在很大程度上改变了世人对公元前5世纪中国的历史、科技、艺术等学科的认识。或许，正是有了这诸多的"奇迹"和非同凡响的伟大创举，才促使作家岳南先生产生了采写的欲望与冲动，并经过一番努力，最终将这部纪实文学作品奉献于读者面前。

记得前年这个时候，岳南通过我的好朋友、中国社科院考古研究所研究员王世民先生引介，自北京来到湖北省博物馆找我，就我在曾侯乙墓发掘中所知道的情况进行了详细采访、记录。此前他已去过襄樊市博物馆，和当年的发掘人员李祖才等进行过交流，其后又赴随县擂鼓墩现场考察，找相关人士访问，对当年发现这座古墓的前因后果，甚至发掘中的一些人事纠葛都进行了详细了解。两年后，有了这部专著的完成。就曾侯乙墓的发现、发掘来说，这部作品的问世，无疑是一件十分有纪念意义的事情，特别是在发掘30年的历史时刻，它不啻为考古事业献上了一份厚礼，作为当年参与其事的一员，我感到由衷的高兴和欣慰。

我仔细阅读着这部书稿，被文中那引人入胜的描述所吸引而不忍释卷，几个日夜过去，当我翻毕最后一页，涌上心头的第一个感觉是，这确实是一本值得阅读的好书。通篇以曾侯乙墓的考古发现和发掘材料为依据，以墓主与大批珍宝的面世及有关事件为主轴，从中展开富有节奏的叙述，发掘中发生的故事，以文学叙事的形式和手法娓娓道来，一环套一环，环环相扣，悬念迭出，奇思妙想频生，既真实生动又亲切感人，特别是在一些细节描述上，更是出乎意料，禁不住感叹击节。书稿之所以达到这样的一个文学和艺术高度，除了作者的功力与才华，我想大多与岳南先生采访工作的扎实深入有极大的关系。就我所知，在来鄂采访的日子里，他往返于武汉、襄阳、随县之间找当事人了解情况，核对细节，并就某些历史往事多次深入农村，克服困难，查找当年知情者的下落，寻其真情。一路风尘仆仆，费尽心力，可谓大不易矣！如果没有这样的辛勤劳动和为此流下的汗水，就无法捕捉到生活中的细节，而细节是文学艺术的灵魂，如果缺失这个灵魂，将不再是一部优秀的作品。

当然，除了实地采访调查，从这部书稿中，我还清晰地看到并感觉到，作者在文字材料的收集和历史研究上也是颇下了一番苦功的。如对古代葬制的研究、古代盗墓史的研究、楚国历史的研究、曾与楚历史关系的研究，甚至在包括随枣走廊历年出土的与曾国有关的青铜器考古材料的搜集与研究上，都费了很多力气与心血。而有了这番心血的渗入，才使整部作品在结构上达成了历史与现实合理搭配，叙述手法上做到纵横捭阖、游刃有余，才能向读者展现出一幅卷帙浩繁、情节曲折、意境深邃、画面优美的长轴画卷，刻画出一幅别开生面的具有历史、科技、文化艺术气息的壮丽图景。如果说这是一部难得的具有科学依据、文学艺术价值的高品位的精神文化产品，我想是不为过的。

据我所知，岳南先生在考古文学创作这个领域里已跋涉了20个年头，经过这么多年的采访与写作，已有十几部考古纪实文学作品问世，深受读者的喜爱。这些作品又翻译成不同文字出版，受到海外大批读者与研究者的喜爱，这是岳南个人的幸事，也是中国考古事业繁荣、发展、进步的一个侧影。我相信，《旷世绝响》的出版问世，无疑在芳香四溢的考古文学园地里又增添一朵奇葩并放出新的光彩，它受到海内外读者的喜爱也是意料之中的事情。

谭维四
2009年3月26日

【简介】谭维四（1930—2020），1949年毕业于湖南省长沙师范学校。从1952年开始长期从事文物考古与博物馆工作，历任湖北省文化局文物处处长，湖北省博物馆文物考古工作队队长、副馆长、馆长、研究馆员。曾主持江陵楚都纪南城、江陵望山与沙冢楚墓、江陵凤凰山秦汉墓、随州曾侯乙墓等重大考古发掘与研究。发表学术论文数十篇，独立著作有《20世纪中国文物考古发现与研究丛书·曾侯乙墓》《乐官之王——曾侯乙墓考古大发现》《中国重大考古发掘记·曾侯乙墓》等。1992年退休后担任中国文物学会专家委员会成员，湖北省文物管理委员会委员。

序章

旷世绝响

1973年初夏,傍晚。

飘逸在西方的最后一抹晚霞悄然隐去,雾霭随着淡淡的夜幕向溠水岸边山岭草丛罩了下来。岭地的露天广场上,两根细长杉木杆高高地挂着一块白色帆布随风鼓荡。身穿草绿色军装,端坐在一排排小型马扎上的解放军官兵,呈豆腐块状整齐地列在广场中央。随军的家属、职工、孩子们,在绿色方阵之外或坐或站地交头接耳,嬉笑打闹,整个场面于喧腾中蕴藏着军营内特有的严肃与秩序。

夜色朦胧,灯光灰暗,每个人心中都怀揣一股莫名的兴奋与喜悦,期待最新电影大片《龙江颂》中的各色人物尽快登台亮相,在这近似文化沙漠的特殊岁月与特殊地点展示出一种别样的风景。

这里是湖北省随县郊外武汉军区空军雷达修理所营区,例行的每周一次的电影大餐即将开始。

黑夜中,一道强光突然射上银幕,喧哗与骚动戛然而止。挂在场边树杈上的两个晃晃悠悠的银白色喇叭,猫捉老鼠一样冷不丁地"吱吱"怪叫两声,方阵正前方的银幕上出现了"农业学大寨"等几条标语。紧接着,金色塑字,蓝色衬底的"北京科学教育电影制片厂"十几个大字散发着道道金光在银幕上定格。浅蓝色的纱帐屏幕，随着一阵古乐声响，《考古新发现》的电影片名以强烈的视觉冲击力"唰"地映入众人眼帘。优美的乐声响起，宏大的画面从古城长沙缓缓开启，慢慢移向风景如画的湘江两岸。滚滚流淌的湘江之水扬波起浪，摇曳着片片白帆，一艘艘小船环绕绿树黄果的橘子洲头漂流飞扬，一派百舸争流、生机勃发的气势。极富色彩感的镜头慢慢摇到长沙郊外一个高大的土丘旁，只见一群男女正在挥锹弄锄，挥汗如雨地挖掘着一个土坑，浑厚的男声画外音随即跟进："我们伟大的祖国有几千年悠久的历史，我们伟大的中华民族曾创造过光辉灿烂的科学文化……"

伴随着亢奋激情的解说，银幕前的观众渐渐从短暂的迷惑与混沌中回过神儿来：这是为即将放映的最新大片《龙江颂》做铺垫和热身的一个前奏，也就是早已流行的"新闻简报"式短片。此次颇不同的是，透过男中音那有节奏的解说，银幕上那群挥锹弄锄、汗流浃背的青壮年男女，不是某个大队的贫下中农为了"学大寨，赶昔阳"，与永贵大叔或铁姑娘郭凤莲一较高下而进行的修筑大坝或筑造梯田，而是在发掘一座名叫马王堆的古墓。漆黑的夜幕中，面对眼前闻所未闻的奇情异景，每一位观众都绷紧了神经，一双双睁大的眼睛霎时明亮了许多。

飘摇于天地间的画面仍在游移流动，呈四方形、浩大的墓坑在考古人员挥汗如雨的发掘中不断加深，一层又一层透着神秘的五色土、白膏泥、木炭、竹席渐渐显露。待一切清理完毕，只见二十余米深的墓坑底部，一具硕大的棺椁如同一辆从小巷中突然驶出的重型坦克，带着腾起的滚滚烟尘，蓦地冲入大家的视野，所有的人神情为之一振。

看上去比坦克还要庞大的木质棺椁被考古人员用铁棍或别的东西撬开，满箱的稀世珍宝令人眼花缭乱，忙碌的考古人员把珍宝从椁箱内小心翼翼地取出。镜头从野外切换到室内，匿藏在木椁内最后一层的锦饰内棺棺盖被开启，一具保存两千多年依然完好无损的西汉女尸横空出世。特写镜头推近，全身柔软且散发着温热的女尸被考古人员从棺里抬出，架在一张挂满各种仪器和橡皮管的手术床上。头戴口罩，身穿白色大褂的医务人员手拿各种器械，神情紧张地围上来，呈欲抢救状。激昂的旋律配着紧张忙碌的人影，使场面达到了高潮。面对如此旷世奇观，解说员的声音有些颤抖，银幕前的观众先是张口结舌，继而爆出一片惊呼之声。[1]

序　章

　　约四十分钟的短片很快映毕，众人尚未从幽深的古墓与神奇的女尸所营造的惊悚与悬念幻景中回过神儿来，另一种声音再度从喇叭中飙出，期待中的最新大片《龙江颂》接踵而至。未久，只见一个中等身材的圆脸短发女人，脚穿布鞋，肩搭折叠成条状的白色毛巾，拖着一根木柄掘粪铁叉，雄赳赳、气昂昂，神采奕奕地迈着矫健的步伐，从一个矮墙土屋的农家院子走出，剧情缓缓展开。这个名叫江水英的龙江村党支部书记，开始率领一帮短衣打扮、政治性无比纯洁高尚的贫下中农，围绕修筑龙江大坝的是非曲直，与暗藏在本村的阶级敌人黄国忠等辈，展开了一场斗智斗勇的激烈搏斗。最后的结果是，江水英克服了以大队长李志田为代表的本位主义思想的干扰，粉碎了阶级敌人的破坏阴谋，终于把水送到了旱区，解救了九万亩受旱土地，枯萎待死的农作物神奇地获得了前所未有的特大丰收。

　　扮演江水英的女演员尽管徐娘半老，但看上去头脚干净利索，颇有几分姿色。只是这部期待中的大片结束后，无论是身着戎装的官兵，还是嬉笑打闹的孩童，萦绕在脑中挥之不去，议论纷纷并为此争论不休的，并不是江水英等贫下中农的英姿豪情，而是那个从长沙郊外马王堆古墓中破土而出的封建阶级的贵妇人——历两千年埋葬而不朽的女尸。放映队已离开营区数日，大饱眼福的官兵们和家属们又开始了习以为常的生活。然而，马王堆女尸的神奇故事并没有就此结束，一个新的神话即将在这偏僻的山坡上腾空出世，一鸣惊人。

　　这个时候，随着电影短片《考古新发现》在国内外公映，迅速掀起了一阵世界性的"马王堆热"，那位从墓底深处悄然钻出的西汉初年名叫辛追的轪侯夫人，犹如狂飙突降，一时间声布朝野，名动天下。从"文革"中渐趋复苏还阳的中国考古界，在密切关注马王堆西汉古墓发掘的同时，也蠢蠢欲动，暗地里摩拳擦掌，欲在自己占据的地盘之内，找到一个相似的马王堆或牛王堆，一试身手。而与湖南长沙同为楚文化发源地的湖北省考古界，更是铆足了劲儿，梦想有朝一日在长江流域文化堆积最富饶的荆沙地区，挖出一具可与马王堆古墓相匹敌甚至更胜一筹的古尸，以得到领导重视与世人的瞩目，借此从国家上层弄一笔巨款，兴建一座力压群芳的博物馆，令考古文博界人员摆脱往昔的寒酸之气，在社会上抖一抖学者的威风。历史竟是如此地多情，就在马王堆汉墓发掘两三年之后的1975年6月，湖北省考古人员在荆州地区凤凰山168号西汉古墓内，神话般地成功发掘出了大批珍贵文物与一具完整的男尸，此创举再度震惊世界。

在新一轮冲击波的强烈刺激下，社会各界掀起了一轮考古热潮，一大批考古迷应运而生。经历了近十年"文革"寒冬，人们已无法忍受全国八个样板戏与一个作家书写的《金光大道》等"伟大作品"[②]的滋润，渐渐壮起胆子，于"白茫茫大地真干净"的惨淡境况中，四处寻觅具有恐怖色彩与黄色情调的精神食粮，《绿色的尸体》《梅花党》《曼娜回忆录》（又称《少女之心》）等等手抄本应运而生。夜色沉沉中，一个又一个疲惫的身影通宵达旦地窝在室内偷偷传看，借以纾解被压抑得太久的心灵，宣泄澎湃的生命激情，重塑被阉割的思想生活，构建新的精神家园。在这样一种大背景下，除了广为流传的恐怖小说与黄色手抄本，一些严肃刊物也从寒冬中回阳，先是被当作毒草拔掉，后经毛泽东点头同意，周恩来竭力促成，在中国文化界最早凤凰涅槃，浴火重生的《文物》《考古》《考古学报》三大社会科学期刊，[③]遂成为有识之士与部分热血青年在渺然无边的茫茫沙漠中寻求追索的目标，看上去有些枯燥的《文物》《考古》杂志，一时呈洛阳纸贵状。时驻随县空军雷达修理所的官兵，自然不甘寂寞，尤其是王家贵等三十几岁的青年军官，在没完没了地组织学习的同时，受时代风潮裹挟，别无选择地把求知的触角伸向了考古学界的简报与报刊，而《文物》《考古》等杂志与相关考古发现的逸闻趣事，成为这批年轻军官搜罗、购买、借阅的对象。只是此时这批军官没有意识到，全国不断爆出的一连串重大考古发现，对脚下的这块土地意味着什么，更没有想到有朝一日它们会与自己的生活连在一起。而真正让他们幡然顿悟，并最终引爆了曾侯乙墓这一伟大考古发现，并创造一个举世瞩目的历史性传奇，还要等到两年之后。

注释:

①1972年初夏，解放军三六六医院在长沙东郊五里牌外一个叫马王堆的鞍形土包下挖掘防空洞时，意外发现了一个喷气、冒火的洞穴。湖南省博物馆负责人侯良得到报告，率人前往勘察，断定是一座古墓，遂上报发掘。从1972年夏季开始，至1974年元月，野外发掘工作全部结束。在发掘过程中，由于墓葬宏大与出土文物之多之精，先后得到国务院总理周恩来、湖南省委第一书记华国锋，以及文化文物考古界郭沫若、王冶秋、夏鼐等负责人的密切关注。在此期间，周恩来对墓葬的发掘与文物保护等问题，先后五次做了批示。经发掘得知，此处是由三座古墓组成的家庭墓葬，墓主分别是西汉初年的长沙丞相轪侯利苍（死于高后二年，即公元前186年），他的夫人辛追以及儿子利豨。三座汉墓分别出土了表明墓主身份的印章与大批漆木器、丝织品与帛书、帛画和部分铜器。特别是在最早发掘的一号墓中，轪侯夫人辛追的尸体保存完整，身体肌肉有弹性，关节可以弯动，皮肤摸上去有温软油腻感。经国家文物部门组织各方面医学专家进行解剖、检测，发现葬入地下两千多年的轪侯夫人，其内脏保存得异常完整，动脉粥样斑块病变清清楚楚，体内绝大部分细胞、细胞膜、细胞核，包括一部分神经组织，如人体最容易消失、医学上称为迷走神经丛的一种神经组织，皆清晰可见。这位贵夫人当年吃下的甜瓜子，完好无损地保存于胃囊中（博物馆人员曾将瓜子种植于院内，曾生长发芽，只因管理不善，未结果即枯萎）。这种与常见的木乃伊和干尸有本质区别的尸体，被考古界和医学界称为马王堆湿尸。自此，世界学术领域又增加了一种新的尸体类别。

马王堆西汉女尸的面世，作为一种不可思议的传奇故事在社会广为流传，并引发了长沙一日数万人拥入博物馆观看的狂潮。随着报刊与广播公开报道，以及由北京科学电影制片厂拍摄的《考古新发现》《西汉古尸研究》等影片公映，国内外迅速掀起了一股声势浩大的"马王堆热"。当时寓居长沙的毛泽东也被这神奇的考古发现所吸引,专门观看了马王堆三号墓出土的帛书印刷品,并作为特别礼物,专门赠送前来中国访问的日本首相田中角荣。在一浪高过一浪的马王堆考古发现热潮中,出于各方面考虑,由国家拨款,于湖南省博物馆专门建造了豪华的分馆和陈列室,以保存、展出马王堆汉墓出土的女尸与文物。马王堆汉墓的发掘,作为20世纪中国最伟大的考古发现之一被载入史册。

②八个样板戏分别为:《智取威虎山》《海港》《红灯记》《沙家浜》《奇袭白虎团》《红色娘子军》《白毛女》及交响音乐《沙家浜》。后来陆续编演的京剧《龙江颂》《红色娘子军》《平原作战》《杜鹃山》《磐石湾》,以及钢琴伴唱《红灯记》,舞剧《沂蒙颂》《草原儿女》,交响乐《智取威虎山》等作品,也统称为样板戏。一个作家,指以创作出版《艳阳天》《金光大道》《西沙儿女》等长篇小说而名动天下的北京作协作家浩然。

③三家刊物自1966年5月停刊,1971年上半年复刊。

第一章 发现与困惑

旷世绝响

东团坡风水之谜

历史的契机于漫不经心中突然降临。

如同世界上许多重大考古发现都肇始于野外修路造房、挖坑筑坝一样，曾侯乙墓的面世，正是源于当地驻军的一次偶然性施工。

1977年春，随县城郊武汉空军雷达修理所官兵，正在一个名叫东团坡的小山冈上扩建厂房。之所以选中东团坡施工，与擂鼓墩周边得天独厚的地理位置相关。擂鼓墩位于随县城西郊㵐水河畔，相传，春秋时期楚国令尹杜越椒叛乱奔随，楚庄王率师追击，至此筑百尺高台擂鼓进军，因此得名。

在部队进驻擂鼓墩之前，此处是一片荒山野岭，草树丛生之地，方圆十几里没有人烟。一代霸主楚庄王在此筑台追敌，后来的历史情形已不可考，据近代以来的当地老人回忆，自大清朝垮台断气，民国建立之后，各路军阀兴起，此处便成为游兵散勇、土匪、盗贼经常出没的场所，许多绑票、撕票、砸孤丁等杀人越货的血案多发生于此。1938年10月，侵华日军陷华中重镇武汉，兵锋直指宜昌和国民政府的陪都重庆，大队人马沿长江和汉水流域向西推进。1939年初，日军占领随县，兵营驻扎在地形高耸、易守难攻的擂鼓墩，并在这一地区挖战壕，筑碉堡，建造军事设施，擂鼓墩一度成为戒备森严的军事禁区。抗战胜利后，日军溃退，此处复为一片荒山野地，山

曾侯乙墓地理位置示意图

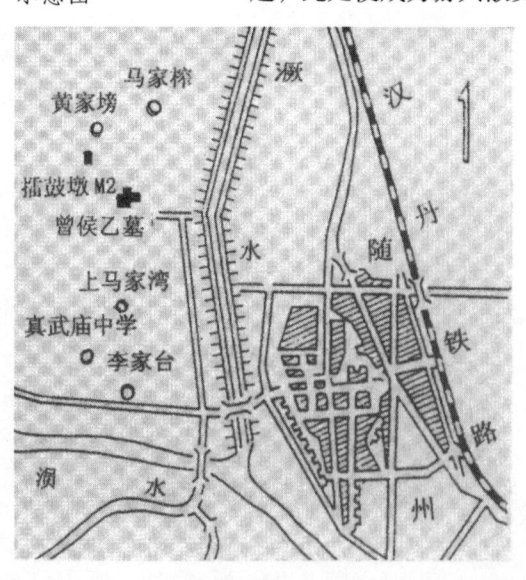

冈上遍布刺槐、松树、野草和乱坟堆。远远望去，一片鬼气迷蒙，惊悚萧杀的景象，每到夜里，经常有鬼火飘荡，冤魂出没。若无丧葬迁坟等特殊事宜，当地百姓极少到擂鼓墩一带来往走动。有放牛娃因打盹儿走神，一不小心让牛溜上了山冈，便立即邀约几个伙伴，手拿棍棒石头等防身之物，面带惊恐之色，一溜小跑蹿上岗地，迅速把牛带下，以免遭到传说中的鬼魂怪兽的暗害。到了1965年，由于一批军人的到来，此处的面貌才有所改变。

这年秋，武汉军区空军司令部雷达兵部欲筹建一个军械雷达修理所，此前曾在湖北境内的武昌、咸宁、孝感、应山等地选了几处所址，均不甚满意。军区空军副司令员刘丰得知此情，便找到自己的老友、时任湖北省省长的张体学问计求援。张省长当时在随县大洪山蹲点搞"四清运动"，对随县的山山水水颇多了解，很干脆地推荐了擂鼓墩这块地盘儿。未久，负责营建工程选址、勘察设计的雷修所副所长王家贵奉命率领几名助手先行来到随县勘察。当一行人在当地官员的陪同下北出随县城，约行一公里抵达㵐水河畔时，一股清新湿润的气息迎面扑来，众人顿感精神大振，烦劳祛失。过㵐水继续前行，但见前方山冈起伏，雾气茫茫，以高大的擂鼓墩土台为坐标，向东约一公里，有㵐水自北向南流过；往南约2.5公里，有涢水自西往东而来，与㵐水相汇。两条大河交汇处，堤高床宽，地势开阔，水卷浪急，颇具浩浩荡荡的威势。与擂鼓墩相距约一公里处有东团坡、西团坡两个突起的山冈，高出河床一百余米。山坡依山傍水，群松林立，草木茂盛。登之弥望，居高临下，视野开阔，满眼丛绿。蓝天碧野，云卷云舒，秋风徐来，郁香满袖。此处确是一块天造地设的风水宝地。

面对如此静谧、空灵、优美的自然环境，曾在北京建筑工程学院学过三年建筑学的王家贵大喜过望，当即表达了不再他去，且留此地安营扎寨的愿望。陪同的地方官员出于对解放军的信任和尊敬，实话实说，概言此处乃一处平时没人敢踏进的荒山野岭和乱坟岗，当地百姓视为不吉之地，不祥之所，奉劝不明就里的王副所长三思。深通建筑之道兼懂几分风水与丧葬之学的王家贵听罢，微笑着摇头道："古书上曾有山环水抱必有大发者，我想就是指类似的山川景物，勘察地形地物不能只看表面，像这样的山势水流，正合古代风水宝地的标准，是建陵修墓的好地方，说不定这乱坟岗下就埋葬着帝王将相的陵墓和大批珍宝呢！"

擂鼓墩（谭维四提供）

此时的王家贵还没有读过晋代著名学者郭璞所著的不朽名著《葬书》，亦不知这部大著中所说的"三年寻龙，十年点穴"之不易，同样不知"穴者，山水相交，阴阳融凝，情之所钟处也"等等古老神秘的点穴作法之道。他只是冥冥之中有一种奇妙感觉顺便一说而已，这时的王家贵没有意识到，12年后，他的这几句话竟验证了一段历史真相——一个神秘国家的王侯将相们延续了二十几个世纪的埋葬之所与无数奇珍异宝就埋藏在这片山冈之中。

王家贵回武昌将勘察情况向各级首长汇报后，又陪同雷修所所长、政委与空军雷达兵部首长一起，再度来到随县擂鼓墩勘察。众人看罢，眼前一亮，此处不仅环境优美，更为难得的是这一带山冈连绵起伏，草木茂盛，便于隐蔽，比较符合军事后勤基地和战备的要求，一旦战争打响，可就地伪装隐蔽，或在山冈中挖掘防空洞，转移战略物资。当然，除了顾及战争因素，也要考虑正常的工作和生活，雷修所既定为担负整个武汉军区空军全部雷达修理重任的后勤保障基地，就要特别注意考虑道路畅通，假如路况太差，外面的雷达进不来，修理后的雷达不能及时运出，敌机与导弹在天空呼啸，而整个中南战区的雷达却窝在随县郊外的山坳里趴着动弹不得，后果自是不堪设想。令人喜出望外的是，此处距

第一章 发现与困惑

空军雷达修理所大门（作者摄）

汉丹铁路和316国道仅几公里路程，而且随县城郊就有一个设备条件较好的火车站，雷达甚至火炮等重型器械皆可自此站转运，真可谓天造地设，地利人和皆聚于擂鼓墩。于是，众位军官当场拍板，眼前的这片山冈，就是雷修所安营扎寨的地方。经报请上级批准和当地政府同意，雷达修理所有价征地三百余亩，于1966年11月，全体官兵携带帐篷锅灶，正式迁入随县郊外擂鼓墩，开始在东、西两个团坡四周圈墙建房。经过两年多的努力，雷修所房舍及配套厂房等设施全部完工，并开始执行兵器修理等任务，部队番号为"中国人民解放军九四五六九部队"。

十年浩劫过后的1977年，"文革"风浪退去，为适应军队新的战备需要，武汉空军雷达兵部决定在雷修所扩建两个兵器大修车间，除修理雷达等器械外，还要加修高射炮、榴弹炮等项目。根据上级指示，雷修所党委决定由学过建筑学，并一直负责营区基建工程的副所长王家贵主持这一工作。受命后的王副所长立即与所内工程师梁立信赶赴广州、上海等地的兄弟单位做实际考察。二人回到驻地，根据擂鼓墩周边自然条件，选定在东团坡一个最大的山堡兴建厂房，经

空军雷达修理所副所长王家贵（王家贵提供）

011

旷世绝响

报请武汉军区空军司令部与后勤部批准，于1977年9月正式破土动工。

早在1967年初建营房时，王家贵就曾指挥人员在东团坡修建过一座水塔，为此把山堡削去四米多。此次修建厂房，按原定计划还需削去约六米，也就是在原有山冈上深入地下十多米，方能达到稳固和隐蔽的双重要求。于是，雷修所从附近农村召集了几十名社员，挥锨弄锄地挖掘起来。所挖位置表面为一层含沙黄褐泥土，挖下去不久，则有红色砂岩出现，此种地层十分坚硬，挖掘起来极其困难。于是，雷修所几位领导决定从随县雇用重型推土机进行施工，几十名当地社员分散到四周不同的方位，做一些清理工作。想不到推土机推进几米后，岩石越来越坚硬，无法继续推进，万般无奈中，只好改用TNT炸药先行爆破，再动用推土机和人力加以清理。由于施工难度加大，雷修所又从附近农村招收部分社员参加，施工队伍由最初的几十人，一下扩充到100多人。一时间，隆隆的机器声与炸药的爆破声响彻山谷，整个工地人来人往，异常繁忙热闹。

就在这样的场景中，一直在工地监工的王家贵突然发现中间一个地方土质有些异样，此处由褐色泥土构成，不像红砂岩那样坚硬。这一现象引发了王家贵的好奇之心，待蹲下身详细观察，感到这像是人工挖填的地层。带着这个疑问，王家贵很快把雷修所所长、政委和几位副所长叫到现场，指着翻起的褐色泥土让众人观看。几位所领导看罢，不置可否，但隐约感到有些不对劲儿，便向周围正在清理石渣的当地社员询问，是否以前有人在此处挖过什么防空

东团坡工地施工情形（湖北省博物馆提供，以下涉及曾侯乙墓发掘现场、出土器物图片与绘图，未特别标注者皆为该馆提供）

洞或盖过什么建筑之类的东西。年轻人纷纷摇头表示并不清楚，只有一位人送外号"万事通"的白发老者，煞有介事地说此处在很久以前是一座小庙，庙里住着一个和尚，这位和尚比梁山泊上的花和尚鲁智深还要花一百倍，经常下山勾引女人，后来和一位前来进香的年轻寡妇勾搭成奸。一年后，和尚与寡妇"暖被窝"之事东窗事发，寡妇的族人前来兴师问罪，这位花和尚一看事情不妙，索性串通那个寡妇在月黑风高之际弃庙而逃。常言道，跑了和尚跑不了庙，寡妇的族人一看花和尚竟胆大包天，挟寡妇溜之乎也，一气之下，把小庙捣了个底朝天，又一把火烧了个精光，算是出了一口窝囊气。许多年之后，此处已长满了荒草野树，日本鬼子占领随县进驻擂鼓墩时，又在这一带挖战壕，修碉堡，好一阵折腾，说不定下面就是日本鬼子投降后废弃的战壕或地道。

白发老者一席话令众人半信半疑，在一旁的王家贵轻轻摇了摇头，小声对所长郑国贤说："我看不像小庙，也不像战壕和地道，以我的知识和经验，要真是坍塌的小庙，或小庙的地基，总该有些碎砖烂瓦和石块；若是废弃的战壕或地道，土质就应该是松软的，日本鬼子投降不过20年多一点的事，塌陷的土层绝不可能这样结实严密，我有一种预感，下面怕是一座古墓。"

郑国贤听罢，略微一惊，随后又神态自如地笑了笑，道："你是不是看考古的电影和杂志看多了，有点走火入魔，想在这里也挖出个女尸来呵？不过……"郑国贤停顿了片刻，又说："我刚才也有这个念头，只是现在还不能确定，再挖挖看，你密切注意下面的情况，若有了其他变化再想办法。"

郑国贤等一行离去，施工照常进行，没有人再去关注地下是一座小庙的地基，还是日本鬼子挖掘的战壕陷坑，而王家贵的心就此与这片异样褐土紧紧拴在了一起。

山冈突现青铜器

施工仍在继续。擂鼓墩东、西两团坡在炸药爆响与推土机的轰鸣中进入了深秋。就在这个凉风萧瑟的季节，一件奇特的事情悄然发生了。

这天上午，参加施工的随县城郊公社团结大队第八生产队二十几名社员，被安排在东团坡东部边缘清理石渣碎土，并用钢钎钻眼放炮。当此之时，第八生产队会计梁升发与侄女梁爱琴被分到一个较为偏僻的坡下清理碎石和泥土，当二人连挖带刨掘下一米多深时，随着梁升发举起的镐头从空中落下，只听"咚"的一声，镢头被弹了出来，梁升发的胳膊被震得发麻。

"咳，遇到硬石了！"梁升发自言自语地说着，不敢再度用力把笨重的镐头抡下，只是轻轻地向外搂着泥土，看是否需要钻眼放炮。就在镐头的利刃在泥土中无目的地搅动时，"咕噜"一声轻微响动，一个圆圆的铜质物从土中滚出。梁升发眼睛一亮，扔下镐头，好奇地蹲下身，拾起铜质物一边用手擦着外面的泥土，一边观察起来。只见眼前的铜质物特别像一只"香炉"，口部比碗略大一些，坛子状，肚子鼓起，下面有三只脚，内外长了斑斑点点的绿锈，拿在手中感觉沉甸甸的。

梁升发将"香炉"放下，迷惑不解地用手在眼前的泥土里扒了几下，三支小型的青铜箭头陆续出土。此时的梁升发意识到了一点什么，拾起镐头拉开架势，用力刨将起来。不多时，一件青铜壶又随着"咔嚓"一声被带出坑外。不远处的侄女抬头间猛然看到这个情景，急步上前，瞪大了眼睛对着梁升发问道："挖出啥子了？"

此时梁升发已回过神儿来，知道自己挖出了宝器，遂一脸严肃，急忙用眼神阻止侄女不合时宜的询问，同时迅速脱下褂子把几件铜器盖了起来。待向四周看看，见其他社员并未注意自己的举动，梁升发转过身，压低声音，满脸兴

梁升发向作者讲述当年发现青铜器的情况（作者摄）

奋并带有几分神秘地说道:"铜家伙,宝贝疙瘩,别吭声,让那边的狗东西们看见,就没咱的了!"

梁爱琴虽无见识,但也觉得新奇,而从叔叔的面部表情和一系列动作中便可感知,眼前的"疙瘩"很不一般,于是点头表示心领神会,不再吭声。

梁升发在坑外蹲下身子,用略带颤抖的手卷了一根纸烟,点火抽着,有些不安地望望岗坡上挥锹扬镐的人群,又瞟了几眼面前的土坑,沉思了一会儿,轻轻对侄女说道:"我估摸着,下面肯定还有好东西,咱俩悄悄掘。要是让狗日的瞧见,都来抢,就没得咱的份了。"

言毕,将烟头"唰"地扔到地上,猛地起身,抬脚踩住烟头狠狠地揉搓了几下,精神抖擞地复入坑中小心地挖掘起来。未久,梁升发一连挖出了20余件器物(梁爱琴后来说有24件),全部为青铜器。有的像罐子,上面有盖;有的像香炉,带三只脚;有的呈长方形带四只脚;有的像灯座;另外还有几十支箭头。所出器物大者有十几斤重,小的只有几两重。因土质松软,挖的时候又格外小心,青铜器出土后绝大多数完整无损。为防止被其他社员发现,头脑灵活的梁升发在旁边另掘一小洞,将出土器物陆续放入洞中,用土覆盖,然后再用褂子掩住。

眼看到了中午放工的时候,梁升发与侄女故意磨蹭拖后,见工地上再无人影,便把器物从小洞中扒出,用褂子包住,各自背着向外走去。因两包东西又大又沉,很是惹眼,引起了雷修所站岗巡逻哨兵的注意和怀疑。哨兵追上前来,当场喝住二人,命令其放下包裹接受检查。梁升发无奈,只好硬着头皮一一照办,同时解释是自己从地里掘出的破铜烂铁,准备拿回家做喂鸡养兔的家什等等。哨兵觉得事情有点蹊跷,但并不知这些满身长着绿锈的"破铜烂铁"有何价值,又看到这些器物确实不是部队的东西,一时不知如何处理。梁升发见哨兵犹豫不决,一边笑哈哈地打着圆腔,一边示意侄女梁爱琴拎包快走。侄女心领神会,梁升发也借机提起包溜之乎也,哨兵于两难中犹豫不决,见一老一少渐渐远去,没有再强行阻拦和追击。

梁升发带领侄女一路小跑,气喘吁吁地将东西背回家后,一颗悬着的心"咚"地落下,在他看来,只要进了家门,这堆东西就理所当然地成为自己的合法财产,无须再担心村里的王拴狗、张二毛、朱小猪、李铁拐、刘歪嘴等等前来哄抢和掠夺了。于是，梁氏以农民特有的暴发后的心态，当场在家中搭起一块木板公开展示，以显其能。

消息很快在村中传开，王拴狗、张二毛、李铁拐等闻风而动，纷纷前来视察观展。王拴狗在当地算是见过一些世面的能人，面对一堆长着斑斑点点和青绿颜色的青铜器，当场断定此为古铜，比一般的废铜值钱些，遂劝告梁升发赶快找锤子把长着三只脚的"香炉"和没长脚的"铜壶"，以及带盖的大肚子器物砸开，用水冲洗干净后卖给供销社废品收购站。据王拴狗估计，这一堆东西砸开后，可卖十几元钱，完全可换几条好烟与几斤咸鱼尝尝。另一位村中"能人"李铁拐对王拴狗的说法不屑一顾，认为不能轻易开砸，说不定那带盖的坛坛罐罐里头装着宝贝，现在最明智的做法是赶紧撬开看看。在李铁拐巧舌如簧的鼓吹、策动与刘歪嘴等人嗡嗡作响的迎合声中，梁升发豪气大增，内心充满着希望与幻想，在院子里转了几圈后，找来一柄大铁铲一连撬开了两个带盖的坛子和三个罐子。令在场的所有人大失所望的是，里边除了泛着绿锈的脏水和一点零碎的骨头，再无他物。

刘歪嘴见状，唾液四溅地咕噜道："这可能是人的骨头，小孩死了之后把骨头装进去的。"

朱小猪急步向前，摇着头道："不可能是人的，这是古人吃剩的排骨汤。"

朱小猪说着，拿一把小锤子将几件青铜器敲打一遍，鼓动梁升发尽快将其砸开，冲洗后卖到供销社废品收购站，换几包上等的黄金龙牌香烟让大家过过瘾。在众人一片喊砸的呼声中，梁升发按捺不住心中的激情，进得里屋拖出一把大号铁锤就要向一个铜罐抡去。

像众多古典小说常有的"刀下留人——！"惊险情节一样，恰在这时，忽听门外一声大喊："住手——！"

众人闻听大惊，抬头望去，只见雷达修理所的副所长解德敏带领几名官兵急匆匆冲了进来，梁升发高高举起的铁锤停在空中不再动弹，场面进入短暂凝固状态。

一个小时前，当梁升发走出雷修所大门，见哨兵没有追赶，心中忐忑不安地向后瞟了一眼，而后突然加快步伐，将包重新搭在肩上，携侄女慌里慌张地朝冈下奔去。一直默默注视两人行踪的哨兵见状，蓦然觉得不对劲儿，这一老一少心中一定有鬼，否则不会如此行色匆匆，慌里慌张，说不定那些破铜烂铁还是什么宝物。想到这里，哨兵感到问题有些严重，若不及时汇报，一旦此事日后被首长知晓，自己将吃不了要兜着走。想到此处，哨兵急忙来到连部，把刚才的一幕向指导员做了汇报，指导员立即将器物与在电影上看到的马王堆出土文物联系起来，顿感事关重大，立即向负责施工的王家贵和分管生产、行政、招收工人的解德敏做了汇报。王、解两位副所长一听，当即断定是从坑中刨出的古物，既然出自雷修所这块地盘儿，理应及时上交，此人却胆大妄为，以破铜烂铁蒙混过关，携带重宝溜之乎也，这还了得？事关重大，不能稍有迟缓，必须立即追回。于是，王、解二人强压怒火，果断做出由解德敏亲自率人追回文物的决定。解德敏等人赶到团结大队一打听，有几位嘴快的社员抢着说道："哎呀，你说的人是会计梁升发，现时正在家里做展览呢！"

解德敏闻讯，急忙找人带路奔向梁家。就在解德敏跨进大门的一刹那，梁升发已将铁锤高高举起，沉重的锤头尚未落下，解德敏一声断喝，避免了青铜器粉身碎骨的下场。

解德敏进得门来，表情冷峻地围着展出的青铜器看了一遍，突然抬头对梁升发说："挖出东西要及时上报，这是早已宣布的规矩，你今天弄来的这些东西，属于珍贵的国家文物，必须立即交给国家，私藏就是犯罪，要打成现行反革命的。你是不是想成为反革命分子？"

梁升发与在场的众人听罢，大骇，几个胆小者缩着脖子偷偷溜出了梁家院子。此时"文革"刚过，遗风尚存，一个大队党支部书记，或者一个生产队长就可以把一个社员以反革命分子为由进行绑架、关押，或灌辣椒汤，或坐老虎凳，任由花样翻新地折腾。梁升发望着威风凛凛的解德敏明显有些怒气的脸，深感事情不是说着玩的，涨红着脸，惊恐中似笑非笑地道："我咋想当反革命呢？东西是你们检查的，都在这里，一件也没少，你们说咋办就咋办吧。"

解德敏见对方软了下来，说道："东西先拿到雷修所保存，然后上交县里，看如何处理。"言毕，示意一同来的官兵将东西重新包好，全部带到了雷修所。

灰头土脸的梁升发望着部队官兵远去的背影，持续了几个小时激动、亢奋、热血偾张的心境，一下坠入冰冻山谷，他转身对前来观望的李铁拐、刘歪嘴等人颇为尴尬地微笑了一下，轻轻摇摇头，说了句"像做梦一样"，然后低头搭背走进了里屋。众人眼看"展览"以这样的方式意外收场，皆有点遗憾与意犹未尽地四散而去。

解德敏一行携青铜器回到驻地，所里几位首长观看后，认为是古物，但属于哪朝哪代却说不清楚。议论了一阵后，一起来到梁升发挖坑的地方查看，没有发现异常的情况。于是，所长郑国贤令王家贵密切关注施工现场，若再发现此类东西出土立即收缴，决不能让社会人员带出营区。同时向县文化馆打电话，请他们派人把收缴的青铜器拿走。

此事有小惊，无大险，算是无风无火地过去了，施工现场依旧机器轰鸣，人声鼎沸，爆炸声此起彼伏，火药味四散飘荡，呛人肺腑。王家贵密切注视着炸开的岩石和地层的变化，同时或明或暗地监视着挖坑刨土者的行动。十几天后，类似的事情果然发生了。

许多年后，据王家贵回忆，那是10月底的一天，他到武汉军区空军后勤部办完事回到驻地，一位施工的社员悄悄告诉说，昨天下午，团结大队一个外号叫铁公鸡的社员，在施工中又挖出了几件铜器，当场用镐头砸碎，用褂子包住藏在携带的苇笠下。收工时将包放于胸前，上面用苇笠遮掩，在细雨蒙蒙中跟随其他社员一道，趁执勤的哨兵不注意混出营区。

此次铁公鸡吸取了梁升发得而复失，最后落了个竹篮打水一场空的教训，出了营区，直奔县城供销社废品收购站当场卖掉，换得大钱四元三角，买了几包黄金龙、大公鸡牌香烟喜滋滋地回到家中。第二天上午，铁公鸡见木已成舟，不可能再有梁升发那样的悲剧发生，遂把昨日换来的香烟与几个要好的铁哥们儿分享，借以炫耀与庆贺。

王家贵得到密报，立即到施工现场找到铁公鸡质问，对方见事已泄露，只好承认并说出详情。此时的王家贵顾不得教训对方，强按怒火回到营房，骑上司务长的自行车向县城废品收购站赶去。遗憾的是，王家贵晚了一步，几件破碎的青铜器连同其他废品已被打包拉走，难以寻觅了。

王家贵回到驻地，立即召集施工队全体人员开会，要求以后凡是从工地挖到旧铜、铁、瓷器、陶器等地下埋藏物，任何人不得故意损坏、拿走，必须完好无损地、及时地交到雷修所，如果哪一位胆敢顶风而上，狗坐轿

第一章　发现与困惑

子——不识抬举，私自拿走文物，甚至当作废品偷偷卖掉，谋取私利，就是对毛主席的革命路线不忠，对英明领袖华主席大不敬，一旦发现，立即上报，以现行反革命分子罪拿下，投入监狱，或老虎凳，或辣椒汤伺候。为了加大宣传力度，雷修所党委做出决定，由解德敏率人携带两套大小不一的《毛泽东选集》，送给此前挖出青铜器的团结大队会计梁升发，以示将古物交公的精神奖励。

王家贵一番敲山震虎式的讲话，加上梁升发实实在在地得到了两套《毛泽东选集》的奖励，很快发生了"蝴蝶效应"。三天后，一社员在东团坡山包的东南面，又挖出了四件青铜器并及时交到了雷修所办公室（南按：曾侯乙墓发掘后才知道，其中两件器物为普通战车车軎，另两件为带矛车车軎，是陪葬坑中的文物）。面对出土文物和附近明显与众不同的地层结构，王家贵于迷惑不解中再次请所长郑国贤、政委李长信和几位助手共同前来察看。工地已下挖了约三米，据修建水塔之前的原有地表已深达七米，而这时的地层结构更加清晰，观察起来比先前明朗了许多。只见整个施工现场四周都是红色的砂岩，唯独中间一片是黄褐色土层，二者有明显区别。众人看罢皆感奇怪，找来镐头照着土层猛力抢下去，没有异常响声，但土质很硬，绝不像是坑道塌陷或自然淤泥所致。"我看跟马王堆电影里的泥土有些相似，说不定还真叫你猜着了，下面真是一座古墓。"郑国贤对王家贵说着，态度比上次明显认真起来。"要真是一座古墓，这事可就大了，是不是让县里来个明白人看看。"王家贵提醒道。

郑国贤沉思片刻道："先

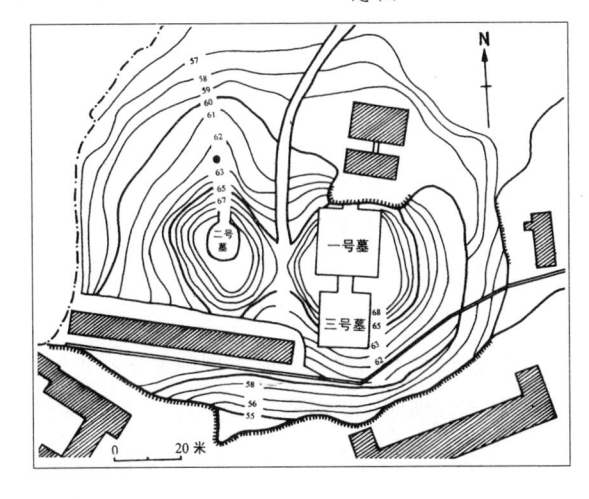

长沙马王堆汉墓示意图

019

不忙着向外声张，以免闹出笑话，咱先找些资料对照研究一下，如果我们都认为是古墓，再报告不迟。"

几个人议论着回到办公室，把平时收集的《文物》《考古》《考古学报》等报刊资料找出来，对照里面的文章、图片进行分析研究。翻来覆去，几个人越发觉得工地上的地层和土质状况，与马王堆等许多发掘的古墓相似。于是，所长郑国贤当场做出了两项决定：一、鉴于上次王副所长给县文化馆打电话，令人前来察看地形和领取出土铜器而没人理会的状况，只好请王副所长亲自跑一趟，督促对方尽快前来勘察，做出正确判断，以免贻误大事。二、土坑中挖出的青铜器仍保存在库房，等县文化馆来人验看后打收条带走。

会议之后，王家贵迅速行动起来，于是便有了三次赴县文化馆邀请几位"活宝"前来勘察的行动。

荒唐的现场勘察

1977年11月26日，王家贵骑上司务长的自行车来到随县文化馆，向馆负责人讲述了部队扩建营房以及在山堡四周发现红砂岩，而中间却出现一片褐色土层，以及在周围出土青铜器的经过。同时将雷修所几位领导根据此前观看马王堆电影和文物考古资料，认为地下可能是一座古墓的判断一并讲了出来，希望馆里派考古方面的高手前去勘察，以便做出正确判断。文化馆负责人听罢，表示近期馆里人少事多，不但没有高级人物，即使是相关的业务干部都下乡搞运动去了，根本无人可派，等过两天得着空闲，一定派人前去察看云云。王家贵见对方不冷不热的态度，不便多说，叮嘱几句便骑车返回驻地。

过了几天，擂鼓墩工地突然来了两个自称是县文化馆的专家找到王家贵，说是奉馆领导之命专程前来察看古墓的情况。王家贵一听大喜，连忙把对方领到那片褐色土层前让其察看，同时介绍了在四周发现青铜器的情况。来人在现场转了一圈，又看了发现青铜器的地点，当得知王家贵十几年前就在这里负责营区营房基建，并将山冈土层已推去三米多时，其中一人问道："以前有没有发现坟包、墓碑、墓门等情况？"王家贵摇摇头说："没有。"对方略做沉思状，而后拿出一番胸有成竹的气派，说道："既然以前施工没有发现这些标志性东西，就充分说明这里不可能是古墓，不要紧，你们该咋干咋干，继续施你们的工吧。"

原随县文化馆人员王永谦在讲述当年赴曾侯乙墓现场勘察情形（作者摄）

既然前来的专家说不是古墓，王家贵也不好强辩，只是仍有点不死心，便特别提出："我们在施工中还要打眼放炮呢！"对方极其干脆地答道："没关系，继续放你们的吧，这红砂岩顽固得很，就跟毛主席所说的带着花岗岩脑袋去见上天的反动派一样，你不打，它就不倒，只有给它点厉害看看，它才能最后倒掉。"

王家贵感到再无话可说，将专家领到雷修所库房与所长、政委等一起察看了出土的铜器。对方看罢，说了句："很好，这是文物，你们先保管好，等我们回去请示领导后再派人来取。"言毕走出库房，告辞而去。①

文化馆的专家走了，雷修所的几位领导认为出土的青铜器长期放在部队并不合适，万一有个闪失则无法向各方面交代。于是，所长郑国贤让王家贵率领两名年轻干部，第二天把器物打包全部送到县文化馆，算是了却一件心事。

这个时候的王家贵等人并不知道前来的二位专家根本就没学过考古，只是冲着"文化馆专家"的名头相信了对方的推断。现场继续施工，仍旧是打眼、放炮、推土、清理。一个月后，东团坡山堡又下挖了一米多深。到了1978年1月30日，即农历年腊月二十二日，眼看春节将至，王家贵代表雷修所宣布工程停工，参加劳动的工人、社员放假回家过年。

施工人员撤离后，整个营区静了下来，王家贵独自一人在现场转悠，对各个角落做假期前最后一次检查。当他来到中间那片褐色土层旁时，发现土质又有了微妙变化，褐色之中又掺杂了一些黑色胶状细软的泥土，阳光照射的部分又变成灰白色，用铁铲铲下去，隐约看出是一层层填打夯实的痕迹，绝不是自然土层和塌陷的淤土。这一变化，又令王家贵想起了马王堆古墓发掘电影中的白膏泥。倏忽间，地下是一座古墓的念头再次袭上心头，为了验证这个念头的真伪，他从雷达车间把所长郑国贤找到现场察看。郑国贤看罢，认为王家贵的想法有些道理，但不敢肯定。此时北风呼啸，野外滴水成冰，二人不便在现场久留，便找了个铁托弄些灰白色泥土带回办公室，围着炭火一边取暖一边分析。除已熟知的马王堆汉墓发掘资料，王家贵还找来湖北江陵凤凰山168号出土男尸的汉墓资料进行研究对比。最后得出的结论是，这种灰白色的土就是马王堆汉墓与江陵凤凰山168号汉墓中出土的白膏泥。这种泥土在南方并不罕见，只是各地的颜色略有差异。1932年出生于四川江津的王家贵，小时候听老人说，这种白膏泥在当地称为"白泥巴""观音土"或"神仙面"，饥荒之年当地老百姓挖来充饥。1936年四川遇到了百年不遇的大饥荒，饥民最初以野菜野果等填腹，继则食以树叶草根，没过多久，树叶草根皆被吃尽，万般无奈中，饥民们只好到野外河边深入地下五六米挖掘白泥巴充饥。不过，许多人吃了这种"神仙面"，腹胀如鼓，排不出大便，匍匐呻吟，胀得哭爹喊娘，死者不计其数，其状之惨令人不忍目睹。当时有人为此专门编了顺口溜："吃了神仙面，胀得直叫唤，屙又屙不出，只有上西天。"这种天灾人祸的悲惨遭遇，一直在四川流传并在王家贵幼小的心灵深处留下了挥之不去的阴影。

这种白泥巴土质优良，黏性大，防水性能特别好，正是古代墓葬常用的填土，在考古发掘中称为"白膏泥"。这种泥巴若和其他泥土掺杂混合，就形成一种良好的"五花土"，此为古代填塞、封闭墓葬的绝佳材料。几年前出土的江陵凤凰山168号汉墓男尸，就是武汉军区空军驻当地雷达部队在修建营房掘土时发现的，消息传出后不久，王家贵因雷达修理事宜来到这家兄弟单位，话题自然谈到168号汉墓。该部队的首长向他详细讲述了发现经过，并陪同王家贵查看了墓坑遗址，然后又到荆州博物馆观看了那具保存

第一章 发现与困惑

完好、轰动中外的男尸。江陵凤凰山军营之行，给王家贵留下了深刻印象，对方讲述的关于土层方面的一些细节，至今记忆深刻。江陵凤凰山与擂鼓墩营区发现的情况有好多相似之处，或许属同一种混合而成的"五花土"，也未可知。

　　面对眼前的证据，结合文物考古资料与"考古发现"电影中所播放的画面，郑、王二人断定，东团坡山包下面肯定埋藏着一座古墓，且是一座规模庞大的古墓，必须尽快将最新发现的情况向县文化馆通报，以免造成不可挽回的损失。于是，有了王家贵二次前往随县文化馆邀请专家之行。

　　到了文化馆说明缘由，总算得到了馆领导的重视，当即派一名干部随王家贵一起来到擂鼓墩施工现场。来者先是勘察了工地周围的自然环境，又对东团坡中间部位的土层、土质做了较详细的分析研究，最后得出的结论仍然不是古墓，并断言："即使下面真有墓葬，也是一座假墓。"对此，来者特别向王家贵、郑国贤讲述了一段民间传说："当年楚国进攻随国时，在城外战死了一名将军，由于怕盗墓贼盗尸，他的手下就在随县郊外修建了32座假墓，考古人员已在随县境内的厉山、高城、淅河一带发现过十几座假墓。这些墓表面伪装得像真墓一样，但挖下去一看，什么也没有。"因而，来者特别叮嘱王家贵打消疑虑："不要整天不务正业，疑神疑鬼发神经，年关将近，还是赶紧弄点猪头下货准备过节吧。春节过后，工程该怎么干还怎么干，放炮推土都没有关系。"

　　两次通知，两次遭到否定，搞得王家贵与郑国贤等雷修所领导哭笑不得，颇有点猪八戒照镜子——里外不是人的意味。但文化馆所谓的专家弄出的理由，以及那

王家贵（中）在施工现场（王家贵提供）

023

个云山雾罩的传说故事，没有令王家贵等人信服，军人的倔强性格和不见棺材不落泪的牛劲儿，使他们仍然相信自己的判断，坚持认定白膏泥下面应是一座大型古墓。

转眼春节已过，农历正月初八工程重新开工，因断定现场下面是一座古墓，王家贵特别开会宣布：为防止可能埋藏的地下文物遭到损失，打眼放炮时要严格控制，每个孔的深度由原来的一米多，降低到不得超过六十厘米，TNT炸药的装载量原为一次一斤左右，此次规定不得超过两百克，每次炸完要详细查看。同时，王家贵与施工技术人员一道加强巡回检查，一旦发现异常情况立即停工。

历史无声地朝着王家贵预料的方向进展。1978年2月21日，当推土机把炸松的红砂岩与中间地段约半米厚的青灰土推去时，又出现了一个奇特现象。只见青灰土里夹杂着一些麻灰色碎石块，这些石块显然与红砂岩大为不同。未久，在中间部位的东南角，一块长宽各一米多的大麻灰色花岗岩大石板，在推土机的轰鸣中破土而出。一直在工地观察的王家贵见状，急忙走上前来，凭着自己的所学知识和多年积累的经验，一眼看出这显然是一块经过人力加工的石料。他立即命令推土机停止推进，让一名技术员速把所长郑国贤、政委李长信、副所长解德敏等所领导请来观看。郑所长赶到后，令几名技术人员用铁锹将石板周围的土挖去，欲做详细观察。一经清理，众人大吃一惊，只见灰白色土层中，竟铺了一层大小相近的石板，石板经过人工凿制，且铺砌成一个平面，一连掀起五块，皆是如此。既然是人力加工，又有规则地铺砌而成，意味着地下肯定有不同寻常的建筑物。结合上面的"五花土"与下面铺设的石板，除了说明这是一座古墓，没有什么其他合理的解释。

于是，郑国贤责成解德敏向文化馆打电话，通知施工现场出现的最新情况和疑点，请速派人前来查看。经两次电话催促，总算盼来了两位被称为"活宝"的专家，"活宝"围着工地转了一圈，查看后对雷修所的几位领导说："石板虽不同寻常，但是平铺的，不像地下有古墓，可能是日本鬼子投降后，国民党部队在这里修的一座军械库，后来国民党完蛋了，军械库废弃不用，坍塌后就出现了这种情况。"言毕打道回府。

"那就奇了怪了，若说是国民党废弃的军械库，总得有些其他遗迹，但现在除了五花土、几块大石板，其他什么也没有，难道有这样废弃的库房吗？"雷修所的几位首长对"活宝"的这一判断表示极大不信任，在议论纷纷的同时，又指示推土机进入现场继续推进，民工协助清理，严密注视出现的异常情况。

几个小时的推进，地下大石板被撬起几十块，一眼望去如同一片石场。将石板清理出坑外，继续小心地用炸药爆破，用推土机下推。又深至地下约半米时，夯实的白膏泥更加明显，夯窝清晰可见，显然是人工打制而成的，如此大规模地使用白膏泥，只有在古墓中才可见到。至此，可以判断，地下深藏着一座古墓已经无可怀疑，再也不能听任县文化馆前来的那些"活宝"瞎说八道了，必须采取措施保护这一文化古迹。雷修所的几位领导决定，停止推土，停止打眼放炮，由郑国贤打长途电话向武汉军区空军后勤部刘梦池副部长报告，请求批准暂停施工，待查明情况后再做决断。王家贵密切注视现场，并把民工分散到其他地方平整土地。解德敏负责通知县文化馆，要求对方必须派一位真正内行的专家而不是只知道吃饭，其他什么也不懂的"活宝"前来勘察，这次一定要给一个合情、合理、合乎地理人事的准确说法，以彻底解开地下隐藏的秘密。

雷修所的几位首长按照各自的分工迅速行动起来，想不到县文化馆接到通知后，逆反心理顿生，对雷修所这帮年轻军官没完没了地"谎报军情"极为反感。文化馆已三番五次派人前往查看，没有一人认为是古墓，而这帮整日操枪弄棒，修理雷达、火炮的军人，却不厌其烦地一次次前来骚扰，不知道是集体情绪失控，还是神经出了问题，也不知这样来来回回催命鬼似的折腾，是为谁辛苦为谁忙？真是秀才遇到兵，有理讲不清。于是，不管解德敏打电话，还是派助理员前往讲述情况，县文化馆领导一律采取避而不见的战略战术，与雷修所人员展开一场你进我退的游击战。雷修所逼得急了，文化馆便让一个腿脚不甚灵便、第一次前往施工现场查看的图书管理员出面加以说明和否认。万般无奈中，解德敏只好再度前往探个究竟。

许多年后，解德敏回忆道："我们曾几次派人到县文化馆报告新发现情况，请他们速来人查看，并数次电话催促，均未见来人。由于文化馆不再派人前来，把我们晾在一边，不少闲言碎语就趁机兴起，有的同志说不如爆破推平算了，这样下去影响了我们的施工进度，到头来挖不出古墓，落得个竹篮打水一场空。还有的对我说：'还想挖出个马王堆，请郭老（南按：

指郭沫若,马王堆汉墓出土时,郭氏曾关注过)来见面,这不是飞机里头做梦——空想吗?'我也笑着说:'保不准真能挖出个马王堆,郭老真的会来这里请你搞个座谈,说不定还给你立一大功呢!'此时武汉军区空军后勤部刘梦池副部长已就电话报告内容做了明确批示:'同意暂停施工,确保国家文物安全。'这更坚定了我们几位所领导的信心。为了尽快解开地下的隐秘,我决定再次到县文化馆讲述情况以及可能出现的严重后果。记得那天我们所唯一的一辆军用吉普车另有任务,我就骑一辆破旧自行车,顶着刺骨的寒风,跑了约三公里来到文化馆找到负责人,简单讲述了一下石板大面积出土的情况,然后直截了当地说:'现在的情况越来越像地下古墓,请你们去好好地看一看,到底是个什么东西。我们多次请你们,而你们却不以为然,其实这是你们分内的事情,我们作为部队施工单位,可以不管,一炸推平了之。如你们再不去查看,雷修所为了早日建好厂房,就索性爆破推平现场,然后将钢筋水泥一股脑地灌下去,铺就夯实,就什么也不管了。'当时我的态度比较坚定和强硬,有些发火。我又说:'为了保护文物,我今天是骑自行车来的,你们为什么就不能再到施工现场跑一趟呢?'对方看我发火了,就说家里人手少,事情多,等一有空闲就派人去,一定要重视等等。既然这样表态,我也就没有再说什么,骑车返回驻地。后来我因为调动工作,就很少过问这方面的事了。"

解德敏回去后等了两天,仍不见有关的"专家"或"活宝"前来勘察,工程不能无休止地停下去,雷修所党委连夜召开会议,决定次日上午由王家贵再到县文化馆讨个说法,如果讨不到说法,就调集力量,埋设炸药继续轰炸,尽快完成施工任务。

第二天凌晨,阴沉的天空飘起了雪花,天气越发寒冷。到了上午,雪越下越大。受领任务的王家贵眼望白茫茫的天空大地,认为不能坐等天晴,必须在大雪尚未融化结冰之时去县城跑一趟,否则道路将更加难行。这样想着,立即向司务长借来自行车,顶风冒雪向山下奔去。当车即将驶下山冈进入平缓地带时,在溾水河岸的拐弯处,因速度过快,车轮打滑,"扑"的一声闷响,人车一起翻入溾水河中。多亏此时河水消退,上面覆有薄冰,堤岸延长,王家贵于滚翻中才没有一头栽入河底,算是为国家减少了一个烈士名额。王家贵喘了几口气,将压在自己身上的自行车推开,站起身抹了一把脸

第一章　发现与困惑

上的泥雪，看了一眼后轮仍在旋转的破旧自行车，又抬眼望望漫天风雪，心中不禁暗自骂了一句："他妈的，我这是为谁辛苦为谁忙呵？"这样想着，一股无名之火袭上心头，但又不知向谁发泄。他把自行车从河岸拖上道边，拂去上边的泥雪，重新骑上，低头弓背向县城奔去。

当王家贵即将赶到文化馆门口的时候，一个念头突然涌上心头，他刹住车，决定不再进这个门。常言道："阎王好见，小鬼难缠。"眼前这个小小的文化馆若按官阶套论，也就相当于雷达修理所这个团级单位中的一个连队，若不是毛主席在著名的三湾改编中，提出党的支部建在连上，恐怕这个中国最底层末流的文化单位，连个党支部也没有。自己迎风冒雪，忍冻受冷，多次前来通知，可这个小小的连级文化馆，正如当地人所言："机构不大，架子不小；人数不多，呼隆不小；官帽不大，派头不小；水平不咋地，毛病不少。"本人乃堂堂的副团级首长、雷修所党委委员，为何要亲自通知一个比芝麻官要小得多，仅同于一个小小跳蚤般大的小官僚呵？一个副团级首长是什么官？就是随县的副县太爷，是县委常委，是随县人民父母官中的一个！

想到这里，王家贵因刚才摔了一跤而窝在肚子里的火，又沿着嗓门"哧哧"地冒起烟来。他恨恨地暗中道："不要拿豆包不当干粮，有朝一日我要当了县长，对你们这些官帽不大，派头不小，跳蚤一样的小官僚全部撤职查办，或下放农村劳动改造，或干脆拿入大牢，来个渣滓洞、白公馆一样的老虎凳、辣椒汤伺候。"这样胡乱想着，王家贵蹬起自行车，直奔县政府大院中的文教局，他要找到这个县里的文教局局长，找到真正的"神仙"或"阎王"，把事情说清楚，尽快促使这个县政府的职能部门派人对擂鼓墩现场疑点详细勘察，做出可靠结论，同时强烈要求对方不要再三番五次和稀泥、捣糨糊，如果因为工作的失误而导致古墓被毁，将是对国家和人民财产的重大损失。

有道是"不同"和"不一样"就是不一样。对王家贵讲述的情况和要求，县文教局局长王君惠非常重视，当即表态要亲自抓此事的落实，且是一抓到底，不弄个水落石出决不罢休。最后，王局长说了几句"同志们辛苦了"等等毛主席在天安门广场阅兵时说过的话，以示对雷修所解放军同志的感谢。尽管天空大雪纷纷，寒风呼号，王家贵却感到心中热乎乎的，憋在肚中的火气顿消，他攥着王局长的手，按照国家元首在天安门广场前阅兵时答词，回复了几句"为人民服务"之类的话，告辞而去。

1978年农历正月二十，在县文教局局长王君惠的亲自督办下，文化馆又派了一位名叫王世振的副馆长前往擂鼓墩施工现场勘察。此人号称在省里接受过一个月的考古训练班培训，听过省博物馆考古人员的讲课，算是见过大世面之人，也理所当然地算是随县的考古权威，可视为真正的"神仙"。在王家贵陪同下，王副馆长同先前来的人员一样，围着擂鼓墩东团坡施工现场转了一圈，然后对中间部位出土的五花土与大石板反复察看，不时地拿根小棍棍来回测量比画。勘察完毕，王世振对王家贵、郑国贤等雷修所首长道："此处有填土，填土经过夯实，还有白膏泥，这一切具备古墓的条件。我判断，下面应当是一座古墓，而且坑壁已经暴露，印痕比较清楚，不过……"王世振说到此处停顿了一下，在大石板四周来回走动了一阵，接着说道："若下面是一座古墓的话，墓坑也实在太大了。我在省里培训班学习时，老师教的和亲自到现场看的，都是一些正方形或长方形墓坑，但从下面已显露的痕迹看，这个墓坑的形状像一把手枪，又像一柄锤子，这样不规则的多边形墓坑，老师没教过，我也没见过，因此我也不敢打保票断定下面就是一座墓，这事还得报告襄樊地区博物馆，请他们派专家来勘察认定，到底是骡子是马，等他们到来后，拉出来遛遛才能真正知道。"

"嘿，鼓捣了半天还是不知道是骡子是马！"雷修所的几位首长大感晦气与失落，几个月来，电话打过无数遍，连续派人去请过三路"神仙"，到头来还是这种令人摸不着头脑的半吊子结果，这成何体统？待王世振走后，所长郑国贤于盛怒中指示，不能再指望县文化馆各路"活宝"与"大仙"了，再指望下去，恐怕黄花菜都凉了，还是想别的办法吧。郑国贤想起军区空军后勤部刘副部长那"确保国家文物安全"的批示，心中很是紧张不安，目前连地下是不是古墓都不辨牛马，保的哪门子安全？若长期拖下去，如何向上级首长交代？焦虑中，郑国贤决定采取瞒着锅台上炕和隔山震虎的战略战术，令王家贵立即起草一份情况简报，当天以"秘密"加"机要"的特殊函件，发往襄阳地区革命委员会，请其火速派一位真正的"国宝"级专家前来勘察，对此事做一个最后了结。

随着带有"秘密"字样的简报发出，一个埋藏地下两千余年的隐秘随之揭开。

第一章 发现与困惑

注释：

①此为采访原武汉军区空军九四五六九部队官兵以及相关人员的说法，据随县（现随州市）文化馆音乐辅导员、作曲家、曾都区音乐家协会主席王永谦说，第一次赴擂鼓墩勘察是自己与县文化馆图书管理员李朝忠一起去的，许多报刊文章与著述所指第一次赴擂鼓墩 "搞音乐的" 人，指的就是他。当笔者于2007年4月3日到随州市王永谦家中拜访时，王氏对社会上流传的一些关于他当年否定褐色土层之下是一座古墓的说法和文章，表示极大愤慨。为说明当时的真实情况，王永谦慷慨激昂地向笔者讲述道："我是上海浦东人，武汉音乐学院作曲系毕业后分到随县这个小地方，在文化馆一直搞音乐作曲，也就是你所知道的1234567这几个数字来回变化倒腾，我就是专门靠倒腾这几个数字吃饭的。当驻擂鼓墩空军部队向县文化馆报告发现可疑墓葬时，文化馆领导人不知道怎么想的，整天在家闲着没有事的人他不派，却让一个每天上班的图书管理员李朝忠前去勘察。李是武汉大学图书管理系毕业的，人很老实，因早年患小儿麻痹有后遗症，腿脚不灵便，走路一瘸一拐的。馆领导让这样的人步行五六里路，上山爬坡去看墓，不是明摆着欺负人吗？如果是上班时间叫去，李朝忠就有理由不去，因为他是图书管理员嘛，要在图书室上班，任务是负责图书管理，跟看墓这档子事根本不搭界。结果领导让他星期天去，他不得不去。我对这个安排有看法，很同情李朝忠的处境，就决定第二天陪他一道去，也好对他有个照应。当我俩走了一个多小时好不容易上山冈后，在部队人员陪同下，围着施工现场转了一圈，又看了出土青铜器的山坡和出土的器物，我当场就认为是一座古墓。第二天，也就是星期一上班前，我在操场上遇到了副馆长王世振，后来有些文章说他第一次没去看墓是下乡蹲点搞调查去了，春节之后才回馆等等，纯是胡说八道，根本不对。王世振是从一个农民转为文化馆干部的人，当时老婆孩

029

子仍住在农村，他星期六是回家去了，星期一又到馆里上班。我对王世振说：'昨天我和李朝忠去擂鼓墩看了现场，那里有个山包，山包被削去了不少，下面很可能是一座古墓，东边还出土了青铜器，很可能是小型墓葬，整个擂鼓墩很可能是一个大的古墓群。听说省考古队的人在襄樊挖墓，是不是叫他们来看看，以免耽误大事。'当时我们馆的严荣辉也在现场，他也在省考古培训班学习过，听说发现了墓，很感兴趣，就主动对王世振说：'老王明天去看看，我陪你一道去。'第二天，也就是星期二，王世振与严荣辉二人就结伴上了山，具体怎么看的，跟部队上的人说了些啥，我不知道。星期三早晨，我们又在操场见面了，我就问王世振昨天去了没有。他说去了，我又问是不是古墓。王说：'哪里是什么古墓，是红石鼓。'我听后不理解，就问他：'啥是红石鼓？'王答：'就是大石头之类的东西，多少万年前造山运动搞出来的，这事很复杂，跟你一时半会儿说不清，你上次去跟人家部队上说了些啥？我是在省里参加考古培训的，这墓葬的事你们不懂，以后也不要装懂，免得说出去叫人笑话。'我当时有些生气，我们把看的情况如实汇报，怎么成了我们不懂装懂呢？就没再理他，很气愤地转身离去了。

不知过了多少天，部队又来电话，说下面是不是古墓，怎么办？王世振不愿意理会他们，就让图书管理员李朝忠打电话，说不是古墓，让他们继续施工放炮等等。再后来，听说发现了大石板，不知王世振去看了没有，听说后来这件事县文教局王局长知道了，叫他打电话给襄阳地区博物馆，很快考古队来人了。"

王永谦继续讲道："可以这样说，在整个随州市，第一个正确对待擂鼓墩古墓问题的就是我和李朝忠，第一个提出擂鼓墩地下有墓并且是一个古墓群的是我，第一个让馆里领导打电话给襄阳地区请省考古队来人的还是我。我这个没有学过考古的人，第一次去看就断定是古墓，而学过考古的人却咬着屎头不认账，硬说不是古墓是红石鼓。可以说，我王永谦是发现曾侯乙墓的第一功臣，但后来却差一点被人家当作历史罪人。现在许多书和文章都说县文化馆搞音乐的人去看后，告诉说'你们继续用炸药炸吧'，我的脑袋就那么蠢吗？尽管我不懂考古，但没吃过猪肉也看过猪跑呵，施工人员怀疑是古墓，我自然就往那方面想，所以当场就断定是古墓了。那些把我当成历史罪人来写的人，都是一些无耻的小人，是不负责任的骗子，对于这些人的所作所为，我准备把他们送到法庭的被告席上，让他们接受人民和法律的审判，恢复公民在宪法保护下的尊严，让历史真相大白于天下。"

王永谦接着说："不但我第一个断定是古墓，当曾侯乙墓挖出青铜编钟后，我在第一时间打电话告诉了武汉音乐学院的杨老师，杨老师与北京文化部音乐研究所的著名器乐专家黄翔鹏是大学同班同学，杨就把这个消息告诉了黄。黄听说后，立即拿着介绍信，以民间的形式来到随县擂鼓墩发掘现场开始研究编钟。如果没有我及时提供情报，黄根本不可能那么快就来到随县，曾侯乙墓不可能立即引起轰动，搞出那么大的名堂。现在随州人整天吵着要把省博物馆拉走的编钟弄回来，怎么弄？谁去弄？弄得回来弄不回来？他们想不出好的办法，我搞出了一个'编钟回归故里十大妙法'，要按这个方案实施，是可以成功的。1980年5月，通过搞活动，把随州宣传成一个'古乐之乡'，这是我最早想出来的点子，也是我最早提出的创意。比如把随州建成音乐之都是我的创意，开发大红山，搞旅游开发，等等，都是我提出来的。现在我没有当市长，但市长的想法和做法都借助于我的智慧和思想，实际上是我指挥着市长和全市人民在行动，随州的发展第一位功臣就我王某人……"

对于王永谦的讲述，因相关的当事人如李朝忠等已经去世，幸存者大多又不愿与其对质。笔者曾试图让其与王世振当面对质，王永谦表示同意。时王世振早已退休，听说其家中正在装修，改住别处，住所不明，王永谦开始四处搜寻王世振的踪影。为与王永谦及时联系并能亲眼看到二人对质的场面，作者在原随县文化馆（现群众艺术馆）家属区对面的宏森大酒店驻扎下来，以窥其动静。2007年4月15日上午7点50分许，王永谦打电话告之曰："王世振已经露头，地点就在群众艺术馆楼下一间小屋里，正在与几个老太太打麻将。"机不可失，时不再来，王永谦令我即刻赶去。当时，我正在酒店房间内采访文教局原办事员、曾侯乙墓发掘者之一，后出任《随州日报》社长的程彦召。接到王的电话，我拿起采访包迅速赶到，此时王永谦已在楼下小房外迎接，并告之曰："我进屋把王世振悄悄叫出来，当着你的面对质，别让他当众丢人现眼。"想不到王永谦进屋后，王世振并不买他的账，更未把王永谦放在眼里，对王永谦提出的一切问题，采取了绝对置之不理的态度。王永谦于盛怒中与王世振于牌桌上抓挠起来。未久，王永谦被麻将桌旁的人拉开，并劝其离开牌桌。王永谦只好喘着粗气无可奈何地退出，然后让作者进屋，他表示要当着作者的面在牌桌上把王世振打一顿（南按：几年前，王永谦在文化馆集体宴会上，曾创造过盛怒之下把几张酒桌全部弄了个底朝天的壮举），作者怕因此对质真的使二人大打出手，弄出流血和死亡事件，有违采访之意愿，也不符合当下政府正在提倡的和谐社会的准则，便加以阻止。王永谦未能二次进屋与王世振交手，对质一事遂无果而终。

　　在随州、襄樊、武昌采访的日子，作者就王永谦之说向相关当事人问询，没有得到确切答复，有的持反对意见，认为事实并不如此。那么在目前仍缺乏相关重要证据的情况下，王永谦之说，也只能是姑妄言之，姑妄听之吧。

第二章 探铲下的古墓

旷世绝响

考古钻探

　　1978年3月4日，正在宜城主持楚皇城勘探的襄阳地区博物馆考古人员王少泉被单位电话紧急召回，告之驻随县郊外解放军某部施工中发现一座古墓，请地区派人前往查看。5日，王少泉与襄樊县专职文物干部刘柄乘坐下午两点襄阳至武昌的火车赶赴随县，听取了县文化馆负责人汇报，并察看了擂鼓墩岗地出土的青铜车马器配件、马衔等器物，随后与雷修所取得了联系。次日上午，雷修所副所长王家贵与张副政委乘吉普车把王少泉等一行接到擂鼓墩营区。

　　听罢简单介绍，王少泉等一行开始进入施工现场勘察。早年毕业于华中师范学院地理系，年过半百的王少泉，在襄阳地区博物馆工作已20余年，发掘大小古墓数百座，算是真正的行家里手。40多岁的刘柄，同样对发掘古墓有着丰富经验。二人一到现场，放眼一望，当即断定中间就是一座大型古墓。据刘柄后来回忆说：这个墓判断起来很容易，除了南边一块被水塔压住不能分辨外，其他部分暴露明显，只要具备一般专业性知识的考古人员即可辨明。比如放条石的下面

襄樊市（现襄阳市）博物馆（作者摄）

土质中有夯窝，直径约五厘米，排列整齐。石旁还见约直径一米的一处土质湿润，有青膏泥迹象（后来得知是盗洞口处）。从水塔断面上看，墓穴口沿与填土十分清晰，红砂岩与填入的五花土泾渭分明。刘柄当即找来一把铁锹，把墓口边沿铲出，发现是一个呈不规则状的古墓。经过观察和进一步分析，王、刘二人当场做了如下结论：

一、墓坑的边界笔直，拐角规整，近90度。这说明工程只能按既定图纸施工，绝不可能是随意挖掘而成的。

二、所填的青灰色土壤，不是回填就地挖掘的红岩土，而是专门从别处运来的泥质土，填土中发现的大石板也是由别处运来铺就的。

三、填充的泥土中，不含有碎砖烂瓦和石灰朽木等废弃物。

四、在平铺石块上下土层的断面上，都可见到清晰的夯层。爆破的土块中夯窝清晰可见，夯窝直径在5厘米左右。这种情况的出现，说明此处不可能是所谓的庙宇或碉堡、战壕、机械库遗迹，应是一座大型墓葬。

五、根据以往的发掘经验和可知的情况，一般大型古墓葬都有墓道，墓坑的平面多呈甲字形，或申字形，而这座墓葬却是不规则的多边形。从已露出的形制看，整个墓坑东西长约22米，南北宽约11米，如此庞大的墓葬在湖北乃至全国都属罕见。但墓坑之中又有微弱的分隔痕迹，隐约透出三个板块的信息。仅从外部现象推断，墓葬年代应为春秋到秦汉之间。

王少泉、刘柄如此快速明确地做出了结论，令所有在场者都感到振奋，雷修所的几位领导如释重负，悬着的一颗心终于"扑腾"一声落到实处。近半年的迷茫、困惑、担心、奔忙甚至愤怒，都随着这个振奋人心的结果化为一道彩虹飘洒在大家的脸上。只是，据王少泉说，墓内透出三个板块状的信息，很有神秘性，外人很难捕捉，只有身经百战的老考古人员方能精灵一样地用天目意识到。脚下到底是一座墓，还是三座墓连接在一起？地下棺椁是否完好无损？墓的主人是否还安然躺在棺中沉睡？陪葬的珍宝安在否？等等问题，令王少泉与刘柄都不得而解。王、刘二人虽身经百战，挖墓数百，但毕竟尚未修炼到一眼看穿地下十几米的高深道业。这地下的奥秘，必须通过钻探才能确认。

众人认为王少泉分析得有理有据，遂以喜悦的心情相商，墓坑及四周相关地段仍暂停施工，日夜派人守护，等待地区博物馆派人前来钻探。

离开擂鼓墩营区，王、刘二人回到县城，将勘察情况以及墓坑的方位、大小、形状，连同准备钻探的计划，向随县文教局和革委会做了汇报。在回招待所休息时，刘柄于兴奋中觉得此墓如此之大，平生还是第一次见到，如此重大事宜，对勘察人员来说责任非常，必须尽快向有关领导汇报，以免半道上生出什么乱子。于是，刘柄向王少泉建议，将发现古墓的情况立即写信向省博物馆考古队谭维四队长汇报，赶回襄阳后立即向文化局局长汇报，如此双管齐下，才能争取时间，有利于这座墓葬的保护或发掘。王少泉听罢深以为然，当时铺展信纸修书一封，以急件的形式发往武昌，向省博物馆谭维四报告。信中较为详细地说明了二人对古墓调查的经过，古墓现状，并绘有草图，标出长宽数据，最后提出了三点保护意见。

3月8日，王少泉与刘柄回到襄阳后，即向文化局相关领导做了汇报。9日，急不可待的王少泉赶往武昌，于次日向省博物馆副馆长龚凤亭和考古队长谭维四，就勘察情况做了详细汇报。龚、谭二人听罢，大为震惊，虽然墓口已遭到破坏，所幸的是墓的棺椁还没有暴露，如果此墓是一座而不是多座连在一起，其墓主身份之高、埋葬器物之丰是不可想象的。龚、谭二人于激动中当场拍板，先由王少泉组织人力速到现场钻探，省博物馆即刻从野外调集一流的考古、钻探人员前往助阵，由省、地、县三家组成一个联合钻探小组，尽快探明情况，采取有效措施，抢救地下埋藏的珍贵文物。

3月14日，王少泉率领刘柄，外加两位钻探技术高手李祖才、曾宪敏乘火车来到随县，当天进驻擂鼓墩营区准备工作。雷修所几位领导一看几人只带了简单的行李，不解地问道："你们说是钻探，怎么没见带机器来？"

王少泉听罢微微一笑，从行李中拿出一根约半尺长的半圆形铁筒说："这就是我们的钻探机呵，有了它，一切问题就解决了。"

众军官围上前来，拿着铁筒看了看，张副政委摇着头说："这是个啥？不就一块破铁打了个卷卷吗？就凭这么个小玩意儿就能把地下的事情搞清楚，胡日鬼哩！"

王少泉微笑着答道："别看这个小玩意儿，却是我们考古界的秘密武器，所谓'内行看门道，外行看热闹'，我们行内称这个东西为'考古探铲'，凡搞专业考古的都离不开它。这个小东西形象不咋地，神奇得很哩！"

停顿片刻，王少泉见对方仍不肯相信，又说道："在我看来，你们的雷达不就是把一块破铁弄成一个大锅，然后架到山头上乱转一气吗？这样的东西还能找到敌人的飞机，苏修美帝的飞机不是喝油而是喝干饭了。"

"我们的雷达可是现代化精密武器，神奇得很，你们这块破铁怎么能够与先进武器相提并论呢？"张副政委仍不服气地道。王家贵走上前来打着圆场说："我看都很神奇，别说了，快拾掇一下，说说明天咋个钻探吧。"

大家不再争论，王少泉把半圆形铁筒收起，与几位军官商量着在营区住宿与钻探事宜。按照计划，钻探人员必须依靠手中的这块卷状铁筒，搞清地下几十米墓葬的形制、大体年代、棺椁埋藏和埋葬器物的情形。

第二天，王少泉等一行四人来到现场。此前，雷修所已指派后勤股长胡定文协助四位专家工作。按照王少泉的要求，胡股长找来一根鸡蛋般粗细、长约丈余的杉木杆将手中的铁筒套了进去，一具完整的考古探铲就此组装完备。王少泉拿起探铲首先在墓坑中间部位钻探起来。

光滑的杉木长杆在王少泉等专家手中轻松自然地上下抽动，雷修所几位领导在旁边密切注视卷形铁筒从地下深处带出来的土质和异物。听说地区派来了钻探考古人员，地下古墓的珍宝马上就被钻出，已被调集到四周挖土的一百多名工人、社员，纷纷围将上来看个稀奇。营区的官兵怀着同样的心境，不时放下手中的工作前来观望，期待着闻所未闻的地下珍宝真的被考古人员手中的"秘密武器"带出地面，像以前看到的马王堆汉墓发掘的电影一样，令大家一饱眼福。

对于眼前的场景和心情，许多年后王少泉说："当时围观的人很多，大家显得有些紧张，部队的官兵满脸严肃、好奇、疑惑地看着我的一举一动。我偶尔抬头向四周一看，只见围观的人群一个个眼睛明晃晃的，放着一种奇特的光，死死地盯着我，就跟在电影上看到的刑场砍头场景差不多。我们似乎成了最令人瞩目的刽子手，四周复杂的目光齐刷刷地射向我手中高高仰起的那把鬼头刀，只待'咔嚓'一声人头落地，鲜血喷出，尸体扑地。面对这样的场景和目光，我的心情好像受到感染，也有点紧张与慌乱。这个慌乱当然不是因恐惧而起，实则是我对这个墓太充满期望了，如此庞大的一片面积，若在我的手里探明是一座墓葬，地下棺椁完好，墓主随葬品俱在，那是多大的幸运呵。从事考古20余年，这样的事是第一次遇到。我何德何能，苍天居然把这样一件大事交给我来做？常言道，刨坟掘墓，那是伤天害理的事，是做不得的。但我们这是公家的买卖，是堂堂正正的科学考古工作，是以保护文物为己任的，所以这样的大墓让我阴错阳差地遇到，真是不知哪代祖上烧了高香，三生有幸呵。这样想着，脉管里的血便呼呼地流窜起来，心脏承受不住呼啸的压力，心就有点发慌了。但我尽把持着自己的情绪，慢慢平静下来，不致因过分激动弄得心脏病发作……"

考古探铲在不住地抽动，铲头带出的土质为坚硬的白膏泥，土色纯净，没有其他杂物。当深入地下1.2米时，触到了木炭，木炭厚十几厘米。穿过木炭，王少泉感到手中有些震动，经验告诉他，地下木椁找到了。从探知情况分析，地下木椁的木质不但没有腐烂，而且坚硬厚实，保存良好。

王少泉怀着激动的心情拔出探铲，为扩大战果，又令李祖才和曾宪敏分别于墓坑的东、西两边及四周打了数个探孔，所得结果与中心探孔完全相同。据此，王少泉向在场的部队官兵正式宣布：下面不是三座相连的古墓，而是一墓多室的多边形特大古墓，地下棺椁尚存，没有腐朽。另外据探测所知，这座墓东西长约20米，南北宽约16米，未发现斜坡墓道，与马王堆和江陵凤凰山汉墓明显不同，可能是一座楚墓。整个面积有200多平方米，像这样规模的庞大古墓葬，不但在湖北省境内，就是整个中国也没有发现过，即使是世界上恐怕也是少见的。

这一成果的宣布，全场震动，部队官兵更是喜形于色，鼓掌欢迎。几位军官上前拿起考古探铲详细端详着，议论纷纷，张副政委有些不好意思地对王少泉说："老王，想不到这玩意儿还真神哩！"

满脸兴奋的王少泉说："你可能想不到这个东西的发明者是谁？"

洛阳铲图示

"谁？"张副政委与其他几位军官都瞪大了眼睛。"盗墓贼！"

王少泉轻轻说罢，现场一片惊异之声。

盗墓贼的传家宝

王少泉所言不虚，手中使用的大小探铲通称洛阳铲，自发明到实际应用，的确有点神奇意味。洛阳铲皆为铁质，铲头刃部呈月牙形，剖面作半筒形，有大小不等的多种型号，长度一般在20～40厘米，直径5～20厘米。考古人员应用的铲头多为长30厘米，直径6厘米。这种型号的洛阳铲装上富有韧性的木杆后，可打入地下十几米甚至几十米，提起后，铲头的内面会带出一筒土壤。通过对土壤结构、颜色和包含物的分辨，可以判断出地下有无古墓，墓内棺椁状况及陪葬品等情况。此类探铲之所以又称洛阳铲，是由于产地是洛阳且由当地人发明。

作为沿革千余年的九朝古都，洛阳长期是中国古代的政治、文化中心，历代有权有势的帝王将相、达官贵人，连同在一旁敲边鼓的士大夫，梦想死后仍像活着时一样骑在劳动人民头上做官当老爷，作威作福，因而极为重视墓穴的修建和厚葬，直弄得洛阳四周古墓遍地，多如牛毛。其中等级最高、密度最大的墓葬区便是洛阳郊外的北邙山。这片看上去并不算雄奇俊秀的山冈，在相当长的一段历史时期内，被视为埋藏死人的风水宝地。自东周开始，一代代豪门显贵无不以死后葬于邙山为最高荣幸，凡有权势者生前便请风水先生赴邙山踩点探穴，抢夺地盘建造坟墓。到了唐代，整个邙山已是陵墓遍布，难有插针立锥之地了。唐代诗人王建游洛阳时，曾有一首《北邙行》诗作传世，内中道出了当时的情形："北邙山头少闲土，尽是洛阳人旧墓。旧墓人家归葬多，堆着黄金无买处。"此诗的水平并不咋地，近似蒙学馆牧竖的水平，如此拙劣的句子之所以能流传下来，完全得益于所记载的这段真切朴素的历史史实。也就是说，在王建活着的那个年代，邙山墓葬之多之盛之拥挤的程度，已到了拿着一堆黄金都买不到一块停棺之地的程度了。

宋代释法泉的《北邙山行》亦对坟墓的混乱情形多有描述

很显然，地老天荒的邙山不再像割掉的韭菜一样疯长，而蝗虫、老鼠、屎壳郎一样活蹦乱跳，摸爬滚打的贵族士大夫，却在连绵不绝地伸腿断气，一代又一代连绵不绝地向邙山云集而来。面对这种紧迫逼仄的情形，后来者的处理方式是，或明或暗地将时代久远的墓葬挖开，索其财物，抛弃骸骨，占其地盘，然后将地下穴位重新装修、粉饰一遍，即可令新一轮死者入住其中。这样的例子多如牛毛，史载不绝。如《太平广记》卷三八九，引《搜神记》王伯阳的故事，谈到了王伯阳占用鲁肃之墓入葬自己妻子而受到墓主惩治的例证：

王伯阳家在京口，宅东有一冢，传云是鲁肃墓。（王）伯阳妇，郗鉴兄女也，丧，王平墓以葬。后数日，（王）伯阳昼坐厅上，见一贵人乘肩舆，侍人数百，人马络绎。遥来谓曰："身是鲁子敬，君何故毁吾冢？"因目左右牵下床，以刀镘击之数百而去。绝而复苏，被击处皆发疽溃。数日而死。

又如《南史》卷六五《陈宗室诸王列传·始兴王叔陵》

记载，陈叔陵生母彭氏去世，"晋世王公贵人，多葬梅岭，及彭氏卒，（陈）叔陵启求梅岭葬之，乃发故太傅谢安旧墓，弃去灵柩，以葬其母。"此处明确道出陈家之母强占了东晋杰出政治家、一代名宦谢安墓穴之事。

随着唐末战乱，豪杰并起，烽火连绵，豪门权贵纷纷跑到邙山刨坟掘墓，抢夺地盘。每有人抢占一块风水宝地，就可能引起一个或几个家族的火并。以后每逢战乱兴起，便有军阀与恶势力为争夺邙山地盘，引兵领将，操枪弄炮与对方血战。每当纷乱局面形成，蛰伏在四周山野村寨的盗墓者，便如同冬眠的菜花蛇盼来了三月春光，纷纷从幽深的洞穴露出头来，摇动头颅筋骨，然后"嗖嗖"蹿跃而出，直奔邙山而来。一时间，盗墓之风兴起，整个邙山由豪门贵客死后的乐园，一变而成为盗墓贼招财进宝的储备仓。不论是旧墓新墓，只要盗墓者感到有利可图，便想方设法予以打洞钻眼，加以盗掘。面对墓穴被凿，尸骸被抛，财宝尽失，整个邙山千疮百孔，一片狼藉的惨状，那些抢占他人墓穴，鸠占鹊巢者的后世子孙，无不痛心疾首，呼天抢地，在祖宗散乱的尸骸前徒叹"奈何！奈何！"。

中国是传统的宗法社会，坟墓曾经是维护祖先精神权威，体现宗族凝聚力的象征。保护冢墓，久已成为一种道德准则。唐人杜荀鹤诗所谓"耕地诚侵连冢土"，表明这种道德规范对社会底层的劳动者也形成了一种无形的道德约束。因盗墓者扰乱了既有的社会秩序，伤害了被盗墓主后世子孙的感情，对建立和谐社会形成了危害。因而，历代朝廷对陵墓总是采取保护政策，包括道德宣传、立法禁止和守陵护墓。对盗墓者采取不同程度的打压和震慑，盗墓严重者可引来杀头之祸。先秦时，朝廷已制定了禁止盗墓的法律条文，如《吕氏春秋》记载，对"奸人"盗墓，"以严威重罪禁之"。秦汉时期同样遵循这一法律，以后历代朝廷又对这些条文不断改进修订，且对盗墓者的惩处越来越严厉。例如，唐王朝规定，凡有大赦令，其中十恶忤逆和开发坟墓等均不得包括在赦内。《唐律疏议》对"发冢之罪"专门定有刑名条令，按照发掘破坏程度定罪刑之轻重，轻者处以徒刑，重者处以绞刑，甚至"毁人碑碣及石兽者"，也要判处一年徒刑。宋元时期基本上维持了这一法律制度。当历史进展到明代，皇家对陵寝的保卫，采取了比以往更为严密的制度和措施。《大明律》中规定，凡盗掘陵墓者，一律以谋反罪论处，不论首犯从犯，统统处以"凌迟"极刑；凡是盗窃陵墓祭器帷帐、玉帛牲牢馔具者，一律斩首示众；如果胆敢盗伐陵区内的树木，不仅本人要被斩首，连亲属也要发配边疆充军。当然，以上是指盗掘、破坏皇家陵寝，但有明一代，对民间墓葬也明文予以保护，对盗墓者的惩治也相当严厉。

就洛阳邙山一带的情形而言，宋之后，除了改朝换代的大战乱和农民造反起事，邙山墓葬的破坏率相对较低。继唐末战乱时期的一次大破坏，真正遭到大规模、毁灭性的盗掘破坏，发生在晚清垮台之后。

1912年9月，北洋政府与比利时签订修建1800公里陇海铁路的借款合同，以汴洛铁路为基础向东西方向展筑，两段工程于1913年5月同时开工，铁路经过邙山南麓。在工程施工过程中，邙山周围一批古墓遭到毁坏，大量珍贵文物被挖出。随着文物流散于市场，引起了欧洲人极大兴趣，趁机大肆收购。盗墓贼一看财大气粗的洋人已卷入了这个浑浊不清的圈子，且出手阔绰，吞吐量巨大，遂闻风而动，迅速云集邙山与周边地区疯狂盗掘古墓。在时势浸染与金钱的双重诱惑下，当地一些村民也乘虚而入，揭竿而起，与盗墓贼合兵一处，争相加入刨坟掘墓大军之中。后来北京、上海、广州等地的古董商人和洋人得此消息，纷纷从四面八方云集洛阳，坐地摆摊收购文物，从而引发了整个洛阳甚至中原地区的盗墓狂潮，其盗掘规模之大，出土奇珍异宝之多、之重，震动世界。

当然，邙山虽然古代墓葬分布稠密，但到晚清之时，已非唾手可得。由于年久日深，长期的雨水冲刷、树木砍伐、翻坑倒坑（挖出别人的尸体，另行埋葬自己亲人的尸体），以及平地耕作播种等等，大多数坟丘的封土已荡然无存，地面也已无痕迹可寻，要找到一座贵族墓葬的准确位置并非易事，一方面要靠人的技术、经验，另一方面要靠制作灵巧适宜的工具。据可查的资料显示，明代之前，民间盗掘工具大多为锹、镐、铲、斧，外加照明的火把、蜡烛等。通常情况下，盗墓者凭着以往的经验，对可能是大型坟丘的地方用铁锹之类的工具下挖一个小坑，通过土质、土色来辨别墓坑的有无、位置、大小。每一个盗墓贼都知道，墓坑内的填土一般称为熟土，也称为墓土或五花土，与未经扰动过的生土相比有着明显的区别。所谓的熟土，就是经过人为扰动的土壤，其特征是土质较杂，相对疏松。凡大型墓葬的填土一般都经过夯打，有夯层和夯窝，有的填土内还有人类生活的包含物。生土较为纯净，给人以鲜活、板结之感，没有人类生活遗存痕迹和包含物。这些特征

第二章 探铲下的古墓

都是判断是否为古墓葬的重要依据。

尽管对土质、土色和墓坑位置能够分辨区别，但对墓坑的深度，此前是否有人盗掘过，盗坑在哪里，盗掘的程度如何，坑内棺椁是否尚存，等等，皆无法在盗掘前做出判断，非用铁锹挖到一定程度甚至深入墓底不能知晓。要盗掘一座墓葬，用铁锹直接挖掘打洞，操作起来并不轻松，除了费力费时，更重要的一点是，要想在单位时间内挖到墓室极其困难，但又不能拖得太久。更为不利的是，当盗洞打入墓室时，却发现是个假墓。即使是真墓，但此处早已被同行提前光顾过，墓内器物洗劫一空。另外还有一个无法解决的问题，那便是只凭挖掘小型盗洞，无法提前预知墓葬的规模，除非来个大揭盖，深入地下几米或十几米，但这对必须极端讲求时间和效率的盗墓者来说又是不可能的。于是，盗墓者开始在工具研究上深入钻研琢磨，以求改进的妙法。

事实上，自明代开始，盗墓者就对盗墓工具进行了一次飞跃式改进，开始使用一种新型的探测工具——铁锥。这种新式工具的出现，使盗掘者仅以地面残存标志，如封土、墓碑、下陷土坑等为寻找目标的时代一去不复返。盗墓贼们利用特制的铁锥，在可能埋藏古墓的地方，任意向无标志的地下探索，根据锥上带上来的泥土和金属气味，判断古墓方位，然后再用铁锹等工具挖洞盗掘。

明代时候的科学家宋应星写了一部图文并茂的科学巨著《天工开物》，其中第五卷专门讲述手工业制盐方法与程序。讲到四川的井盐采取时，宋应星说："凡蜀中石山去河不远者，多可造井取盐。盐井周圆不过数寸，其上口一小盂覆之有余，深必十丈以外，乃得卤信（南按：即盐层的信息），故造井功费甚难。其器冶铁锥，如碓嘴形，其尖使极刚利，向石山舂凿成孔。其身破竹缠绳，夹悬此锥。每舂深入数尺，则又以竹接其身，使引而长。初入丈许，或以足踏碓梢，如舂米形。太深则用手捧持顿下。所舂石成碎粉，随以长竹接引，悬铁盏挖之而上。大抵深者半载，浅者月余，乃得一井成就。"在多幅"作咸"图中，《蜀省井盐一》乃一幅凿井图，绘一人立于小河边，双手执"刺锥"，在地上凿小孔，"刺锥"上为竹竿，下边颇像现代探铲。井盐的生产起始很早，"刺锥"的发明与使用当早于明代。从画中描述情形看，虽是开凿四川盐井，但人物手持工具和现代洛阳铲的操作几

043

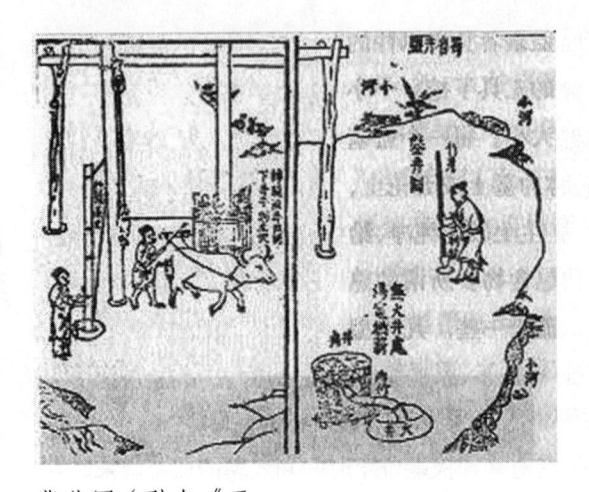

凿井图（引自《天工开物》，〔明〕宋应星著）

乎一模一样，令人惊叹。

明代万历年间，浙江临海县人王士性（字恒叔，号天台山元白道人），万历五年（1577年）进士，授确山知县。万历九年（1581年），升礼部给事中。后历任河南提学、山东参政、都察院右佥都御史、南京鸿胪寺正卿等职。此人一生性喜游历，凡所到之处，对地区风物，广事搜访，详加记载，悉心考证，并成著作，有《五岳游草》《广游志》《广志绎》诸书传世。其中，《广志绎》包含丰富的地理学思想与地理学资料，较具体、全面地阐明人地关系理论，被誉为"古代人文地理学的开拓者"。在提到当时洛阳邙山盗墓情景时，王氏说："洛阳水土深厚，葬者至四五丈而不及泉。""然葬虽如许，盗者尚能以铁锥入而嗅之，有金、银、铜、铁之气（味）则发。"由这段记载可以看出，当时盗墓者使用的铁锥可深至地下数丈，并且能带出地下器物的气味，盗墓贼凭着对气味的分析，判断墓葬内器物的有无，并决定是否盗掘。这个凭借气味判断的方法，显然比先前直接用铁锹开口有了进步。只是这铁锥碰到地下金属和漆木器时，才可通过摩擦产生并带出气味，这种气味相当微弱，若无嗅觉灵敏和相当经验者，难以据此寻出蛛丝马迹。倘若铁锥遇到瓷器等陪葬物品，几乎无气味可嗅。而一旦地下墓坑为泥水所浸，即使是嗅觉异常灵敏的猎犬，恐怕也只能干瞪着眼望锥兴叹了。面对这诸多的不便与一次次半途而废或最终成为泡影的结局，促使盗墓者必须想方设法改进盗掘的方式、方法，寻找更为便捷有效的盗墓工具。于是，在技术上具有革命性意义的工具——洛阳铲便诞生了。

第二章 探铲下的古墓

一个广为流传的说法是，最早发明洛阳铲者，是一个叫李鸭子的人。此人家住邙山南麓、洛阳东郊马坡村，生于1873年，卒于1950年3月8日。李氏自幼家贫，没有进过一天学堂，小的时候以替人放牛、割草为生，村人不知其名。及长，村人见其腿脚不甚灵便，走起路来有点蹩，看上去如同鸭子走路，乡人乃呼之曰"小鸭子"。随着年龄增长，因其祖辈姓李，乡人又呼曰"李鸭子"。从风水学上观察，这位李鸭子所住村庄乃龙凤交配之地，东边和东南边是东汉的陵墓区，西边是北魏的陵墓区。村子的周围，包括村子内和村庄西南部，是成片的西周贵族墓地。离村庄西边不远处，有一名为青菜冢的地方，据说是三国时司马懿的墓葬。光绪年间，乡人在村子南边农田掘出了一个大墓，里面有青铜鼎、青铜盘等大批青铜器物，还有一辆青铜战车和青铜战马，可惜所有出土器物下落不明。这样一个特定的地理环境，自是盗墓者梦中的天堂，也是盗墓行业滋生发展和人才辈出之地。

李鸭子家境贫寒，娶妻成家后便以赶集做小生意谋生，以卖包子为主业。当然，这只是公开的职业，还有一份不宜公开的地下职业是盗墓。此时，在邙山一带的村庄，盗墓者成群结队，如司马迁在《史记》中所说的中山国人"起则相随椎剽，休则掘冢"，其"作巧奸冶"的勾当属于公开的秘密，但对外还是小心谨慎，不敢张扬，以免引来牢狱之灾和杀身之祸。李鸭子盗墓，使用的工具自然也是传统的铁锹、铁锥、铁斧等等，这些工具的局限性同样令李鸭子感到不满，便琢磨着如何加以改进。尽管李氏腿脚不甚灵便，且未进过一天学堂，但此人头脑灵敏，心眼活，点子多，属于当地三乡五里的能人，中原盗林中的高手。就在他反复琢磨而不得要领时，一个偶然的机会出现了。

话说1923年春天，李鸭子到孟津县①赶集，正在一个小铺前喝牛肉汤，对面卖水煎包子的偃师马沟村人正在搭棚子。几个人拿了一个铁铲在地上戳一个小洞，打洞的工具引起了李鸭子的兴趣，便静心观看。只见这个东西每往地里戳一下，就能带起一些泥土。李鸭子感觉到了什么，起身上前仔细观察，发现这个铁铲是半圆形，带出的泥土仍保持着原来的地层结构。这个现象使他联想起平时看到骡马行走，铁蹄经常带起一些土来。两相对照，灵感忽显，李鸭子当即意识到半圆形的铁器，要比平时使用的铁锥、铁锹更适合探找古墓。回到家后，李鸭子比照着那个搭棚子的工具做了个纸样，找到邻

民国时期偃师的馒头包子铺（偃师博物馆藏并提供）

村张铁匠让其按图打制。六十多岁的张铁匠是个本分人，一生信奉的教条是老老实实做人，堂堂正正做事，流自己的汗，吃自己的饭。看到李鸭子拿来的这个结构图和对方神秘兮兮的样子，立即猜到可能是为盗墓所用。张铁匠平时对盗墓之人虽无强烈的恶感，但顾及自家铺子的名声，不太愿意与其同流合污，遂婉言谢绝。因张铁匠的手艺远近闻名，且相互熟悉，小心谨慎的李鸭子为防泄露其秘密，不愿再到别处张扬，索性一咬牙，许给对方一个大洋。张铁匠见对方开价丰厚，遂勉强答应并照葫芦画瓢地打制出一把半圆形铁铲。李鸭子拿着这个新式武器回家装上一根木杆，在自家院内一试，果然效果奇妙。每向地下钻插一下，就可以进深三四寸，往上一提，就能把地下卡在半圆口内的土层原封不动地带上来，内中的土色与杂物清晰可辨。更让他得意的是，没有多久就深入地下几米，打出了一个茶碗般粗细的深洞——第一把探铲就此问世。

神奇的洛阳铲一经问世并在实践中应用，探墓效果显著，很快在盗墓业内传开。张铁匠的生意因此大加兴隆，发了一笔横财，据说一个月就赚了三百多块大洋。因这种铲子直径较小，主要用于打洞勘探，当地人取名"探铲"。又因此铲是在洛阳地区问世并首先使用，又称之为"洛阳铲"。

从明代的铁锥到民国初年的洛阳铲，是中原地区甚至整个中国北方盗墓贼使用地下探测工具的一次革命性飞跃。中国北方特别是洛阳、关中地处黄土塬区，水位深、土层厚，盗墓贼可对提取的不同土层的土壤结构、颜色、密度和各种包含物进行分析，如果是经过后人扰动过的熟土，地下就可能有墓葬或古建筑遗迹。如果包含物中发现有陶瓷、铁、铜、金、木质物，就可以推断地下藏品的性质和布局。经验丰富的盗墓贼仅凭洛阳铲深入地下所碰撞的不同声音和手里的微妙感觉，便可判断地下的情况，如夯实的墙壁和中空的墓室、墓道自然大不一样，所传出的信息也就有所区别。一把洛阳铲，刺破阴阳界，洛阳地区四邻八乡的村民见这一神秘器具如此轻巧便捷，探找墓葬既快又准，省时省力，于是纷纷效仿，呼呼隆隆地加入盗墓队伍之中。自此，历经劫难的邙山又掀起了新一轮盗掘狂潮。民国十七年（1928年），南京古物保存所所长、考古学家卫聚贤赴洛阳考察，专门调查了邙山一带的盗墓情况，对盗墓者使用的工具做了详细描述。在其所著《中国考古学史》一书中，卫氏说，盗墓者"用铁铲曲为多半圆洞形，置长木柄，在地上隔五尺凿一洞，因持铲凿地，土攒入铲中，用手将土取出，看土为活土死土。所谓死土，即天然的地层，活土是地层混乱，地层混乱由于曾掘地埋人，将土翻过所致。遇见活土，凿能容身的大洞而下，十九必得古物。"[②]

1935年12月14日，《中央日报》（南京国民政府中央机关报）报道了邙山一带盗墓情形："俗语云，'洛阳邙岭无卧牛之地'，其陵墓之多，可以想见，惟是大小陵寝，皆为先民遗迹，历史上之价值，何等伟大，乃近有不逞之徒，专以盗墓为事，昏夜聚集，列炬持械，任意发掘，冀获微利，不惟残及白骨，抑且影响治安。近更变本加厉，益肆披猖，入土新柩，亦遭盗发，抛露棺椁，残毁尸骸，倘系贫户茔葬，白骨尸身，辄扬晒墓外，以泄盗墓者徒劳无获之恨……"

民国二十五年（1936年），中央古物保管委员会委员、地质学家袁同礼前往洛阳查勘盗墓情况，他在提交的报告中说："洛阳为吾国旧都，古迹甚富，城北城东，古墓尤多。近十余年来出土古物，以铜器为大宗。土人以大利所在，私行盗掘者，几成一种职业，并发明一种铁锥，专做采试地层之用。沿城北邙山一带，盗掘痕迹，不计其数。……其参加工作者，共二十余人各执铁锥，分区探试，偶有所获，则欢呼若狂。"[③]

袁氏所说的"铁锥"，已非明代发明之物，实乃李鸭子发明的洛阳铲。事隔三年，河南大学校长王广庆已说得极为清楚。王氏1939年所著《洛阳访古记》载："近日掘古物用器，名为瓦铲，重七八斤，铲端铁刃为筒瓦形，略如打纸钱之圆凿，围径约三寸而缺一口，后施长柲，用以猛刺土中，土自铲心上出，顷刻之间，凿穴深可寻丈。……先以上述长柲瓦铲，锥地取土，验其色质。其土层色质松散而不规则者，知为古代已动之土，古物往往出焉。其坚整而纯一者，则原始老土，决其必无所有，乃易地再掘焉。然即散土地区中，亦有为水道或农人耕垦之遗迹，不必皆有所得。"王氏为洛阳新安县人，近代知名学者，其考察所记尤为朴实。

洛阳铲发明后所引起的现代化盗墓狂潮，随着民国时期时起时伏的军阀混战，以及抗日战争爆发，一直没有消停。鲁迅在1934年撰写的《清明时节》中，曾论及人与坟在精神层面上的关系，并兼及历史上的"掘坟"和邙山墓冢被盗之事，文曰：

洛阳铲形状

相传曹操怕死后被人掘坟，造了七十二疑冢，令人无从下手。于是后之诗人曰："遍掘七十二疑冢，必有一冢葬君尸。"于是后之论者又曰：阿瞒老奸巨猾，安知其尸实不在此七十二冢之内乎。真是没法子想。

阿瞒虽是老奸巨猾，我想，疑冢之流倒未必安排的，不过古来的冢墓，却大抵被发掘者居多，冢中人的主名，的确者也很少，洛阳邙山，清末掘墓者极多，虽在名公世卿的墓中，所得也大抵是一块志石和凌乱的陶器，大约并非原没有贵重的殉葬品，乃是早经有人掘过，拿走了，什么时候呢，无从知道。总之是葬后以至清末的偷掘那一天之间罢。"

很显然，晚清以至民国时期邙山之墓惨遭盗掘，李鸭子发明的洛阳铲起了"帮凶"的作用，无形中助长了盗墓者的气焰，加剧了地下遗物的损失和毁坏。但就洛阳铲本身的是非功过而言，正如二战时美国扔到日本广岛的原子弹一样，核弹本身毁灭了数十万日本岛民的性命，却也靠其巨大的震慑力，促使日本天皇宣告投降，从而又使许多人避免了无辜的流血牺牲。洛阳铲神奇的功用，通过盗墓贼的亲身示范，逐渐引起了考古学家的注意。随着考古学在中国的兴起，洛阳铲从盗墓贼手中进入田野考古工作者行列，并成为考古人员不可或缺的钻探墓葬与遗址的专用工具。

1952年和1954年，国家文物事业管理局会同北京大学历史系考古专业、中国科学院考古研究所，在洛阳联合举办了两期全国考古钻探训练班，全面推广了李鸭子发明的这一新式探测工具，并正式将其命名为洛阳铲。在学习期间，训练班请洛阳具有丰富经验的老探工进行示范，要求每一个学员对这一工具必须学会操作技术并熟练地运用。学员们结业时，给每人发三把洛阳铲，作为先进"武器"带回各自所在单位应用。有的女学员在短短几个月内未能熟练掌握洛阳铲的操作技术，为了普及这一新型的工具，由国家文物局出面联系，从洛阳雇一些探工师傅到当地去继续指教。至此，洛阳铲由本地区的一个盗墓工具，一个翻身改变了它的历史用途和地位。随着这一新式工具在考古钻探中发挥的作用越来越大，洛阳铲很快遍及全国各地的考古队，并且被列入了全国大专院校考古学教材，明确指出考古人员在钻探时必须使用洛阳铲。灰不溜秋的洛阳铲身价倍增，由黑暗肮脏的小土屋一步登上大雅之堂，成了中国考古界最具标志性的象征。1972年9月，著名考古学家夏鼐、王仲殊率领中国考古代表团赴阿尔巴尼亚参加第一次伊利里亚人学术研究会议，赠送给东道主的礼物，就是一把打造精致的洛阳铲。从此，洛阳铲走出国门，为世界同行广泛所知。

中国北方使用洛阳铲进行考古钻探的情形

洛阳铲虽然已在中国各地考古界普遍应用，但因只能手工制造，其制作工序有二十多道，而最关键部位是成型时打造的弧度。这个颇有点神秘的弧度，若没有相当功力和经验不能为之，稍有误差，打出的铲子就带不上土，或只能带半铲土，导致土层错乱，阻碍准确判断。因而，全国考古界所用洛阳铲，仍然要依仗它的发源地——洛阳市东郊。自1955年起，此处有四五家手工作坊，常年开设红炉打造，制出的洛阳铲一批又一批销往全国各地。无论是北方的内蒙古，还是长江、湘江沿岸的湖北、湖南省，或南方的两广地区，考古界所用的洛阳铲，无一例外来自洛阳市东郊手工作坊。因全国各地考古界需大量用洛阳铲，洛阳东郊红炉一时无法满足需求，遂按国家文物局的意见，各省文物考古机构统一购买，先下发到地区一级文博部门应用。至于县一级单位的考古人员，还一时无法享受这一"待遇"。因而，王少泉等一行在擂鼓墩所使用的洛阳铲，只能从襄阳市博物馆带来，而随着这一稀有之物在现场的实际应用，才引起了现场官兵的好奇与惊叹。④

当然，洛阳铲所发挥的作用和显示的神奇才刚刚开始，真正的好戏还在后头。

发现盗洞

3月19日，根据王少泉电话汇报的钻探情况，湖北省博物馆副馆长、考古队长谭维四，率领从江陵纪南城调集而来的技术人员王正明、陈锡岭，携两根探铲匆匆赶往随县。此时，随县方面的领导者已得知擂鼓墩大墓经钻探已正式确认，立即重视起来，态度大变。县委宣传部部长韩景文，县文教局局长王君惠，副局长熊存旭、周永清，文化馆副馆长王世振等相关的各级领导人，陪同谭维四一行乘车抵达擂鼓墩雷修所营区。在与部队几位首长见面并做了简短交谈后，开始勘查现场。

谭维四详细查看了暴露的痕迹，挖出的土层、土质，以及钻探的资料，又亲自拉着皮尺对墓坑做了测量，情况大体清楚。王少泉所说不虚，这是一座"岩坑竖穴木椁墓"，即先在红砂岩山包上开凿一个竖穴以为墓圹，然后在圹内置木质棺椁，再用泥土回填，层层夯筑，在夯筑层的中间又铺了一层大石板，以巩固墓顶。谭维四还看到，钻探出的几块椁板木屑之上，附有竹席残片，淡黄色的残片在阳光下泛着亮光，如同刚刚编织完成。这个奇特的迹象很可能意味着整个墓葬并未遭到盗掘，并像马王堆汉墓一样，随葬品完好如初地保存于地下宝库之内。想到这里，谭维四惊喜不已，当场握住郑国贤的手说："你们这次可是帮了我们的大忙，为国家立了大功了！"

众人来到雷修所三楼会议室召开座谈会，商量下一步工作事宜。听了雷修所几位领导简单介绍这座古墓的发现情况与采取的措施，谭维四深为感动，再次表达了自己的感激之情。因谭维四此次代表省里考古权威部门而来，部队方面急于想知道这座古墓是否发掘，发掘之后厂房是否还能继续施工。而县里的几位领导又想从这位著名考古专家的嘴里，探知是否会有像长沙马王堆、江陵凤凰山汉墓那样的尸体和重要文物出土。谭维四尽管觉得自己只是走马观花地看了一遍，要回答这些问题为时尚早，但必须适当地说出自己的判断和意见。于是，他以一个优秀考古学家的眼光与判断力讲道："首先肯定王少泉等同志的钻探结论是正确的，这是一个古墓，郑所长、王副所长等同志所一直担心的'褐土之谜'算是正式解开了。结构方面，从岩石上直接向下凿墓坑，这在湖北省是首次见到，就椁室而言，比大家看过电影的马王堆出土女尸的一号汉墓大六倍，比江陵出土越王勾践剑的望山一号楚墓大八倍，比凤凰山出土西汉男尸的168号墓大十四倍。如此庞大的岩坑竖穴木椁墓，在湖北省是第一次发现。从

长沙马王堆汉墓内部形状与棺椁情形（湖南省博物馆提供）

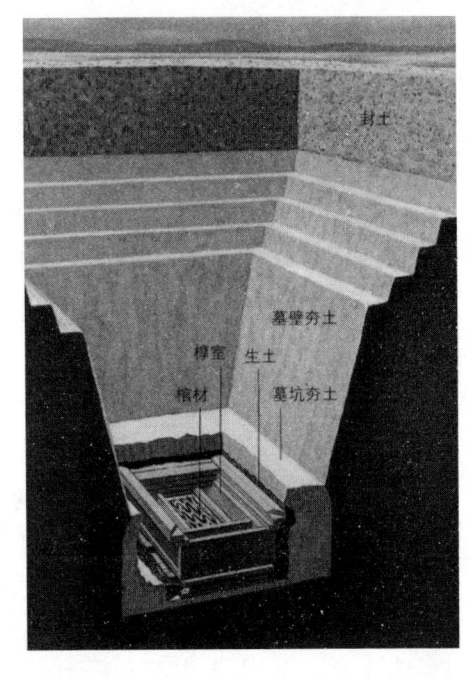

钻探出的木屑与竹席残片看，棺椁保存情况较好，如果没有被盗，肯定会出土大批非常重要的文物，出土尸体的可能也是有的。"说到这里，围坐的众人皆露惊讶之色，几年前，马王堆与凤凰山汉墓的发现就已经轰动世界，想不到在自己眼皮底下，又突然冒出了一个比前两座墓葬分别大六倍和十四倍的特大型古墓，这个数字和前景，简直难以令人想象。如此庞大的古墓，该有多少金银财宝埋藏其中呵，如果是夫妻合葬墓，说不定一下出土两具完好的尸体，这又会造成多大的影响呵！

众人的情绪显然被辉煌的前景调动起来，议论纷纷中，谭维四继续讲道："这个墓就是楚墓也好，汉墓也好，因墓口和填土绝大部分已遭破坏，没法继续保存，必须尽快进行抢救性发掘。工程要停工，至于厂房是否还在这里盖，要看发掘后的情况才能最后确定。当然，古墓不是随便挖的，这不是闹着玩的事，我们也没有这个权力，必须报国家文物局批准才能行动。现在要做的，是在原有的基础上继续勘探，把地下的情况探得更清楚更准确一些，要连夜勘探，力争在一两天内完成，然后上省里和中央汇报，提请准予抢救性发掘。"

谭维四一席话讲得大家热血沸腾，地方和部队领导皆表示全力支持这一工作，雷修所提供一切发掘物资，并派人参加钻探和后勤保障工作。

散会之后，谭维四等人在雷修所营房住下。吃过晚饭，工地现场挂起了电灯，考古人员开始挑灯夜战，4根探铲从不同方位往下打眼。因工地中有一个水塔压住了墓坑东南部一角，根据谭维四指示，两根探铲着重探其四周，以探明塔基与墓坑的关系。想不到探铲刚深入地下两米多深，阴沉的天空下起了蒙蒙细雨，高出河畔几十米的山冈，北风呼啸，寒气袭人。雨越下越大，风越刮越紧，人站在山冈上开始打哆嗦，无奈中，只好拔出探铲，收工回营。

次日，风雨未停，急不可待的考古人员身披雨具来到现场继续进行钻探。除探明水塔四周情形外，对墓底椁板的深度、铺排情况还需全部搞清。经过一上午的努力，弄清了墓坑的准确形状与椁室的深度，以及椁板的铺盖方法，掌握了填土与地层关系，绘制了平面图。令考古人员有点不可思议的是，此墓形状极为特殊，坑口呈不规则多边形，这样的形状在湖北省境内属首次发现。靠水塔的部位，墓坑内的椁盖板离地平面最深处不到2.5米，而

第二章 探铲下的古墓

中部靠东部位东室与主室交界处一字排开连打4个探孔，均在70~80厘米深处见到木椁。面对这一情景，谭维四大为震惊，看着出土的木屑与木椁上的竹席残片，脱口而出："好险，这可真是千钧一发呵！"

身边的王少泉以同样的心境接话道："要是部队不及时发现和采取措施，在施工中控制炸药用量，若按文化馆前来察看的人所说的那样没关系，继续放炮轰炸，别说这个墓坑，就是藏在下面的棺椁也早已五马分尸了。若墓主尸体完好，也一同坐着土飞机上西天了。"言毕，看看身旁的王世振，对方低头不语。

"真是不幸中的万幸，解放军真不愧是人民的子弟兵呵！"谭维四说罢，转身对众人道："下午着重探查有无盗洞，要是没有被盗，那可真是万万幸了。"

排查盗洞的钻探方法与寻找墓坑坑壁与棺椁方位的钻探又有所不同，必须在整个墓坑上部和四周打梅花探眼，方能将盗洞查出并不致有遗漏，这自然是一件细中又细的工作。考古人员经过一个下午的钻探，希望其无又一直担心的事情还是发生了。

就在墓中间偏北的部位，省博物馆的陈锡岭手持探铲刚打下半米深，感到有些不对劲儿，继续下探，手的感觉与其他地方有些不同，尽管这处不同异常微小，微小得难以用手感觉，只能用心灵感应，且这种感应稍纵即逝，但富有钻探经验的陈锡岭还是及时捕捉到了这一从地下土层中传出的信息。

"不对劲儿呵，是不是探得盗洞了？"陈锡岭于迷惑诧异中，情不自禁地叫了起来。尽管他的声音不是很大，且有些自言自语的意味，却如同在风雨交加的现场扔上了一颗炸弹，"咚"的一声引爆开来，所形成的巨大冲击波，使每一个在场者都感到了心灵深处的震颤。

"盗洞？！"众人纷纷抬头转身，面带惊恐之色围拢过来。

"是扰土，很有些不妙！"陈锡岭将拔出的探铲铲头平放在地下，让谭维四等人查看。众人看罢，皆沉默不语，谭维四站起身，面色沉重地说："是有些不妙，再探探看，争取在天黑之前探个清楚。"

陈锡岭复把探铲插入探孔，双手持杆，一上一下，娴熟轻巧地钻探起来。根据谭维四指示，钻探手李祖才也持铲前来钻探。

天渐渐暗了下来，阴沉的天空又下起了蒙蒙细雨，凄厉的北风在山冈掠

旷世绝响

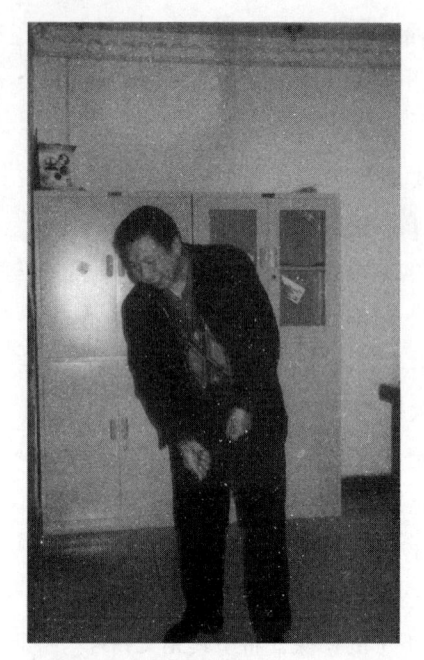

李祖才在襄樊市（现襄阳市）博物馆向作者讲述当年在曾侯乙墓钻探时发现盗洞的情形（作者摄）

过，众人感到彻骨的寒冷。凄风苦雨中，考古人员身披雷修所胡股长送来的雨衣，将目标全部集中在这个可疑的盗洞之上。

当陈锡岭手持的洛阳铲深至1.8米时，一铲触到了木椁板，再一铲打下去，触到了石块，表明木椁板与石块挤压在一起。此时，李祖才的探铲已触到巨石，铿锵不能进。拔铲做倾斜状继续下探，铲头正好从一块木椁板与巨石中间穿过，"噗"的一声插入墓坑之内。待把洛阳铲拔出，一股混浊的水流喷涌而出，众人大骇，纷纷退避。

情况已经基本明了，眼前就是一个盗洞，且这个盗洞不偏不倚，就打在中室部位，如果估计不错，这个室当是主要存放陪葬品的地方。所探到的三块巨石与木椁夹杂在一起，是盗墓贼凿断椁板之后，上面的石块跟着下塌，然后插入棺椁之中，这便有了石块与木椁板夹堆砌在一起的情形。除了标明此处是一个盗洞，根据水流突然喷出的现象，可以断定，整个墓坑内已积满了水。至于水是从盗洞灌入，还是坑内因渗漏而积聚不得而知。但无论如何，既发现盗洞又见积水，这对下葬的墓主和陪葬的器物，都是《易经》卦相上"主大凶"的预兆。

夜幕就要降临了，众人像霜打的茄子立在盗洞旁，在风雨中摇摇晃晃，沉默不语。谭维四抬手抹了一把脸上的雨水，轻轻叹口气，以悲壮的语气轻轻喊道："锡岭、祖才呵，把喷水的洞口用石块堵住，全体人员收工，明天再详细勘察。"

一阵大风呼啸着掠过山冈，将众人扫了个趔趄。雾气飘荡中，一个响雷在摇鼓墩上空炸响，雨更大了，一个不祥的阴影向考古人员的心头笼罩而来。

注释：

①因本书写作时间较早，书中所涉及的部分行政区已改变，为尊重作者意愿，书中部分行政区以作者写作时的行政区划分为准。——编者注

②卫聚贤《中国考古学史》，商务印书馆1937年版。

③载《燕京学报》第21期，1936年。

④随着时间推移，一般的洛阳铲渐被淘汰，考古界所用的探铲，在洛阳铲的基础上加以改造，分重铲和提铲（也叫泥铲）。由于洛阳铲铲头后部接的木杆太长，改用螺纹钢管，半米上下，可层层相套，随意延长。若出外勘察古墓葬或遗址，可将钢管拆开，背在双肩挎包里，减去了携带的麻烦。与此同时，盗墓贼也与时俱进，根据不同的墓葬用不同的探铲，如探汉墓时用洛阳铲演变而成的重铲；盗掘唐墓时用扁铲，也就是类似《水浒传》中鲁智深用的月牙铲；因汉墓多为竖穴坑，且多有塌陷，进入墓室捣土时用滚叉和撇刀。到了20世纪90年代，盗墓者的方法、技术、工具渐渐演变得现代化、智能化、集团化。其勘探时用军用罗盘、探测仪，或者更先进的探地雷达、金属探测仪、气体分析仪等等。盗掘时用雷管、炸药，甚至用挤压式手雷。一个手雷可炸出深约三米，直径仅能容身的竖式洞穴。连续向同一地点投放几个手雷，可深至十几米的墓室，且洞穴因两边的土层受到挤压收缩而不会塌陷。运输时用摩托车或汽车，通信工具则用手机。盗墓者对古墓葬的破坏，已超过之前的十倍，甚至百倍。

第三章 从随县到北京

旷世绝响

梦想与光荣

这一夜，谭维四躺在行军床上睡不着了。风雨拍打着窗子砰砰作响，墓坑中发现的盗洞一直在眼前晃动，恍惚中似是墓中主人在窗外来回走动，欲向他透露一个湮没了千年的秘密。内心的烦躁和忧虑令谭维四索性披衣坐起，眼望窗外，想平静一下纷乱的思绪，不息的风雨，又促使他心潮起伏，浮想联翩，几十年发掘古墓的往事，一幕幕从脑海里显现。

作为湖北省最优秀的考古工作者之一，长沙、武昌、江陵、宜昌、天门、京山、云梦……都留下了自己的足迹，不同时代，不同类型的古墓，一处一处，一座一座，又浮现在眼前。那精美的青铜器，完整的楚墓棺椁，珍贵的楚国竹书，精湛的越王勾践青铜剑，完好如初的西汉古尸，无不是经自己之手，从阴暗潮湿的地下重返人间大地。对一个考古工作者来说，每一座古墓、遗址的发掘，甚至每一件珍贵文物的出土，都伴着难以言喻的艰辛甚至刻骨铭心的痛楚体验。而江陵望山与凤凰山墓葬的发掘，则是谭维四一生中最难忘怀的经历，这个经历伴着梦想与光荣，失望与希望，永远留在了他的记忆深处。

谭维四在讲述江陵凤凰山楚墓发掘情形（作者摄）

1965年冬，湖北荆州地区漳河水库渠道工程开工，湖北省文物部门成立考古工作队，前往工程沿线勘探，抢救地下文物。时年35岁的谭维四，以13年考古发掘的资历，被省文管会和省博物馆任命为考古队长。所属队员除省、地、县文博部门少

数几个专业工作人员外，大都是临时招收的中学毕业生。考古队驻点设在江陵县城郊的太晖观。时值天寒地冻，大雪纷飞之季，谭维四与队员们在地下摊开几捆稻草，垫上铺盖，算是安了家。

尽管工作条件简陋，但那个时候的队员们所思所想与许多年后大为不同，工作热情极其旺盛。众人沿水渠一路勘察下来，共发现20多座土坑墓。谭维四率领队员在江陵望山与沙冢楚墓集中的地区，对其中几个中小型墓葬进行了发掘，就在这次发掘中，著名的越王勾践剑横空出世了。

据《拾遗记》等古书记载，春秋时期称霸一时的越王勾践有一个嗜好，特别喜欢铸造名剑，并有众多传说留传后世。但秦汉之后的1000多年的时间框架内，世人并未见到相关的实物，于是疑古派认为勾践铸造名剑一说，纯属文人术士编造的谎言，不足凭信。到了晚清与民国时期，这种观点甚嚣尘上，并得到了许多学者同声相应，直到1965年湖北省江陵望山楚墓发掘之前，仍有人坚持勾践铸剑是一个美丽的谎言。望山一号墓的发掘，以活生生的历史实物改变了疑古派的妄断，历史的轮廓渐趋清晰。

望山位于江陵纪南城西北7公里。通过钻探得知，一号墓是一座具斜坡墓道的土坑木椁墓，原墓口有封土，未发现

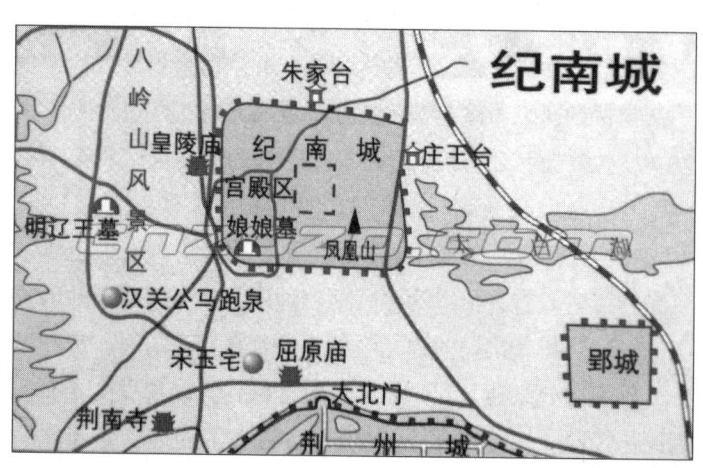

纪南城平面示意图

江陵望山一号墓木雕彩漆禽兽座屏

被盗迹象。墓口呈长方形，东西长16.1米，南北宽13.6米；墓坑四壁有5级土阶。墓底东西长6.68米，南北宽3.9米。墓口至墓底深约8米。葬具为一椁二棺，椁室分头箱、边箱和棺室三部分。墓坑上部填"五花土"，下部填较厚的白膏泥。整个墓葬属于中型的楚墓，其形制具有典型的楚墓风格。因墓葬不大，发掘时，对墓内情形估计不足，考古人员皆认为出些漆器或铜器便是最大的收获，没想到竟碰上了一座古代地下宝库。棺椁内除了藏有为墓主占筮和祭祀记录的竹简（简文约1000字）外，在出土的600多件陪葬器物中，发现了两件国宝级重要文物。一件是木雕彩漆禽兽座屏，另一件就是闻名于世的越王勾践剑。只是两件"国宝"从出土到认定，颇有一番传奇。当时由50多个小动物雕像组成的座屏已腐朽散架，动物散落于边箱的腐朽物中，谭维四与考古队员极为细心地一一清理出来。这些小动物到底有什么用处或象征，无一人能做出合理的解释。北京前来指导工作的中国文物保护研究所漆器脱水专家胡继高，将这些小动物用头发丝捆扎复原，才蓦然发现原来是一座木雕座屏，观者无不惊叹其巧夺天工的天才杰作。

在内棺里发现的越王勾践青铜剑，出土时外有黑色漆木剑鞘，当时考古人员以为是一柄普通的楚式青铜剑，并未多加注意。当拔剑出鞘时，才看到整个剑身寒光闪闪，锋芒逼人，到室内叠纸20余层试之，剑过即破，其锋利程度令在场者同声惊叹。青铜剑全长55.6厘米，剑格宽5厘米，剑身布满

第三章　从随县到北京

黑色菱形几何暗花纹饰，无丝毫锈蚀。极为特殊的是，剑格正反两面的纹饰用蓝色琉璃和绿松石镶嵌而成，精美绝伦，令人叹为观止。

使这柄剑闻名中外的一个直接动因，是剑身近格处所刻的八字铭文"越王□□自乍（作）用鐱（剑）"。由于铭文是一种史称为"鸟虫书"的古文字体，很难释读，当时在现场指导发掘的著名历史学家、武汉大学教授方壮猷，带领谭维四等年轻的考古人员对铭文连夜进行破译，因工地无参考资料，只读出了"越王自作用剑"六字，而"勾践"二字却一时不能释读定论。史载越王有九人之多，剑刻铭文究竟系指何人，不甚明了。为使这件宝物尽快明了其自身应有的价值，方壮猷以书信快件传递的方式，将拓片分别寄予郭沫若、夏鼐、于省吾、商承祚、徐中舒、陈梦家、唐兰等十余位学术大师释读讨论。大师们接函，皆对这一铭文表现出了极大兴趣，纷纷投入到释读破译之中。在两个多月的时间里，来往信函50余件，有学者把人名认为"鸠浅"，还有其他多种释读，而唐兰和陈梦家两大师则认为，这八个字应为"越王勾践自作用剑"。方壮猷综合各方意见，并经郭沫若最终细审认定，铭文中的越王就是历史上以"卧薪尝胆"铭志，终于灭亡吴国而闻名天下的"勾践"。后来，越王勾践剑与同墓出土的木雕彩漆禽兽座屏，双双被定为国宝级文物对外展出，越王勾践剑由此获得了"天下第一剑"的美誉。①

江陵望山一号墓的发掘和大量珍贵文物出土，标志着楚文化考古研究的重心开始移向湖北的江汉平原。对谭维四来说，此次发掘标志着他的考古生涯开始步入辉煌之路，而凤凰山168号汉墓的发掘，则无疑起到了推波助澜的特殊功效。

1975年，在全国"农业学大寨"群众运动中，江陵楚都纪南城一带掀起了平整农田、兴修农田水利的热潮，致使纪

江陵望山一号墓出土的越王勾践青铜剑

南城遭到严重破坏。为保护地下文物，湖北方面成立了以湖北省委书记、省革委会副主任（分管文教卫工作）的韩宁夫为组长、由国家文物局和各级党政负责人以及专家学者参加的湖北省纪南城文物保护与考古发掘工作领导小组，具体组织领导和主持发掘工作。参加此次发掘工作的人员，除湖北省博物馆、荆州博物馆及江陵县的文物考古人员，以及武汉大学、华中师范学院历史系师生外，先后有北京大学、吉林大学、南京大学、四川大学、厦门大学、中山大学、山东大学等校考古专业师生和国家文物局文博研究所、中国历史博物馆以及上海、天津、湖南、河南、四川、山西、江西、青海等省市的文物考古工作者。这一特殊时代造就的特殊盛况，被业内称为"考古大会战"。

1975年3月，武汉空军雷达部队要在凤凰山营区扩建雷达站，平整土地时发现地下有一座古墓葬，遂立即通知在纪南城发掘的考古人员前来勘察。凤凰山墓地位于楚故都纪南城东南隅的平缓岗地，此前曾经探查发现有180余座秦汉时期的墓葬。本次行动为抢救性发掘，考古人员把已钻探发现的167号、168号、169号墓作为重点。从钻探的情况得知，三座墓以168号墓保存最好，其结构情况与出土西汉古尸的长沙马王堆一号汉墓十分相似。钻探人员在墓内探出竹茎、竹叶、树叶、草叶等物，且都鲜艳如新。鉴于这一罕见的现象，谭维四等考古人员意识到很可能出现长沙马王堆一样的古尸，决定首先发掘这座墓葬。此举引起了韩宁夫的高度重视，韩通过秘书向谭维四询问出土古尸的可能性有多大，谭维四做了"有百分之七八十"的回答。韩宁夫一听可能性如此之大，神情大振，立即指示领导小组中的湖北地方官员做好一切所需物资、设备、人员的准备工作，并指示荆州地委、行署全力支持墓葬发掘，一旦有需要，自己将亲自坐镇指挥。本次发掘由谭维四任总指挥，江陵县委办公室副主任廖正海任副总指挥，湖北省博物馆考古队业务骨干陈振裕任现场发掘队队长，并制定发掘方案，负责具体实施。

发掘工作自3月30日开始，进展迅速，很快弄清了规模形制。此墓是一座长方形土坑竖穴墓，由墓道、墓坑、墓室三部分组成。墓口长6.2米，宽4.8米，深8.4米。墓坑最上部填五花土，厚约1.5米，中部填青灰泥，厚5.26米，均经夯打。墓口到椁盖板深达7.9米，椁盖板之上14厘米以下及椁室周围填塞密度较大的青膏泥，质地细腻，均经夯打。考古人员将椁盖板上部的

第三章 从随县到北京

青膏泥清理完毕，显露出8床铺于椁顶的黄色苇席，苇席颜色如新，保存完好，众人的神情为之振奋，同时进一步推断棺内可能保存完整的古尸。至5月下旬，椁室的清理正式开始，各路人员皆期盼着完好的古尸早日破土而出。

椁盖顶板揭开，出乎意料的事情再度出现，椁室内满是积水，深达75厘米，四壁留有明显积水升降痕迹，最高达132厘米，这说明椁室内的水是与椁外地下水相通的。如果与长沙马王堆一号汉墓女尸的保存状况相比，这座墓显然保存得太差。马王堆一号汉墓椁室上部及四周下葬时，动用了1万多斤木炭填塞，其外又用1米多厚的渗透性极低的白膏泥密封，如此这般，才使椁室与外界隔绝，形成了一个恒温、恒湿、缺氧的环境。而现在揭开的凤凰山168号墓则成了一个"水洞子"，根据以往考古发掘经验，墓内有积水皆不利于尸体保存，大多数在场者认为凶多吉少，棺内保存一具完整尸体的梦想恐怕真的落空了。当考古人员从头箱和边箱清理出563件漆、木、竹、陶、玉等大量的随葬品后心中得到了一点安慰，虽然发现古尸的希望看上去如野外跳跃蹿动的鬼火，飘忽不定，但眼前一堆精美文物，尤其是大批精美的漆器，与马王堆一号墓出土的漆器完全有一拼。而大批竹简玉器和丝麻织物，则是湖北省境内西汉墓中第一次发现的精美文物。6月7日下午，头箱和边箱的文物清理完毕，只剩一副漆木棺突兀而立。清理人员向前观察，发现外棺密封不严，裂缝明显，现场再

江陵凤凰山168号墓内部情形

江陵望山一号墓出土的彩漆虎座凤鸟悬鼓

063

度出现了一片叹气之声。面对此情，谭维四沉着地说道："外棺保存不好，可能里面还是完好的。"遂命人到城里联系吊车，准备把棺材吊起，再拉到荆州博物馆开棺清理。

当天夜里，吊车开到工地，开始起吊漆木棺。当棺升到空中约两米时，污水从缝隙中哗哗地流淌出来。云集现场的考古人员、准备提取古尸解剖的医务人员和其他各门各派的科研人员见此情形，发出了一片唏嘘哀叹之声："完了，外棺成了这样，里边的尸体恐怕全部烂掉了，这土地神哪能让这等好事让咱们摊上呢！"

说话间，漆木棺在空中画了个半圆形小弧，放入卡车车厢。此时棺内的水依然透过缝隙流淌不止，众人望之，摇头者甚众，有人曰："老谭说有百分之七八十的希望，现在看来，恐怕连百分之一都没有了，很可能是竹篮打水——一场空。"事情既然如此，众人也不好再说什么，简单地收拾一下工具，低头弓背，无精打采地向荆州博物馆走去。

当漆木棺被运到荆州地区博物馆并安放于大厅之时，已是8日凌晨，由于棺在椁内受到水的浮力冲击，早已侧翻，棺盖在侧面。打开棺盖，发现里面还有一内棺，内外棺之间有粗藤拐杖一根。这一现象又为考古人员增加了一点信心。在谭维四的号令下，几位考古高手借助手中的工具很快将内棺棺盖撬开一条缝。意想不到的是，随着这条缝隙开启，一股难闻的浓烈的刺激性臭气冲棺而出，紧接着在侧棺盖的下缝中"哗"地涌出了股绛红色液体。众人先是掩面捂鼻，继之从早已等候解剖尸体的医务人员处要来口罩戴上，有几位老文物保护专家顾不得呛鼻的气味，赶紧拿起塑料袋接在棺下收集液体，来自中国文物保护所的专家胡继高被熏得涕泪纵横，哇哇呕吐，只得退出，由其他人接替收集。

棺内喷出的液体刚开始流淌较快，后来渐渐慢下来，大概接到四五袋时，已经是凌晨3点多钟，这个时候，棺内情况到底怎样尚不清楚。多数人断定不会出现古尸，乃不辞而别，溜之乎也。在旁边待命的医务人员一看众人走脱，也自动解除了"武装"，脱去了白衣、手套，准备找地方休息。接近凌晨5点，荆州卫校的两名医生见迟迟未能开棺，对出土古尸已不抱希望，便提出回家休息。谭维四于忙碌中抬头观察四周，见各路人员已溜走了大半，急火攻心，勃然大怒，遂以发掘总指挥的身份和口气命令道："把溜走的人员全部给我找回来,一个都不能离开,在天亮以前必须打开棺盖,不弄个究竟决不收兵。"四散的众人陆续返回,等待开棺验尸。凌晨5时刚过,在谭维四的指挥下,内棺盖终于"砰"的一声打开了,在场者顿时兴奋起来,赶紧用手电筒往棺内照射,不知是谁惊呼一声:"有尸体!"在一旁的考古人员陈振裕上前看了一眼,立即说道:"快盖上,快盖上,别让见到空气。"经此一说,众人回过神儿来,手一松,棺盖板又"咣当"一声落回原处。

差不多熬了一个通宵,众人都处于极度的疲惫与瞌睡状态,一声惊呼,如同过电一样触动了神经,工作人员顿时振奋起来。时任江陵县办公室主任、政治与保密观点极强的廖正海,在众人议论纷纷的空隙,纵身一跃跳上桌子大声宣布:"凡是今晚在这个院内的人都要严守秘密,不要透露消息。我们马上联系北京,请中央的领导和专家来看如何处理……"

当廖氏本人站在桌子上挥动巨手,神采奕奕,像检阅红卫兵一样发号施令的时候,因棺盖已经重新盖上,在场的大多数人并没有看到棺内的情况,闻讯后进入室内的几位领导和专家对此情形仍将信将疑。廖正海这一宣布,令在场的领导和专家于震惊之余大为反感,有一位北京来的专家将嘴一撇,愤然道:"你廖正海算老几,胆敢私自决定这等大事,这不是犯上作乱吗?如果中央领导来了,而棺内尸体早已腐烂,无法整体取出,岂不是笑话?成事不足,败事有余的东西!"

专家说毕,众人附和,廖正海意识到犯了众怒,灰头土脸地从桌子上蹦下来,缩在一个角落不再吭声。经现场领导与专家商定,由谭维四发出命令,再次打开棺盖看个究竟。

发掘之始,因长沙马王堆出土过一具女尸,考古人员都希望凤凰山古墓最好出土一具男尸,为此,有几人还专门编了一副对联,叫作"凤凰对马王,爱你没商量"。当棺盖再次打开时,众人"哗"地围了上来,紧接着,一个个张口瞪眼,呆若木鸡。只见棺内赤裸地仰躺着一具白胖的男尸,全身上下无毛发,一眼看去,就连生殖器的形态都完好无缺。男尸在棺液中微微荡动,好像疲惫的游泳运动员正在仰泳休息。待命的医生见状,急忙戴上手套进行探测,整具古尸皮肤弹性良好,肌肉完好无损,各大小关节均可活动。谭维四闻听,禁不住上前伸手摸了一下男尸的肚皮,感觉跟活人一样,

旷世绝响

江陵凤凰山168号
墓内出土的古尸

并无二致,遂冲众人大声宣布:"有古尸,完好如初!"

众人早已从瞌睡中醒来,闻听此言,整个博物馆内外一片欢腾。

尸体安全从棺内取出,即刻用车运往江陵卫校一间经过紫外线消毒的低温室进行检测和解剖,解剖后发现男尸细胞完好,血型尚存,重量为105斤。

如此完好的男尸属于哪个朝代、什么身份、叫什么名字呢?在考古发掘中,业内人员特别注重墓主的年代、身份与姓名,以及生死年限,这些条件是判断一座古墓葬价值大小的重要依据。为解开这一谜底,谭维四率领众人开始在出土遗物中查找可能的线索,冥冥之中似有神助,线索很快找到了。

墓内出土了一件竹牍,洗去污垢,蓦然发现有这样几行牍文:

十三年五月庚辰。江陵丞敢告地下丞:市阳五大夫遂,自言与大奴良等廿八人、大婢益等十八人、轺车二乘、牛车一辆、□马四匹……骑马四匹。可令吏以从事。敢告主。[②]

牍文是江陵县丞所写,大意是告诉地下丞:汉文帝前元十三年(公元前167年)五月庚辰这一天,居住在江陵县市阳里的五大夫（汉代二十等爵制中的第九等爵，与官秩六百石的县令相当）名字叫遂的官吏，带领奴婢、车马等前往阴间报到，让地下的官吏按照遂的级别接待伺候。

　　这是一封由阳间发往阴间的介绍信，也即"告地下衙门官吏书"。书中清楚地介绍了下葬的时间，墓主的籍贯、爵位、名字及随葬的奴婢和车马等。书中还清楚地表明，江陵凤凰山168号墓出土的男尸，年代和长沙马王堆女尸（女尸下葬年代在公元年前173年前后）下葬年代非常相近，但男尸比女尸保存得更加完好。此次考古人员的汗水没有白流，总算梦想成真，凤凰山汉墓出土男尸的消息很快传布开来，震惊中外。③

　　只是，就整体而论，无论是出土越王勾践剑的望山一号，还是出土古尸的凤凰山168号墓葬，其规模并不算宏伟壮观，与擂鼓墩发现的古墓相比，可谓小巫见大巫，黄犬比骆驼，不可同日而语。若把这两座墓葬发掘的全部木椁捆在一起，也无法与擂鼓墩古墓木椁规模匹敌。遥想当年，凤凰山汉墓男尸出土的情景，经历了多少次惊心动魄的场面，真可谓一波三折，失望中孕育着希望，挫折中暗含着新的生机。考古学家大多心中都有一份梦想，或天真的，或浪漫的，或现实的，或超现实的，或现实主义与浪漫主义相结合的，等等。但梦想的实现要靠睿智、运气、勇气，以及对面临形势的正确判断，有的时候放弃就是失败，坚持则意味着胜利，凤凰山古尸出土的事实就是最好的明证。

　　十几年后的今天，擂鼓墩古墓的盗洞再度给考古人员出了一道难题，就主持发掘的谭维四而言，必须拿出像凤凰山

江陵凤凰山168号墓内出土的木俑

067

发掘时代一样的豪情、勇气、智慧和胆识，在最后一线希望破灭之前，绝不轻言失败，希望就蕴藏在看似失望的外表深处，历史上许多时候与许多重大事件，就是在看似无能为力的情形中扭转乾坤，重振雄风的——擂鼓墩古墓的发掘或许就是如此。

嘹亮的军号响起，打断了谭维四的回忆，风雨早已停歇，望着窗外微亮的天色，听着解放军官兵呼呼隆隆向操场跑去的脚步声，谭维四突然有了一种莫名的冲动和兴奋，几十年风风雨雨，已使他逐渐成熟老练起来，并拥有了在逆境中寻找和等待最后一丝希望的耐心与勇气。对许多人而言，人生只为一件大事因缘而来，今日身处随县擂鼓墩营区的谭维四，就要赴一次大事之约。曙光就在窗外那不远的东方地平线上，希望也将随着崭新的太阳攀上山顶，照耀到这座即将全面发掘的古墓之上。想到这里，因擂鼓墩古墓发现盗洞而带来的阴影倏忽而去，谭维四神情振奋，穿衣下床，大步向外走去。

紧急上报发掘

21日上午，由省、地、县三家联合组成的钻探队伍全部进入工地，继续清理昨天发现的盗洞，以期将地下情况弄个清楚，探个明白。

现场施工的民工把墓口浮土用铁锹全部清理干净，考古人员陈锡岭、刘柄等开始清理盗洞内淤土。盗洞直径约90厘米，深入地下约1.1米见到椁板，正对盗洞的一块椁板东段显然是被盗墓贼斩掉了一截，导致这块盖板的西段失去重心，斜插着塌入椁室内，上部的填土也随之而下，几块石板因失去支撑物而落入洞内，与淤泥搅在一起。当清理到椁底时，一股混浊的水流再度涌出，上面的考古人员无法看清椁室内的情况。

盗墓贼既已把椁板斩断，那么这个贼娃子是钻入了椁室，还是没有钻入？如果钻入椁室，后边箱里的陪葬品是否已经被劫？棺材是否已被劈开？墓主人的尸体是安然沉睡，还是已被贼娃子拖出棺外，抛入椁室的某个角落而早已腐烂成泥？如果此墓已经被盗，里边是否还有幸存之物？一连串的问题被部队和前来观看的地、县各级领导提了出来，并要求谭维四给个说法。谭维四没有顾得上如此众多的假设与提问，面对水流涌动的洞口，对雷修所的郑所长道："洞内情况不明，用你们的抽水机把水抽一下，看看椁室的情况再说吧。"

一部小型抽水机很快运到现场，吸管插入盗洞之内，抽水机开始作业。洞内的水流由浊变清，源源不断地流出，两个多小时过去仍未见干枯的迹象。"真是活见鬼了，这个墓坑到底有多少水，不要抽了，停机。"谭维四说罢，抽水机停了下来。

墓坑内发现的盗洞

吸管拔出，谭维四伸头向盗洞看去，只见水位与抽水前基本持平，没有明显变化。谭维四抬头对身边的刘柄说："我明白了，整个墓坑已积满了水，并与地下水有关联，这样下面就成一个水库了，再抽也白搭，我看这样吧，联合勘探就到这里，李祖才负责找人把这个洞口回填，其他的人到办公楼开会，看下一步如何行动。"

众人听罢，沉默不语，个个脸上面露悲观失望之色，无精打采地来到雷修所三楼会议室商量对策。恰在这时，襄阳地区革委会副主任秦志维、地委宣传部部长张桓、地区文化局局长汪浩如，在随县几位领导陪同下来到现场参观，谭维四简单汇报了钻探情况后，与众人一起来到会议室座谈。

来自各个方面的军政人员围坐桌前，目光集中到谭维四身上，似在期待着什么。谭维四环视四周，充满信心地说道："大家已经看到，墓坑中北部出现了盗洞，上部塌陷的淤泥已进椁室，坑内有大量积水。根据马王堆和我主持发掘的凤凰山168号汉墓的经验，保存古尸的条件需要深埋、密封、缺氧、药物灭菌等等，现在这个墓已遭破坏，可以说百分之九十不太可能出古尸了。但由于坑内情况不明，椁盖板

069

没有揭开，还是有一点希望。规模这么大的一座古墓，一般是椁有多室，棺有多重，如果盗墓贼没有把椁室劈开，而多重内棺密封又好，出古尸的希望还是有的，至少百分之几的希望是存在的。根据凤凰山168号汉墓发掘的经验和教训，我们也应该适当准备，以防万一。"说到这里，谭维四停了下来，众人的情绪显然被调动起来，眼睛明亮了许多。

"不过"，谭维四接着说："在我看来，这个墓的重要性并不在此，比古尸更为重要的文物肯定是不会少的，发掘价值依然大得很。退一万步说，即使是被盗掘一空，按照国家文物法规，这么大规模的墓也要正式清理发掘，何况不发掘又怎么能知道墓中的情况呢？"

众人听罢，认为言之有理，谭维四表示要乘下午的火车赶往省博物馆，尽快写出勘探报告，向省委和中央汇报。

3月25日，由谭维四执笔，省、地、县联合勘探小组署名的《随县城郊擂鼓墩一号大型古墓的发现与勘探简报》印出，并及时送到湖北省委书记、省革委会副主任韩宁夫案头。虽是简报，但对古墓发现的经过、位置、构筑与规模等等都叙述得极为详细明了。简报写道："目前，北半部的坑壁和填土已绝大部分被平掉，南半部因有一水塔压在南室的东南角上，坑口、填土及其夯层、石板均清晰可见。木椁规模相当庞大，整个墓坑的平面上都能探到椁板，从探铲所取出来的木纹来分析，东室的盖板为南北向铺置，北室是东西向铺置，南室的情况因水塔的原因不全清楚，大部也是东西向铺置。椁盖板宽约60厘米，厚约50厘米，估计木椁规模平面在200平方米左右。

墓坑填土层中铺砌的一层大石板

木椁与坑壁之间也满填木炭。"

在论述古墓保存状况、时代及其重要意义以及勘探小组的意见时，简报做了如下描述：

在北室的西南角和南室交界处填土中，发现有扰乱痕迹，经清理，一个直径90厘米的圆洞直达椁板，将宽60厘米的椁盖板斩断了长约90厘米的一截，椁板上尚留有斩凿痕迹，显然这是一个盗洞。被斩断的残椁板的东部已经下塌，填土中部亦有4块石板同时下塌，一块小的落入椁室，3块大的搁在侧旁的椁板上，盗洞内和椁板下塌处的椁室内是淤泥，椁内文物受到了部分损失。

从墓葬的构筑方法（木椁、积炭、填白膏泥、青灰泥等）与江陵、云梦、光化、宜昌等地的战国、秦汉墓葬基本相同。填土中没有发现晚于西汉的遗物，加上附近已发现有战国时代的小墓，出土了一批青铜器。因此，我们认为此墓的时代可以初步断为战国墓或西汉墓，也有可能早到春秋晚期。

规模如此之大的这一类型的春秋、战国、西汉木椁墓，在我国是第一次发现，它的木椁就面积而言，比著名的长沙马王堆一号汉墓大6倍；比出土古尸的江陵凤凰山168号汉墓大14倍；比信阳长台关一号楚墓大3倍，比出越王勾践剑的江陵望山一号楚墓大8倍。且形制比较特殊，仅就这一点，在考古研究上就是十分重要的。④尽管有一个盗洞，但规模比较小，盗洞内又没有发现晚于西汉的遗物，可能还属于早期的民间的一种小型盗窃，与最近江陵天星观发掘的楚墓那种盗洞直径达3至3.5米，盗洞内有木支柱的大规模盗窃显然不同。⑤又从湖北、湖南、河南一些被盗古墓出土文物的情况年来看，江陵望山一号楚墓未被盗，出土文物661件，二号墓被盗，仍然出了604件，且出了著名的楚简；信阳长台关一号墓未被盗，出文物800余件，二号墓两次被盗，仍出土文物300余件；长沙马王堆二号汉墓被盗，仍然出土文物200多件，且出土了玉印，为一号墓、二号墓的时代提供了有力的依据；就是最近在江陵发掘的天星观楚墓被大规模盗窃，仍然出了几百件文物，仅青铜剑就有27把，还出土了极为重要的竹书。因此，我们认为擂鼓墩一号墓虽然被盗，仍将有大批极为珍贵的文物出土，这是毫无疑义的，决不能掉以轻心。

综上所述，擂鼓墩一号古墓的发现，是当前我国文物考古战线的一次重大发现，必须高度重视，应立即组织严密的科学发掘。如不及时清理，是无法长期保护的。为此，我们建议有关领导部门向省委、省革委会和国家文物局提出报告，呈请批准，组织强有力的科学发掘队伍，及早进行发掘。⑥

看完这份数据齐全，颇具文采且暗含鼓动意味的简报，韩宁夫神情振奋，当即大笔一挥，批示道：

请告国家文物局。并同意组织强有力的发掘队，从事发掘。

韩宁夫
3月25日

当天上午10时左右，省博物馆接到通知，派人将韩宁夫批示的简报取回。省委领导如此重视，批示如此快捷，令具体办事者感到很爽。谭维四满脸兴奋，正要按照省文化局副局长徐春林的嘱托，起草奏请国家文物局阅示的报告，忽又接到省委办公厅电话："宁夫同志意见，要你先给国家文物局挂个电话，报告情况，申请发掘，正式报告随后再送。"

韩宁夫的果断抉择，令谭维四身心感到一阵轻松，当即通过长途电话向国家文物局文物处处长陈滋德汇报。陈滋德与谭早年相识且是老朋友，听罢大喜，当场指示道："你们按韩宁夫同志的意见办，我马上向王冶秋局长报告，有什么意见，随后联系。"

正式申请报告很快出炉，湖北省文化局当天通过内部机要密件发出，4月3日，得到了国家文物局正式批准：

同意发掘，由省博物馆主持，省文化局组织工作。

与此同时，湖北省革委会对报告做了批复：

同意发掘工作由湖北省博物馆主持，调集文物考古力量全力以赴，认真做好发掘工作。

第三章 从随县到北京

湖北省博物馆接到中央与省两级领导机关的批复，立即进行具体筹备工作。如同一场战争首先要制定作战方案一样，要进行田野考古发掘，首先要做的是制定发掘方案。在总结以往发掘经验与教训的基础上，由谭维四主持拟定了《随县擂鼓墩一号墓发掘工作方案》，对各方面工作仔细规划与安排，并提出了明确的目标和要求。

4月6日，省博物馆文物考古队副队长黄锡全、考古队员郭德维、程欣人，武汉大学考古学教授方酉生，湖北新闻纪录电影制片厂摄影师易光才等，一同到达随县发掘现场。黄锡全、程欣人、方酉生与早些天到达的梁柱等考古人员会合，组织人员在工地现场绘制剖面图，取得大石板上、下填土夯层的资料，同时准备拆除墓坑南部的水塔。郭德维的任务则是察看现场，尽快制定一份具体发掘步骤与要求，拟定所需物资计划。如果没有一份科学而细致的计划与发掘方案，一旦大规模发掘开始，很容易造成首尾难顾的局面。若一场大雨下来，就可能导致墓坑垮塌，不仅影响工期，还可能造成事故，危及文物安全，后患无穷。这一步骤与方法亦即《孙子兵法》开篇《计》所说"夫未战而庙算胜者，得算多也；未战而庙算不胜者，得算少也。多算胜，少算不胜，而况于无算乎？"的道理所在。而此次几位考古人员的擂鼓墩之行，就是为一个"算"字而来。许多年后，郭德维回忆道："3月25日，我正在湖北当阳赵家湖发掘楚墓，突然接到单位发来的一封紧急电报，说在随县发现了大型木椁墓，比天星观一号墓大三倍多，命我速回去筹备发掘工作。看过电报，简直把我弄蒙了，这是真的吗，会不会是电文译错了？要不是赵家湖工地距送电报来的集镇相隔十多里地，步行往返需要两个多小时，我真想跑去问一问。这个情况之所以令我犯疑，是因为天星观一号墓是湖北省刚刚发掘完的当时最大的楚墓。此墓在江陵长湖边，是荆州博物馆发掘的，在发掘的关键时刻，即揭椁盖板进行清理的时候，我受邀于3月6日至10日，在现场工作了5天，故对天星观的情况较为了解。由天星观一号墓的所在地及它本身名称的由来，也可大体知晓这座墓的规模。它所在的地方叫五山村，因其境内有五座'山'而得名。所谓'山'者，是因这一带是平原，高出平地的丘包即称'山'。此五山是其境内的五座'大山'，后来经过考古人员勘察钻探才知是五个楚冢，即楚墓的坟包，史书上

073

和在考古学上称为封土。天星观一号墓是五山之中最大者，当地百姓称其封土为'山'，可以想象出封土之大。既称为山，又何以称为天星观呢？在清代的时候，封土之上曾修过一个道观，取名天星观，后来人们就称此处为天星观了。在一座墓的封土上修建一座道观，可以想象封土的规模之大。经过考古人员发掘，知天星观一号墓墓口为长方形，复原长41.2米，宽37米。这是一个很不小的数字，当年北京大学的《中国考古学》讲义讲到东周墓墓口长5米以上就算是大墓了，而天星观一号墓墓坑，则是一般所谓大墓长度的8倍，按面积算，已将近这些大墓的80倍，可见天星观一号墓的规模是何等惊人。如果随县发现的大墓比天星观还要大3倍，那墓口又该有多大，封土又该有多高，那不是更惊人吗？"

郭德维又说："当时电报没有讲明说大的3倍是指墓坑、封土还是木椁，如果是墓口就自然没有这么大的倍数了。不过就天星观一号墓的底部和木椁而言，也是湖北省乃至整个中国东周墓葬中所罕见的。木椁长8.2米，宽7.5米，深3.16米，面积61.5平方米。作为楚墓来讲，确实是相当可观了。那么随县发现的大墓能比这个还要大3倍吗？会不会是几座墓连在一起，误认为是一座墓了呢？记得有一次，一个县文化馆的考古人员到纪南城考古工作站报告，说他们那里发现了一座特大型墓葬，催我们赶快派人去勘察。我们一听很兴奋，急忙跑去一看，原来是一座山的南北两侧，相隔百余米，同时发现墓砖墓门，他们因此认定，这就是一座大型墓葬的前门与后门。这座大墓占了整整一座山头，若果真如此，真可称得上是特大型了。面对这么大的一座墓葬，他们感到无力发掘，只好请我们去想办法。我们几个考古人员到了那里一看，都忍不住笑了。原来是两座小墓分别埋葬在山的两侧，二墓恰好埋在一条线上了，不明就里者就认为是一座大墓的前门、后门了。随县发现的大墓会不会发现类似的情况？一方面尽管是满腹狐疑，但另一方面，内心却又非常希望这消息是真的。作为一名考古工作者，此前我已参与发掘过为数不少的墓葬，并且很多是楚木椁墓，除天星观一号墓外，还参与了出土著名越王勾践剑的江陵望山一号墓，以及出土西汉男尸的江陵凤凰山168号墓等重要墓葬的发掘，而且此时就在赵家湖发掘楚墓，也已有不少重要发现。现在听说随县发现了如此重大的墓葬等待我去发掘，心里实在是痒痒的，有一种抑制不住的兴奋。常言说，军人是为战争而生的，当兵的总想打仗，打大仗，打硬仗，战死疆场，马革裹尸，是一种悲壮的荣耀。而作为考古战线的一兵，我自然也极希望能参加考古阵地的重大战役，有重大斩获。于是我怀揣着满腹的希望，将赵家湖的工作、手头资料交代妥当，便匆匆取道江陵返回省博物馆。通过当晚的碰头会，我了解到勘探的情况，知道电报所言并非虚妄，精神大振。"

当郭德维一行来到随县擂鼓墩现场后，对墓坑及周围环境做详细考察，虽对墓坑中间的那个盗洞有些担忧，但又感到作为考古发掘场所，却是一个难得的理想之地。尽管身处起伏的山冈之上，因部队已在这里驻扎了十几年，道路早已开通，畅通无阻，大小汽车可以直接开到墓坑边。因是山冈，地层由红白色砂砾岩构成，雨过路面即干，泛不起淤泥。发掘时所需的电源也极易接通，营区中的雷达修理车间本身可以发电，这就避免了因停电带来的麻烦。同时郭德维还了解到，这个不大的山冈上并非雷修所一家驻扎，相邻的还有一个空军雷达教导队，与雷修所属同一系统的兄弟单位，主要是举办不定期的培训班，其教室、营房、食堂、床铺等等，可容纳几百人食宿，巧合的是此时教导队未收学员，完全可借给发掘人员暂用，这就解决了以往野外发掘搭工棚、安地铺、支锅埋灶的大麻烦。还有一个其他地方没法比拟的优越条件，墓坑位于雷修所营区内，发掘时只要把院门一关，派上几个岗哨守住，安全问题就有了保障。真可谓天时、地利、人和三者全部占据，是考古人员打着灯笼都难找的发掘之所。需要详细考虑的就只剩发掘本身，以及所需要的物资和器械问题了。

当此之时，无论是驻军还是地方政府官员，都迫不及待地希望尽快发掘，并真诚地表示："事情宜早不宜迟，赶快动手，我们这里要人有人，要物有物，只要你们来开挖，我们尽全力支持。"

面对如此慷慨激昂的热情，郭德维在表示感谢的同时，认为毕竟隔行如隔山，对方对考古这一行并不了解，或者看得过于简单，或者看成单纯的取宝，只要把墓坑挖开，取出里面的东西即大功告成。但考古工作又有特殊的规矩和程序，并不如此简单。就当时的社会状况而言，实行的是计划经济，物资十分紧张，哪怕一刀卫生纸、一块肥皂都要"计划"。特别是木材、铅丝、汽油等，被列为战备物资，控制极严，须由国家最高权力部门按照指标层层下批，要想获得并非易事。在一时无法解释清楚的情况下，郭德维觉得有给对方泼一点冷水的必要，好让大家有个心理准备，免得掉以轻心，贻误发掘进程。于是说道："此事看起来容易，做起来就不是大家所想象的那样简单了，比如说木料问题恐怕就是个棘手的问题。"

"木料没有问题，我们这里能找到。"当地官员极为干脆地承诺道。

"能找到什么样的木料呢？"

"你们需要什么样的，需要多少？"对方问道。

"无须太多，初步估算得需要杉条15立方米，5厘米的板材25立方米，2厘米厚的板材3立方米，一共约43立方米。"郭德维说完，众人吃惊地瞪大眼睛相互望望，然后用疑惑的口气问道："你不是在开玩笑吧，真的需要这么多吗？"

"恐怕这些还不一定够呢。"郭德维说着，把所需的地方和理由一一列出，众人感到言之在理又深觉其难，遂面面相觑，不再言语。

许多年后，据当时在场的县文教局副局长周永清回忆："郭德维提出的木材问题，确实把我们吓了一跳，哪里想到会用那么多，真是出乎我们的想象。木材是国家控制的，要上面拨下指标才能弄到，平时是弄不到的，你本领再大也不行。我们文教局为了解决部分中小学的危房，一年也只有几十立方米木料的指标，有个松木就算最好的木材了，杉条就根本见不到。这让我们咋个搞法？"

周永清讲述当年自己在曾侯乙墓发掘中所做的几件工作（作者摄）

"其实，杉条还是有的，只是不在文教局系统。"同样是许多年之后，郭德维这样解释，"上面拨来的指标就那么一点，需

要的单位太多，如果给了我们，其他单位就真的是一点也见不到了。但我们若没有这个东西也就开不了工，怎么办？最后经当地政府出面与相关单位协商，从建设部门借了一部分杉木条。至于5厘米厚的安全板，经过文教局副局长、当时任发掘办公室行政管理组组长的周永清与相关领导协商，从县文教局准备维修教室的40立方米中，先借给我们25立方米。不过，这个借用是有条件的，建筑队的杉木不能锯断。文教局的板子厚度为6厘米，与我们计划中的标准差一点，但不能改薄，更不能损坏，并保证用后如数归还。我们只好一一答应下来，如果不答应，就借不到手，工作无法开展。但当发掘工作展开时，也就顾不了那么多了，根据现场需要，有的杉条锯断了，有的厚木板改薄了。记得在一次清理东室器物时，杨定爱要锯杉条，副队长黄锡全很心痛，说不能锯。杨定爱就拿队长谭维四的话压他，说，谭馆长说了，该锯还得锯，硬是锯断了3根，黄锡全气得干瞪眼也没有办法。真是感谢上苍有眼，没有辜负有心人，发掘的结果出乎所有人的预料。那么多、那么重要的珍宝一出土，领导们都看眼晕了，高兴坏了，哪里还管杉木锯断不锯断，改薄不改薄，归还不归还了。我们手里有了贵重文物也就好说话了，胆子也大了，到发掘结束时，借来的木料大多数用来打制了巨型箱子装文物了。面对这种状况，县计委只好设法到省里找领导跑'计划'，为所借单位补偿，我们也按计划内支付了木料费用。但到最后一看，弄来的木料不但没有剩余，反而还需20立方米用来包制箱包装文物。各级领导一高兴，就指示相关部门办，随县计委领导见挖出了那么多宝器，也很兴奋，二话没说，立即批准。由周永清率领工人，借用了当地驻军某师和雷修所等处的5辆大卡车和部分官兵，驶往随县西部的大洪山原始森林，将所需木材砍伐而归。——当然，这都是后话了。"

郭德维回到省博物馆后，根据掌握的情况，以谭维四拟定的《方案》为依据，很快拟定了一份《随县擂鼓墩一号墓发掘步骤与要求》，对发掘的具体步骤、质量要求、安全保证、可能遇到的问题及其对策等等，逐一做了详细的设想与安排。后来的事实证明，这两份技术性文件，对墓葬的顺利发掘起到了至关重要的作用。

方案既定，省文化局立即决定先垫款一万元购置发掘物品，由省博物馆考古队员杨定爱具体落实。当时杨定爱正从武汉赴鄂州博物馆途中，欲勘察一处古墓现场，一下火车，鄂州博物馆人员迎上前来，告之谭维四队长电话告知立即回返。杨定爱返回省博物馆，受领任务，怀揣一万元现金赴随县，与县文化馆文物干部黄汉懿会合，先行采购最为急需的发掘物品。其他发掘款项由谭维四与空军后勤部联系，力争尽快解决落实。

云集擂鼓墩

4月8日，谭维四与省博物馆干部高仲达来到武汉空军后勤部，送达了韩宁夫批示的省文化局《关于发掘随县擂鼓墩一号古墓的请示报告》抄件。这份报告的第二部分明确提出："根据国务院颁布的《文物保护管理暂行条例》第九条'凡因建设工程关系而进行的文物勘探、发掘、拆除、迁移等工作，应当列入建设工程计划，所需的经费和劳动力，由建设部门分别列入预算和劳动计划'的规定，此次发掘经费、劳力、物资应请武空后勤部给予安排。预计需款四万二千元，应请武空后勤部列入工程预算并拨交发掘领导小组办公室统一掌握，节约使用。"

在此之前，谭维四与武空后勤部白副主任有过接触，就擂鼓墩古墓发掘事宜进行过沟通。这次前来，除让武空方面进一步了解国务院相关规定外，还提出了三点要求：请武空后勤部一位领导参加省、地、县联合组织的发掘领导小组；经费问题请列入雷修所预算；雷修所交通工具困难，希望能在发掘紧张期间，武空后勤部能从其他部队调几部汽车供发掘工地使用。

4月25日，谭维四等三人应约来到武汉空军后勤部，政治部白副主任就上次提出的问题做了明确答复：

1.武空首长决定，由武空后勤部副部长刘梦池参加发掘领导小组。雷修所派一位负责同志参加小组办公室，具体人选由他们自己定。

2.关于发掘经费问题。雷修所现在搞的工程，属于扩建性质，没有纳入国防基建工程，是武空后勤部从雷达修理业务经费中开支的，经费比较困难，事先更没有发掘文物的预算。如果是修机场，修什么大的工程，那十万八万都好办，现在有些不同。但这是件带有政治意义的大事，发掘国家的文物很重要，是大局，空军首长和空后领导很重视，古墓还是要发掘好，经费问题一定按国家有关政策想办法解决好。

雷修所和你们在随县的同志也商量报了一个预算来，约需要51 000元，我看了一下，有的可能用不了，有的也可能不够，是个概算。一方面我们向上面报告申请，一方面也不能等，我们先垫出2万元，把发掘工作搞起来。听说你们文化局也暂垫了2万元（实际是1万元），是不是暂时不收回，已经用了也暂时不结账，如果那时候省里说，你们已经开支了，就由你们出了算了，也可以。如果预算上面批了，都由这里开支，那一次报销结账，再把钱还给你们。

3.关于运输工具问题。雷修所单位小，车辆少，有小吉普车一辆，发掘期间保证你们使用。当然他们有时也要用，但以你们为主。另外部里决定从别处调几辆车去，供你们用，其中有一台解放运输车，近几天就到位。

4.关于物资和劳动力的问题，已通知雷修所就地解决。发掘期间工人的生活问题，也已指令雷修所给予全力支持。另外附近还有武空后勤部的一个雷达教导队，目前训练任务不重，教室、宿舍、厨房、医务室等等，均可供利用。

4月26日，武空后勤部对雷达修理所上报的《关于发掘古墓所需经费的请示报告》做出批复，指示雷修所"对发掘工作要给以大力支持，必须认真协助有关部门做好工作，切实注意搞好军政、军民团结"，同时令雷修所从业务经费中暂垫支2万元，以做发掘经费，所需全部预算51 000元，待请示上级后另复。所购非消耗性物资、器材的处理，按领导小组的决定办理。

同日，在湖北省文化局的组织下，根据韩宁夫的指示，成立了"湖北省随县擂鼓墩古墓发掘领导小组"，其成员为：

组　　长：邢西彬　湖北省文化局党委副书记、副局长
副组长：秦志维　襄阳地区革委会副主任
　　　　刘梦池　解放军武汉空军后勤部副部长

　　　　　程运铁　随县县委副书记、县革委会副主任
　组　员：张　桓　襄阳地委宣传部副部长
　　　　　吴明久　随县县委常委、县革委会副主任
　　　　　王一夫　襄阳地区文化局副局长
　　　　　韩景文　随县县委宣传部部长
　　　　　谭维四　湖北省博物馆副馆长
　　　　　彭金章　武汉大学历史系副主任
　　　　　王家贵　解放军武空后勤部雷修所副所长
　　　　　王君惠　随县文教局局长

　　发掘领导小组下设办公室，具体组织领导发掘工作。由吴明久任办公室主任，韩景文、王家贵、谭维四以及襄阳地区博物馆党支部副书记陶明新等任副主任。办公室内设发掘队、行政管理组、政宣保卫组，其成员如下：

发掘队队长：谭维四
副队长：王少泉　襄阳地区博物馆业务干部
　　　　方酉生　武汉大学历史系考古教研室副主任
　　　　黄锡全　湖北省博物馆考古队副队长
　　　　王世振　随县文化馆副馆长
行政管理组组长：周永清　随县文教局副局长
副组长：胡定文　解放军雷修所后勤处股长
政宣保卫组由随县县委、公安局、解放军雷修所派员组成

　　为了加强党的领导，由办公室副主任中的党员组成临时党支部委员会，韩景文任书记，王家贵、谭维四、陶明新、周永清任副书记。各队组成党小组，并在党小组直接领导下，成立临时团支部，以充分发挥青年团员的先锋助手作用。

　　随着领导小组和党团组织网络密布的办公室及所属部门的建立，领导小组开始行使权力，向各地、县发出了调动文物干部赴随县擂鼓墩进行业务培训和支援发掘的命令。除襄阳地区各县市外，荆州、咸宁地区博物馆及鄂城

县博物馆、江陵县文物工作组、云梦县文化馆的部分文物干部、武汉大学考古专业师生相继赴随县集结。省文物考古队也向江陵纪南城工作站、黄陂盘龙城工作站抽调一批经过培训并有长期实践经验的考古技术人员，令其速返武昌，组成擂鼓墩古墓发掘的骨干力量，赶赴随县。国家文物局对此项发掘极其重视，先是派著名考古学家、故宫博物院研究员顾铁符前往工地指导，随后又调派中央文博单位数位专家、学者前往随县，或参加发掘，或参与研究。为了支援发掘工作，也为了借机培养一批年轻的考古人才，随县革委会从当地农村一次性征召了几十名知识青年，他们纷纷卷起铺盖告别乡村，来到擂鼓墩，汇入发掘洪流之中。

至5月初，发掘经费与主要物资、机械设备、人员等均已到位，现场照明、排水系统均已就绪，各类工作场地包括文物保管的临时库房全部确定，安全措施及安全器材亦已备齐，所有参加发掘的人员全部住进雷修所和雷达教导队营房待命。

面对近百人的发掘队伍，领导小组办公室开始行使职权，在现场搭起木架木板，涂上油漆，举办宣传栏（刘柄负责）、搞图片展览（陶书记负责），四周插上了鲜艳的红旗，制定各种条令条例和规章制度。这些代表前进文化方向的典章，或下发到每一个小组集体学习，或在发掘现场四周以大小字报的形式张贴宣传。其中最醒目也是每个发掘人员天天学习背诵，必须牢记心怀的几条是：

一、发掘人员来自四面八方，一定要响应华主席"学习、学习、再学习，团结、团结、再团结"的伟大号召，加强政治思想工作，搞好革命团结。

二、坚持政治挂帅，以揭批四人帮为纲，组织好工地的政治学习，搞好革命大批判。以业余时间或利用雨天不能发掘时，组织全体工作人员认真学习十一大文件、五届人大文件、全国科学大会文件和毛主席的有关著作，批判四人帮的反革命政治纲领，批判他们炮制的文艺黑线专政论和影射史学，批判他们破坏党的优良传统的罪行，坚决执行党的文物考古工作的方针政策。

三、向大庆、大寨和解放军学习，严格遵守革命纪律，一切行动听指挥，发扬"三老""四严""四个一样"的革命精神，扎扎实实地进行工作。

四、按照既是考古发掘队，又是宣传队，又是播种机的要求，搞好业务学习培训，把工地办成学校，播出革命的种子，既要出果，又要出人。提倡能者为师，实践中互帮互学。同时，要有计划地组织讲课，辅导专题讲座，不断提高专业和业余考古工作者的业务水平。

五、提高革命警惕，严防阶级敌人破坏文物，对胆敢破坏文物的阶级敌人要坚决进行斗争。

除了对以上五条进行学习、背诵，发掘领导小组办公室还指示党团员、骨干分子和政宣人员，每天早晨把出工的近百人组织起来，迎着初升的朝阳，踏着有点乱但还算整齐的步子，以粗细不同的腔调，边走边唱用几个晚上学会的革命歌曲《歌唱社会主义祖国》：

五星红旗迎风飘扬，革命歌声多么响亮；
歌唱我们社会主义祖国，到处都是灿烂阳光。
我们伟大领袖毛泽东，领导我们奔向前方。

越过高山，越过平原，跨过奔腾的黄河长江，
七亿人民意气风发，社会主义祖国蒸蒸日上，
军民团结斗志昂扬！谁敢侵犯我们就叫他灭亡。
……
无产阶级文化大革命，开创了马列主义新篇章，
革命人民朝气蓬勃，一代新人茁壮成长，
跟着毛主席的革命方向，共产主义事业我们开创。
……

一时间，军营内外，歌声阵阵，气冲霄汉，从山冈飘上云天。擂鼓墩四周山冈，红旗招展，山花烂漫，整个发掘现场进入了政治氛围高涨、激情燃烧的澎湃岁月。一个来自五湖四海、由不同身份和背景人员组成的联合发掘队，在1978年那明媚的春夏之交，伴着绿色军营嘹亮的军号与阵阵歌声拉开了开启千年古墓的帷幕。

注释：

①据考古学家推断，这座墓的入葬时间是战国中期，最大可能是葬于楚威王时期。墓主悼固，是以悼为氏的楚国王族，可能是楚悼王的曾孙。墓内所出越王勾践剑，学术界有不同意见，一种认为是越国与楚国的文化交流品；一种推测是楚灭越后所得的战利品；该墓的主要发掘者之一陈振裕认为不是战利品，而是陪葬品。陈氏的理由是，剑在当时是一种重要的礼品，勾践把女儿嫁给了楚昭王，她生的就是楚惠王，这把剑也作为陪嫁品流入了楚国。楚王后来又把这柄剑赐给了固。固死后，这柄剑就殉葬于墓中。

②《江陵凤凰山一六八号汉墓》，湖北省文物考古研究所编写，载《考古学报》，1993年第4期。关于墓主的身份，湖北省考古研究所的报告认为其地位较高，"五大夫"爵位不是纳粟买来的，并推测其身份"很可能是南郡管理财政方面的郡丞"。史家黄盛璋则认为："墓主身份是市阳里的平民，五大夫爵位应是纳粟买来的，与官职无关。"（参见黄盛璋《江陵凤凰山汉墓出土称钱衡、告地策与历史地理问题》，载《考古》，1977年第1期）另有研究者结合墓内出土器物认为，墓主身份既不是官吏，也不是平民百姓，乃一豪强地主也。到底孰是孰非，学术界仍在争论之中。

③江陵凤凰山168号汉墓男尸的发现，轰动中外的同时，也给伺机盗墓者注入了一支强心剂。20世纪80年代之后，随着中国经济改革兴起，盗墓者也鬼魂附体，死尸复活，再度于山野草泽中活跃起来。"要想富，去盗墓，一夜一个万元户"的诱惑，使越来越多的当地人开始加入盗墓行列，曾作为楚都之地的荆州成为盗墓者首要的追求目标。盗墓贼来往人数之多，盗掘规模之大，持续时间之长，被盗古墓之丰，为新中国成立以来湖北省乃至全国所罕见。据荆州市文物部门统计，截至1994年，仅江陵县八岭山、荆门市纪山等省级和国家级文物保护单

位区域内的大中型古墓，就有300多座被盗掘，其中100多座被彻底盗毁，大批文物流失或遭到破坏，损失极其惨重。

④马王堆一号汉墓开口长为20米，宽17.9米，总面积为358平方米，但坑壁有4级台阶，台阶一级一级内收，因而到底部的范围就成了南北长7.6米，东西宽6.7米，总面积50.92平方米的墓室。因擂鼓墩古墓没有台阶，墓坑直上直下，坑内就是椁板，以放置椁板的坑壁算，擂鼓墩显然比马王堆底部墓室大出许多，而且不是简报所说的6倍，而是7倍。不过，衡量一座墓的大小，是以墓口为准，还是以墓底的墓室为准，学术界尚有不同意见。

⑤天星观一号楚墓位于江陵县观音垱公社五山大队境内，东临长湖，西距楚故都纪南城约30公里。清时曾在该墓封土上修建过"天星观"道观一座，因此而得名。五山大队境内自东向西弧形排列5个大土冢，一号墓位于"五山"东侧，是"五山"之中最大的一个，海拔40.4米。墓葬东北面紧靠长湖，封土的2/5及填土的一部分已崩垮。为了抢救地下文物，荆州地区博物馆于1978年1月8日至3月28日对该墓进行了发掘。

据发掘报告称，该墓墓坑平面呈长方形，坑口南北残长30.4米，东西残宽33.2米。坑四壁设15级生土台阶，台阶逐级内收，形制规整。第15级台阶以下至坑底，四壁陡直。坑底平，呈长方形，南北长13.1米，东西宽10.6米。坑口至坑底深12.2米。

在发掘中，封土去掉4.3米后，在封土中心部位发现近似椭圆形的、形状不规整的青灰泥堆积，直径约8米。挖去封土后，在墓口平面、封土青灰泥堆积底部，露出规整的盗洞口，形状椭圆，南北3.34米，东西2.7米。盗洞底部（椁盖板以上）盗墓者用6层圆木垒砌四方形井架，长1.5米，宽1.34米。洞内填土为青灰泥（垮塌的封土，雨水长期淤积而成），含竹木等杂物较多，并出土了一批铁质盗墓工具和陶器。椁盖板上的盗洞为长方形，长1.5米，宽1.2米。椁内五大室，四室被盗，仅存北室。

内棺盖被推置一侧，尸骨无存。但经过发掘，墓中仍出土各类器物2500余件和一批有重要价值的竹简。

盗洞出土各类铁器形制较早，陶鬲为秦式鬲，因此推测该墓为秦人所盗，被盗时间大约在战国晚期（公元前278年以后）至秦朝。

据出土竹简记载，天星观一号墓墓主为邸阳君潘勀，邸阳是其封地，墓葬年代为战国中期。（参见《江陵天星观1号楚墓》，湖北省荆州地区博物馆，载《考古学报》，1982年第1期）

⑥本著所引简报与文件，均来自湖北省博物馆档案室。另据谭维四解释：按照国家文物局对田野考古工作规程的要求，对已发现和要发掘的古墓必须进行田野编号。一般方法是，原本有名称者或史籍有记载者，依本名编序号。如无名称可考者，先冠以地名，再依发现或发掘先后次序给以数码代号。此墓史籍无载，原本无名，只能依地名编号。尽管墓坑位于山冈东团坡之上，因史籍无载，所指不明，且东、西两个团坡已被推平连成一片，无法以此冠名。而离此地约一公里的擂鼓墩在古今地图及地方志上均有记载，且名称的由来还有一段动人的传说。考古人员因以之冠名，将此墓编为随县擂鼓墩一号墓。后来考古人员经过勘探，在擂鼓墩周围发现了200余座墓葬，发掘大、中、小型墓葬30余座。其中尚有8座与曾侯乙墓相同，甚至比曾侯乙墓还要庞大的春秋战国时代古墓长眠于地下，以此构成具有丰厚文化积淀和内涵的擂鼓墩墓群区。1988年1月，国务院将这一墓群区列为全国重点文物保护单位。

第四章
墓穴·水窟

旷世绝响

椁盖板初现人间

发掘全面展开。为了避免许多工地已经出现的人多嘴杂，各有主张，一个个自命不凡，视自己为诸葛亮，看别人皆是阿斗之辈的不良现象，奉发掘领导小组之命，谭维四约请诸位副队长研究协商，对人事安排和分管事宜再次做了详细部署：谭维四为现场总指挥；王少泉、黄锡全为副总指挥；方酉生为总记录；王世振负责现场安全检查与总联络。全体成员根据不同的能力和特长，重新编为现场清理、测量绘图、文字记录及资料宣传、文物保管、器物修复等若干个工作小组，明确各自的职责，一切行动听指挥，不得擅自主张，如有违反规定者，当场开除。如此一着，避免了混乱现象的发生。

发掘人员做的第一件事，就是拆除压在墓坑东南拐角上方的水塔，否则无法采取整体行动。这座水塔原本早该拆除，只因新建的水塔尚未竣工，拆除不仅影响雷修所及附近单位的生活、生产用水，也关系到考古队本身的工作和生活用水问题。部队官兵早在一个月前就对新水塔的修建连夜加班突击，终于抢在正式发掘之前建成，并与先行到来的考古队人员一道，把配套设施全部安装完备。

压在墓坑拐角上的水塔

拆除旧塔并不是一件易事，该塔厚度近半米，全为钢筋水泥铸成，用一般的工具敲砸极其不易，若用炸药强行爆破，损坏了墓坑内的文物，自是一种罪过。在两难的情形中，现场总指挥谭维四决定，先用钢缆拉一下试试

第四章 墓穴·水窟

效果，此举得到了考古队多数人的同意。据保存下来的现场记录显示：

5月6日，水塔漏水严重，竟把墓坑淹没了。谭维四在现场组织排水。

5月7日，部队同志开始拆除水塔的水管子，并且曾用推土机将水管拉下来。民工继续取水塔周围的土，准备待到只剩水塔基座那么大的范围，用钢缆捆塔身，再以机器将其拉倒。不过，看来得用三天左右的时间才能搞完。

5月9日，民工继续取水塔周围的土，老谭与老郭等赴现场，商量明天是否在水塔基座下装小炮爆破，将土震坏，再将塔拉倒。

也就是说，经过两天的折腾，水塔安然无恙，在无更好办法的情况下，谭维四与郭德维、杨定爱等富有经验的考古专家分析认为，塔基底部距墓室的深度约有6米，一般轻微的爆炸产生的后坐力，对墓坑内的文物有影响，但不会太大。况且前一段施工，塔的四周和墓坑之上炮声隆隆，土石纷飞，爆炸之处距椁板最近处只有70厘米。若地下文物有所损失，也早已成为定局。常言道，痒痒不差一个虱子，既然非爆破不足以解决问题，也只好硬着头皮一试了。考古队专门请雷修所总工程师刘秀明反复计算，确定了使用炸药的最佳用量，然后在塔基的最南部实施定向爆破。现场的原始记录真实而详细地记下了此次爆破的经过：

5月10日，做拆除水塔的准备工作，部队的同志还爬上水塔，用钢缆绳捆住塔身以备拉，民工用探铲在水塔基座下的土中打几个炮眼，准备填存炸药放炮，并且继续挖取尚未挖掉的水塔周围的土。晚饭后部分同志随车运木料到县城木料加工厂卸货，其余的同志参加拆水塔，县委吴主任到现场指导。这座水塔，民工已在基座的土中放了几炮，其东南角已悬空了相当于基座的三分之一。这次拆，主要是用一台拖拉机（推土机）拉，辅以人力拉，结果两次均未成功。头一次钢丝绳断了，第二次开始是麻绳断了，随后是钢丝绳又断了。钢丝绳由拖拉机拉，麻绳分两边，同方向用人力拉。第二次断麻绳只断了一边，另一边未断，但已没用了，不得劲，一拉则坏的。

5月11日，民工在水塔下放了三个炮，塔身稍倾斜，只用几个人拉，水塔轰然倒塌了，碎成若干块，但基座却没碎。推土机将水塔碎块逐一拖去，清理毕，大家想法用推土机将基座再拉翻，可是多次均未成功。下午，用TNT炸药爆破水塔基座，共放三炮，基座遂告破碎。大部用推土机逐块拖走，但仍剩下底盘未拖走。

5月12日，上午，清理旧水塔基座被炸毁的残部。

下午3时起开始下挖。午后，随县刘常信来队报到；调来应山县民工24人，其中兴农公社手工业社13人。清除并下挖旧水塔基座下之残渣与砂土。马坪公社红卫大队11人，挖墓坑东室上部填土，填土中发现小竹或木片与板、炭各一小块，外有红陶片、烧土粒等。在东室南边现在地面，下掘至八九十厘米许，即见大量积水，水尚清，水面似与盗洞之水面在同一水平面。保管组的男女同志拆水泥袋纸。部队同志来联系商量如何在工地安灯，以利夜战。

晚上，7点半至9点半，谭、王、陶召集全队人员大会，布置任务，分组讨论工作。

就在这次会议上，谭维四传达命令："刚接到通知，15日下午，武汉空军直升机来拍摄墓坑全景照片。要求我们务必在中午以前把墓坑之内的青膏泥和木炭全部取出，否则飞机白来一趟，大家可要知道，这直升机可不是小孩子玩具，是真家伙，一离地就要喝几吨精品汽油，马虎不得。"又说："据初步估计，青膏泥和木炭的数量要远远大于长沙马王堆一号汉墓。时间紧，劳动量大，从明天开始加夜班，昼夜奋战，力争在预定的时间完成任务。"

宣布完毕，会场一片嗡嗡议论之声，根据钻探的情况初步估算，仅墓坑内的木炭就有十几万斤，青膏泥更是远远超过这个数字。从现在开始，满打满算只有两个半昼夜的时间，在如此短暂的时间内，要把几十万斤软体物清理出坑外，着实令人感到吃惊。既然空军直升机到来的时间不可更改，那就只有打起精神，咬紧牙关放手一搏了。

许多年后，当谭维四讲述这段往事的时候，对发掘的紧迫和这个看似不近人情的命令专门做过解释："发掘之所以如此紧张，是因为受时间的限制。在外行看来，这座墓就在那里待着，又不会半夜跑掉，慢慢挖就是了，何必那么紧张，这不是故弄玄虚，或者自找苦吃吗？错！凡行内人士都知道，每一项考古发掘都是有一个时间限度的，像出兵打仗一样，必须按作战计划在预定时间内完成部署或拿下所要打击的目标。如受到天时、地利、人和等各方面的掣肘或阻击，没有在规定时间内完成，那就意味着全盘计划被打乱，将产生意想不到的麻烦和危险。只要翻翻史书，你就会发现许多战例就是因为这个原因而失败。1972年，考古人员在山东临沂银雀山一座汉墓中发现了著名的《孙子兵法》竹简书，这个书和传世的各种版本不太一样，但更接近孙子的真传，其中《作战篇》记载说：'凡用兵之法，驰车千驷，革车千乘，带甲十万，千里馈粮。则内外之费，宾客之用，胶漆之材，车甲之奉，日费千金，然后十万之师举矣。其用战也胜，久则钝兵挫锐，攻城则力屈，久暴师则国用不足……故兵闻拙速，未睹巧之久也。'这就是说，军队外出作战，耗费很大，影响到国家方方面面。'久暴师'，就是部队长期在野外，这样很容易使力量耗尽，后勤不继，经济枯竭。凡用兵打仗，只听说有宁拙而求速胜，没见有因求巧而久拖不决的。用现在的话说，就是速战速决。擂鼓墩古墓发掘队伍虽没有《孙子兵法》上所说的'十万之师'，但一百多号人，从四面八方云集而来，依然要耗费数量可观的粮草和金钱，当时空军下拨的经费就那么几万元，多待一天就多消耗一份开支，所以这个事情必须按《孙子兵法》上说的速战速决，不能拖延马虎。"

作为对谭维四这一说法的呼应和补充，曾担任擂鼓墩大墓发掘队行政管理组组长，并负责后勤工作的周永清回忆："当时正是'农业学大寨'喊得最紧的时候，县文教局其他领导都下乡去了，我在家里主持一个'共产主义大学'学习班。发掘古墓后，上级让我搞后勤，我很快从各公社文化干部中和县文化馆等部门抽调了30多人，一部分人参与发掘工作，王世振是个小头目，由他带领。一部分人协助准备物资器械；一部分人搞后勤。生活上的这一套全是我找的人，采购员、炊事员、还有三个倒茶搞接待的女孩子等等。部队只提供房子和桌椅板凳等硬件，吃饭的事他们管不了，正式发掘的时候人员到了100多，我们就自己开伙做饭。当时吃粮按计划供应，凭粮票才能买到，仅凭有钱还不行，凡参加发掘的人员都自带定量粮食，吃饭个人掏钱。考虑到这项任务特殊，工作辛苦，经我们上报省革委会特批，凡参加发掘的人员每月的粮食供应标准提高到45斤，差额由县粮食局补贴。另外每人每天补助6角钱，这个标准在当时看来已经够可以的了，100多人，一天的补助就要付出近百块。当时像食油、肉食品、副食品等同样凭票供应，很紧张，除县革委会按规定给予安排，并适当优先供应和照顾外，我同负责采购工作的樊修恩同志也想了不少办法，尽力把生活搞得好一些，如肉类太少，当时很难买到，我们就想办法多买一些猪杂碎、猪下货等补贴。发掘后期，天气越来越热，山冈上草木繁杂，蚊虫蛇蝎特别多，搞得大家坐卧不宁。当时买个蚊帐都很困难，有钱也买不到，为了保证发掘工作的顺利进行，我们这些后勤人员，尽量把蚊帐让给一线的同志们用，气温较高时，我们就睡在外边……"

除顾及物资消耗，还有一个重要原因，就是墓坑本身要受制于天时。墓坑一旦开启，若突然遇到暴雨，而考古人员未能把该得到的资料抢到手，珍贵的资料可能被雨水冲走而永远无法补救。时任清理组组长的郭德维后来颇有感触地说，类似的事情他在考古生涯中曾遇到过不止一次。1962年，郭德维在江陵太晖观发掘一座楚墓，据他说就差那么半个小时，即可照完相、绘完图、取出全部器物。想不到一阵暴雨袭来，导致墓坑崩塌，差点把考古人员活埋。雨过之后，众人又花了十几天时间才把坑内的淤泥与器物清理出来，尽管采取了一些措施，但有些文物还是受到了损失，回天乏术，只能扼腕长叹。20世纪50年代修建三门峡水库时，发现了虢国贵族墓葬，考古人员在发掘中因突遭大雨，墓坑崩塌，一人压毙，实实在在地闹出了人命。此次发掘，谭维四与郭德维等考古人员在做方案时，曾想在墓坑之上搭建防雨架与防雨棚，但在全景照片拍摄之前尚不能实施，这诸多的原因逼迫考古人员刻不容缓，必须昼夜兼程，一鼓作气将墓坑内的白膏泥与木炭清出。

晚会散去，考古人员、后勤人员，连同各公社生产队前来支援的民工全部进入现场操作起来。雷修所技术人员早已在工地安装了电灯，墓坑四周如同白昼。众人弯腰弓背，连挖加铲，经过一个昼夜的奋战，总算把几十厘米厚的白膏泥弄出了坑外。接下来就是木炭的提取。

按照原先的设想，木炭总比上面那黏糊糊、湿漉漉的白泥巴好取得多，但一经挖掘才发现恰恰相反。大家发现，木炭之下先覆盖一层竹网，竹网之下为丝帛，丝帛之下才是篾席，篾席铺于椁盖板之上。椁板之上铺篾席、丝帛和竹网的情形，在国内属首次发现，对墓葬制度的研究无疑是一份难得的实物资料。清理人员必须弄清三者的关系，要一层层小心谨慎地提取，稍不留意，就容易把三者混在一起，夹杂在木炭内一同取出，对文物和资料的保存造成损失。面对厚约30厘米的木炭层，时间又显得极其紧张——这似乎是一个又让马儿跑，又不让马儿吃草的悖论，发掘人员恰恰就在这样一个悖论中工作，用郭德维的话说，就是："越是紧张，越忌慌乱，现场由谭维四统一指挥，将专业人员分成几个小组，每组都有民工与后勤人员配合。专业考古人员叫动的地方，其他人才可动手；如何动，也要听从专业人员的指挥，不能由着性子胡来。考古发掘可不是闹着玩的，一不小心就可能造成文物损失，谭维四现场宣布，谁要胡来就开除谁。如此这般，尽管大家都很紧张，但却有条不紊。根据现场发掘的经验，考古人员采取顺藤摸瓜的方法，先找到木炭中叠压竹网、竹席的边和角仔细缓慢地提取，在绘图照相之后，里边的揭取就相对快捷和粗糙一些。"

当考古人员弄清竹席、竹网与丝帛的底细，取好应得的标本后，时间已到了15日早晨，脚下几万公斤的木炭必须赶在中午12时之前清理出墓坑。于是，谭维四再次召集全体人员做了鼓动，以"胜利在向我们招手，曙光在前头"为号召，要求众人勒紧腰带，振作精神，争取最后的胜利。会后，身心俱疲的发掘人员咬牙瞪眼，强打精神继续劳作。众人挥锹扬铲将木炭挖出装进筐中，又一筐筐、一篓篓扛出坑外。前来观察的雷修所首长郑国贤、王家贵一看场面如此紧张，时间如此紧迫，劳动强度如此之大，立即命令部分官兵前来支援，现场人心大振，清理工作明显加快，终于在12点10分清理完毕。本次共计出土木

考古队员正在取出墓坑填土中的木炭

炭1100余筐，经杨定爱、曾宪敏等考古人员分几次过秤，每筐约70斤，总共3万多公斤。（南按：这是现场所得含水木炭的重量。后来在揭去椁盖板后，得知椁墙四周与坑壁之间亦填满木炭，估计整个墓坑共用木炭，按含水量计算，当在6万公斤左右。而长沙马王堆一号汉墓木椁上部填塞木炭，厚30～40厘米，共1万多斤。）这个数字竟是在保障考古资料的情况下于半天之内完成，其紧张和艰巨的程度可以想见。

　　木炭取走后，经过清扫，木椁盖板全部显露出来，总面积比墓坑略小，在不同的室内一字排开，场面极为壮观。当众人走出坑外，酸痛的腰身还没有直起来，只见谭维四从雷修所办公室气喘吁吁地跑来，抬手对众人喊道："同志们快去吃饭，刚才接到电话，飞机要提前到来试飞，我们要做好准备。"

　　众人听罢，顾不得腰酸腿痛胳膊肿，呼呼隆隆地向山下拥去。此时，武汉空军派出的直行飞机已飞离机场，正穿越蓝天白云向擂鼓墩飞来。

直升机飞临墓坑上方

　　早在制定发掘方案和具体步骤时，谭维四、郭德维等考古人员就为拍照、摄影等事宜进行过讨论。

　　自20世纪初叶瑞典人安特生、斯文·赫定等地质学家与探险家在中国示范田野考古发掘并使这门科学生根发芽后，考古人员在"挖土"和"取宝"的同时，严格按照科学程序进行文字记录、测量、绘图、照相、摄影等一系列配套的工作，若无这样一套科学的操作规程，仅仅是打洞取宝，这便与盗墓贼没有什么区别了。二者的根本不同，用考古学界的行话来说，就是："考古工作本身首先是一门科学研究，其目的在于科学地揭示古代历史的文化和准确恢复历史文化景观，借助现代科学手段来发掘古代遗存，破译古代信息，进而从中抽译出历史演进的规律和能够对现代人类产生鼓舞和激励的优秀的古代精神。"

　　按照以往的经验，凡中小型墓葬，只要在墓坑上部或边沿搭一个或几个

第四章 墓穴·水窟

木架，即可拍摄发掘场面与墓坑内器物摆放的情形。从20世纪二三十年代安阳殷墟发掘，直到新中国成立后，河南辉县、北京明定陵等等一系列贵族与帝王陵墓发掘，这个操作方式一直延续下来。只是到了长沙马王堆二、三号墓发掘之时，情形才为之一变，可谓裤衩改背心——上去了。作为竖穴木椁墓的典范，马王堆汉墓规模巨大，在当时中国已发掘的同类墓葬中，无与之匹敌者（南按：明定陵为券洞式墓穴，类型有别）。因为规模巨大，从而开创了动用军用直升机从高空拍摄墓坑与发掘现场的先例。后来在国内外发行的马王堆二、三号墓发掘的照片与电影，许多精彩镜头都是摄影人员乘坐广州军区空军的直升机在高空拍摄的。

当然，马王堆汉墓的考古发掘，之所以能开创调动军用直升机拍摄的先河，除了周恩来、郭沫若、华国锋等中央领导人对此次发掘高度重视外，还有一个不太为外人知晓，或容易被后人忽视的巧合，这便是，一批军队高级将领此时正担任湖南省委和省革委会的主要领导职务。时任广州军区副政委的卜占亚兼任湖南省委书记、革委会副主任、湖南省军区第一政委；解放军第四十七集团军政委李振军，兼任湖南省委书记。马王堆二、三号汉墓发掘之时，由周恩来亲自圈点，李振军担任发掘领导小组组长，湖南省军区司令员杨大易为发掘小组副组长。正是通过军队高级军官的人脉关系，在墓坑揭露后，广州军区空军的直升机才飞临长沙上空，开创了中国考古界利用最为先进的科学装备拍摄古墓发掘现场的先河。

长沙马王堆女尸出土后，中央领导高度关注。随着二、三号汉墓发掘与军用直升机的介入，全国共80多个单位的专家云集长沙，为保存女尸献计献策，外加江青集团与周恩来班底明争暗斗等等一系列错综复杂的事件，为"马王堆热"创造了发酵的条件，演绎了一具当代女尸的神话。这个神话以"动地走雷霆"（郭沫若诗）的巨大威力在全国爆响后，各地除了梦想有一天也在自己的地盘上挖出马王堆或牛王堆，一显神通，在发掘装备上也暗下决心与湖南考古界一较高下，流风所及，遍布宇内。当1975年湖北考古人员发掘江陵凤凰山168号汉墓时，针对墓内可能出土古尸的预见性结论，考古队长谭维四在制定的发掘方案中，就旗帜鲜明地提出需要军用直升机拍摄现场。当此之时，武汉军区副政委潘振武、张玉华，分别兼任湖北省委书记。分管文教并主管此次发掘工作的另一位省委书记韩宁夫，正是通过潘与张这两位军队高级领导的关系，使考古人员的梦想成真。只是，当武汉空军直升机飞临凤凰山上空时，因墓坑实在太小，一晃而过，无法抓拍坑内的具体情形，只在周边转了几圈，拍摄了外景，在制造了轰动效应的同时，算是对考古人员心灵上有个安慰，对相关方面也算有了一个交代。

凤凰山168号汉墓因墓坑较小，最后用人工搭架拍摄了坑内照片，而擂鼓墩古墓要靠人工搭架拍摄就显得困难重重，只有借助直升机或热气球进行航空拍摄，才能达到理想的效果。但用热气球在高空作业，国内甚为罕见，偶尔闻之，也多是以摔死人或压毙牲畜等事故的负面效应被大众所知。谭维四决定再次请韩宁夫出面，调动直升机，用这种最简捷、高效的办法完成擂鼓墩古墓的拍摄。就地理位置而言，擂鼓墩墓坑距房屋楼台尚有一定距离，四周空旷，有利于直升机飞越。

3月25日，湖北省文化局向省革委会呈报《关于发掘随县擂鼓墩一号古墓的请示报告》中，专门提道："开始发掘即应拍摄资料影片和纪录影片，拟由省新闻纪录电影制片厂和武汉电视台负责进行。鉴于墓葬规模庞大，摄片过程中可能要动用直升机，拟请武空司令部予以支持。"

4月22日，省博物馆再次提交了《关于需用直升机拍摄随县擂鼓墩一号古墓影片和照片计划》。文中称：

随县城郊擂鼓墩一号古墓是一座很重要的大型木椁墓，由于规模很大，需用直升机才能拍出墓况全景的照片和影片。特请武空司令部给予支持。

一、拍摄内容，主要是：

1.木椁全景，即露出椁盖板的情况。

2.揭开木椁盖板后，椁内文物分布全景。

3.墓坑的地理位置及周围的自然环境。

4.从随县城关沿㵐水、㵏水至墓坑所在地的外景（直径五公里左右）。

二、时间、起落次数。大约在五月上旬（由于天气多变，具体时间尚难确定）。从开拍到完成需时约一周，要飞四个起落，其中有两次需在空中停几分钟。

三、飞机型号。直升机一架，上机拍摄工作人员4~5人即可。

四、起落地点。最好能停在古墓现场。

第四章 墓穴·水窟

韩对报告表示同意，并通过在湖北省委任职的武汉军区副政委潘振武与武空司令部联系，获得了圆满的答复，动用直升机拍摄成为定局。

15日下午1时左右，武汉空军飞行大队派出的直升机隆隆鸣响着抵达随县擂鼓墩上空，在围着山冈盘旋几圈后，于雷达修理所操场降落。生活在随县的民众除了在一些画片和玩具店见到过直升机，很难见到真家伙。如今突见一架浅绿色飞机来临，且在擂鼓墩上空低空盘旋，又在雷修所营区降落，显然是冲着古墓而来。于是，人们先是缩着脖子仰头观望，继而相互议论、猜测，最后突然像受到惊吓的兔子，猛地从草丛中蹦将起来，嘴里呼喊着：

"看墓去呵，墓坑打开了！"

"中央的大官来了！"

散布于大街小巷、荒野田畴的各色人等，瞪着明亮伴着迷惑的眼睛，在初夏的阳光里，精神亢奋地向擂鼓墩云集而来。许多年后，郭德维回忆说："人们见来了直升机，肯定是来了大人物，这难道还有什么值得怀疑的吗？墓肯定已经揭开了，不然直升机为什么刚好在这个时候赶到呢？"又说："墓坑这一带的地势，比四周要高出20余米，我站在墓坑附近的高处，看到四周拥来的群众黑压压一片，朝墓坑方向猛跑。这一带工厂多，机关单位多，学校也不少，还有更多的家属、居民。此时正是午休时候，还不到上班和上课时间，有的人也根本不顾上班与上课了，都一个劲朝这方跑来，人越来越多。飞机降落后，因为飞行员需要休息，还要听取我们的意见，讨论如何拍摄好照片，停留近一个小时。在这一个小时内，四周的人不住地朝这里拥来。幸好墓坑在

武汉空军派出的直升机在擂鼓墩地区上空低空盘旋（周永清提供）

雷达修理所内，而雷达修理所有一道高高的院墙，把潮水般涌来的群众都挡在院墙之外。院墙外人堆人，人挤人，简直是水泄不通。除了年轻人、爱热闹的小孩之外，还有一些白发苍苍的老大爷和一些小脚老太婆，真不知道他们是怎样赶来的。"

　　站在墓坑旁高坡上的考古人员面对如此阵势，面露惊恐之色，有人大声嚷道："坏了，这么多人，非把围墙弄倒，把飞机挤碎不可。"雷修所的几位首长同样感到了事态严重，紧急调集官兵把守大门与看护院墙。

　　就在当地群众满头大汗，气喘吁吁冲向山冈，解放军官兵急速扑向大门和围墙把守之际，现场总指挥谭维四带领飞行员察看古墓现场后，立即进行地面部署。为了有一个对比参照物，衬托出墓坑的规模，谭维四提前做了准备，挑选当地驻军前来支援的两辆解放牌汽车、一辆黄河大吊车和一辆北京吉普车停放在旁边。热情的部队首长们曾推荐一台刚刚从国外进口的大型吊车，谭维四认为这是帝国主义国家的产品，不能让其露面，为了体现社会主义的优越性和考古人员的爱国主义精神，坚持用国产的黄河吊车。郭德维回忆说："要拍摄墓坑全景，总应该有一些群众，考古工地也从来都是热热闹闹，而绝不会是冷冷清清的。从政治方面来说，没有群众的支持，考古工作也是搞不成的。从拍摄画面来说，有一些群众来参观，这既可反映发掘的气氛，又可以衬托出墓坑的规模与形状。现在群众这么多，都拥挤在院外，没有组织好，能放进来吗？后来，我们一商量，找附近一些单位有组织地请来了一些群众，其他群众都堵在院外。想不到进来的人和院外群众一样认为：墓肯定是挖开了，不然请我们来干什么？当跑到墓旁一看，露出的只是一片木头片子，墓坑并没有揭开，里边的东西一点也看不到，便有点灰心丧气，只好把兴奋点转移到观看飞机了。我们最担心的也是这一点，请他们来主要是当参观古墓的观众，假如直升机一来，一个个都抬头仰望天空，甚至对着直升机指手画脚，那我们花了这么大的力量准备的拍摄，就无法达到预期的效果了。"

　　除了从外面放进来的群众，雷修所的官兵、家属连同现场施工的民工，也一同招来充当观众。面对围在墓坑边来回蹿动的人群，要做一番动员和讲明发掘古墓与拍摄的意义显然已来不及了。焦急中，谭维四命人从雷修所找来一个半导体扩音器，开始向群众喊话。此时，直升机已转动螺旋桨从雷

第四章 墓穴·水窟

修所操场腾空而起，围绕山冈上方转了半个弧形圆圈后，向古墓飞来。谭维四见状，大声喊道："请同志们注意啦，飞机已经起飞了，不要看飞机，不要看飞机，请大家配合拍好照片。如果古墓里出了精美文物，今天拍的照片将与文物一起到北京和国外展览。这是影响世界的大事情，不可马虎，请同志们不要当儿戏！"

潘炳元手持当年使用的相机演示拍摄曾侯乙墓的过程（作者摄）

喊话间，直升机已至古墓上空。与当年在凤凰山168号墓拍摄不同，这一次拍摄的主要部位是墓坑，且要求把墓坑拍全，画面上能看清每一块椁盖板。这就要求直升机距墓坑的高度最好是30米左右，因离得太近收景不全，太远则拍不清晰。此前，湖北省博物馆资深考古摄影师潘炳元、湖北电影制片厂摄影师易光才、随县文化馆摄影师余义明已登上飞机，分别趴在机舱口和机舱底部一个窗口处做好了拍摄准备。因为飞机飞得很低，隆隆的马达声震耳欲聋，飞机的螺旋桨将地上的灰尘卷了起来，很多人的眼睛被尘土所眯不能睁开，有人头顶的草帽被飞机卷起的旋风掀掉吹跑，有的在大风中东倒西歪，阵脚有溃乱之势。

此时扩音器里又传出谭维四焦急的声音："同志们做得很好，不要乱，再坚持一下，原地不动，不要动呵，坚持就是胜利！"

飞机掠过头顶，巨大的轰鸣声暂时远去，现场观众和考古人员松了一口气，拍打着身上的尘土等待飞机再次飞过，有的四处寻找着被风卷起的草帽等物品。谭维四仍手举话筒高喊："飞机还要回来，请同志们注意。好！好！"话音刚落，直升机又一次飞临古墓上空，比上次飞得更低，现场腾起一片尘沙，巨大的引擎声将谭维四的声音压了下去。

099

旷世绝响

拍摄工作结束后，谭维四（右二）与随县宣传部部长韩景文交谈，中间站立者为飞机驾驶员，谭身后为王家贵（周永清提供）

潘炳元在飞机上拍摄的曾侯乙墓图片（湖北省博物馆提供）

因有了上次的经验，人群保持了冷静和克制。直升机在墓坑上空进行了五个来回的飞行后，降落于雷修所操场。机舱门打开，摄影师陆续走了出来。年届六旬的省博物馆摄影师潘炳元搞了20多年文物考古摄影，登机航拍还是首次，刚步出舱门，就举着相机满脸兴奋地对奔跑过来的谭维四说："老谭，太带劲了，第一圈有些紧张，没有拍好，我着急得不行，心想坏了，得抓紧想办法。飞第二圈时，我在腰上系上安全带，脚踩在机舱门边，身体伸出机外，来了个'倒挂金钩'，下面看得清清楚楚，墓坑全部收进镜头了，完全没问题，保你满意。"此前谭维四在选潘炳元作为本次航拍的首席摄影师时，曾有过犹豫，一是担心老潘身体经受不起高空作业的折腾，同时担心没有航拍的经验，万一拍出的照片不尽如人意，将如何向军地两方首长和社会交代？所幸的是老潘这个"倒挂金钩"真的起了作用，照片冲洗后完全达到了预期的效果，令人称羡。后

来随着墓内出土大量珍贵文物在国内外展出，这张照片作为最珍贵的原始资料，也一同走向了世界，成为擂鼓墩曾侯乙墓发掘的一个不可或缺的组成部分而载入史册。

当天下午3点10分，直升机第二次起飞，在擂鼓墩上空转了三个来回后，再次降落。至此，整个墓坑现场拍摄全部完成。

盗墓贼进入墓穴时间推断

直升机飞走了，所激起的巨浪却仍在擂鼓墩翻腾不息，一圈圈涟漪向四周荡漾，顷刻传言四起，有人谓古墓中挖出了金头，已被直升机运往武汉。有的绘声绘色地描述墓中出土了一个老头儿，比长沙马王堆老太太保存得还好，血管里的血还在流动，口里还有气，挖出时他还冲考古人员说话。考古人员听不懂他说的是哪个朝代的话，老头子就扬扬手，示意赶快送他到医院抢救，武汉空军的直升机已把他拉到武昌人民医院抢救去了。种种传言，如同秋后的野火，飞蹿升腾，很快传遍大街小巷。擂鼓墩一下成为万人瞩目的旋涡中心，各色人等纷纷向擂鼓墩拥来，欲一睹祖祖辈辈都没有听说过的旷世奇观。尽管雷修所派出数量众多的官兵在大门把守，考古队也在墓坑周边架设了围栏、铁丝网等障碍物，但仍无济于事。无论是解放军还是考古队，面对的毕竟不是敌人而是人民大众，尽管有"防止阶级敌人趁机捣乱破坏，并敢于做斗争"的标语贴在墙上，但此时显然不是1968年的严冬，而是打倒"四人帮"即将拨乱反正的1978年的春夏之交，"阶级敌人"这个名词即将成为历史。为此，谭维四专门召开考古人员会议，强调："值勤的同志要戴好标志，坚守工作岗位，要注意军政、军民关系，对围观的群众要说服教育，不要动手，若有违反纪律者，开除工作队。"面对这种局面，把守大门的部队官兵自然不能轻举妄动，心中大苦而无处倾诉。据5月16日发掘记录显示，这天中午，雷修所所长郑国贤曾向谭维四和王少泉抱怨说："保卫工作不好搞，前边不准进，有的越墙而入，还是进来了。大门的右侧靠近水坑处，墙被群众打了一个洞，进来看。不准进去看，发牢骚的不少，有的言语难听。有的跑很远来，天气这么热，就是来看古墓，不让看，对方不走，就在这里安营扎寨，打持久战，情况很难控制。"

不好搞也要继续搞下去，别无选择，发掘人员加快进度，昼夜奋战，力争早日结束这种混乱局面。下一步急需做的是取出椁板，进入墓坑。

所谓椁，就是指套在棺材外面的大棺材，按照考古人员的编号，椁盖板共由47块巨型枋木组成，原以为是金丝楠木，后经鉴定为梓木砍削而成，分东西向和南北向铺就。每块枋木最短者5.68米，最长者达9.85米，宽度和厚度均接近半米或超过半米，体积一般为2.5立方米左右，最大者达到了3.1立方米。因长年在地下泥水中浸泡，枋木外表均呈黑色，每块重量约在1吨以上，大者超过2吨。如此巨大厚重的椁盖板如何弄到墓坑之外，成为一个难题。据郭德维回忆，当时开会讨论，气氛极其活跃，大家各抒己见，争论热烈，有几种方案先后提出。

有一部分老考古队员根据当年江陵望山一号墓取椁盖板的方法，主张用人力向外抬，只要人多势众，就可以保障绝对安全可靠。但望山一号墓的椁盖板最长者为3.98米，最宽者也只有0.4米和0.3米，无论体积还是重量，压根儿就不能与此墓相提并论。另外，二者还有一个明显的差异，望山一号墓有一条长长的斜坡墓道，用人力抬着椁板可以顺墓道缓缓而上。但此墓并无斜坡墓道，是直上直下的竖穴石岩坑，即便靠人力抬起来，也难以爬上坑壁。因而此方案刚一提出，就遭到了年轻考古队员的激烈反对，认为这个点子已成为过去的老皇历，是秦始皇他老娘的事了，翻不得了，遂弃之不用。

有人提出依照天星观一号墓的方法，用缆绳拴住椁盖板的一头，顺着墓道用拖拉机往上拖。因椁盖板本身潮湿，拖拉时底部如同抹了一层润滑油，基本不会损坏椁木的原状。即使是中途折断，因是拖拉行进，也不会对其他文物造成打砸或挤压式损坏。但擂鼓墩古墓没有斜坡通道，若强行在一侧挖出一条通道，对墓坑本身是个损害，不符合考古发掘的本意。天星观发掘时曾想到动用吊车起吊棺椁，但墓的形制与马王堆汉墓一样，属于开口大，四周有15级台阶以此往下缩小，起重吊车的吊臂长度远远不够，无法使用，只能采用笨拙也是最有效的办法，用拖拉机沿着斜坡往上拖运。

与以往大不相同的是，擂鼓墩古墓占据了天时、地利、人和三个难得的条件。所谓天时，则是指军地双方领导人高度重视；地利，此墓属石岩竖穴

第四章 墓穴·水窟

型，在旁侧安上起重吊车，不会将墓坑挤压塌陷，吊臂的长度也完全可伸入墓坑之内提取任何一块椁盖板；所谓人和，则是指驻随县城郊炮兵某师已奉上级的命令，主动前来支援，并答应如果需要，可抽调一辆吊臂长达11米，能起吊8.5吨的吊车供给考古队无偿使用。既然如此，使用机械化作业就成为诸种方案中最合理、便捷的选择。于是，会议决定借用驻随县炮兵某师的吊车前来支援。

方案既定，相关人员着手行动。炮兵某师派出一台黄河牌吊车，武汉空军后勤部、雷修所各派出一台解放牌载重汽车陆续进入坑边指定位置，整个现场调度由富有经验的清理组副组长杨定爱指挥。十几年前，当江陵望山一号楚墓发掘时，在既无吊车，又无汽车的艰难处境中，庞大的椁盖板就是由年轻的杨定爱指挥，从十几米深的墓坑中一块块抬出并运到室内的。以后的岁月里，发掘的许多中小型墓葬椁板皆由杨定爱指挥调度，并得以安全有效地运出墓坑。后来著名的天星观一号大墓椁盖板的起取，也得益于杨定爱指挥调度才完好如初地运出了坑外。此次对擂鼓墩古墓椁板的取吊，杨定爱已胸有成竹，他与清理组组长郭德维、吊车司机宋宝聚等人一起，对椁盖板进行了周密观察，尤其对木材的保存状况、重量和拉力强度等进行了科学估量，拟定了起吊的全套方案。当时杨定爱唯恐在取吊过程中千斤绳损伤板面，以及长盖板因韧性脆弱而突然断裂，遂专门找雷修所工程师刘秀明设计制作了两个载重数吨的钢制套钩和一套钢架，盖板可置于其上取吊，做到万无一失。

5月16日晚，发掘人员开始试吊。按照拟定的方

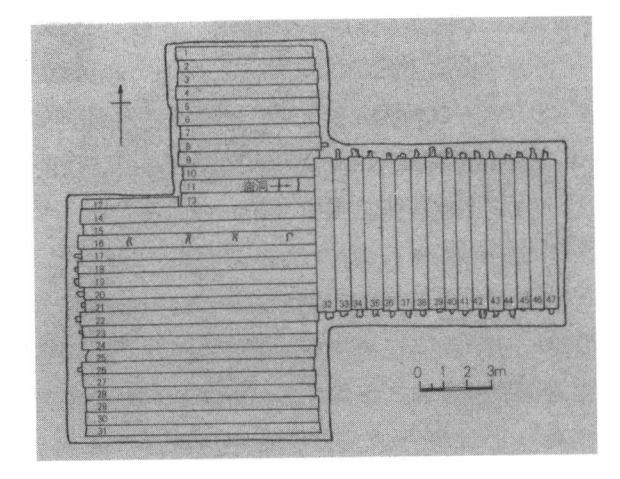

曾侯乙墓椁盖板平面图（北室边沿为盗洞，一块椁木被凿断）

103

案，先从盗洞处着手。

　　这处盗洞像一个张开的老虎嘴，一直令考古人员心中打鼓，忐忑不安。谭维四曾几次组织人力用潜水泵插入盗洞内抽水，企图能窥视下部真相，但底部深处一直是泥水混合状态，无法探清。此次从盗洞处入手，除了工作上的方便，还有一窥庐山真面目的心理。

　　一切准备就绪，在杨定爱指挥下，长长的吊臂慢慢伸展开来，钢索、铁钩由吊臂前端垂放到盗洞一侧编号为11的椁板之上。现场的曾宪敏、昌占铸立即把缆绳拴在因椁板断裂而翘起的一端。一声哨音响过，杨定爱手中的红绿旗对吊车挥动，司机开始操纵吊臂上扬。但提了几次均未成功，椁盖板纹丝不动。现场的领导和围观者见状，大惑不解地问道："怎么搞的，咋就拉不起呢？"

　　吊车停止了拉动，杨定爱等急忙上前查看，发现椁盖板被盗洞淤泥中的一块石头卡住。石块很大，卡得很牢，遂决定先将石块取出。经过一番去淤扒泥的清理，杨定爱又指挥司机小宋开始起吊，很快将石块移出椁室，紧接着，第一块椁板被轻而易举地吊出坑外，试吊成功了。当第二块断裂的椁板被吊出时，场内一片欢腾，若再这样操作下去，用不了半个小时，就可看到墓坑内的情形了，坑内到底有宝还是没宝，今晚可见分晓。令众人大失所望的是，当第三块椁板起吊时，起重机发出一阵"嗡嗡"的不祥声响，伸出的吊臂无力地垂下，司机小宋从驾驶室跳出，向杨定爱宣布："机械出了故障，需开回单位修理。"正处于兴头上盼望宝藏尽快出土的观众，听罢此言，嘴里发出"咦——！呀——！"的声响，不住地摇头叹息，恋恋不舍地四散而去。

　　看热闹的人群走了，考古人员却留了下来，大家心情沉郁，默默地查看盗洞底部和已吊出坑外的两块椁盖板。灯光照耀下，洞内满是混浊的泥水，望去只是模模糊糊的一片，感觉很杂乱，内中情形仍然无法弄清。杨定爱来到吊出的两块椁盖板前，测知板厚50厘米，从外部残留的印痕推断，当时坑内积水已淹及椁盖板。杨定爱详细查看了椁盖板断裂的原因，认为是盗墓贼用斧头、凿子之类的锐器劈凿所致。从断痕推断，盗墓贼进入墓坑的时间当在隋唐之前。既然椁板已被劈开，盗墓贼就可以进入椁室，一旦进入椁室，里面随葬的宝物就可能被洗劫一空。不过从洞口的形状看，只能容一人进出，若墓内有大件器物被劫取，除非砸碎，否则无法运出洞外。因其他椁盖板未能吊出，盗墓贼出现的时间和墓内情形等等还只能靠猜测，无法坐实。故当天负责发掘记录的程欣人对杨定爱的推断没有全部录入，只是谨慎地写道："第11号椁盖板陷入椁内的一大截（长3.87米，重1吨），此截椁盖板的东端断面有凿痕，痕宽5厘米许，无锯痕，不像自然折断，应是人凿断，而且凿痕长旧。"

正郁闷间，沉沉的黑夜突然响起一声炸雷，紧接着整个擂鼓墩上空电闪雷鸣，风云激荡，大雨倾盆而下。考古人员顾不得推断盗洞年代和盗墓贼是否进入墓室之内，一个个收拾工具和衣物迅速向住处撤离。

大雨下了一夜，一直到17日下午3时，天空才开始转晴。因墓坑未来得及搭建防雨棚，经过大雨一夜的浸泡，坑内积水上涌，淹没椁盖板，谭维四只好再次下令调来潜水泵插入盗洞内继续抽水。下午5时许，国家文物局局长王冶秋亲自委派前来指导工作的故宫博物院资深研究员、著名考古学家顾铁符，在湖北省文化局副局长、擂鼓墩古墓发掘领导小组组长邢西彬、襄阳地区革委会副主任秦志维陪同下，经云梦参观出土文物后来到随县擂鼓墩古墓发掘现场。谭维四向顾铁符一行介绍了墓葬情形、飞机拍摄经过，以及盗洞口椁盖板被人工凿劈的情况。邢西彬望着从椁板缝隙中涌出的水流，轻轻说道："多亏提前两天完成了飞机拍摄任务，要是稍一迟疑，拖到现在，这一场大雨下来，要取走上面的泥巴和木炭，那麻烦可就大了。"

说着，邢西彬转过身对顾铁符道："顾老，您看这个盗洞对墓下的东西影响有多大，这贼娃子不会把宝物全部盗走了吧？"

年届七旬的顾铁符站在椁板上，倒背着手笑了笑，说道："我看不会有多大影响，好东西都给咱留着呢，你就放心吧。"

早在十几年前，谭维四就与顾铁符在工作中相识，并在顾的指导下进行过多座墓葬的发掘。如今见对方一副悠然自得的样子，郁闷的心顿时通亮了许多，兴奋中有些激动地说道："顾老，我们真希望下面情况像您说的那样，盗墓贼大发慈悲，把好东西都给咱留着。依您看，这个盗洞是哪个年代的？"

"古圆近方嘛，这个你们是知道的，在全国基本都是这个样子。"顾铁符不假思索地回答着，谭维四点头称是。原是农民出身，没读过几天书的襄阳地区革委会副主任秦志维听罢,大感不解地问道:"啥叫'古圆近方'?"

顾铁符笑而不答,谭维四接话道:"顾老所说的这句话,指的是古代盗洞都是圆形的,近代的都是方形的。不过这个古代和近代在哪里区分还有争议,一般来说,元代以前的盗洞都是圆的,元、明、清直至民国时期出现的盗洞都是方形的。"

"哎呀,这考古里还有这么多门道呵,顾老,您说说看,这盗洞到底是哪个年代的?地下的宝贝疙瘩,铜佛金像什么的真的没有被贼娃子弄走?"秦志维一脸真诚地问道。

顾铁符满面和气地冲对方笑笑,像是对秦志维又似是对周边的人说:"盗洞上面的情况已看不到了,据谭队长介绍,我的感觉这个洞应是汉代或汉代之前的。洞中仅容一人通过,应是私盗而不是官盗。像这么大的墓葬,里头肯定有大件的东西,这么小的洞口,盗墓贼进来,只能拿走一些小型的器物,大型的东西恐怕难以向外弄。刚才有一同志跟我说,会不会像天星观墓葬一样,盗墓贼把大铜鼎等大型器物在墓坑内先砸破,然后再拿出去。这种情况有可能出现,但真正下面陪葬了大型铜鼎等重器,我看这个盗墓贼难以弄破。比如像安阳殷墟出土的司母戊鼎(后母戊鼎),你就是让盗墓贼公开在墓坑内砸,他也砸不破,几乎没有办法。现在尚未发现其他盗洞,如果真的就这一个洞口,我认为下面的大东西、好东西应该没有多大损失。"

"顾老是说这个墓有可能出土像殷墟司母戊鼎那么大的青铜器?"一个正在弯腰工作的年轻考古队员手里提着一捆绳子,抬头大声问道。

"这个我不能保证,但也不能说没有这种可能,说不定比司母戊鼎还大的青铜器正站在坑内等着我们开门验收呢!"

顾铁符说罢,爽朗地笑着,伸手轻轻拍了一把谭维四的肩膀。众人一阵欢笑。尽管大家知道顾老最后的话带有玩笑的意味,但还是被这位大专家的话所打动,心中多了一份安慰的同时,也对此墓的发掘前景增强了信心。

凌晨0点30分,考古队清理组人员得知起重吊车已经修好并停在墓坑一侧时,便怀揣着一种期望,迫不及待地来到发掘现场,继续昨天未竟的事业——起吊椁盖板。

此次起吊仍从盗洞口处开始,首先吊起的是盗洞北侧、编号为10号的椁盖板。按过去的经验捆绑、下钩、起吊,一切顺利进行。重达1.5吨的盖

第四章 墓穴·水窟

板被吊离后，下部是一道木质隔梁，这意味着由此处划分为南北两个椁室。考古人员以此为界，将北部编号为北室，南部编为中室。在杨定爱指挥下，起吊继续向北推进，一块、两块、三块，当起吊到第四块时，北室已露出一半。考古人员围在北室坑边详细观察，只见室内满是积水，水的颜色虽然比盗洞所在的中室清了许多，但水面除了漂浮几小块残竹片，什么也看不见。向下望去，只见黑压压一片，是淤泥还是由于水质本身混沌造成的效果，一时难以弄清。谭维四命人找来一根铁丝顺椁墙徐徐伸下，测知椁室水深竟达3.13米，差不多是两个人接起来的高度，近似于一口水井水位的深度。众人看罢皆大吃一惊，像这样的情景从未见过，如此深的水位意味着什么呢？是整个椁室的高度如此，还是椁室下部腐朽，棺材板漂浮在一座水坑的上部？为尽快弄清底部的情况，谭维四命令杨定爱继续指挥向北起吊，直到把整个北室全部揭开为止。与此同时，在北室按放潜水泵，加速抽水，来个竭泽而渔，水落石出。

将木板吊出坑外
（周永清提供）

吊车重新启动，潜水泵冒着黑烟在坑边"咚咚隆隆"地响了起来，茫茫夜色中，墓坑上方灯火通明，各路人马抖擞精神开始操作。当整个北部椁室剩下最后两块椁盖板时，已是18日凌晨4时10分，从鄂城新招收的青年考古人员丁华堂因劳累过度，在拨动编号为2号的椁盖板时，一不留神，"扑"的一下，失手将一根钢钎滑入椁室西北角水中。众人见状，大骇，倘地下真有文物，一定受到损害，尽管水位深达3米，相对减缓了钢钎下行的速度和冲击力，但依然不能小视。在现场的郭德维立即想起了一件往事。几年前，在江陵发掘一座西汉古墓，椁室内塞满了很细的淤泥，上面有一层积水，积水之下的情况不明。同样是一个刚从地方招收不久的考古实习人员，出于好奇，急于知道底部有无文物，便找来一根粗铁丝向水下戳去，据年轻人后来辩称是"轻轻一戳"。哪想这"轻轻一戳"竟把一叠漆耳环全部捅穿，对文物造成了无法弥补的损坏。凡有经验的考古人员都知道，像漆耳环之类的器物，外表看上去很完整，也很美观，因长期浸泡在泥水中，质地已变得极为脆弱，一捅即破。好在不幸之中的万幸是，当发掘人员清理后，那串被捅破的漆耳环上的墨字差一毫米就会被捅掉，若当时铁丝再稍稍倾斜一点，极为珍贵的文字资料将就此消失，损失也就更加惨重了。因了这样的教训，考古人员在发掘时都如履薄冰，战战兢兢，对每一个细节都极为小心谨慎，绝不敢疏忽大意。遥想当年一根铁丝戳下去竟造成如此损失，如今一根硕大的钢钎插入水中，产生的后果实在难以预料。当丁华堂那一声焦急的"坏了！"在夜空中突然喊出时，随着"当啷"一声金属撞击的轻微的脆响，现场的考古人员心中"咯噔"一下，面对无影无踪的钢钎和面前一汪黑乎乎的深水，一种不祥的预感袭上心头。

负责现场指挥的杨定爱板着铁青的脸喊了声："今晚是咋了，活见鬼了！"当即指斥丁华堂成事不足，败事有余，并勒令其立即退出现场，回屋睡觉，不要再出来丢人现眼了。众人扼腕叹息一阵，再度强打精神，把最后两块椁盖板吊出坑外。至此，整个北室的椁盖板全部清理完毕。此时已是凌晨4点37分，东方的天际已放出亮色。

潜水泵抽了几个小时的水，北室的水回落约有半尺，按这样的速度，需要几天几夜才能见底，难道下面与地下暗河中的水道相通不成？谭维四想着，围绕这个东西长4.75米、南北宽4.25米的椁室转了几圈，除发现北壁墙

第四章 墓穴·水窟

板上有藤子做的缆绳痕迹外,其他异物一件也没看到。

"看来真的要坏事了!"一位同事向前小声提醒道。

"不可能,难道一点骨渣也不给咱留下,这个盗墓贼也太绝了吧!"谭维四言毕,以悲壮的心境冲众人大声喊道,"大家再坚持一下,杨定爱,你给我再把盗洞南边的几块椁盖板吊起来,看看这下面到底葫芦里装有什么药。"

几十名瞧热闹的群众在墓坑旁蹲守了一夜,见北室全部露出,纷纷围拢过来观看。此时,值勤人员的情绪也受到只见泥水不见器物的感染,情绪低落,不再驱赶劝阻,任观众在墓坑旁指手画脚,议论纷纷。吊车的长臂再度转到盗洞南侧,随着哨声响起,一块椁盖板被吊离原处。众人急不可待地伸头观看,只见下面全是淤泥和浊水。又一块椁板吊起,下面的情形仍如此前。当第三块吊起,下面仍是淤泥与浊水。此时天空已经大亮了,下面的情形比先前看得更加清晰,但除了泥水什么也没有。此情此景,对所有的考古人员如同当头一棒,心"唰"地凉了半截。无须再论证了,这满室的淤泥就是盗洞所致,其面积之大,超出众人的想象,看来下面的文物真的如丁华堂那句不祥的谶语——"坏了!"

"情况不妙,说不定真的被盗空了。"一中年考古人员望着满室淤泥对谭维四说道。

谭维四没有吭声,望望众人无精打采的样子,知道除了劳累,主要是情绪所致,看来到该停工喘口气,好好思索一下的时候了,遂下令收工。

"但愿只盗了这一个墓室,其他墓室没盗,也不枉费咱们这么多人付出的心血呵!"众人一边收拾工具,一边面对揭露的墓坑感叹着,目光中透出一丝淡淡的忧伤与凄凉。

18日晚11点,考古人员再次开始吊椁盖板。根据谭维四的布置,此次起吊由中室南部开始,继之往北边盗洞处顺延,以便尽快弄清中室的情况。当椁板被揭开一块时,发现底下是水,当第二块、第三块,直至揭到第九块时,仍积满了水。椁盖板所铺盖的是两个墓室,即中室和西室,中室的规模显然大于西室,盗洞处于中室的北端。可能是由于潜水泵抽水的关系,西室的水要比中室清了许多,尽管水清,但除了上面漂浮的一点残竹片之外,仍是深不见底,什么也看不到。茫茫夜色中,无论是发掘人员还是前来观看的

109

领导、部队官兵、民工、群众，见偌大的墓坑内汪着三室清浑不一的积水，像一个神秘的水窟魔洞，大失所望中又夹杂着难以理解的困惑。眼看已到翌日凌晨2点，众人早已饥肠辘辘，无力、无心继续工作下去，谭维四下令停工，待吃过夜餐之后再行开吊。

吊车停止了工作，现场的考古人员与谭维四一样，围在坑边望着满满的三室积水不肯离去。资深考古学家程欣人轻轻来到谭维四身边，摇摇头道："奇怪呵，这已不是'上穷碧落下黄泉，两处茫茫皆不见'，而是变成'三室茫茫皆不见'，看来是被盗掘一空了！"

有一长者如同泄了气的皮球，一向不爱说话的他，似是灵感突发，对眉头紧锁的谭维四突然吟了几句打油诗："天空飞机轰鸣，地下车水马龙，上上下下万人惊动。如今水满三室，文物少吉多凶，千万别再好大喜功。"

老者的话一下子点燃了谭维四憋在心中的怒火，他脸色铁青地转过身道："我是一直按照科学程序办事，没有一点胡来的地方，怎么是好大喜功？我好的什么大，喜的什么功？你以为你是谁？"

老者见对方动了肝火，自知失言，颇为尴尬，低了头溜出现场。其他人见状，甚感无趣，连声叹着"都是盗墓贼惹的祸呵！"，便三三两两地向二里外的驻地伙房走去。

现场的灯光渐渐隐去，惨淡的星光下，众人身心俱疲地沿山冈一条小路走着。微风吹过，野草飘荡，远去树木阴森，磷火点点。一直萦绕在考古队员脑海中挥之不去的盗墓者的身影，在若明若暗的点点磷火映照中飘然而至。

第五章 水中潜伏的隐秘

旷世绝响

盗贼如狐

盗墓与盗墓贼的故事，对考古人员而言太熟悉了，从步入考古行业并接受田野发掘训练开始，除了掌握历史知识和发掘技术，每一个人还必须了解盗墓的历史和相关的学问，以便在日常发掘中加以辨别和做出相应的处理。

按照考古学教科书的说法，中国古代盗墓的发展与丧葬习俗的演变紧密相连。早在殷商时代之前，活着的人已有了希望灵魂不死的观念。殷商时期，这一观念愈加丰富且得到强化。据出土的甲骨文和传世文献资料显示，当时的人们认为：人的生命本体由一种神秘的魂魄组成，魂来自天，魄来自地，二者离散之后，魂入天转化为神，魄入地腐化成水，归入土壤，无论是魂还是魄，都会庇护后人。因此，先人的魂魄得到后人的无限尊崇。这也是殷商时期丧俗中出现庞大地下陵墓的直接原因。殷代陵墓的出现，是丧葬制度演变的第一个显著变化。

春秋战国时期，王侯争霸，厚葬之风兴起。为了让生前的荣华富贵永远陪伴自己，每一个诸侯国君主的陵墓规模都十分惊人。从已发掘的情形看，国王的陵墓像一个地下金字塔倒立于地下，墓中除安置墓主与殉葬者的尸体，还有大量稀世之宝作为陪葬品，堆放于身前脚后不同的墓室之中。《吕氏春秋·节丧》记载，受当时社会风气熏染，人们往往用一些能显示身份、地位的专用品及大量生活资料和珍奇完好之物随葬，其后人也以此为荣，正所谓"欲侈其葬，则心非为乎死者虑也，生者以相矜尚也"。

商周时代尽管已奢厚葬，但中原地区的陵墓还没有坟丘，即便如殷王、周王那样的一国之主也同样如此。到春秋晚期，以孔子葬父置丘封树为标志，中原诸国才出现了坟丘形式的墓葬，而到战国之后，坟头的封土逐渐高大，形成了

第五章 水中潜伏的隐秘

"丘垄必巨"的丧葬习俗。历代王侯将相及达官贵人不惜耗费人力、财力，营建陵寝地宫、修筑墓穴，倾其生前所有，大肆奢华。那为死者陪葬的光怪陆离的地下宝藏，终于点燃了胆大妄为者、贪婪者的欲火，导致本已存在的盗墓风愈演愈烈，一场场盗墓与反盗墓的"阴阳之战"，在活人与死人、地上与地下之间拉锯般展开，以至几千年起伏绵延，不绝于世。

据可考的记载，历史上有记载的盗掘事件最早出现在2700多年前的西周晚期，已知的最早被盗的著名墓葬是商朝第一代王商汤之冢，此冢埋葬年代距今约3600年。春秋战国时代盗墓之风始盛，著名的陕西凤翔秦公一号大墓，作为迄今所发现的先秦时期规模最大的墓葬，经考古人员发掘，不同时代的盗洞竟多达247个，整座墓葬如同一个倒扣的巨型筛子，洞网密布。秦之后每次战乱，便有大规模盗掘陵墓事件发生，即使是千古一帝的秦始皇陵也未能幸免，曾遭到项羽、黄巢等人的军队盗掘、毁坏。唐人诗云"群盗多蚊虻""荒冢入锄声""髑髅半出地""白骨下纵横"等诗句，正是盗墓风习盛行的写照。唐代宗时，郭子仪父亲的墓葬被盗掘，有人疑心是鱼朝恩指使，而郭子仪在御前说到此事时，承认自己所统领的军队也多有破坏陵墓的行为。

无论是古代还是近代，大凡盗墓者可分为两类，一为官盗，一为民盗。秦末的项羽，汉末的董卓、曹操，五代的温韬，民国时期的盗陵将军孙殿英，等等，都是史上有名的盗墓人物，这些乱世鬼雄或奸雄往往动用军队，明火执仗地大肆挖掘。据《汉书·刘向》载："秦始皇帝葬于骊山之阿，下锢三泉，上崇山坟，其高五十余丈，周回五里有余；……项籍燔其宫室营宇，往者咸见发掘。其后牧儿亡羊，羊入其凿，牧者持火照求羊，失火烧其藏椁。"北魏地理学家郦道元在所著的《水经注·渭水》中，对始皇陵被盗掘一事描绘得更为详尽："项羽入关，发之，以三十万人三十日运物不能穷。关东盗贼，销椁取铜。牧人寻羊烧之，火延九十日不能灭。"

埋葬唐朝李治与武则天夫妇两位皇帝的乾陵，之所以没有被盗，全赖其"乾陵玄阙，其门以石闭塞，其石缝隙，铸铁以固其中"。《新五代史·温韬》载："韬在镇七年，唐诸陵在其境内者，悉发掘之，取其所藏金宝。而昭陵最固，韬从埏道（墓道）下，见宫室制度宏丽，不异人间，中为正寝，东西厢列石床，床上石函中置铁匣，悉藏前世图书，钟（繇）、王（羲之）

113

笔迹，纸墨如新，韬悉取之，遂传人间。惟乾陵风雨不可发。"经现代勘探结果证明，乾陵因其坚固的构筑而成为唐代18座帝王陵中唯一没有被盗掘的陵墓。

就在擂鼓墩古墓正式发掘两个月前的3月6日至10日，湖北省博物馆考古队员郭德维曾参加江陵天星观楚墓揭取椁盖板工作。根据郭氏在现场看到的情况，其盗掘之惨状，可谓目不忍睹。整个墓坑共有7室，除足厢一个小室未被盗掘外，其余各室全

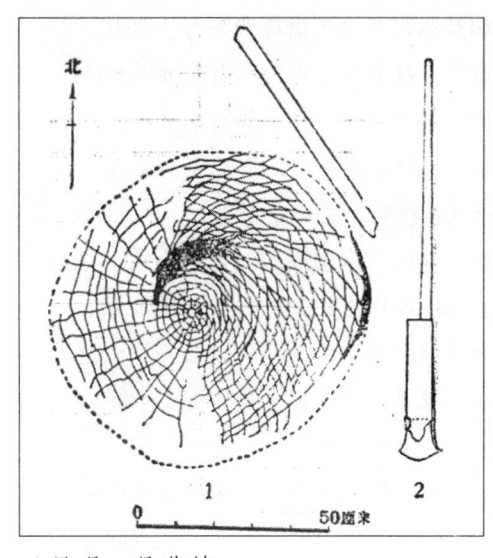

天星观一号墓填土中出土器物：
1.绳网兜及木棍；
2.铁臿

被盗扰，稍大一点的青铜器均被盗劫一空，有一个大铜鼎可能由于盗墓贼无法搬出盗洞，索性砸碎带走，只遗下两只蹄形铜足不知何故未被带出。两只铜足分别高35.5厘米，直径10～12厘米，据估计整个鼎重量当在50公斤以上，惜已被盗走。室内四重棺椁全被盗墓者劈开，尸体被拖出棺外抛入一角，一些未被盗走的漆木器，也遭到不同程度的扰乱和破坏，大批竹简被踩断碾碎，损失惨重。从直径3米多的盗洞留下的痕迹与遗物分析，盗墓

郭德维在北京西苑饭店花园水池边向作者演示天星观一号墓被盗情形（作者摄）

者是采用6层圆木垒砌成四方形井架而进入墓室的，如此巨大的盗洞和繁杂精致的盗掘设备，显然属于明目张胆的官盗。据郭德维分析，这座战国中期的墓葬，大概是楚国的郢都被秦国军队攻陷以后，秦军

除了对郢都进行彻底摧毁洗劫，还对郢都附近的楚国贵族墓葬进行了大规模破坏与盗掘。为此，身为楚人的郭德维曾愤愤地说："后来项羽攻破秦都咸阳，所进行的火烧阿房宫，洗劫始皇陵的恶行，不过是以其人之道还治其人之身罢了，这些恶行都是跟着秦人学来的，只是远没有秦人厉害罢了。"郭氏这一推断是否符合历史事实，尚可讨论，但天星观一号楚墓为官家兵匪所盗基本是可以肯定的。

当然，无论是先行一步的秦人，还是怀着复仇心理后发制人的项羽，还没有明目张胆地设置刨坟掘墓的官吏，到了汉末一代奸雄曹操，情形就大不一样了。鲁迅在《清明时节》一文中提到曹操曾设置"摸金校尉"一职，专门做盗墓勾当，此事最早见于"建安七子"之一的陈琳代袁绍所作讨曹操的《檄文》。这位老奸巨猾的曹阿瞒除设立"摸金校尉"外，还创立了同一类型的"发丘中郎将"官职，这个职别已是相当高级了，可见盗掘规模之大。为表示对这一行业的重视，曹操于日理万机中，曾亲自指挥发掘古代帝王陵墓，用出土金宝换取世俗的钱财，以养活自己日渐庞大的军队。

继曹操之后窃权弄柄，领兵统将盗掘帝王陵墓之事，更是屡见不鲜。唐宋元明清等朝代因时间较远不再叙及，仅以民国时期为例，为了盗掘位于北京东部马兰峪镇内的清东陵之乾隆皇帝陵与慈禧太后陵两座陵墓，国民革命军第十二军军长孙殿英，竟以三师兵力，动用了枪炮与烈性炸药，采取战场上炸碉堡的形式进行毁灭性破坏，最终导致两座陵墓地宫被炸开，珍宝被劫掠一空，出现了"无骸不露"的悲惨局面。

官盗之外，便是民盗。民盗当然来自民间，分布各地草莽之间，人数众多，互不相关，以各种方式偷偷摸摸挖开墓室、棺材，从中取出随葬的财物珍宝，大发横财。这些布衣盗贼多集中在古墓葬较多的地方，如河南洛阳、陕西关中、湖南长沙、湖北荆州周边等地进行探寻，若发现目标，一般采取由外往里打洞的方法进入墓室直接取物。

所谓"狗有狗道，猫有猫道"，一旦选择了盗墓这一特殊职业，就必须要练就不同于常人的特殊功夫，否则，便不叫盗墓，应该叫故意找死了。

那么，盗墓贼的特殊本领何在，如何找到墓葬所在位置，如何进入墓穴盗取宝物呢？按照历史流传资料和盗墓者亲身所述，盗墓者必须因共同的理想和信念走到一起，在结成看似牢不可破的同盟后，首先是出外踩点，以便确定墓葬的位置、规模和盗掘的方式方法。尽管这是前期事宜，却相当重要，若在这方面走眼或失手，后面的一切努力都将付之东流，因而必须小心行事。整个途径可分为三个步骤：

一、查看地面的封土形状以判断墓葬的级别年代等粗略信息，有古墓的地方由于自然地层在埋葬过程中遭到破坏，庄稼和树木的长势一般会比周围地区差一些。

二、从史书、地方文献、民间传说中寻觅古墓的踪迹。史书与文献需有文化者才能查看，一般的盗墓贼主要靠民间传说得到线索，然后到现场勘察后，根据经验做出判断。

三、盗掘古墓一方面靠人的技术、经验，一方面靠操作工具。明代以前，盗墓贼没有专用探测工具，只要确定位置，便设法自上往下挖掘，使用的工具一般为锤、锹、镐、铲、斧和火把、油灯等。明代开始使用铁锥探测，在技术上算是一个进步。民国之后开始用洛阳铲等工具凿土取样，通过土质和地下带出的残物，如陶片、木片、铜、金等金属碎片，判断墓葬的确切位置、规模、陪葬品等放置情况，以便有的放矢。

当这一切确定后，接下来就是如何盗掘的问题。对那些长期以盗墓为职业的人而言，并不是一个复杂和困难的事，只是相对辛苦一些罢了。当然，如果是小墓，则采取速战速决的战术，或打洞或用其他方法撬挖，几个时辰或一夜完事。这种方法只适用于小型墓葬。一个或两个人即可完成。

明代冯梦龙编刊的《醒世恒言》第十四卷"闹樊楼多情周胜仙"中，记述了一个生动的姻缘故事，其中有一段盗墓情节可视为上述范畴的代表，故事本身的离

《醒世恒言》书影

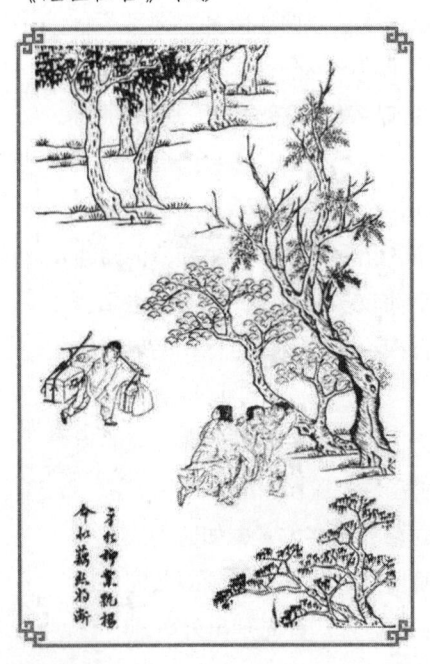

第五章　水中潜伏的隐秘

奇曲折令人击掌叫绝。

　　说的是大宋徽宗年间，东京青年男女范二郎与周胜仙一见钟情，各因相思致病。后在王媒婆的撮合下，胜仙娘在老爷外出的情况下，擅自将胜仙许与范郎婚配。半年后周家老爷外出归来，对此婚事大加反对，当场将胜仙娘骂了个狗血淋头，躲在屏风后偷听的周胜仙闻之，一口气塞上来，当场昏厥在地，人事不省。父母闻知慌忙来救，终究未能苏醒。

　　周家老爷见女儿已死，只好找人打制棺材，抬进家中，教仵作人等入殓。与此同时，周老爷吩咐管理坟园子的张一郎、张二郎道："你两个便与我砌坑子。"吩咐了毕，絮叨道："功德水陆也不做，停留也不停留，只就来日便出丧，周妈妈教留几日，那里拗得过来。早出了丧，埋葬已了，各人自归。"

　　可怜三尺无情土，盖却多情年少人。小说至此，算是一个段落，接下来曲转弦变，令人惊悚。小说叙述道：

　　且说当日一个后生的，年三十余岁，姓朱名真，是个暗行人，日常惯与仵作的做帮手，也会与人打坑子。那女孩儿入殓及砌坑，都用着他。这日葬了女儿回来，对着娘道："一天好事投奔我，我来日就富贵了。"娘道："我儿有甚好事？"那后生道："好笑，今日曹门里周大郎女儿死了，夫妻两个争竞道：'女孩儿是爷气死了。'斗别气，约莫有三五千贯房奁，都安在棺材里。有恁地富贵，如何不去取之？"那作娘的道："这个事却不是耍的事。又不是八棒十三的罪过，又兼你爷有样子。二十年前时，你爷去掘一家坟园，揭开棺材盖，尸首觑着你爷笑起来。你爷吃了一惊，归来过得四五日，你爷便死了。孩儿，切不可去，不是耍的事！"朱真道："娘，你不得劝我。"去床底下拖出一件物事来把与娘看。娘道："休把出去罢！原先你爷曾把出去，使得一番便休了。"朱真道："各人命运不同。我今年算了几次命，都说我该发财，你不要阻挡我。"

　　你道拖出的是甚物事？原来是一个皮袋，里面盛着些挑刀斧头，一个皮灯盏，和那盛油的罐儿，又有一领蓑衣。娘都看了，道："这蓑衣要他作甚？"朱真道："半夜使得着。"当日是十一月中旬，却恨雪下得大。那厮将蓑衣穿起，却又带一片，是十来条竹皮编成的，一行带在蓑衣后面。原来

117

雪里有脚迹，走一步，后面竹片扒得平，不见脚迹。当晚约莫也是二更左侧，分付娘道："我回来时，敲门响，你便开门。"虽则京城闹热，城外空阔去处，依然冷静。况且二更时分，雪又下得大，兀谁出来。

朱真离了家，回身看后面时，没有脚迹。迤逦到周胜仙坟边，到萧墙矮处，把脚跨过去。你道好巧，原来管坟的养只狗子。那狗子见个生人跳过墙来，从草窠里爬出来便叫。朱真日间备下一个油糕，里面藏了些药在内。见狗子来叫，便将油糕丢将去。那狗子见丢甚物过来，闻一闻，见香便吃了。只叫得一声，狗子倒了。朱真却走近坟边。……抬起身来，再把斗笠戴了，着了蓑衣，捉脚步到坟边，把刀拨开雪地。俱是日间安排下脚手，下刀挑开石板下去，到侧边端正了，除下头上斗笠，脱了蓑衣在一壁厢，去皮袋里取两个长针，插在砖缝里，放上一个皮灯盏，竹筒里取出火种吹着了，油罐儿取油，点起那灯，把刀挑开命钉，把那盖天板丢在一壁，叫："小娘子莫怪，暂借你些个富贵，却与你作功德。"道罢，去女孩儿头上便除头面。有许多金珠首饰，尽皆取下了。只有女孩儿身上衣服，却难脱。那厮好会，去腰间解下手巾，去那女孩儿脖项上搁起，一头系在自脖项上，将那女孩儿衣服脱得赤条条的，小衣也不着。那厮可霎巨耐处，见那女孩儿白净身体，那厮淫心顿起，按捺不住，奸了女孩儿。你道好怪！只见女孩儿睁开眼，双手把朱真抱住。怎地出豁？正是：

曾观《前定录》，万事不由人。

真不愧是盗墓世家，胆大心细，奇技淫巧令人击案。在撤离现场时同样沉着、冷静，不漏掉第一个细节。只见：

当下朱真把些衣服与女孩儿着了，收拾了金银珠翠物事衣服包了，把灯吹灭，倾那油入那油罐儿里，收了行头，揭起斗笠，送那女子上来。朱真也爬上来，把石头来盖得没缝，又捧些雪铺上。却教女孩儿上脊背来，把蓑衣着了，一手挽着皮袋，一手绾着金珠物事，把斗笠戴了，迤逦取路，到自家门前，把手去门上敲了两三下。那娘的知是儿子回来，放开了门。朱真进家中，娘的吃一惊道："我儿，如何尸首都驮回来？"朱真道："娘不要高声。"放下物件行头，将女孩儿入到自己卧房里面。

故事至此，已成喜剧，但后来的发展，竟出乎意料地卷入了新的悲剧旋涡，使多情的周胜仙再度为情人而亡身。小说作者为此发出了"若把无情有情比，无情翻似得便宜"的感叹。作者的感喟是否就是真理，此处不做讨论，需要特别注意的当是小说中透露出的盗墓者的行为方式及当时的社会百态，应当说这个故事所提供的文化信息和给予后人的思想启迪是相当丰富并具有一定意义的。

清光绪年间吴有如主笔编撰的《点石斋画报》在上海出版发行，其中有一题为"幸遇盗棺"图，故事是："闻诸父老云，人当垂毙之年，必有地府差役来拘魂魄，而又畏阳气太重，未敢近前，则必协同阳世之人以俱往。其人奉差之时，状类死人，不饮不食，无声无息，差竣乃还阳，俗所谓'走阴差'者是也。本埠城南某甲，阴差也。前忽抱病，竟成不起，家人棺殓之，厝其棺于潮州会馆义冢。后而盗棺之贼见而生心，入夜持斧往撬，比盖脱而阴差苏，持贼足起，贼见吓死，然而差之感恩不浅矣。"此闻与冯梦龙所写故事可谓有一比拼。

"幸遇盗棺"图

除了朱真这类世家式精明干练的盗墓者，另有其他类别和方式方法。如盗墓者在踩点过程中发现大中型墓葬，但因周边太空旷不宜隐蔽，便以开荒种地为名，以各种理由在墓葬周围种上玉米、高粱等高秆作物。待青纱帐起，借其掩护，用一两个月的时间悄悄打开墓室，劫取宝物。

据现代考古发现，安阳殷墟侯家庄西北冈的殷商王陵区，西区有大墓八座，东区五座，这些超大型陵墓不止一次被盗，残留遗物极少。据当年参加发掘的考古人员记述："早期盗掘者对墓室位置判断极正确，他们在墓室正中开一个圆形大盗坑，坑口紧贴墓室四壁，似一内切圆。盗坑直达墓室椁顶，那时墓内椁室尚未腐朽坍塌，故盗掘者可直进椁室内，把室内之物席卷而去，像司母戊大鼎这样的铜器因太重了，未被盗走，但也被截去一耳。只有腰坑或个别墓室角隅未被盗掘者触摸到处，尚可找到一些幸存物。另外，在盗坑及扰土中还有一些未被盗掘者捡走的小件器物及碎片。第二次大盗掘的时间可能在北宋。近代盗坑大多是长方形的，大部分挖在墓道上（近代盗墓者据夯土确定墓的位置，大墓墓室早期被盗，盗坑中的土是翻动过的回填土，当地农民称此为'二坑'，故盗掘者不在其上挖坑）。"[①]位于安阳洹水南岸的商代王陵区，在春秋时期已沦为废墟，当地百姓或在其上种庄稼，或任其荒草飘零，无论是哪一种情形，都为盗墓者创造了掩护的条件，遂有了多次被盗掘而不为外人所知的命运。

除以上方式方法，还有更加绝妙的招数。有的盗墓贼先在墓周边地区以不同的理由盖间房子掩人耳目，然后从屋内挖地道通向墓室。因是夜间行动，外人很难发现疑端和破绽，在看似风平浪静的环境中，墓内随葬品被洗劫一空。

在绵延几千年的盗墓历史上，采用这种方法者不乏其人。曾为乾隆进士，历官陕西、河南、山东巡抚和湖广总督的江苏太仓学者毕沅，在其《吕氏春秋新校正》中有这样一段记述：

有人自关中来，为言奸人掘墓，率于古贵人冢旁相距数百步外为屋以居，人即于屋中穿地道以达于葬所，故从其外观之，未见有发掘之形也，而藏已空矣。噫！孰知今人之巧，古已先有为之者。小人之求利，无所不至，初无古今之异也。

与毕沅同一时代的学者纪晓岚在他的《阅微草堂笔记》卷九《如是我闻》（三）中，说到盗窃陵墓时，曾记录了这样一种隐蔽方式：

康熙中，有群盗觊觎玉鱼之藏，乃种瓜墓旁，阴于团焦中穿地道。

第五章 水中潜伏的隐秘

所谓"团焦",即乡村原野瓜田中搭建的圆形瓜棚。这个方法与毕沅所述基本属同一类型,也是"墓冢盗"们使用最多的经典版本。当然,不是所有的墓葬都适合在周围盖房屋和瓜棚,一旦遇到不能在周边下手者,且判断墓中必有重宝,盗墓者便不惜拼上性命搞迂回战术,在相对较远、隐蔽的地方垂直下挖,凿成一井,然后顺井斜挖,直至通入墓室。这种方法费时费力,为避开众人耳目,有时甚至距离墓室几公里开凿,盗墓者吃住均在洞里,工期达几个月、半年甚至更长的时间。这样漫长的工期,就需要盗墓者有吃大苦、耐大劳、甘于寂寞的硬骨头精神,否则很可能会因种种原因前功尽弃。而一旦成功,所得墓中财宝也够吃喝玩乐一辈子的了。河南三门峡地区有一个虢国墓即以这样的方法被盗劫一空。盗墓者用了四个多月的时间,先打竖井,然后斜着打了一条两公里长的地道。从一个杂货铺一直打到虢国墓的中心位置。盗墓者凿开一个四米深的大洞,直接进到古墓的核心位置,将地下珍宝洗劫一空。不过这是20世纪90年代的事,经考古人员清理后发现,盗墓贼已经使用了最先进的军事装备——挤压式炸弹进行定向爆破,比之古老的老鼠打洞式挖掘要容易得多了。

除了打洞钻眼,还有一个招数便是在古墓边修一假坟,以便暗中掘一地道通入古墓内盗取财物。这种方法偶有为之,不太普及,因为新修的坟丘很容易引起外人的注意,从而导致事败,几年前北京西郊老山汉墓就是一个典型个案。几个盗墓贼为了堆放从墓坑中盗出的杂土,而在外面堆了许多坟头。结果引起了晨练的当地老太太的怀疑和警觉,事情报到派出所,盗掘之事很快东窗事发,警察们秘密蹲守,当几个盗贼正在盗洞内挥汗如雨地撅着屁股苦干大干时,警察们将洞口一堵,几个盗墓者落入法网。当一位资深盗墓贼看了老山汉墓发掘的电视直播后,大骂那几位同行是一群笨猪,很傻很天真但不可爱。作为一个富有经验的盗墓者,从墓坑盗出的土是不能让人发现的,其处理办法多种多样,绝不可能如此显山露水。老山汉墓的盗掘贼在如此人眼密集的地方堆置坟头,明显就是找死,根本还没摸到盗墓行当的门径。而后来据警方人员审讯,那几个盗墓者的确是刚从内蒙古赤峰跟一位土盗墓贼学艺归来不久,想不到一出师门就进了监狱的大门,成了行内的反面教材和一个教训。

121

盗墓高手的五字秘诀

以上盗掘方式、方法,多适用于北方地区。与北方洛阳、关中等墓葬密集处不同的是,南方许多地方土薄石多水位高,无论是早年的铁锥还是后来发明的洛阳铲等探测工具,皆不能发挥预想的效果。当地盗墓贼经过长期不断摸索和总结,"因地制宜"搞出了一套觅冢、识宝的方法和发掘技巧。如湖南长沙一带在清朝、民国时期就有一大批专以盗墓为业的"土夫子",新中国成立后,有一批经验丰富者进入省博物馆,摇身一变成为考古工作者,著名的长沙马王堆汉墓发掘时,就有几名"土夫子"参加并发挥了特长。据这批"土夫子"向身边的考古人员透露,过去长沙周围地区盗墓贼的方法和技术,像古老的中医学把脉看病、治病一样,归纳起来可分为"望""问""闻""切""听"五字要诀。

所谓"望",就是望气、看风、视水。老一点的盗墓贼经验丰富,又多擅长风水之术,每到一处,必先察看地势,看封土已平毁的古墓坐落何处。按照"土夫子"的解释,只要是真正的风水宝地,一般都会有大墓存在,且墓的规格高,陪葬宝物既多且精,许多是国之重器。以风水之术预测地面无标志的墓址,几乎百发百中。民国年间长沙一蔡姓"土夫子"极擅风水之术,他若出门选点,从者必云集左右。一次他到益阳走亲戚,行至一风景甚佳处,指着一块水田对同行人说,此田下必有大墓,若发之,墓中宝物可使你我骤富。同行者半信半疑,这个经常与美国人做古董生意的蔡夫子,可能是想在众小子面前故意露一手,于是打赌:若发之,无古墓和珍宝,自己输一千美元;反之,墓中出了宝物自己独占七成。众人赌兴大发,遂暗约乡民数十人于夜间发掘。至半夜,果然掘出砖室大墓,墓壁彩绘死者生前生活图景,墓内有宝剑、宝鼎、玉璧、漆器、金饼、砚、竹筒等上等物几百件。后来这批宝物被卖给与"土夫子"相熟的美国一传教士,得大量美元而暴富。后来,这位"土夫子"在长沙子弹库盗掘出著名的战国缯书,卖给当时在长沙雅礼中学任教的美国人柯克斯,柯克斯带到美国后又几度易手,现存放于纽约大都会博物馆,物主是萨克勒。由于是盗掘,流传国外十分秘密,出土和流出国外时间众说纷纭。据考古学家商承祚先生说是1942年9月出土,1946年被柯克斯从上海带到美国。这幅写在丝织品上的文书，呈长方形，长约46厘米，宽约38厘米，中心有两段文字，共948字，行文颠倒排列，可分为甲、乙编。其中甲编13行，乙编8行，四周用朱、绛、青三色绘有神物和树木等图像和解说。据专家考证，这幅缯书是中国最早用毛笔与彩墨书画的珍贵图书资料，具有重大的学术研究价值，可惜流入异乡不复为中国人所有了。

"问"就是踩点。善于此道者，往往扮成风水先生或相土，游走四方，尤注意风景优美之地和出过将相高官之处。这些人一般能说会道，善于察言观色和与长者老人交谈讲古。从交谈中获取古墓的信息与方位。因多年练就的功夫，加之善于夸夸其谈，很容易博得对方信任。一旦探听到古墓确切地点，便立即召集群贼在夜间盗掘。其盗掘的主要方法是，根据古墓的封土和墓坑的回填土的成色、夯层、含水湿度判断其位置和年代，随后在古墓适当的部位开挖竖井式盗洞，为了节省工时，盗洞长宽大小以容纳两个畚箕为限。盗洞笔直向下，当挖到一人高的深度，就在盗洞的两壁挖成两个马蹄形的足穴用以踏足，双手将洞内装土的畚箕举上来。继续向下挖时，则采用搭人梯的方式。当接近棺椁部位，则由富有经验的"土夫子"亲自探索，如果棺椁保存尚完好，就用斧头砍，凿子凿，爬进棺室去摸文物。如果棺椁已经朽坏，"土夫子"就用竹签子在泥土中去仔细探查，其程序如同过筛，即是很小的印章也不会漏掉。

"闻"即嗅气味。有此奇术的盗墓者专练鼻子的嗅觉功能。在踩点时，若发现墓葬所在位置，便翻开墓表土层，取一撮墓土放在鼻下猛嗅，从泥土气味中辨别墓葬是否被盗过，并根据土色判断大体时代。据说功夫最好的可以用鼻子辨出汉代墓土与唐代墓土的微妙气味差别，准确程度令人惊叹。

"切"即中医学上的把脉之意。分三个步骤：

第一是发现古墓之后，要尽快地找好打洞方位，以最短的距离进入棺椁，这种功夫不仅需要丰富的盗墓经验，而且要有体察事物的敏锐感觉。擅长此道者往往根据地势地脉的走向，像给人把脉一样很快找到病源，也就是古椁室的位置，然后从斜坡处打洞，直达墓室棺头椁尾，盗取葬品。位于长沙的清代中兴名臣曾国藩之墓曾先后五次被盗，陪葬的顶戴花翎等珍物被盗得片甲无存。据考古人员清理发现，几乎每一个盗洞都是从墓顶直接打洞进入墓室的。

第二是凿棺启盖后，摸取死者身上宝物。盗贼进入棺内，先从头上摸起，再经过口至肛门，最后到脚。摸宝物如同给病人切脉，需细致冷静，讲究沉静准确，没有遗漏。古人死后，据说在尸体的各窍放入玉器等物填塞，可镇邪驱鬼，避免腐烂。于是，许多贪得无厌的盗墓者特别注意这一细节。1994年春，湖北省荆门市郭家岗一号战国墓被盗掘，墓主人为一楚国贵族夫人，虽长眠于地下2300多年，但与江陵凤凰山168号墓出土的西汉男尸和长沙马王堆一号墓女尸一样，保存完好，堪称"稀世之宝"。然而，竟被不法分子劈棺抛尸，百般作践，头发被扯掉，嘴被撬开，牙被敲碎，衣服被扒光，最后被拖埋到另一穴洞暴尸达一个半月之久，等案发后，尸体已腐烂不堪，惨不忍睹，文物价值也随之丧失殆尽。这具女尸之所以遭到如此惨祸，主要是盗墓者想从七窍找到含塞的玉器珍宝所致。

第三是以手摸触出土文物。凡行内高手所过手的文物不计其数，往往不需用眼审视，只要把物品慢慢抚摸一番，即知何代之物，值价几何。这个妙法主要是靠经验取得，若无长年与出土文物打交道的造化，再伟大的天才也望之不及。业内高手在圈子内于酒酣耳热之际，常以此技赌输赢，胜算系数颇高。

"听"即盗墓中的综合功能，由听而观察世界万千事物的异同，从中对心中所期望的目标做出正确判断。《清稗类钞·盗贼类》有"焦四以盗墓致富"条，其中说到"广州剧盗"焦四盗墓的方式，可作为这个"听"的注脚。文中说：

广州剧盗焦四，驻防也，常于白云山旁近，以盗墓为业。其徒数十人，有听雨、听风、听雷、观草色、泥痕等术，百不一失。

一日，出北郊，时方卓午，雷电交作，焦嘱众人分投四方以察之，谓虽疾雷电，暴风雨，不得稍却，有所闻见，默记以告。焦乃屹立于岭巅雷雨之中。少顷，雨霁，东方一人归，谓大雷雨时，隐隐觉脚下浮动，似闻地下有声相应者。焦喜曰："得之矣。"

翌晨，焦召集其徒，建篷厂于其地，日夜兴工，力掘之。每深一尺，必细辨其土质。及掘至丈余，陡闻崩裂声，白烟一缕，自穴口喷出，约炊许而尽。焦乃选有胆勇者数人，使手炬，坐竹筐，悬长绳以下。谓若有不虞，当

第五章 水中潜伏的隐秘

振玲为号，以待救援。约尽五丈余绳，筐顿止。逾时，有铃声，引下穴诸人以上，述所见。或谓穴底有数大殿，或谓中藏十余柩，或谓正中一棺面列铜人，高可数尺。焦悉领之。

入夜，焦乃选十余人，令持炬下穴，则见穴有三殿：中殿金棺，列铜人数具，貌狰狞；前为飨殿，鼎彝具备；后殿残破，有柩十数，盖当时殉葬人也。及启棺，则见尸之长髯绕颊，骨肉如石，叩之有声，中实金珠无算。其卧处，铺金箔盈尺，卷叠如席。巫将各物取归，渐货之，遂以致富。

焦四组织集体盗墓，其徒数十人，各有分工，计划严密细致，步骤有条不紊，可谓是盗墓门道、经验、技术和智识的集大成者，也是盗墓史上少有的特例，非达到一定境界不能为之。只有达到了如焦四者炉火纯青的奇妙地步，才能做到百无一失，否则极有可能一无所获，枉费心机，弄不好还可能被官府捉去，或枭首，或扒皮，或凌迟，反误了卿卿性命。

至于上述所言在勘察墓穴地点时，观草色、泥痕之术，则是利用古墓多采用夯筑技术的知识，并不足奇，远没有所谓听雨、听风、听雷等术玄妙。若加以分析，这听雷之术也不是顺口胡诌，当含有一定的科学道理。比如"大雷雨时，隐隐觉脚下浮动，似闻地下有声相应者"，是地下空圹遇雷雨而容易受到震动甚至下陷的缘故。中国著名的史前考古学家、古生物学家、周口店遗址"北京人"头盖骨的发现者裴文中，在为北京大学考古系学生讲课时，就曾谈到寻找遗址和古墓的方法。裴说：

寻找一个遗址，首要的先去找露头（outcrop），这是地质上之名词，我借来应用。遗址经年既久，埋藏在地下，我们无法知道。这露出之一部即谓露头。

露头之成因，不外人工及天然所造成。挖掘土坑房基，可以造成露头，浮浅的遗址，可因耕种田地而露出，但最重要者，却为公路及铁路之开掘之地基，或运河之掘挖或开展。……但孤零之一、二史前遗址，不能谓露头，更不能谓为遗址。

再如，在沙土之中，如有埋藏之坟墓，因其地沙土曾经掘挖，后又填起，故土质自较生而未经掘挖者松散，地内所蓄之水也较原生土质之地为多。因之，雨季则见坟墓之地较湿；至旱季，则易干燥。著者曾闻甘肃之史前遗址，于春季，湿气上升，秋季地内水量充足，每一遗址，均较他处为湿潮，随葬之陶器，虽埋于二三尺深之土中，亦因湿度不同于地面可隐约见其大形。故掘者可按此而得，百无一失。此亦搜寻之一法也。②

裴文中不是社会上走南闯北流浪江湖的所谓风水先生，更不是盗墓者的同行，但他能从自身在田野考察的实践中总结出一套科学的视察判断方法，而这些方法与古代文献、野史中的记载，竟有许多相合相似相通之处，可见"实践出真知"这句话还是有道理的，盗墓者在长期的工作实践中练就了一套在外人看来极为神奇的方术，并非虚妄，而是符合事物发展规律的。

至于世上流传的墓穴掘开后有烟火突现等等异兆，也并非无稽之谈，在长沙就多次发现。20世纪中叶，中山大学教授，著名古器物学家、考古学家商承祚，为了解古物事，曾数次奔波于湖南、湖北博物馆和田野考古现场，并亲自参加指导过湖北纪南城的发掘工作，不但与当地考古人员如湖北的谭维四，湖南的著名考古学家侯良、高至喜、傅举有等建立了个人友谊，同时与当地不少改过自新的"土夫子"也成了无话不谈的"哥们儿"。正是在这样的情形下，对两湖地区的古物和盗墓等事宜多有了解，并有《长沙古物闻见记》等著述问世，并指出：近代盗墓团伙盗掘楚墓的行动方式，往往是"深得墓穴后于夜间篝笼盗发"，"每于深宵，穴孔而入，及见棺木，即加斧

裴文中在全国考古训练班上做学术报告，着重说明"露头"问题（北京大学考古文博学院提供）

第五章　水中潜伏的隐秘

斤，折木穿窦，更翻入内摩寻，古物尽而后已。楚墓由地面至廓，深斜下入，达三四丈，必仅七八小时完成盗掘，否则为他组所知，源源加入，赃润减少，此不能不速成之一因也。"③

湖南长沙近世盗墓者曾多次遇到所谓"伏火"，或称为"火坑墓"，或称为"火洞子"。发掘时，或有棺木"为火冲破"者，或有"火从隙内喷出"者，有人以为这是"磷火"作祟。商承祚考察后认为"磷火"不能燃物，白日不可见，"殆椁内无空气，一旦与外界相接触，起化学作用而起火耳"。对此，他在《跋柯克思〈中国长沙古物指南〉》一文中，就这一悬而未决的疑案做了较为详细的论述："楚墓椁墓完好未入空气者，如遇明火，其泻出之气即行燃烧，《闻见记》曾载其详，读者多有怀疑，柯君亦记及此事，皆为土夫子真实之言。余再度赴长沙时，即闻二十八年二月南门外阿弥岭木椁墓喷火伤人事，乃辗转由土夫子之介，得识苏三，即被墓火烧伤之人。苏三为人粗莽愚鲁，盗墓经验不丰，先锋工作，狡者每使令之。斯墓掘二夕（盗墓皆以夜）始见迹象，群工兴奋，子夜而抵其椁，苏三口衔纸烟，力掀盖板，轰然一声，其气与烟火相触而燃，苏三趋避不及，单衣被火，面目黧黑，号啕悲呼，仆地不起，面部胸前几无完肤，群工惊骇，急送湘雅医学院治疗，月余始愈，创痕斑斑可见，则墓火之说，信而有征。"④按商承祚的说法，近代长沙盗墓者之成熟技术的形成，未必世代传承，而主要因自身实践经验之积累，"因日久之经验，辨土色与山地即知其下之所有"。处理"火洞"的经验也是如此。如："木冢，土人分为两种，曰水洞、火洞。""火洞则入葬及今仍保持原状，启之有火，殉物取出仅微润；然此种墓千百难值其一也。遇火洞，不能见明火，否则一引即燃烧，启时见青气外泄有声、发火，即此气。曩日土人或被烧伤，日久始得此经验。"

商氏所说当有一定的道理，1972年长沙马王堆一号汉墓发现时，亦出现冒烟喷火现象，据发掘人员记述："出火的过程大致是，当某医院工程进行到露出木椁顶上的白膏泥层的时候，施工人员用铁杆向下穿了几个孔，孔里就喷出一股凉气，一接触火种即燃烧，火焰的颜色类似酒精灯，明火无烟。用水冲进出火孔，出现水花喷溅的现象……出火的原因，可能由于墓室里埋藏的有机物分解，形成一种可燃气体——沼气所引起的。沼气的主要成分是甲烷，化学分子式为CH_4，是一种碳氢化合物，比重为0.554，重量仅及空气的一半，扩散比空气快三倍，火焰呈蓝色。"⑤这个墓，当是商氏所说的典型的"火洞子"。

历史上盗墓现象的发生，具有复杂的文化背景，如项羽率兵盗秦始皇陵是为了复仇等等，但主要的还是出于劫财掠宝的目的。除此之外，尚有因各种原因造成的盗墓与毁墓现象，如出于政治原因而抛棺戮尸、挫骨扬灰者，历史上不乏其例。像春秋时期吴国将军伍子胥发楚王冢，专为劫尸、辱尸，而盗墓者见墓主财少或早已被前人盗走，因失望而心生怨恨，遂将邪妄之火发于墓主之身者，历史上也多有记载。如宋人魏泰《东轩笔录》卷七写道：

寿州张侍中、抚州晏丞相，俱葬阳翟。地相去数里。有发冢盗，先筑室于二冢之间，自其家窍穴以通其隧道。始发张墓，得金宝珠玉甚多，遂完其棺椁，以掩覆其穴。次发晏公墓，若有猛兽嗥吼，盗其惧，遽出，呼其徒一人同入，又闻兵甲鼓噪之声，盗亦惧，又呼一人同之，则寂然无响，三盗笑曰："丞相之神尽于是矣。"及穿衬椁，殊无所有，供设之器，皆陶甓为之，又破其棺，棺中惟木胎金裹带一条，金无数两，余皆衣服，腐朽如尘矣。盗失望而恚，遂以刀斧劈碎其骨而出。既而货张墓金盂于市，为人擒之，遂伏罪，及言其事。世谓均破冢而张以厚葬完躯，晏以薄葬碎骨，事有不可知如此者。

鲁迅在《花边文学·清明时节》中曾说："元朝的国师八合思巴罢，他就深信掘坟的利害。他掘开宋陵，要把人骨和猪狗骨同埋在一起，以使宋室倒霉。后来幸而给一位义士盗走了，没有达到目的，然而宋朝还是亡。曹操设了'摸金校尉'之类的职员，专门盗墓，他的儿子却做了皇帝，自己竟被谥为'武帝'，好不威风。这样看来，死人的安危，和生人的祸福，又仿佛没有关系似的。"

关于元初宋陵被盗事，在南宋遗民周密所著《癸辛杂识·续集》中记载为杨琏真加。鲁迅所说可能有偏差，八合思巴又称八思巴，杨琏真加乃吐鲁番高僧八思巴的弟子，见宠于忽必烈，至元二十二年（1285年），任江南总摄。史载杨琏真加善于盗墓，曾盗掘南宋诸帝、后、卿、相陵寝达100余座，把盗来的陪葬珍宝用作修建寺庙的资金。其中在盗掘南宋六陵时，见宋理宗尸身保存完好如生，认为他的尸体内一定有奇珍异宝，于是就下令把理宗的尸体倒挂在树上，用棍敲击，结果淋出了很多水银。理宗的尸体不腐自然和吞食奇珍异宝无涉，当与水银浸泡有很大的关系。这位大宋皇帝的尸体如此这般被倒挂了三天三夜，忽然头颅不翼而飞。众人惊悚议论间，杨琏真加却躲在一边偷着憨笑。杨琏真加乃番僧，他认为用帝王的头骨做成法器或其他器具，就可以起到厌胜的作用。因此，他暗中派人把理宗的头颅割下，将皮肉用铁丝制成的刷子全部刷掉，制成了一个尿壶供帝师八思巴夜间享用（一说为酒具）。于是，堂堂南宋皇帝的头颅就整日被放在床下，与床上的帝师相伴终生了。

杨琏真加盗发南宋六陵后，将各位帝后曝尸荒野，并割下后妃的头颅制成骷髅碗，供自己和部下使用。其后，又捡出帝后的骨骸遗骸，混杂在牛马猪狗的骨骸里一起埋掉，在上面建造了一座浮屠塔以示镇压。对此，《明史》记载说："悉掘徽宗以下诸陵，攫取金宝，哀帝后遗骨，瘗于杭之故宫，筑浮屠其上，名曰镇南，以示厌胜，又截理宗颅骨为饮器。"

番僧杨琏真加的所作所为，真可谓骇人听闻，世之罕见。不过，此等事体已超出了本文叙述的盗墓源流及其技术沿革的本意，不说也罢，回过头来，还是看看擂鼓墩古墓水下的情形吧。

一条黑影突出水面

当考古队员们吃过加班餐，已是凌晨3点多钟，稍缓过一点精神，谭维四又招呼众人赶赴工地。因墓坑内满目积水、一片茫然，众人的情绪依然沉浸在黯然之中，各自伸着懒腰不想动弹。山下的村庄传来阵阵鸡鸣声，考古人员程欣人联想到前两年看过木偶电影《半夜鸡叫》，遂对谭维四道："听听，这半夜里鸡一叫，就逼着我们下地干活，我看你现在就是《半夜鸡叫》里那个头戴瓜皮帽，留着两撮小胡子的地方老财主周扒皮呵！"

谭维四接着道："我哪里比得上周扒皮？他只装个鸡叫就行了，多轻松自在呵，只是后来一不小心被长工们发现并按到鸡窝里揍了一顿罢了！"

众人听罢，想起电影里周扒皮被长工们暗算，吃了一顿闷棍，弄得满头鸡粪的滑稽场景，皆大笑出声，情绪慢慢高涨起来，疲倦的眼神也明亮灵光了许多。

"伙计们，走吧，上工去！"程欣人吆喝着，众人随谭维四走出食堂，随着远处传来的声声鸡鸣，于夜色朦胧中重返发掘现场。

一切准备工作仍如从前，起吊开始。随着杨定爱口中的哨声和手中小旗来回摆动，第十块椁盖板被吊了起来。众人探头观看，下面还是清水一片，发掘队员们似已习惯了这种场面，情绪不再波动。一位考古队员突然向谭维四提出，下面是不是"水洞子"，是墓主人为防盗墓贼故意搞成这样的？谭维四望着平静的水面一脸愕然，不知做何回答。

另一青年人凑上前来，有点神秘地说道："说不定水下设有飞刀、暗箭之类的利器，要伤人的。曹操的墓就是这个样子。"一句话拨动了众人的神经，不由得神色严肃和紧张起来。谭维四当年亲自听商承祚讲过长沙"水洞子"的事，在湖北也有所发现。但这类墓多为地下与地上水的渗透所致，一般集中在棺椁内，皆为下葬后形成，深达半米或一米即到极限。在入葬前有意制造"水洞"者，偶有之，主要是为防止盗贼侵入而特设，其效果到底如何，不得而知，但从古代流传下来的笔记类小说可窥知一二。

唐人牛僧孺撰著的《玄怪录》卷三，有一个"卢公涣"的故事，说的是黄门侍郎卢公涣，为明州刺史。他所治下的邑翁山县，山谷沟壑众多，常有盗墓者出没其中。有一盗墓老手在山下道路的车辙中偶然发现了一块花砖，揭起一看样色，立即意识到不远处定有大墓隐身于山野草泽之中。经过勘察，在离道路约三四十尺的地方，确有一墓冢掩入草莽泥沼，由于年代久远，已不被世人所知。盗墓老手对此墓极感兴趣，认为墓中必有奇珍异宝。于是，乃结十余人，于县衙投状，请求在山下道路边居住，开荒种地。县令不知是计，接到贿赂的金钱后，很痛快地批准了这一请求。盗墓贼开始在墓地的周围种麻，以掩路人耳目。待麻长到齐腰高时，贼娃子便结伙挖掘起来，只两个夜晚就挖开了隧道，渐渐进入圹中。接下来，便出现了惊险悬疑并伴有神神道道的一幕：

第五章 水中潜伏的隐秘

有三石门,皆以铁封之。其盗先能诵咒,因斋戒近之。

翌日,两门开。每门中各有铜人铜马数百,持执干戈,其制精巧。盗又斋戒三日,中门一扇开,有黄衣人出,传语曰:"汉征南将军刘(忘名),使来相闻,某生有征伐大勋,及死,敕令护葬,及铸铜人马等,以象存日仪卫。奉计来此,必恋财货,所居之室,实无他物。且官葬不瘗货宝,何必苦以神咒相侵?若便不已,当不免两损。"言讫却复入,门复合如初。

盗又育咒,数日不已,门开,一青衣又出传语。盗不听。两扇歘辟,大水漂荡,盗皆溺死。一盗解泅而出,自缚诣官,具说本末。黄门令覆视其墓,其中门内,有一石床,骸枕之类,水漂已半垂于下。因却为封两门,室其隧路矣。

这个故事若除去玄乎其玄的迷信与神话色彩,其实就是一个蓄水墓,用水以防盗,近似于商承祚说的长沙一带的"水洞子"。防盗的方法属于比较简单的一类,即在崖洞的最末头以石筑坝蓄水,坝有门洞可关闭,两旁设机关,以控制门洞之门。又以绳索系于机关与外界相连,一端拴于墓门之后。当盗墓者启动墓门之时,绳索拉动坝上机关,坝门开启,大水汹涌而出,将盗墓者溺毙。为什么从墓中开门而出的"黄衣人"要对盗墓贼说如果不听劝阻,则"不免两损"呢?这说明此墓并不完全是一个"水洞子",只是后半部蓄水,而前半部则是干燥的,所安置的石床之类陈设,专为主人盛放尸体之用。若将蓄水放出,无疑将呈水漫金山之

古代墓葬设计的连环翻板与密布铁钉图示(绘图:蔡博)

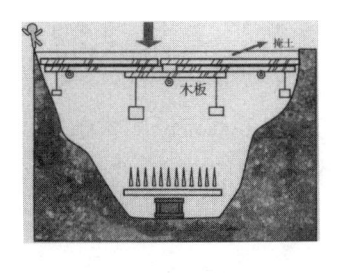

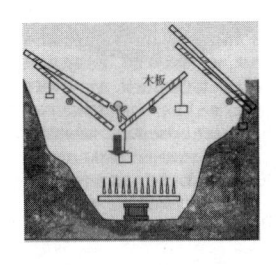

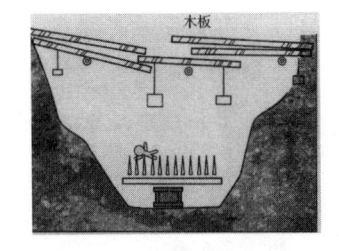

势，这是墓主人，确切地说是墓主在世修建此墓时不愿看到的结果。但事已至此，再无退路，门开则水出，盗墓贼被溺毙，墓主人的寝室也就成为一个小型水库了。由此也可以看出，这位汉征南将军活着的时候，与敌人周旋的战略战术并不咋地，可能只会在上游掘堤，来个水淹三军之类的常招，并没有其他异乎寻常的计谋，应该属于庸才将军一类。因而，机关算尽，最终自身不保也就成为一种必然。

除了偏僻幽深的"水洞子"外，还有在河谷与水库、堤坝内设置暗道机关者，如清代康熙年间山东秀才蒲松龄在其《聊斋志异·曹操冢》中说：

许城外有河水汹涌，近崖深黯。盛夏时有人入浴，忽然若被刀斧，尸断浮出。后一人亦如之，转相惊怪。邑宰闻之，遣多人闸断上流，竭其水。见崖下有深洞，中置转轮，轮上排利刃如霜。去轮攻入，中有小碑，字皆汉篆。细视之，则曹孟德墓也。破棺散骨，所殉金宝尽取之。

异史氏曰："后贤诗云：'尽掘七十二疑冢，必有一冢葬君尸。'宁知竟在七十二冢之外乎？奸哉瞒也！然千余年而朽骨不保，变诈亦复何益？呜呼，瞒之智，正瞒之愚也！

就在蒲松龄去世200多年后的1933年4月10日，北平《晨报》刊出了一篇与《曹操冢》近似，但比蒲说更具悬疑和刺激的报道，其标题是《袁天罡赵简王——古墓参观记》，作者：侠影。正文以"彰德特约通讯"刊发：

本县各处，屡有古墓发现。城西北三十五里之东灰营村，于今正发现古墓，内为清水一池，迭传该墓为大明赵简王之墓，中央研究院驻彰挖掘安阳殷墟团，亦曾两度派员赴该村调查勘验，并拍照墓像，寄旧京分院，预备挖掘开发。记者为明了该墓究竟，特于昨日赴东灰营实地调查……询之居民始知该处共有两墓，下为赵简王之墓，上为唐代袁天罡之墓，两墓内均有清水……记者抵墓前见墓居东灰营村后岗岭最高处（袁天罡墓），方圆约五十九尺余，墓墙均为古代之砖砌成，每砖一块，长二尺八寸，厚半尺，宽一尺二寸，内为清水一池，池深无底，水内埋有锋利钢锥。相传有李家坡村李某者，率二三十人，将袁墓掘开，墓顶之中央，悬金剑一口，宝剑一口，

第五章 水中潜伏的隐秘

及袁天罡之束发黄金冠一顶，金具二十余件。李某以木梯数个，架于水中，用手电灯照射，见四角亦有黄金珍物，遂先将墓顶悬挂之束发黄金冠金剑并金具二十余件取下，独一宝剑，长约一尺八寸，寒光四射，系于墓顶，无法取之，内有两人，用利刃欲砍断剑之铁绳，讵刀方举起，齐落水中，七日之后，始将两尸从水中捞出，尸身均被锥尖戳穿，血肉破烂，从此人皆知墓中有宝剑一口，四角有金器甚多，而无敢冒险往取者⋯⋯

这篇报道因故事惊险奇特被多家报刊转载，成为坊间饭后谈资，考古界人士多有所闻，但并未当成一种可考的历史史实对待，只看作小说家言。新一代考古学家谭维四等听一些老师傅偶尔说起此事，更是当作一件消遣的轶事来看待，一笑之后也就忘却了。只是当面对擂鼓墩古墓揭开的时候，才蓦然忆起这件旧闻。传说中的袁天罡墓与赵简王墓皆在岭上最高处，且内有清水一池，且一眼望不到底，其位置与墓内情形与擂鼓墩古墓相同。袁天罡或赵简王墓内悬剑的说法，出于防盗，或许亦有可能。鉴于这一历史事件的刊布，

北平《晨报》报道发掘袁天罡、赵简王古墓事

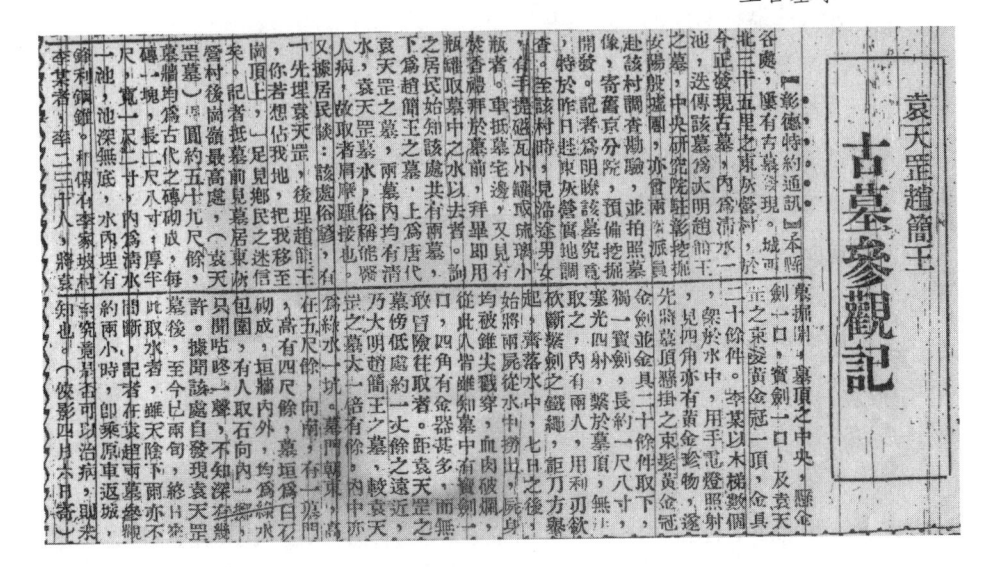

对面前可能遭到的不测多加小心当是应该的。

为防止发生意外，也是出于对传说中"水洞"墓暗箭飞刀伤人的担心，谭维四警觉地对众人大声宣布道："在墓坑水下情况弄清楚之前，任何人不得擅自弯腰向水下观看，以防不测。"言毕，转身对远处的杨定爱大声喊道："小杨，继续指挥起吊，把这个室的椁板全部吊出，水下是妖是怪总会跑出来的。"

起重机的长臂再度旋转过来，巨大的铁钩对准了第十一块椁盖板，套装工作完成，杨定爱哨声响起，手中的小红旗在晨曦中摆动。起重机轰然一声加大油门，粗壮的钢丝绳开始绷紧，椁盖板腾空而起。就在这时，只见水下一个巨大的黑影一闪，"哗"地蹿起，仰起头颅在空中停留片刻，又一个滚翻落入水中，激起的浪潮漫过椁盖板，打湿了坑边人员的裤腿。未等众人明白过来，又一个巨大黑影在波浪中腾空而起，像一条受伤的大鲸，发着"呼呼"的怪异之声，在空中旋转飞舞片刻，又一个滚翻跌回水中。浪头冲击处，一块开裂的墓壁"呼隆"崩塌下来，站立其上的考古人员险些落水。

"水鬼！"不知是谁喊了一声，沉沉的夜幕中如同一声惊雷，令人不寒而栗。众人先是各自后撤了几步，而后回转身慢慢围将上来，瞪大了眼睛久久凝视着眼前两个长形"怪物"。现场一片死寂。

水面渐渐平静下来，两个"怪物"在水中轻微荡动，人群中喊声再起："大漆器，彩绘的大漆器！"

"不是，像是棺材！"

"小杨，到底是啥？"谭维四急急忙忙地从墓坑一边赶来。杨定爱转身大声喊道："棺材，是两口彩绘棺材！"

谭维四踏着椁板走上前来，果然看到水上漂浮着两口黑漆彩绘长棺，每一口长度约两米，大部没于水中，只有盖板等少部分浮于水面。

"终于显示尊容了！"谭维四说着，眉头舒展，脸上露出了一丝笑容。无论棺内情形如何，毕竟大家亲眼看到有东西冒了出来。兴奋之中，谭维四抬腕看了一下手表，将近凌晨5点，东方天际泛出鱼肚白，新的一天就要来了。

"今晚的起吊到此结束，大家回去休息，下一步如何行动，等研究后再说。"谭维四于惊喜中下达了收工命令，众人看着水中漂浮的两口巨棺，恋恋不舍地撤出了工地。

19日上午9时，邢西彬、秦志维、胡美洲等省、地、县相关领导人，连同故宫博物院的顾铁符来到发掘现场，在谭维四陪同下下坑观察。只见浮出的棺盖板已经脱离棺身，棺内有积水和席片等物，其他情形不明。谭维四解释说："棺盖上的花纹是战国时期常见的，根据棺侧板呈弧形以及纹饰等特点来看，这个墓应早于西汉，很可能是战国时期的。"

顾铁符接话道："若真是这样，这座墓的意义就更大了。"

谭维四脸上洋溢着笑容，继续解释道："彩绘棺在一般的古墓中很难见到，在已发掘的几千座楚墓中，像著名的天星观一号、望山一号、信阳一号大墓，都未见彩绘棺，而这个墓一下子就浮上两口，可见非同一般。既然有这么漂亮的彩绘棺，一定会有不少精致的文物。即使盗墓贼真的来过，盗走的也只是一些青铜器，而漆器、陶器、丝织品等一般不会被盗，因为这些文物在盗墓贼的眼里是不值钱的。"

"这棺材是不是墓主的？"秦志维问道。

"从棺的位置和形状看，应该是陪葬的，这么大的墓葬坑，墓主人的身份一定不会低，应该有几层棺椁。"谭维四解释道。

"下一步该怎么办？是不是要把这两口棺吊出来？"邢西彬接着问。

谭维四停顿片刻，说道："按过去发掘的经验，一般木棺皆在椁室底部，因而椁室的清理，总是先取文物，后取棺木。不过现在情况不同了，既然棺木已经自动浮了上来，必须利用水的浮力和椁顶盖板尚在，且能承载和便于操作的有利条件，将棺木先行取出。否则，一旦水被抽空，棺木回落于污泥中，再来取吊，麻烦就大了。"

几位领导者听罢，认为谭维四言之有理，遂催促赶快研究安排，尽快弄个水落石出。

下午3时，考古人员进入现场，先用塑料纱网除去水上的浮渣，再进行拍照、绘图、拍摄影片等前期工作。接下来开始吊棺。

此前，谭维四已与郭德维、杨定爱等一线考古人员想出了吊棺的办法，具体做法是：先请雷修所技术人员用角铁专门做一个搁于椁室上的搁架，考古人员可在搁架上操作，既省力，又方便。浮起的彩绘棺颜色鲜艳，图案美观，十分罕见和珍贵，因而对棺的捆扎不能使用铁丝和粗硬之物，以免造成

旷世绝响

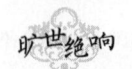

彩绘棺浮出水面，考古人员在绘图与做吊棺的准备工作

吊棺现场（周永清提供）

漆皮和花纹受损。杨定爱专门做了一块比棺底略大的木制垫托板，铺上塑料泡沫和薄膜，把垫托板插入棺的底部，用塑料泡沫和薄膜把棺裹好，再用塑料薄膜折成的宽带，将棺与托板捆扎在一起。这个办法的好处是，既捆扎得较紧，又保证了文物不受损伤，同时下水后既不会增加重量，也不影响其牢固，可谓一举多得。当这一切准备妥当，在每具棺的托板上用红漆写好编号，托板两端钉上方向牌，千斤绳拴在托板上，不与棺身接触，然后用吊车将其整体吊起。

5点46分，起吊彩棺的工作正式开始。被编为1号的彩绘棺侧浮于水中，棺被考古人员扶正后，发现内有竹席裹尸。竹席基本完好，呈黄白之色，内中尸体已腐，仅存骨架。由于准备充分，长臂吊车一发力就轻松地将其整体吊起，转身放于早已等在墓坑前的解放牌汽车中。

正当考古人员欲一鼓作气吊出2号棺时，武汉电视台摄影人员匆匆赶到现场要拍摄取吊彩棺的镜头，考虑到拍摄过程缓慢，加之天色已近黄昏，光线不足，谭维四决定起吊工作暂停，另选时间。

当此之时，四方群众听说擂鼓墩古墓发现了带花纹的棺材和尸体，认为又一个马王堆传奇再度上演，于是群起狂奔，嘴里喊着"到擂鼓墩看女尸"的口号，纷纷前来观看，墓坑周边很快云集了几千男女老少。谭维四一看此等阵势，除增派人员加固护栏和阻止外人进入封锁线外，还以考古队马上就要休工等理由劝其离开。但围观者并不理会，依然人流如潮，拥堵如墙，钉子一样坚守坑边寸步不离。谭维四于无奈中，只好下令装载棺材的汽车撤离现场，向营区驻地一个提前准备好的文物仓库驶去。

围观的众人突见汽车开动，认为一定是考古人员要开棺验尸，于是纷纷蹿离墓坑，前呼后拥地跟随汽车奔跑起来。汽车尚未到达驻地，整个库房周边已是人山人海，水泄不通，汽车无法驶入。有几个胆大的青年农民，顺势爬上汽车要亲手开棺验尸，看个究竟，弄个明白。面对汹涌的人潮，随车而来的几十名解放军官兵和考古人员拼命抵挡，扯胳膊拽腿，强行将爬上汽车者弄了下来。纷乱中，谭维四手拿扩音器，站在一块高地上，一边满头大汗地向围观者喊话，一边想着新的应变之策。突然，灵光一闪，一个绝妙的计策浮于脑海。谭维四挤到杨定爱身边，悄悄面授机宜，杨定爱心领神会，立即钻进驾驶室，和战士司机耳语几句，汽车的喇叭声迅即响起，谭维四托举话筒借机喊道："同志们让一让，汽车要拉棺材到城里医院检验尸体……"就在众人一愣神儿的瞬间，在刺耳的喇叭鸣叫声中，汽车像一头拼红了眼的牤牛，以一种特有的蛮霸之气，

彩绘棺被装上汽车

晃动着庞大身躯突出重围，沿一条土路驶下山冈，向县城方向狂奔而去。

围观的人群回过神儿来，见汽车掉头向山下驶去，数百人叫喊着，呼呼隆隆地向山下狂奔。此时夜幕已经降临，整个山冈笼罩在夜色之中，只有星星点点的灯光映照着坎坷不平的山道。远去的汽车渐渐放缓速度，不时拉几声汽笛，似在等待被甩在身后的观众。当人群即将接近车尾时，汽车又猛力加速，再次将狂奔不息的人群甩开。如此这般走走停停，在即将进入县城时，汽车猛力加速，眨眼之间便消失在城市的楼群之中。满面尘土，追得上气不接下气的人群眼看汽车无影无踪，便停了脚步，抬手抹着满头汗水，四顾茫然，一时不知所措。未久，人群开始分化，一部分年轻人打起精神向县医院赴去；一部分年长者小声嘀咕着什么，哀叹几声，四散而去。

前行的汽车围绕随县县城转了一圈，又围绕烈士公园兜了几个圈子，然后又向郊外一条大道驶去。当来到一个僻静处，杨定爱和司机等人跳下汽车，将车厢内的油布搭在棺材之上，再弄来几根木杆撑起，形似一个顶棚。当化装完毕，汽车掉头向擂鼓墩山冈驶来。此时天已黑尽，营区周围仍有三三两两的社会闲杂人员在游荡。当汽车驶入考古人员驻地时，没有人意识到这就是他们要追寻的目标。谭维四等人见汽车复来，悄悄招呼人员将彩绘棺抬入洗脸间暂放，整个过程没有引起外人的注意。次日凌晨1点半，谭维四见外面的人群全部散去，遂指挥人员悄悄将棺材转移到文物库房。至此，一段惊心动魄的围观大戏总算落下了帷幕。追逐棺材者已星散而去，仍滞留在发掘现场的近千名观众却久久不愿撤退，据当天的田野考古发掘记录显示："深夜1点半左右，还有观众在工地久久不去，经劝说还不走。向群众解释，我们马上收班，考古队说话是算数的。还不走。观众到底什么时候离去，那我们就不知道了。据说有的观众等了一个通宵。"

5月20日上午，相关人员进入发掘现场，投入摄影、绘图等工作，9点44分开始起吊西室第2号棺身。此棺同先前吊出的1号棺相似，亦黑地红花，棺盖分离，棺身侧浮于水中，右侧板口部微有裂痕，头端漆皮微有脱落，棺内存有竹席与人骨架，整体比1号棺略大。因有了以前的经验，操作人员快捷迅速，仅用了半个小时，就将棺身和棺盖分别吊出，装入汽车后，以与昨晚同样的方法，先是冲下山冈，围绕随县县城转了几圈，然后用油布伪装，再悄悄驶入营区驻地。幸运的是，此次伪装同样未被围观的群众识破，棺身

第五章　水中潜伏的隐秘

与盖板顺利运进库房。当天上午，由郭德维、张华珍、陈善钰、高尚芹、单东风、李苓等考古人员，先行对1号棺进行清理，棺内骸骨虽零散，基本完整，另有小玉环、小玉佩、小木篦等文物相伴，尸骸的下腭骨与牙齿整齐完好，估计死者是一位比较年轻的女性。

当2号棺被吊出后，谭维四率领考古人员对整个墓坑进行了详细察看，发现中室的水有些混浊，而北室与西室的水较清，三室的水均深不见底，无法判别是否暗藏着文物或者传说中的飞刀暗箭。有一个现象引起了大家的注意，即中、北、西三室水面等高，推测几个室之间定有门道相通，否则不会如此平整。谭维四决定先起吊东室椁盖板，了解下部情况，以便对椁室的清理做全盘考虑。当天下午，取吊东室椁盖板的工作全面展开。

东室的椁盖板比其他几个室粗壮，封闭得也更加严密，从上面根本无法看到里面的情形。当西边重约两吨的一块盖板被吊起后，底下露出了清水，高度与其他几室齐平。当第二块盖板一离墓坑，墓室内发出了轻微的响动，水波荡漾开来，如同一条受到惊吓的游鱼转身钻入水中激起的涟漪。考古人员循声望去，只见水中一南一北漂浮着两口黑底彩绘木棺。

"谭队长，又两口棺材，彩绘的，斜躺在水里！"站在坑内椁板上的李祖才大声喊了起来。

"先不要动，不要动！"谭维四等外围考古人员先后进入坑中察看。只见两棺的大小与西室吊出的木棺基本相同，外涂由绚纹、云纹、雷纹组成的彩绘，光亮如新。

"看来还是陪葬棺，墓主的来头不小，已有四人为他（她）陪葬了，也不知道是男是女，是妃嫔丫鬟，还是近臣太监，或者是奴隶。"一直负责记录的刘柄忍不住插话。

"说不定墓主就是一个国王，殉葬的应是他的妃嫔或侍女，要真是国王的墓，那就了不得了。先别管这些了，快把东边的盖板全部揭开，说不定还有更好的东西！"谭维四两眼放光，说起话来面带笑容又干净利索。众人受其情绪感染，也活跃起来。雷修所派出的后勤股长胡定文一直参与起吊的前沿工作，此次见两口棺材露出，干劲倍增，高声说道："起吊用的绳子可事先结好索扣，起吊时往上一套就行，十分节约时间。"众人如此一试，果然灵验，于是起吊工作加快了许多。

当东室椁盖板揭到一半时，水中又露出木棺的头档部位，考古人员怀着好奇与难得的兴奋之情，一鼓作气把椁盖板全部揭开，随着盖板的起吊，水底又"呼呼啦啦"接连蹿出了6口彩绘木棺。有的盖身分离，有的完好，有的横卧，有的完全倾覆，似是刚刚遭到了一场大规模洗劫。众人见状，无不惊骇。偌大的墓坑如同一个山顶水库，本就形成一大奇观，想不到东、西两个墓室竟有10口彩绘木棺冒出，自是奇中加奇，这是湖北省考古界所挖的几千座大小墓葬中从未遇到过的先例和特例。

"棺材被搞成这样，会不会被盗了？"一直在坑边观察的地方领导，望着水中木棺乱七八糟的样子，小声问身边的谭维四。

"应该与西室的情况一样，不会被盗，是年久日深，自然漂起的。不过现在还不好说，只有详细察看后才能做结论。"谭维四轻轻解释着，将杨定爱、曾宪敏、李祖才和新来的考古实习员王新成等叫到跟前商量吊棺事宜。当天夜里，考古人员在杨定爱指挥下，开始起吊东室漂浮的8具木棺，约凌晨5点，所有的木棺全部吊出墓坑并由汽车安全运往驻地库房。

21日上午10点多钟，短暂休息后的考古人员又陆续来到工地，此时天气晴朗，惠风和畅，是个难得的好日子。众人围着墓坑研究下一步如何动作，突然听杨定爱大声喊道："谭队长，你看，墓室中间部位好像有个黑影在水中动弹。"

听到喊声，谭维四迅速来到墓坑南侧，顺着太阳的光芒，朝杨定爱手指的方向观看。

因起吊椁盖板时场面繁忙紧张，墓坑外起重机的轰鸣，指挥者的哨音，围观者的大呼小叫，以及棺材落入汽车后，如何开出现场并劝阻围观者让开道路以便行驶等等闹心事，令每一个在场的考古人员都难以静下心来详细观察水中的细微异样之处。也只有当吊棺工作结束，场面逐渐平静下来，且墓室中被搅浑的水重新沉淀澄清之后，才可隐约看到水下有异物存在。

"是有个黑影，是在动。"谭维四看罢自言自语地说。

"好像是一条大鲫鱼趴在那里喘气的样子，找个钢钎轻轻捅一下看它跑不跑。"一个刚从随县农村选上来5天的青年实习生，不知好歹地插嘴道。杨定爱侧身瞪了对方一眼，不再理会。那位青年自觉无趣，闭上了那令人厌烦的嘴巴，缩头猫腰悄悄溜出圈外。

"搭梯子看一看。"谭维四说着,命人将雷修所制造的梯子架于东室之上,几个人小心地沿木梯来到东室中间部位,对水下的异物仔细观察。

几分钟后,谭维四抬头说道:"下面是有个黑东西,不是它在动,是水在动,我们刚才看到的就是上面的水晃出的影子。"说着,命人找一个小玻璃瓶用绳拴住嘴部,将瓶内灌满水,然后慢慢朝着黑影的部位下放,以试探这个物体在水下的深度与长度。经几次试测,发现此物离水面约1米左右,长3米多,借着夏风吹过的波纹看去,恰似一条黑色巨鲸趴在水底待机而发,令人望之浮想联翩,心生敬畏。

"到底是啥,不会是墓主故意埋设的飞刀飞轮之类的暗器吧?"一青年队员自言自语道。

"难说,你还是小心一点为好。"谭维四一语双关地说着,起身向墓坑外走去。

无头小鸭浮水而来

椁盖板和浮起的木棺全部取走了,深埋地下的木椁初露真颜,尽管整个场面有如"水漫金山"之势,但大轮廓还是可以分辨出来。这个轮廓便是:墓坑四周用厚木枋叠砌成椁墙,总面积略小于墓坑,椁的外形与墓坑相同,都呈多边形,内由木制椁墙分隔为4个独立的部分。按照考古规程,以其方位正式命名为东、中、西、北四室。四室中,以中室和东室最大,中室长9.75米,东室长9.5米,各宽4.75米;西室次之,长宽分别为8.65米和3.25米;北室最小,长宽各为4.75米与4.25米。整个木椁空间差不多有半个足球场一样大,如此庞大的木椁不仅在湖北省考古发掘中从未有过,即是在整个中国也属首次发现。

十几天没白没黑地折腾,只见到了一个大木椁的轮廓、10口浮起的陪葬彩绘木棺,另外就是一汪清浊不一的深水,其他的文物什么也没有见到。那么,这4个椁室哪一个才是墓主人的安寝之所,主棺何在?墓内到底有什么文物,盗墓贼真的把陪葬品盗掘一空了吗?东室水下那个若隐若现的黑色怪影又是何物？难道是墓主人的主棺不成？若是主棺，为何不放在空间最大、处于中心位置的中室而偏于一隅之地的东室，这个明显不同于楚式墓葬风格和建筑形式的大墓，到底是何人于何年代在此地建成，它留给现代人类的到底是什么物质财富和精神启示？这一切，即使是富有经验的老一辈考古学家顾铁符也无法解答，看来只有把水抽净后，才能"水落石出"。于是，谭维四等考古人员决定，立即动用潜水泵抽水，尽快解开墓坑藏宝之谜。

过去几次抽水，主要目的是针对盗洞而来，由于四室底部相通，水的容积太大，不但未弄清盗洞底部和文物被盗情形，反而把洞下污泥搅起，弄得整个中室北部混浊一片，其他几室也受到不同程度的影响，一坑清水皆受到污染。有了这一教训，此次抽水当然不便再在盗洞底部插吸管，必须移至一个既不损害地下文物（假如此处有文物），又不至于把水搅浑的部位才能达到预期的效果。

因对水下探测工作不能用竹竿之类的硬物触及，更不能把墓坑当成真正的水库，找几个年轻人脱了裤子跳下去摸鱼一样活抓活捞，这就成为一个不大不小的难题。此前谭维四有过用小瓶装水以线吊起来测试的方法，尽管不太理想，便毕竟还算可行。于是，清理组长郭德维、副组长杨定爱，分别以此种方法在不同的椁室测试。结果发现北室有的地方水位较深，达到了3.5米以上，这个现象或许意味着底部没有文物或文物较少、较小。但只能凭感觉判断有无，仍不能对底部情形做出明确判断，令人放心不下。正当大家犹豫不决之时，一个青年实习员突然说了一句："要是有个潜水望远镜就好了。"一句话提醒了众人，谭维四也觉得此法有些意思，便令杨定爱设法造一个"潜水镜"下水。

杨定爱很早以前就跟随谭维四在江陵纪南城搞考古发掘，其特点是肯吃苦、爱钻研、心灵手巧，善于在考古发掘中根据不同场景和情况，产生奇思妙想，制造相应的工具，从而解决了许多难以解决的问题。此次受领任务后，很快想出了制造办法，他找来一根长钢管，前端用薄膜密封，内装一个灯泡，接上电源，慢慢伸入水下，借助灯泡的光亮透视水下的情况。由于灯泡的亮度和光照范围有限，越往下越模糊，真正到了3米多深的水下，只能大体看个轮廓，难以辨明具体情形。如此反复几次，最后认为北室的东北角比较空旷，于是决定将潜水泵吸管插入此处。

一切准备停当，当天夜里11点开始抽水。

潜水泵发着"隆隆"响声转动起来，一股股清水顺着8米长的管道喷射而出，缓缓流入山冈下的沟渠。考古人员或蹲或站地聚集在墓坑周围，与围观的近千名观众一同盯着水面变化，渴望奇迹尽快出现。

水位在缓缓下降，众人的注意力越发集中。突然，看上去平缓无波的西室"咕噜"一声轻微的响动，从水下冒出了一个黑红色的枕头一样的物体。"有东西！"人群中有人喊了起来。

"是一只鸭子。"又有人喊道。

众人循声望去，只见这个形同枕头又好像一只鸭子的器物，正随着抽水泵的吸力，缓缓向北移动。当要抵达坑壁时，考古人员才发现确是一只"无头小鸭"，待打捞上来仔细观察，方知是一个木制漆盒。与一般漆盒不同的是，这只漆盒整体被雕成鸭子形，周身髹黑漆，绘羽毛纹饰，腹内中空，靠近颈部有一圆形榫眼，眼内两边各有一凹槽，由此可知还有一个头插入其上，形成了一个极富艺术特色的"鸭形盒"。不过，此时考古人员拿在手中的"鸭子"，只有鸭身没有鸭头，究其原因，没人能说得清楚，只好作为悬案暂时搁置。想不到两天之后，室内清理人员陈恒树、陈善钰、张华珍、李苓等人在清理西室浮起的2号木棺时，从棺内清理出了一个有颈彩绘漆木鸭头，当时就有人联想到这个"无头小鸭"，将二者一拼对，鸭头颈部两个凹槽正好插入盒身内，转动一下方向，鸭头即被拴卡在盒体内，形成了一只完美精致的小鸭子。

这个时候大家才明白，2号棺出水时，棺盖与棺身早已分崩离析，棺身侧翻，小鸭子也随之身首分离，鸭身落入水中，鸭头仍在棺内。落水的鸭身因缺失头部，水从颈部灌入腹中沉没。当潜水泵抽水后，鸭身受吸力的作用在水底摆动翻滚，最后浮出了水面，重返人间。这是考古人员除棺椁之外在墓坑中直接提取的第一件珍贵文物，也是命运之神抛出的一把神秘钥匙，后来的许多重大隐秘将由这把小小钥匙予以开启，只是当时的考古人员尚未意识到。

不久，这件文物在工地现场举办的一个小型展览中展出，所标的器名是"鸭形盒"。一直关心支持发掘的雷修所政委李长信看后，对此物的工艺水平赞不绝口，并当场问谭维四："这么精美的一件艺术品，为什么要起个

'鸭形盒'的名字，是不是当年就这么叫？"

谭维四回答道："这件器物当年叫什么名字，器身上没有镌刻文字，也没有文献可考，这个名字不是它的本名，而是我们给它定的。根据田野考古常规，古籍或此前出土物已有依据者从之，古籍或此前出土物无据又无法知其本名者，以其器形来命名。因为这件器物外形很像一只鸭子，所以就叫'鸭形盒'了。"

李长信听罢，轻轻摇了摇头说："这个名称不够雅致，而且依我看，它的外形不像鸭子，更像一只鸳鸯。鸳鸯是中国老百姓所熟悉和喜欢的一种吉祥鸟，为何不叫它'鸳鸯形盒'呢？这样又雅致又吉祥，还更接近实物。"

谭维四一听，愣了一下，再细看此物，觉得确实像一只鸳鸯，遂惊喜地对李长信道："你说得有道理，真不愧是政治委员呵，既有政治敏感，又有文化水平，我与其他的同志商量一下，看要不要改过来。"

当天，谭维四与其他考古人员接受了李长信的建议，修改了标签及各种记录上的称谓，改为"鸳鸯形漆盒"。按照考古业内规定，凡已经上记录的器物不能轻易更换名称，此次更名，是整个发掘过程中唯一的一次例外。可见李长信所言，的确是点准了考古学家们的穴位，而作为考古工作者，在这件器物的命名问题上所表现出的胸襟，也令世人为之敬佩。1993年12月20日，中国国家邮电部向全球发行的一套《中国古代漆器》特种邮票，其中有一枚就采用了这只鸳鸯形漆盒图案，名称为"战国·彩绘乐舞鸳鸯形盒"。从此，这件器物高贵典雅的名字走向了世界。

当然，鸳鸯漆盒之所以被邮电部选中，除了年代久远和精美别致的工艺造

鸳鸯形盒前视图

第五章 水中潜伏的隐秘

型外,更重要的还在于器身腹部那两幅"彩绘乐舞"的图案,正是这两幅图案所具有的深刻文化内涵和暗含的玄机奥秘,才使后来的谭维四等考古人员在冥思苦索之后,终于找到了破译出土编钟演奏的密码,从而使湮没了2000多年的音乐之门訇然洞开。

——这是后话,暂且不表。

邮票上的鸳鸯形盒(1993年12月20日,中国邮电部在全球发行了一套四枚《中国古代漆器》特种邮票,其中就收录了这件"战国·彩绘乐舞鸳鸯形盒"。邮票发行后,受到国内外集邮爱好者的喜爱)

注释:

①《殷墟的发现与研究》,中国社会科学院考古研究所编,科学出版社1994年出版。

②《史前考古学基础》,裴文中遗著,载《史前研究》,第1、2期,1983年。

③《长沙古物闻见记》,商承祚著,1938年10月,木雕版于成都发行。

④《长沙古物闻见记·续记》,商承祚著,中华书局1996年出版。

⑤《长沙马王堆一号汉墓》,湖南省博物馆、中国科学院考古研究所编,文物出版社1973年出版。

145

第六章

珍宝初现

旷世绝响

三具棺材飞身立起

墓坑水位在缓缓下降，西室再无小鸭子之类的器物浮起，北室和东室也无异常情况出现，最大的中室非但没有器物露头，因盗洞淤泥受到吸力而泛起，搅得满室积水浑浊不清，似在向考古人员提示着盗洞的存在，令人在担心中平添了一丝不快。

眼看已是22日凌晨1点多钟，仍不见有器物浮出和露头，现场人员开始骚动起来，有性急的青年对谭维四道："这个潜水泵太小了，猴年马月才能抽干呵，干脆换个大马力的来抽吧。"

谭维四看了对方一眼，没有理他，其他的人也未再提更换大型抽水泵的事。稍有经验的考古人员都知道，此类墓坑抽水，与水库里捉鱼毕竟不同，即使是捉鱼，也要慢慢来，性急不得，所谓竭泽而渔即是其理。面对眼前水库一样幽暗中放着寒光的墓坑，底部是摆放着青铜人，还是伏设着木头人加飞刀暗箭？一切皆不明了。若水的吸力太大，将使一些可能摆放的漆器、丝织品和其他易漂浮流动的器物脱离原处形成混乱局面，除了对器物本身带来损害，对葬制、礼仪以及相关学术问题的研究，都将带来无法弥补的损失。此时中室的水已经混浊，若再改用大马力抽水泵，必将造成水流四蹿，污泥翻卷，飞沙走石的场景，后果不堪设想。因而，用小型潜水泵抽水，是别无选择中对水下文物危害最小的一种明智选择。

凌晨两点钟，水面上仍无异常动静。在坑边观望的考古人员因连续十几天昼夜劳作，身心俱疲，实在难以支撑，谭维四望着下降水面与坑壁的比例，认为至坑底至少还有两米的水位，无论如何今夜都不可能把水抽干，遂决定安排几人轮流在现场值班看守，其他人全部回驻地休息，待早上8点

第六章　珍宝初现

钟前来观察，到那时，墓坑底部的秘密兴许会"水落石出"。

众人揉搓着上下打架的眼皮，拖着疲惫的身子，在沉沉的夜色中晃晃悠悠地向山冈下驻地走去。发掘现场由考古队员冯光生、彭明麟二人各带一名实习生值班。半个小时过后，已回驻地休息的谭维四仍放心不下，冥冥之中感到有一种神奇的手在控制着什么。他躺在床上刚迷迷糊糊地入睡，隐隐觉得窗外有个声音在呼唤自己的名字，这种声音若隐若现，来自山冈野丛，又似缥缈于尘世之外，似从遥远的天幕中传来。他睁开眼睛，屋里一片漆黑，什么也看不见，只有几十只蚊子像轰炸机一样在耳边"嗡嗡"叫着四处偷袭。谭维四挥手擦了把脸上的汗水，朝着蚊子可能所在自己身体的设伏部位猛拍几掌，而后又不知不觉地睡了过去。突然，一个黑衣人穿过山冈树丛，来到考古人员驻地轻轻呼唤了一声，谭维四起身出门随黑影向山冈深处走去。待入松林200多步，遇一墓冢，墓侧有石碑，断倒草中，字磨灭不可读。黑衣人手指旁边不远处一山洞，领谭维四猫腰弓背钻了进去。约走十余丈，遇一石门，锢以铁汁。黑衣人围转片刻，双手于胸前发力，石门轰然洞开。霎时，雾气弥漫，箭出如雨，黑衣人急将谭维四拉于一侧伏身躲避。少顷，雾散箭止，洞内森严，冷风扑面。黑衣人令谭维四投石其中，每投，箭辄出。投十余石，箭不复发，黑衣人与谭维四点燃火炬而入。至开第二重门，有铜人数十，张目运剑，杀奔而出。黑衣人以棒击之，兵杖悉落，铜人倒地不起。火光照耀中，只见墓之四壁各画兵卫之像，南壁有大漆棺，悬以铁索，其下金玉珠玑堆积，琳琅满目，美不胜收。谭维四欲上前拿取，漆棺两角忽飒飒风起，有沙迸扑人面。墓壁两侧，沙出如注，片刻没至人膝，黑衣人与谭维四惊恐万分，夺路急奔。出得洞中，前面一片汪洋，亮如明镜，一片死寂。正欲渡水，忽见眼前风生水起，一巨型棺椁如墨色巨鲸訇然作响，浮水而出。浪滚潮涌中，一头戴金冠，身穿蟒袍的白发老汉破棺而出，手执宝剑，高呼曰："哪位狂徒如此大胆，惊醒了我的美梦，快给我拿下！"话音刚落，棺身四周伏兵四起，势如鲤鱼蹿跳，向前赴来。黑衣人拉紧谭维四转身欲退，洞中之门轰然关闭。再一转身，众兵已到眼前，举剑欲刺，谭维四大骇，"呵"了一声，打了个激灵，唰地翻身而起，一缕惨淡的月光在窗棂上晃动，山冈下传来阵阵鸡鸣声。满面汗水的谭维四渐渐从睡意中回过神儿来，才知刚才惊险一幕原是南柯一梦。

所谓日有所思，夜有所梦，正是白天为盗洞的事想得太多，才有了这个令人惊悚和离奇古怪的梦。尽管是梦，但一幕幕恐怖画面仍在谭维四脑海中挥之不去，他隐隐感到，今晚必有大事发生，必须加倍提防小心。想到这里，起身穿好衣服，摸起一支手电，轻轻走出门来，沿山道向发掘现场走去。明亮的星光下，他抬腕看了一眼手表，已是凌晨3点多钟。

"有异常没有？"来到墓坑边，谭维四问着冯光生、彭明麟二位值班人员。

"没啥动静，水下去一米多了，应该快有结果了吧。"冯光生答。

西室陪葬棺出水情形

谭维四打着手电围绕墓坑转了一圈，见水位比自己离开时又回落了一大截，只是确实未发现有什么浮起物突出水面。可能灯光较暗，水下有物看不清吧。这样想着，谭维四来到冯光生身边道："不管有没有东西，你们不能马虎，再有半个多小时就是杨定爱与程欣人接班了吧。"

"是的。"冯光生答。

"我回去喊他们，若不喊，这一觉下去没得个起。"谭维四说罢，返回驻地。

抽水泵仍在"咚咚咚"地响个不停，山下的鸡鸣也一声接一声地传上山冈，墓坑的水位在一点点下降，冯光生等值班人员眼皮上下打架，不听调遣，两腿走起路来发软打晃，无论是体力还是精力，都似乎消耗殆尽了。就在二人连同两位考古实习生坐在坑边一张长条椅上打盹儿之时，忽听墓坑深处传来"哗"的一声响动，几个人从迷糊中惊醒，打个激灵，纷纷蹦将起来。

"什么东西？"冯光生大喊着，率领几人向墓坑西室边沿狂奔而去。灯光映照下的西室水

第六章 珍宝初现

面,只见一具木棺像一个全身穿着迷彩服的巨人在坑中站立而起,随着全身摇晃打转,头上的水流向下狂泄。就在这时,坑内又响起了"哗哗啦啦"的声音,水波涌动处,三具木棺飞身立起,如同大海中三只翻卷的黑色海豹,又如同斗在一起的牤牛,在空中扭打了半圈后,各自斜着身子倒卧下去,水面激起一阵大浪。

坑边的几人经此一番惊吓,睡意全无,精神复振,瞪大了眼睛注视着面前四具横竖不一的木棺。

"奇了怪了,别的东西不见,咋三番五次地冒出这么多烂棺材,是不是里头的东西都被盗墓贼弄光了。"彭明麟似在自言自语地说着。

"快检查一下其他地方,看有没有东西。"冯光生说着,打开长柄大号手电在水面上搜索起来。

"有东西。"当手电光对准中室的时候,一个眼尖的实习生喊了一声。与此同时,大家的目光都集中在中室西侧两个长形的黑影身上。因离得较远,手电光照在水面上有些反光,难以看清真容,只感到黑影像两条长蛇在水面上起伏游荡。再往南部照射,同样发现一条长形黑蛇状的东西伏在水面上,若即若离。离黑影约两米多远的中室西南处,有一个圆形的黑点露出水面,因光线暗淡,仍然无法判明这个黑点意味着什么。

"向别处看看。"冯光生说着率领几人由中室南部转到东室东北部,手电光照射着水面,一个巨大的黑色物体露出水面,长宽各有几米,如同一艘潜水艇停泊在神秘的港湾,又如同传说中的水怪蹲卧在水中,看不到水怪的头颅,露出的只是那倾斜的令人望之惊悚发毛的脊背。

"哎呀,不得了了,这么大的家伙,到底是妖是怪呵?"冯光生说罢,率领几人围着墓坑来回观察。水位不断下降,约半个小时后,中室西部和南部边沿三条起伏的蛇状的黑影已清晰可辨,原来是三根方形的长木,每根长1.8米左右,因长木的两端各镶带有浮雕蟠龙花纹的铜套,朦胧的灯光下看上去如同黑色的游蛇。令冯光生等大吃一惊的是,三根横木下方竟各自悬挂着一长串青铜编钟。原来这三根小方木是悬挂编钟的木架,靠西壁的两架因与椁壁靠得近,看得较清晰,每根方木悬挂编钟6件。从挂钮下视,粗细不一,大者比碗口粗些,小者比大茶杯口略大。南部的一挂编钟因距椁壁较远,看上去有些模糊,但整个形体轮廓与西部两架编钟相同。几人看罢,狂

编钟上层三个木架
从水中露出

喜不已，一位实习生没见过如此世面，情绪失控，当场跳着脚，摇头晃脑，呜里哇啦地大喊大叫起来。

从白天至黑夜，近百名聚集在墓坑外围"打持久战"的观众，本来早已在自己携带的行李卷上睡去或昏昏入睡，没有一人前来骚扰，吵嚷不休的工地难得有如此清闲的时刻。想不到实习生冷不丁一番呼喊叫嚷，惊动了围观者的美梦，一个个像冬眠的菜花蛇遇到了阳光普照的春天，纷纷从席头和破旧麻袋上蹦起，蹿出洞口，瞪眼伸舌怪叫着，越过铁丝网向墓坑方向蹿奔而来。冯光生一看这阵势，知道乱象将生，怒火腾地从心头冒出，抬脚朝身旁那位实习生屁股踹去，嘴里说着："你是吃错了药，还是患了羊痫风，怎么这副德行？"青年躲闪不及，立仆。就在这个瞬间，数百名观众如同暗夜里攻城略地的农民起义军，呼呼隆隆地推至眼前，向墓坑扑来。

"要不要告诉谭队长他们？"彭明麟一看眼前的阵势，惊喜之中又增加了几分恐惧，对冯光生道。

"本打算等到天亮，现在看来不行了，你快去报告，我在这里守着。"冯光生说罢，彭明麟转身低头猫腰突出重围，向山下冲去。

第六章 珍宝初现

"谭队长，了不得了，墓里出了编钟，三排，还挂在上面。"随着"砰砰"的敲门声，彭明麟声音嘶哑地在暗夜里大喊大叫起来。

"是不是看花了眼，没弄错吧？"屋里传出谭维四怀疑的声音。

"千真万确，不会错的，三排几十个。"彭明麟答。

"这就不得了。"谭维四说着穿衣出门，其他的考古人员也闻声陆续蹿出门来。

"快去，快去，大家快去看！"谭维四挥舞着手电筒，声音由于过分激动明显有些颤抖，众人不再追问什么，一个个揉着眼睛，抖擞精神，随彭明麟向三里外的发掘现场急速奔去。

当众人抵达现场时，水位又下降了约15厘米，此时靠近中室西壁和南壁的三排编钟已大部露出水面。

"没错，是编钟！"谭维四看罢脱口而出。满脸大胡子的程欣人接着道："上苍总算没有辜负我们，这下总算对各方有个交代了。"众人议论纷纷间，一向精明干练的杨定爱转动了聚光灯，扭开了强光电灯，各路灯光集中射向中室部位，现场突然明亮了许多，三排编钟整齐地排列着，在光亮的映照中耀人眼目，夺人心脾，使人振奋。

"怎么这排是5个，好像中间缺了1个？"兴奋之后，作为现场总指挥的谭维四渐渐冷静下来，他在详细观察了三排编钟后，发现西部两排分别是7件和6件，而南部一排只有5件，显然中间有1件缺如。经此一指，众人不觉一惊，见中室南排悬挂的编钟中间确有一个缺口，且这个缺口明显是一件编钟的悬挂位置。

"不会是被盗墓贼盗走了吧？"有人小声提示。

众人听罢，突现惊恐之色，谭维四心里也"咯咚"一下，心想这个可恶的盗墓贼，怎么随时随地都有他的影子，连做梦也不让人安稳。这样诅咒着，心有不甘地令人拿过一个长柄大号手电筒，对准缺口部位仔细观察起来。在灯光反复的照射中，发现木梁下方部位有个豁缺，很像是编钟自身脱落造成，而不是被盗，钟体很可能就在下面的水中。根据以往考古发掘经验，若是被盗，不会留有这样的痕迹。为何这个盗墓贼只拿走一件，而其他的完好如初？像这样大小、轻重的青铜编钟，正是盗墓者最喜欢，也是最容易盗取的文物。编钟乃古代青铜礼器中的重器，具有很高的地位和价值，历

153

朝历代的盗墓贼和古董商人都趋之若鹜，视为珍器。几个月前发掘的天星观一号大墓，同样发现了青铜编钟，从悬挂痕迹判断，架上共有编钟22件，有20件被盗墓贼摘取下，18件被盗走。而此处悬挂的三排编钟，显然与天星观大为不同。一切迹象表明，盗墓贼并没有涉足此处。以此类推，墓中其他文物也不会有大的损失。谭维四将观察和分析结果告诉大家，众人深以为然。如果确有1件编钟掉于水中，则共有19件编钟，一座古墓出土这么多完整成套的编钟，这在全国也是少见的，仅此一项发现，考古人员为此付出的心血就没有白费，何况更大的希望还在后头呢。于是，现场沉郁之气一扫而光，气氛再度活跃起来。

此时，冯光生最初在中室东南部发现的那个黑点，随着水位降落露出了一根胳膊粗细的尖头木杆。木杆髹红漆，直立水中，众人望之大惑不解，程欣人惊呼道："很像是旗杆。"

一青年考古人员颇不服气地反唇相讥："不可能，这个墓室就像一个房间，旗杆应该插到广场上，怎么能插到屋里去？你见过有在屋里竖旗杆的吗？"

"你见过你爷爷吗？"程欣人问。

"没见过。"对方答。

"你有没有爷爷？"

"当然有。"

"没见过你怎么知道有？"

"咳，你这不是抬杠吗？"

程欣人与青年人你来我往地争论着，只听武汉大学教授方酉生站在东室边沿喊道："老谭，快过来，彩绘棺露出来了。"

听到喊声，谭维四急忙来到东室边沿，只见一个长3米多的庞然大物紧贴南壁椁板处，斜侧立于水中，上部由一块平板铺就，上漆并彩绘，两端和中部有细长的铜钮伸出，像怪兽的利爪。只有到了这个时候，大家才恍然大悟，当初看到的水下巨型黑影，既不是潜水艇，也不是怪兽，从已露出的部分形状看，应当是一具大型木棺，也就是墓主人的棺材。因大部分仍没落于水中，无法得知其准确的体积大小，仅从上部观察，这具棺材比考古人员先前发掘的最大陪葬棺也要长出一米多。如此巨大的墓主棺，在中国考古发掘史上未曾有过，即使是举世闻名的马王堆汉墓也无法与之匹敌。

墓主之棺终于显露于世，如此巨大的一具棺材，假如没有被盗和损坏，墓主的尸体应该保存完好，堆积如山的珍宝一定还闪耀着当初的光芒，这是多么辉煌的前景呵，在场者欣喜欲狂。

天渐渐亮了，东方露出了一片淡蓝色，蓝色映衬中又出现了一缕异样的朝霞。清新亮丽的天空，朝霞刺破苍穹，散发出道道五彩光芒，整个寰宇映照在一片明媚绚丽的景色中。这个早晨出现于天地间的美妙景物，长久地留在了考古人员的记忆里。

编钟横空出世

就在群声欢呼之际，谭维四头脑冷静下来，必须减慢排水速度，否则中室的编钟很有可能就会因为缺少水的浮力而垮掉。编钟的两端是用小圆木支撑而成的，一旦垮下来，将带来无法弥补的损失。现在需要给所有的考古人员浇点凉水，用谭的话说就是"不要太高兴了，温度太高，人要'烧焦'的。"于是，谭维四当即下令："暂停抽水，研究对策，确保文物安全。"

经杨定爱、郭德维、程欣人等富有经验的考古人员仔细检查测算，椁室深达3.3米以上，已出水的木架横梁不过1米左右，其下还有2米多的躯体浸在水中，虽无法看清水下面貌，但必有支撑物予以承托，否则上面的编钟如何悬挂？经杨定爱仔细观察，露出的水梁两端搁在两根圆柱上，圆柱立于其下更大一根横梁上，大梁下隐约可见形体更大的编钟。如果下面真的是编钟，那就更不得了了。面对此情，谭维四当场提出两个必须注意的问题：一是随着水位下降，水的浮力消失，钟架压力改变，能否继续保持平衡不致塌掉？一旦倒掉怎么办？二是木质梁架，表面髹漆绘彩，在水里浸泡已逾千年，木内早已饱水，乍一出水，经阳光暴晒，急骤的干裂必将导致木头开裂变形甚至断裂，彩漆也会脱落或变色。对此，考古队员经过讨论，最后想出了"两防一保"的应付办法：

一、防晒。准备钢筋架塑料棚，只要太阳一出，即行遮挡。

二、防倒。椁墙上搭上安全架，从架上用塑料薄膜折成的宽带垂直而下，托住横梁，避免摇晃倾覆断裂。

三、保水。在木梁上加盖饱水塑料泡沫，准备几个喷雾器，不断地喷水，保持木梁的湿度大体与在水下时相当，不致发生骤变。

办法既定，各小组按分工开始行动。谭维四下令继续抽水，尽快揭开水下编钟之谜。

所谓"智者千虑，必有一失"，当编钟的安全架搭起后，考古人员对钟架东部水中竖起的旗杆状的木杆并未放在心上。随着水位下降，木杆开始晃动，下部露出了一个黑色圆球状器物。正当考古人员站在椁壁欲判断其为何物之时，只见木杆剧烈地摇动了两下，有人大喊："坏了，坏了！"话声未落，水面上传出"噗——！咔——！"一声闷响，木杆折断，圆球状器物落入水底。

事后方知，此为一件竖立的建鼓，下有底座，中为一根胳膊粗的圆木柱纵穿鼓框支撑而起。此时圆柱已朽，当椁室积满水时，建鼓框因水的浮力支托，尚能完好如初地立于室中。一旦水位降落于鼓框处，建鼓柱承受不住鼓的压力，独木难支，随着一阵大风刮过，鼓身荡动，鼓柱被拦腰折断，悲剧就此发生。许多年后，当时负责清理中室的考古学家郭德维还为当时的这一失误而深深自责。但事实既成，一切都悔之晚矣。

5月24日午夜时分，由上而下，一层横梁又从水中露出。灯光下，只见长短两根曲尺相交，梁体粗大，紧靠西壁的横梁长达7米，紧靠南壁者3米有余。南架由两个铜人支撑钟架，最东端一铜人双手上举，腰挂佩剑，北端因淤泥包围，不见何物支撑。梁架悬挂一串长枚青铜甬钟，由小到大依次排列，皆有茶罐般精细，显然比上层编钟大了许多。甬钟一字排开，气势磅礴，蔚为壮观。钟架两端皆有半米多长的青铜套，套上满饰深浮雕镂空龙首花纹，梁身皆以黑漆为地米黄色漆彩绘菱形几何花纹。猛一看去，恰似一条蛟龙正浮出水面，欲凌空而起，呼啸苍穹。

"蛟龙出水了！"负责中室观察的考古队员中，不知是谁突然"嗷"地喊了一声，叫声从干哑的嗓子眼儿蹦出，焦躁而尖厉，沉沉的夜幕中形同凄厉的狼嗥。一时间，工地震动，群人皆惊，近千名围观者纷纷瞪大了眼睛，连蹿加蹦地前往中室南壁观看。

第六章 珍宝初现

水波涌动中，黑乎乎、滑溜溜的钟架悬挂一排甬钟在灯光下闪耀，真有蛟龙出渊、呼风唤雨之态势。甬钟花纹精美，皆有错金铭文。考古人员左德承当场认出两件铭文，一为"宴宾之宫"，一为"午钟之宫"。这架甬钟从顺序看应是33件，但有2件挂钩残断，甬钟落入水中暂不可见。

5月25日傍晚，编钟架下又露出一层横梁，与其上梁结构形体相近，经清除淤泥，发现梁下亦有三个佩剑铜人及一根铜圆柱顶托，共有12件大型甬钟及1件特大型镈钟，或悬于梁上，或掉在梁下的泥水中，最大者有锅口般粗细，形同一个装满粮食的麻袋。木梁两端仍配置铜套，皆有透雕镂空龙首、凤鸟、花瓣的图案。黑漆朱黄色的横梁，以如上层的彩绘菱形几何花纹，观之令人惊叹不已。

至此，编钟三层全部露出，原是一架完整的特大型编钟。

就在青铜编钟全部露出的同时，中室东壁有两件大型铜壶和一些残瑟、笙、竽等乐器显露出来；西室亦有六具棺材浮出水面，其中四具竖立，盖身分离，多为彩绘；北室南壁出现两件大型铜缶，体高至人的腰部，直径约一米余，

中层编钟和下层横梁露出水面

157

旷世绝响

中室的青铜编钟等礼、乐器出水时的情景

器形之大为全国罕见。在铜器旁边，还散落着一堆腐朽的华盖、甲胄等器物；东室内，如同一座房子状的庞大主棺已露出大半，遍体彩绘，朱黑色的怪异花纹，望之令人生畏。在主棺的一侧，散落着一些青铜鹿角飞鸟等器物。放眼望去，整个墓坑泥水荡漾，珍宝遍地，各色器物令人眼花缭乱，叹为观止。为了让更多的人看到这一成果，谭维四派人把年逾七旬的顾铁符从驻地请来指导，顾氏一到现场，即被眼前的场面惊得目瞪口呆。顾铁符从事几十年的文物考古，看过和亲手摸过的墓葬不下千座，但从未见过如此大的墓葬和出土如此多的文物。尤其是中室那如山似林的编钟方阵，更令他视为天降之物，凝视了许久，面色严峻地对谭维四道："这么大的重要发现，国家文物局应该知道，编钟的出土就涉及很多问题需要解决，王冶秋局长应该亲自前来坐镇指挥，中央领导应该来看一看。事关重大，我马上回北京亲自向王局长报告，请他前来指导工作。"

第二天一早，顾铁符下得山来，与湖北省文化局副局长邢西彬乘火车向北京赶去。

顾铁符与时任国家文物局局长的王冶秋算是莫逆之交，顾生于清光绪朝的最后一年，即1908年；王生于清宣统元年，即1909年，顾比王大一岁，皆算是大清国最后的子民。只是一个出生于江南无锡，一个出生于北国关外的沈阳。顾铁符祖居无锡槐树巷，出身于累代书香门第，系清代经学家、史学家顾栋高的后裔，学成后曾任中山大学研究院技佐、文学院讲师。1950年8月，顾铁符由中山大学图书馆馆

第六章 珍宝初现

长转任湖北武汉中南军政委员会文化部文物科科长，专职从事文物工作。1953年8月起兼任武汉大学讲师。1954年中南大区撤销，这年9月，顾转到中央文化部文物事业管理局工作，任业务秘书，主要负责全国各地田野工作检查指导，与时任文物局副局长的王冶秋成为上下级同志加朋友关系，在此期间多次参加全国性田野考古调查发掘工作，业务水平达到了一个新的高度。1958年10月，顾铁符调至故宫博物院，先后任副研究员、工艺美术史部副主任、代理保管部副主任等职。从1964年起离开行政领导岗位，专门从事学术研究，并于1972年经周恩来批准，王冶秋点名，借调到文物局常驻红楼参加整理银雀山汉墓出土的竹简和马王堆汉墓出土的帛书。当随县擂鼓墩发现古墓并请求文物局派人指导时，顾铁符仍作为文物局借调专家在红楼做研究工作。鉴于湖北是顾氏从事考古文物工作的发源地，而当地的考古骨干如谭维四等人皆是其亲手指导过的学生，王冶秋特地委派已70岁的顾铁符前往指导督战。顾来到工地后，恪尽职守，不负众望，在关键时刻，又主动请缨返京禀报，此举令在场的考古人员大为感动。

当王冶秋在办公室抬头见到顾铁符和邢西彬走进门时，急忙起身打招呼："哎呀，顾老，怎么没吭声就来了？怎么样，是回来要钱的吧？"

此前，顾铁符经常出外工作并带地方业务部门的领导前往国家文物局要钱用于急需和保护文物，把个性格直率的局长朋友要怕了，因而当顾铁符一进门，王冶秋便提到了钱字。

顾铁符满面春风，轻轻摇摇头，有点神秘地说道："你这次说错了，我先不向你要钱，我要先请你去看看。不是我吹牛，你当了这么些年文物局局长，搞了这么多年文物工作，只怕还没见过这么庞大的墓坑，这么有气魄的编钟呢，真是不得了，千载难逢，千载难逢呵！"

"出编钟了？"王冶秋的兴致立即被调动起来，大声问道。

"三排六十几件，大的有几百斤重，麻袋一样，都在架上挂着，你这间屋子都装不下的。"顾铁符说道。

"满坑是珍贵文物，都在水里漂着，还有大棺材，跟这间屋子差不多大，惊人得很，比长沙马王堆的棺材大多了，出土的文物有许多湖北方面恐怕无力研究保护，还得国家文物局出面组织专家前去参与。"邢西彬接着做了补充。

"真的？要是这样，那一定得去看看，如果需要，就派专家去。"王冶秋说着，从身边拉过两把椅子让顾、邢二人坐下慢慢述说。顾、邢二人越说，王冶秋越激动，直至心情亢奋得两眼放光，脸膛泛红，最后忍不住将手往桌上一拍，起身大声道："就这么定了，你们先回去，我把眼前的事处理完，随后就到。"

当顾铁符下山北行的时候，发掘现场乱象已生，局面已难以控制。等他到了北京向王冶秋汇报之时，擂鼓墩已是人山人海，原本岌岌可危的秩序终于弓折弦断，全面崩盘。

从吊棺之日起，发掘现场便出现了自直升机拍摄之后第二个围观高潮。墓坑中的青铜编钟浮出水面，整个随县民众的神经被牵动，纷纷前往擂鼓墩现场欲瞧个稀奇。围观者蜂拥而至，越聚越多，除了当地无业游民、社会闲杂人员与待业青年，更多的是各机关、工厂、学校，以及其他各行各业的人员，现场秩序大乱，发掘工作几乎无法开展。谭维四等现场主持者面对此情，一时陷入两难抉择。

就发掘工作而言，最好墓坑周围没有一个参观者和闲杂人员，既保持了环境的清静，也少了安全方面的担心，考古人员也将在"团结紧张，严肃活泼"的气氛中完成任务。本着这一指导思想，5月16日，随县革委会办公室曾专门下发

通知发出之前的曾侯乙墓发掘现场（周永清提供）

过一个《通知》，做出了三条硬性规定：

一、自通知之日起，发掘期间，各单位一律不准前往参观。
二、非雷修所指战员及其职工家属和考古工作人员不得进入营区。
三、各种会议人员，一律谢绝参观。

《通知》最后强调，"一定要提高革命警惕，严防阶级敌人造谣破坏"。

随着发掘的进展，事情远非如此简单。古墓坐落在随县地盘，从发现到发掘，当地政府和民众都给予了最大可能的支持，随县驻军同样无私奉献。如此天上地下，兴师动众地发掘古墓，在随县历史上属首次，有谁见过这样的阵势和气派？现在文物已从古墓中露出，到了收获的节骨眼上，当地各级头头脑脑、普通民众，连同社会闲杂人员，甚至被管制和监控的"四类分子"们，好奇心顿起，谁都想一睹为快，过一把眼瘾。尽管有县里的《通知》四处张贴，但民众的力量是强大的，老百姓不管这一套，他们有自己的思维和认识：古墓出在我家祖祖辈辈生活的一亩三分地里，就是我家的祖坟，你们外地人来挖，我不阻止，不给你中间下绊儿，就算是客气和对得起你们的了。现在考古人员想一手遮天，偷偷摸摸挖掘墓中的宝贝，这与盗墓贼有何区别？我们作为这块土地翻身得解放的真正主人，完全有权知道这座古墓发掘和出土了什么奇珍异宝，不会听从所谓公仆们在《通知》中的胡言乱语，一定要夺回参观权与话语权，将古墓发掘情况尽数悉知。按这样一个逻辑思维，各色人等铆足了劲儿成群结队向擂鼓墩古墓现场蜂拥而去。

擂鼓墩观墓狂潮

此时的考古人员当然明白，无论是有头有脸的官僚政客，还是各机关头脸不甚分明的刀笔小吏，或者是灰头土脸的平民百姓前来视察、参观，在理论上来说完全是合情合理的，考古队没有理由加以拒绝和阻止。只是每天围观者多达万人，空间狭小，秩序混乱，严重影响清理进程，不采取相应措施工作就难以开展。于是，谭维四等以发掘领导小组的名义提请随县县委注意，在无法全面阻止人员流动的情况下，劝说民众中的李铁拐、刘歪嘴，七大姑八大姨九妗子，连同那老掉牙的十二老娘，不要一窝蜂地拥向擂鼓墩发掘现场，将古墓踩塌，把文物挤碎，将围观者撞入墓坑淹死，或者踩死碾死。同时务必注意对各色人等、各路人马的控制，并增派人员维持秩序，否则不但清理工作将无以为继，其后果更是不堪设想。

当地领导者同样感到了局势严峻，遂采纳了发掘领导小组的建议，本着"三个有利于"的指导思想，随县革命委员会于5月22日下发了"告随县民众与驻军书"，全文如下：

关于参观擂鼓墩古墓发掘现场有关事项的通知

县直各单位、城关镇、城郊公社及省属各厂矿、部队：

我县擂鼓墩科学发掘古墓工作正在紧张进行，但目前自发前往参观的群众日益增多，严重影响着发掘工作的正常进行。为了既不影响发掘工作的进展，又使广大群众通过参观了解古代反动统治阶级残酷压榨劳动人民的情形，从而受到深刻的阶级教育，同时有利于生产，有利于工作，有利于安全，克服当前参观中的混乱现象。根据省委负责同志的指示精神，结合现场发掘情况，特对参观发掘现场问题做出如下通知：

一、自即日起，分战线，有组织有领导地分期分批进行参观（各战线参观时间安排如后）。参观时，各单位必须持介绍信，并有带队干部加强领导。

二、各单位组织参观，必须在不影响正常工作和生产的原则下进行。

三、参观时，严格遵守革命纪律，严防发生不安全的事故，做到一切行动听值勤人员指挥，保护文物人人有责，严防阶级敌人破坏。每次规定时间，在现场停留不得超过十五分钟。

四、参观时间，每天上午八点半至十一点，下午三点至五点，其余一律禁止参观。

以上通知，希各战线切实加强组织领导工作，确保参观顺利进行。

第六章 珍宝初现

意想不到的是，随着这个《通知》发出和实施，一场灾难性的围观狂潮随之而来。

因此前有县委"不得参观""不得进入营区"等等命令式指示，虽有单位人员和闲散群众前来围观，但毕竟算不得光明正大。而工地维持秩序者则视5月16日出笼的《通知》为"尚方宝剑"，以正义者的姿态想方设法阻止人群的拥入。一旦双方发生冲突，维持秩序者也自感正义在身，长鹰在手，周身充满了缚鸡捉狗之力。而围观者则显然有些气短和心虚，最后往往是看不到文物，反而弄个灰头土脸、满肚子怨气、败兴而归的下场。若对方不听劝阻或一意孤行，即刻上纲上线，按照《通知》中"一定要提高革命警惕，严防阶级敌人造谣破坏"的规矩，先行按倒在地，然后弄进一黑屋，或老虎凳或辣椒汤伺候，直弄得对方"嗷嗷"叫着认罪服法方可罢休。

如今新的《通知》又出，底盘已翻，情形就大不相同了。各界群众欢呼雀跃，一股股人流或乘车或步行争相向擂鼓墩汇集而来。既然县委明令组织公开参观，自然就可以玩出乐趣，看个痛快，以倾吐前些日子内心被压抑的不平与怨气。

面对此情，考古队方面也有所警惕，在妥协中采取了相应的对策，很快在整个山冈划设了三道防线，并为工作人员制作了三种颜色、三种等级的工作证佩戴胸前。根据规定，负责外围安全的一线人员为绿牌；负责近距离面场维持的二线人员为黄牌；在墓坑中负责器物清理的三线人员最为重要，各戴一个长方形红牌。凡参观的

武汉军区副政委张玉华（右）在随县革委会副主任吴明久（左三）陪同下，在墓坑支架上查看文物。左二为襄阳行署副专员秦志维，右二为谭维四

163

外来人员，只能与绿、黄两种颜色的人员接近，决不能越过两道封锁线，接近或靠近佩戴红牌的人员，若有违规者，将由现场执勤的公安人员、民兵与解放军官兵加以控制，以《通知》中第三条所示的"阶级敌人"论处。鉴于前来参观者众多，也为了防止出土文物在太阳下暴晒而造成损害，墓室的清理工作一般安排在夜里进行，白天凡不清理的地方全部用塑料油布加以掩盖。如此这般一番紧锣密鼓的部署，表面看起来万无一失，但事实上并非如此。

当蜂拥而至的人群进入戒备森严的营区，怀着激动兴奋之情穿越两道防线，雄赳赳、气昂昂地大步向擂鼓墩古墓发掘现场推进之时，所看到的不是传说中浮出水面的编钟，而是一个庞大的烂泥坑和一堆塑料油布。待问身边的执勤人员，答之曰："现在不清理，何时清理不太清楚。"

望着眼前的一切和执勤人员严肃而冰冷的面孔，前来者如同冷水浇头，心中的激情由燥热的盛夏一下跌入飞雪的严冬，心身俱凉，大感不爽。眼看预定的时间已到，仍不见考古人员身影出现，只得揣着遗憾，怀了怨恨暂时退去，等待清理时再行前来了却心愿。一些未经组织前来的待业青年和社会闲杂人员，除了长期在墓坑周边安营扎寨，坚守阵地，采取以逸待劳之术，还根据形势的发展变化，与时俱进地想出一个打伏击战的战略。每到晚上，一部分人躺在各自选定的盘踞点睡觉休息，派一部分人员轮流潜伏在考古队长谭维四居住的房前观察动静，只要谭维四窗前灯光一亮，预示着清理工作即将开始，潜伏人员则打起精神，嘴里喊着"赶快攻占无名高地"等口号，向发掘现场跑去，以便唤醒沉睡中的同伴，在墓坑边抢占一个最佳观看位置。

如此往复几次，长期占领"无名高地"的闲散人员大饱眼福，而那些由各机关、单位组织起来的参观者，每次来到工地，考古人员却总是千呼万唤不出来，难以见到油布下的庐山真面目。众人感到自己被考古人员当作猴给耍了，尊严受到了蔑视，人格受到了羞辱，心中失衡，怒火喷溅，盛怒中开始和工地执勤人员叫起板儿来，并高声宣呼道："我们这是按县委的指示组织来参观的，三番五次前来，看到的只是一个垃圾大坑和几块破油布，成何体统？考古队整天装神弄鬼，搞得神秘兮兮，和我们打游击，这不是故意跟随县人民过不去吗？没有随县人民的支持，他们挖个鬼呵，恐怕连水都喝不上。不就几件破东西吗？有什么好掩盖的，管他娘的这纪律那规定的，老子不吃这一套，索性揭开来看个痛快！"

执勤人员见状，慌忙上前阻拦，对方并不理会，借着火气冲向墓坑，几十名执勤人员见状，立即采取活抓活拿的围捕战术，欲将对方一举制伏。想不到对方一看自己同事就要被打翻在地，马上面临着老虎凳与辣椒汤伺候，性命堪忧，遂怀着与前者同样的怨愤加哥们儿义气，挽起袖子一拥而上，与执勤人员扭在一起，打在一处，滚成一团。有工作人员见势不妙，拔腿向雷修所奔跑，请求火速派兵增援，以扼制即将大乱的局势。雷修所首长闻讯，立即派出一个连的兵力奔赴现场，将墓坑团团围住，用身体抵挡外部力量的冲击。打斗双方经过近半个小时的厮打扭斗，随着各方领导和所涉单位大小领导相继赶来，场面逐渐得以控制，混乱平息下来。

有了这次教训，发掘工地又加派了公安人员和民兵，对每天进出的人数严格限制。考古人员分成两班，开始白天黑夜地连轴转。尽管如此，考古发掘与群众参观这一对立的矛盾仍未得到合理解决，许多人因没有看到墓中出土的编钟，或看到但没有看得真切而大为扫兴，由此暗生怨恨，并凭借手中掌控的权力不时制造麻烦。当编钟第二层和东室主棺大部露出时，必须不断地用喷雾器喷水，以防干燥爆裂。就在这紧要关头，自来水突然中断，喷水无法进行，墓坑的泥水又不堪应用。谭维四急忙打电话给县委办公室，经查询，原来是自来水公司的一部分人员，因看不到墓中文物而心生怨恨，暗中切断了水源。面对此情，谭维四强按怒火，表示只要把情况说清楚可以特殊照顾，但不能停水。经此折腾，断水者如愿以偿，终于看到了传说中的编钟和其他浮出水面的文物。控制电力资源的部分人员闻讯，大受启发，如法炮制，结果是夜里考古人员干得正欢，突然断电，现场一片漆黑，急忙打电话询问，方知又是因想观看文物而发。无奈之下，谭维四再次承诺参观可以特殊照顾，但不能停电云云。对方如愿以偿，现场复又明亮了起来。如此这般三番五次地施加压力，自然引起考古人员情绪上的反复和心理反感，当有些官员通过各种关系穿越三道封锁线欲接近墓坑看个仔细时，负责中室编钟清理的郭德维不但不给予方便，还当场让其屎壳郎搬家——滚蛋。被驱逐者大栽颜面，张口结舌不能成语。陪同者连忙向郭施压，谓此人乃随县某某局的高官大员。满身泥水的郭德维抬头冷冷地答道："见过，我们这里来的高官都可以用扫把来扫，像扫蝗虫一样。"一句话噎得对方白眼直翻，差点背过气去。

当5月25日夜晚编钟全部显露时，消息不胫而走，很快传遍了随县大街小巷，人群开始摸黑向擂鼓墩云集。见营区大门关闭，前来的人群开始寻找各个角落翻墙而过，然后穿越两道封锁线向墓坑奔来。至当天午夜，围观者达到了3000多人。谭维四一看这阵势，立即意识到这是狂飙巨浪扑来的一个前奏，真正的大风暴将于明天跟随而至。于是，他立即与随县驻擂鼓墩发掘现场的几名领导协商，请求县委紧急增派公安干警和民兵进驻工地保护现场，同时请雷修所继续增兵，加强营区院内和发掘现场的安全防范，并于当天夜里在发掘现场安装了电话和高音广播器具，以便与外界及时沟通和向围观人群发动宣传攻势。

果然不出所料，5月26日上午8点多钟，被派往山冈高处密切注视人群流动情况的李祖才急匆匆跑下山冈向谭维四报告道："队长，不好了，比您预想的还要严重，山下的人群已经连成一片了，正向这里奔来，快想办法吧。"

谭维四没有吭声，随李祖才来到山冈最高处向四处观看，只见山冈下方一条不太宽的道路上，人头攒动，黑压压一片，呈蚂蚁搬家状向营区急速推进。山冈树林深处，草莽丛中，一群又一群当地百姓打扮的男女老幼，正猫腰弓背，从四面八方向山冈高处奔来。整个情形与阵势，只有在战争大片如《南征北战》《打击侵略者》中偶尔见过，在日常生活中从未见过如此壮观与气势浩瀚的场面。

"看来今天的确非同寻常，必须把他们堵在营区之外，否则墓中文物危矣！"谭维四说罢，快速跑下山来，把看到的一切通过电话向县委和雷修所首长做了汇报，再次请求火速派人增援，将这股狂飙巨浪阻挡在大门之外。随县县委与雷修所接到求援，派出的人员分别抵达现场，并按发掘领导小组的战略部署，集中在大门和营区围墙四周严防死守。雷修所内的岗哨，由原来的两处猛增至十五处，尽管墓坑四周围观者已达几千之众，第三道防线仍然未能突破，考古人员一如往常地上上下下进行清理。营区外隐约传来"放我们进去，放我们进去"的呼叫声，企图翻墙而过的青年刚骑上墙头，就被蹲守的公安人员、民兵与解放军官兵及时阻止，墙外不时传来跌落后的嗷叫与叫骂声。如此危局支撑到上午10时左右，只见一个战士飞奔到发掘现场，满脸惊恐地对谭维四报告道："不好了，西南角的围墙被推倒了一片，

第六章　珍宝初现

外面的人已拥进来了。"

谭维四听罢，忙问："报告所首长了没有？"

"排长报告去了！"

战士的话音刚落，只听营区西南部发出了"呜呜"的声响，谭维四抬头一看，不禁大惊失色。一股强大的人流如同狂风卷起的乌云动地而来，具有摧城拔屋、排山倒海之势。眨眼间，狂潮已蔓延了整个营区，并向墓坑周边席卷而来。几十名围追堵截的公安人员和民兵如同沧海之粟，身子晃荡了几下，就淹没在狂涛巨浪中不见了踪影。谭维四一看大势已去，匆忙跟跄几步抓起高音喇叭，对正在清理的考古人员急促地喊道："全体工作人员，立即出坑，保护地下文物，立即出坑……"

王家贵说："从我手指的地方到身后这一片红色砖墙，就是当年被推倒的地方。"（作者摄）

考古人员听到喊声，立即停止手中的工作，纷纷跳将出来围住墓坑，欲以身体阻止洪水般涌来的人潮。此时，人流的前锋以勇不可当之势突破两道防线向墓坑赶来，处于前方位置的杨定爱见情形危急，立即指挥自己从纪南城发掘工地带来的徒弟朱俊英、黄文新、张万高、刘德银、周家国等五人冲上前去迎击。短兵相接，已没有半点缓冲的余地，杨定爱的五个徒弟有两人被人流前锋巨大的冲撞力击倒在地，其余三人各自摇晃着身子奋力搏击，两股原始的力量立即扭打在一起。眼看对方有数人已冲上被吊出的一堆椁盖板，占据了有利地形，张万高等人趁对方脚跟未稳，一拥而上，来了个群狼捕兔，朝一个十七八岁的青年围捕过来。青年人躲闪不及，一个倒栽葱从高高的椁盖板跌落，仆地不起，胳膊折断，躺在地下号啕悲呼，痛苦不已。

正在这时，只见雷修所郑国贤、王家贵等几位首长，亲

167

自率领100余名官兵，成四列队形，喊着号子从茫茫人海中搏击而出。等来到墓坑跟前时，一个个满头大汗，气喘吁吁。纷乱的人群中，随着郑国贤几声口令发出，官兵们成三列纵队迅速把墓坑围住，臂挎臂组成了一道绿色人墙，抵挡人潮的冲击。谭维四一看暂时稳住了阵脚，立即动用高音喇叭对人群喊话，开始宣传攻势。沉没于巨浪狂涛中的公安、民兵队伍，趁机浮出水面，各自采取不同的招数向墓坑处云集，终于同解放军官兵、考古人员合兵一处，岌岌可危的局势得以缓解。

借短暂的喘息机会，谭维四再度通过现场电话向随县县委求援，谓："院墙已被群众挤倒，现在整个营区已呈人山人海之势，若再不采取果断措施，人群继续拥进，墓坑将被踏平，出土文物将毁于一旦。"

县委接到呼救信息，感到事态严峻，立即加派公安人员，并调动各厂矿企业的民兵、机关单位的青年干部前往支援。根据新的情况，发掘领导小组将支援者兵分两路，坚守擂鼓墩营区，一路集中在溠水和㵐水桥畔，采取设卡堵截的方略，以斩断通向擂鼓墩的通道，将蜂拥不绝的人群阻于两水之外。与此同时，雷修所所长郑国贤通过电话向相邻的空军教导队求援，请求火速派一个连的兵力前来增援，以解雷修所官兵被困之围。

接到命令的各路人马陆续出动，唯一通向擂鼓墩的溠水与㵐水大桥被封锁，蜂拥而至的群众一看道路受阻，插翅难飞，情急之下，索性蹚水而过。时值初夏，河水尚未暴涨，浅处没至小腿，深处没至腰部，大桥上下群情激昂，纷纷脱衣渡河。霎时，湍急的河流中布满了抢渡者的身影。至下午3时，擂鼓墩营区已云集了约7万之众。

因墓坑四周的防卫力量已增至数百人，坑内的出土文物全部用油布掩盖，围观者既不能接近墓坑，又看不到出土器物，经过近一天的太阳暴晒和拥挤之苦，精力衰退，兴趣渐失，开始萌生撤退之意。谭维四等领导小组成员轮流用高音喇叭呼喊，呼吁观众尽快退去，并承诺自明天起，拿出一部分出土器物在雷修所几间空房内举办展览，以满足群众的愿望。至下午6时左右，随着太阳落山，围观者大部分散去，但仍有几千名观众在院内停留徘徊，做着安营扎寨，誓要把墓坑内的一切看个明白、弄个清楚的打算。

惊心动魄的一天终于熬过，墓坑和出土文物总算安然无恙。为履行承

第六章 珍宝初现

诺，同时达到把围观者从现场引开的目的，自5月27日开始，考古队拿出几件出土的小型器物和一具木棺在雷修所两间闲置的平房内举办展览。想不到此计大误，观者看罢并不满足，仍向发掘现场拥来。所有的人都知道，真正的珍宝和秘密就在墓坑的泥水之中。

此时，擂鼓墩古墓发现编钟的消息已走出随县本土，电流一样向周边地区快速扩散，作为地区驻地的襄阳更是得风气之先，不但较早地截获了消息来源，同时以各种形式进行散布传播。襄阳至武汉有一班火车路经随县，每当火车启动，列车广播员就用"湖普"开始广播"全国人民紧跟英明领袖华主席，在革命道路上大步前进，社会主义祖国蒸蒸日上"等等辞藻。不知出于无聊还是炫耀，抑或出于寻找刺激外加宣传蛊惑的目的，当一堆陈词滥调抛出并迅速随风飘散后，接着插播随县发现古墓和出土编钟的重大新闻。播音员亢奋的声调伴着杂乱刺耳的音乐，"吱吱啦啦"地从车厢喇叭中传出，在拥挤不堪、烟雾弥漫、臭气熏天的车厢里四散飘荡。有民间天才演艺家趁机煽动鼓噪，大谈古墓发现之传奇，发掘之惊险，出土文物之庞大精美，发掘故事之惊世骇俗。众人听罢，无不瞠目结舌。如此惊心动魄的新闻消息一路传播下来，越发变得离奇和神奇，不仅墓主被断定为中国历史上大名鼎鼎的春秋霸主楚庄王，同时盛传此墓出土的编钟"跑得比北京时间还准"。显然，这些可怜的楚庄王的后世子民没有见过青铜编钟，也未知编钟所然和所以然，遂来个关公战秦琼，稀里糊涂地与在襄阳、汉口火车站看到的挂在钟楼上的钟表联系并捆绑在一起，便有了古墓的编钟不但盖过了襄阳、汉口火车站那高大的挂钟，而且出现了"比北京时间还要准"的最新理论，只是不知古墓编钟比之著名的格林尼治时间是快还是慢。

列车广播和民间艺术家鼓噪蛊惑的恶果很快显现，乘客们抵达随县车站后如饮狂药，纷纷下车拥出站台，如同蚂蚁搬家，老鼠出洞，手提肩扛，拖儿带女，前呼后拥，满面汗水，灰头土脸地向擂鼓墩拥来。一天之内，随县外来人口突增至3万多人，约1万多人因不能晚归又住不上旅馆而露宿街头。由于通往发掘现场的唯一一座大桥已被执勤人员拦截斩断，乘客们屯集涢水岸边与执勤人员无休止地交涉说情，有心急胆大者索性扛起包裹，提着装有油条和大头菜麻袋的行李，随当地水性优良的土著涉水过河。一眼望去，整个涢水河畔人影绰绰，人喊马嘶，如同在《车轮滚滚》电影里看到的支援解

169

放军打蒋军的民工夫役,又如同花园口黄河大堤被炸时逃难的百姓。水流深处,有涉渡的老人、妇女、小孩体力不支,那瘦骨嶙峋,芦苇状腹中空空的身子在激流中摇晃摆动,随着嘴里惊恐地叫喊几声谁也听不懂的求救呼声,扑通扑通地倒入水中。众人见之,纷纷施救,有妻离子散者则大声疾呼:"小三呵,你在哪里——"呼唤声此起彼伏,在河水中回荡。待溺水者被同伴或好心人从河中捞出,已是全身瘫软,嘴喷黄汤,如同刚刚打开的啤酒瓶子,冲劲十足,泡沫四溅。喷汤的肚子因喝水过多而呈西瓜状,蜡黄的脸色已现死人之相。在进退不得,叫天天不应,呼地地不灵的危局中,只有仰天悲鸣,徒叹奈何、奈何!

就在如此混乱的境况中,心力交瘁的谭维四不得不以大局为重,挺起胸膛给省委书记韩宁夫打电话,在报告了现场的遭遇后,强烈要求省委下令立即结束组织参观的行动,早日结束混乱局面,以免闹出人命,搞出不可收拾的乱子。

韩宁夫听罢,大为震怒,立即让秘书以省委办公厅的名义电话通知襄阳地委:"请转告随县县委,在挖掘古墓时,要动员群众,不要前去参观,以免影响考古工作顺利进行。"

襄阳地委不敢怠慢,当即通知随县,并就韩宁夫亲自过问一事做了特别说明。随县方面的领导者早已被现场混乱局面和复杂的人事关系搞得头昏脑涨,身心俱疲,恨不得马上了结此事。但考虑到民众的狂热心态和好奇心理,怕操之过急会引起集体性上访事件,激起民变,吃不了兜着走,一直犹豫不决。此次省委已下达通知,正好借坡下驴,立即采取斩草除根的行动,若引起民变,自有上面的高官大员顶着。于是通知很快发出:

贴在雷修所大门外的通知

第六章　珍宝初现

关于停止参观古墓的通知

根据省委办公厅通知精神，县委决定：所有工厂、机关、学校和农村人民公社，自即日起，一律停止参观，各级党组织，要按照省委办公厅通知，认真做好动员，教育广大干部，群众遵守纪律，服从指挥。各级领导机关、领导人员，要带头执行省委通知，不得以任何理由要求参观。对于随县驻军和外来客人也应讲明情况，谢绝参观。公安干警、民兵、保卫人员，要认真履行自己的职责，加强保卫。对前往参观群众要加以劝阻，对不听劝阻，无理取闹者，首先集中他们办学习班，然后追查其领导单位领导的责任，酌情处理。要提高革命警惕，防止阶级敌人破坏。

中共随县委员会（章）
一九七八年五月二十八日

擂鼓墩古墓发掘领导小组办公室得到通知，立即翻印并在工地周围四处张贴。不知内情的民众眼见参观之事，像锅中的烧饼，仅十几天就翻来覆去几度打滚变脸，顿感世事难测，人生无常，再想趁乱跑到擂鼓墩看上一眼，但因有了省委的指示，无论是执勤的公安人员、民兵，还是解放军与考古队人员，如握尚方宝剑，气势大增，强力阻拦，如有屡教不改者，立即打翻在地，押入雷修所一间小黑屋，令其蹲在铁床上学习毛主席语录和华主席指示进行反省。如此这般两天下来，混乱得以平息，人心大定。

第七章 去来两无踪

旷世绝响

盗洞下发现人头

当编钟全部显露之际，墓坑内的积水还有近一米深。随着水位下降，中室北部露出的淤泥越来越多，如果不迅速清理出坑，水又不断地抽取，淤泥就会被风吹干，像一块胶团，挖取起来极其困难。而淤泥不去掉，中室的文物皆无法清理，因而清除淤泥就成了最紧迫的事宜，也是发掘后半段最脏、最累、最令人头痛的工作。

据负责此项工作的郭德维推算，中室的淤泥多达50立方米，要靠几个人的力量在短时间内清理出去确非易事。当然，类似这种辛苦的工作，考古人员可以找当地民工代替，只是不能那样做。早在1954年谭维四参加国家文物局、中科院考古研究所、北京大学等三家联合举办的第三届全国考古训练班时，作为班主任的著名考古学家裴文中谈到现代考古学，曾经说过："我们所说之现代考古学，最要者为田野工作，史前学则更以田野工作为重要。田野工作，包括遗址之搜寻及遗址之发掘。发掘工作的意思，就是史前学家要自己亲身去挖掘遗址，即令假手于有训练之工人，自己也要亲自督率，重要遗迹之观察及重要器物之采取，亦须亲自动手。"裴文中根据自己发掘周口店遗址，以及发现著名"北京人"头盖骨的经验和教训，特别提醒学员们在实际发掘中要注意废土的外移工作，对此特别指出："最初参加发掘工作之人，最易犯之通病，即注意器物之采取，忘却废土之外移。其结果，废土充满待发掘之地，即有新器物之发现，亦已混于废土之中矣。将器物弄坏，则更为常见之事。有经验的发掘者，先不找寻器物，必先将发掘处之废土移出。工作之地，一有废土，即随时运出。这种外移废土之工作，虽觉无味，但为工作时甚要紧之事，故发掘者当有忍耐性，先完成此工作，以便开始正式工作。"又说："移土工作，在工作区域内，最好不假手于他人，因自己所掘挖之地，自己知道何处有器物，他人则不知道，恐以脚踏或他法损毁之。至将此废土移至较远之地，则可假手于工人，或用手车等运出。废土之中，常有器物及化石之碎小者，无论工作人如何有经验及能力，亦常有忽视之时，故此废土当再以拣筛工作。移出之废土，当接发掘之方分存之，然后按各方之土，分别再翻阅一次。将遗失之物再行捡出。捡毕后，更可以筛筛之，筛余之物，或再拣选一次。若能如此，则不致有重要遗失之物弃于废土之中。"[①]裴氏这段精彩的经验之谈，后来正式修订成教材成为考古专业学生的教科书和田野考古移土寻物的不二法门。

擂鼓墩古墓的发掘，虽离裴文中讲这段话时过去了24年，谭维四也由一名普通的学员成长为执湖北考古界牛耳的考古学家，但对老师当年的谆谆教导仍念念不忘，并身体力行之。

此次清理工作先从盗洞四周展开。按照以往的考古经验，大多数盗洞内都会见到遗物，来源有三种可能：一是墓室原有之物；二是原来填土中夹杂之物；三是盗墓者所遗落之物。三种不同的来路，对考古人员分析、研究整座墓葬的情况具有不可忽视的重要意义。假若是墓内原有之物，即可对出土器物某件残缺的器物进行复原；若是盗墓者的遗物，可以据此判断盗墓的年代、习性和在盗洞中居留的时间等等，同时对研究当时的社会现象、历史背景、生产力发展状况等等都有一定的参考价值。考古人员一边诅咒着盗墓贼，一边胼手胝

甬钟"曾侯乙乍时"错金铭文

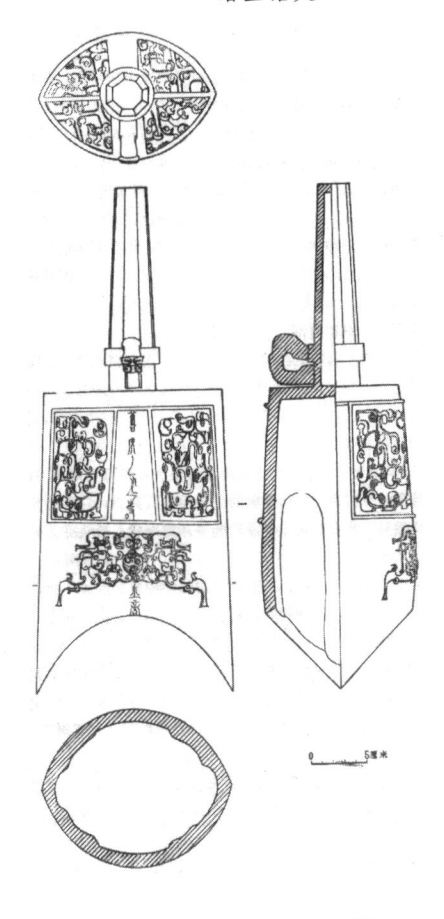

足地在泥水中劳作起来，大家最先用铁锹之类的工具操作，因淤泥既黏又滑，很难挖取，心灵手巧的杨定爱很快到雷修所车间制作了一个铁翻斗簸箕，将泥巴装入簸箕后，再动用吊车起吊，进度明显加快。

5月30日中午，武汉大学考古专业全体师生二十余人，由彭锦章老师带队，冒着大雨来到擂鼓墩工地参加发掘，对身心俱疲的考古队员来说，无论是在声势上还是具体操作中，都是一个较大的鼓舞和支援。就在这一天午夜，考古人员将两个掉入淤泥中的长枚甬钟先行取出，经用水小心谨慎地清洗，发现甬钟钲部有"曾侯乙乍峕"错金铭文，其正鼓部位还有标音铭文，反面铭文更多，篆体错金，虽在泥水中浸泡了千年，仍金光闪闪。受此启发，负责中室清理的郭德维对悬挂在梁架上的甬钟仔细观察，发现所有的甬钟均有铭文，皆错金。每件铭文除一面钲部为"曾侯乙乍峕"几个相同的字外，其他全是关于音乐的内容。令郭德维等考古人员感到不可思议的是，最下层有一特大型镈钟，正面钲部有铭文三行，计三十一字：

隹王五十又六祀，返自西阳，楚王酓章乍曾侯乙宗彝，奠之于西阳，其永峕用享。

从字面表达的内容看，与排列的甬钟铭文完全不同，且无一字涉及音乐，钟体本身似与其他编钟没有关联，似是羊群中一头高声鸣叫的驴，显得突兀和另类。在一组完整的编钟系列中，为何出现这样一件硕大而奇特的青铜器物，内中含有什么样的历史隐秘？据历史记载，楚惠王名酓章，这件镈钟既有"楚王酓章"字样，应该与楚惠王和一个叫曾侯乙的国君或封疆大吏都有些关联。对此，有的考古人员认为这座古墓在历史上的楚国疆域内，除楚国外，不可能有另一个诸侯国，墓的主人很可能就是楚惠王。以武汉大学方酉生教授为代表的考古人员认为并不是楚惠王，而是一个侯的墓葬，主人应是曾国的一个侯，名字叫乙。但无论是楚惠王还是曾侯乙，都没有过硬的证据加以证实，只好暂时存疑。

自6月4日开始，在清理中室淤泥的同时，开始取吊编钟。取吊方法按照由上而下，由北而南的次序进行，先将编钟一个个从架上拆下，然后用起重机吊出坑外。待上层编钟取尽，钟架一一拆卸吊出。因整套编钟体积庞大，

第七章 去来两无踪

要拆卸吊取极其费力费神，且下部仍埋在淤泥中，只有彻底清除淤泥，才能把编钟全部吊出坑外。于是，清理淤泥仍是制约其他一切工作的关键。

水位在不断下降，淤泥的清理紧张有序地进行，考古人员在距椁盖板2.7米深处的泥水中，发现了盗墓贼凿断的木梢。木梢长约10厘米，宽约7厘米，厚约3厘米。清理至3米深处时，又发现了盗墓贼凿下之碎木梢，比上次细小，长、宽在3~4厘米之间，总量一铁锨左右。伴随木梢出土的还有一块被凿下的长约80厘米的椁盖板一段，椁板斜插于泥中，有明显的凿痕，痕宽约5厘米，与稍后在盗洞东南角发现的一件木柄铁刃工具宽度一致。经前来参加发掘的武汉大学教授方酉生测量并记录，这件铁刃物长50厘米，刃宽5厘米，厚3.5厘米，与现代木工使用的铁凿相似，圆柄长30厘米，柄端经使用已被敲成圆疤状。

淤泥清理完毕，坑内积水也基本抽干，整个墓坑内的情况得以暴露。大家发现，中室的东北角为盗洞所扰乱，范围是0.7米×1.38米左右。扰乱的范围内，出土器物与墓室中的随葬器物迥然有别，显然属于盗墓贼掉入椁室的。此类器物为：

铁臿两件，均为双面刃，上面有方銎，可以装柄，出土时一件木柄尚存，连柄长89.6厘米，上部为圆木柄，靠近铁臿处做铲状，铲的上方有肩，可脚踩。

铁锄一件，刃部做圆弧状，宽8.8厘米，残高8.4厘米。

麻绳一截，为双股扭成，呈黑褐色，径1.1厘米，残长6.2厘米。

另外，还有双耳罐一件和残豆盘数件。双耳罐下部施绳纹，圜底内凹。黑色竹竿一根，长1.7米，直径2厘米，出土时已断成10截。稍加修整的树枝或树干5根，树皮尚存，均残断，其中一根略加修整，断成8截，局部留有树皮，一

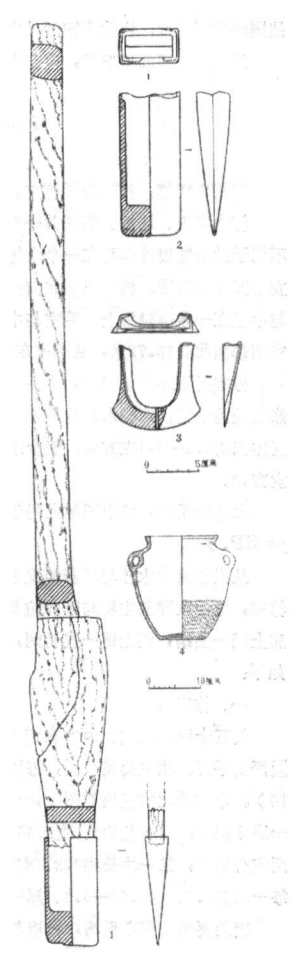

盗洞中出土的铁器与陶器（1-2：铁臿；3：铁锄；4：陶罐）

177

端较粗,并凿成凹字形的叉口,另一端较细。残长142厘米,中部径4.5~6厘米。

这些制作粗糙的木杆与陶器之类,不论从出土位置还是从制作风格来看,无疑应属盗墓者的遗物。从这些盗墓工具与遗物分析,盗墓时间可能为战国晚期至秦汉之间。在湖北襄阳等地秦汉墓中,曾出土类似的陶罐。也就是说,盗墓贼下手的时间就在战国晚期至秦汉之间的300年之内。从盗洞中出土的遗物推断,显然并非官盗而是民盗。

官盗等同于公开劫掠,靠的是强大的政治军事势力的支撑,其特点是声势浩大,除了墓内宝物被洗劫,陵墓地下地上建筑物也往往火炎昆冈,玉石俱焚,遭到灭顶之灾。民盗则不同,其特点是缄默无声,如同老鼠打洞,借月黑风高之夜,神不知鬼不觉地悄然钻入墓穴劫取宝物。只要地下珍宝取出,掩埋行迹,一走了之。盗墓者绝不会无事找事地提着宝物,再扬起锤子朝陵园建筑物抡上几家伙,或踢上几脚,甚或放一把大火将陵园烧个精光——除非盗墓的贼娃子患有神经病。

凡民间盗墓,其人员的构成有行内的规矩,一般是两人合伙,超过五人结成团伙者相对较少,一个人单独行动者则更少。究其原因,若一人行动,有诸多不便,一旦打开墓穴,首尾难顾。除非是小型墓穴,或事先做过勘察并做过手脚,对如何进出心中有数,否则非两人以上不可。两个人行动,可以分工合作,大中型墓葬皆可适用。动手时,一人专管挖洞,另一人负责向外清土,同时望风。当洞挖至墓室后,一人进入室内或取土或摸取宝物,另一人则在上面接取坑土和随葬品。按照不成文的行规,合伙者多有血缘亲戚关系,或是要好的铁哥们儿,但父子关系者较少。这是因为盗墓毕竟是真正的"地下工作者"所干的事,不能轻易示人,除了官府明令禁止,也是一件不道德的恶行。中国人历来对德行看得很重,古有"立德、立功、立言"三不朽事业,而"立德"放在第一位,如果德行不好,其他的也就很难立起来了,此点无论是对士大夫还是普通百姓,都有很强的约束力。如果老子干上盗墓这个不光彩的职业,为在儿子面前维持做父亲的一点形象和尊严,自是不好意思再拉上儿子一块搭帮合伙。做儿子的从父亲平日的言谈与行为等方面,会慢慢知道其中的奥秘,心知肚明,但也只好充聋作哑,装作糊涂。因而有两人合伙者,若有血缘关系者,一般为舅甥,即由舅舅与外甥合

第七章 去来两无踪

作,这是为了防止在洞口接宝物的人图财害命。也就是说,洞下的人把活干完将财物全部传递上去后,按照事先约定的信号,他会拍拍巴掌或拉拉绳子,示意洞口的人把他拉上去。如果洞口的人见财起意,当洞下之人快上来时猛一松绳子,洞下的人冷不防从四五米或十几米以上的距离跌下去,骨折、受伤动弹不得便成为必然。在这关键时刻,洞口蹲守之人立即把提上来的坑土向洞下灌埋,或找一块大石板封住洞口,洞下之人就凶多吉少了。

盗墓者的组合与分工

此等情形仅是指两人以上,五人以下的小范围。倘若人数过多,如达到五人以上,除容易暴露目标,更重要的是人多嘴杂,各有见解和私心杂念,掘墓打洞时的分工极其困难。就一般人的心理,谁都想让别人进洞中挖土,自己做个传递者。若洞口深入墓穴,谁都想自己蹲在外面做指挥官,别人进入漆黑的墓坑内做"摸金校尉"。一旦事发,蹲守者拔腿而逃,溜之乎也,而墓中的"摸金校尉"是死是活,是被官家捉去蹲老虎凳还是灌辣椒汤,是抽筋还是剥皮,就只好听天由命了。假如官府没有发现,盗掘顺利,"摸金校尉"把墓坑内的奇珍异宝递上来之后,很可能如前所说,人尚在墓中正做着发财大梦,而一块大石板已封住了洞口。墓坑内的摸金者一看这种情形,自是心知肚明,于惊恐绝望中来一番呼天抢地,以头撞壁,直至伏地泣血,痛悔人心难测等等。最后,只能与墓主人的鬼魂相依为伴,等待来生再做盗墓贼时加以小心防范了。若墓坑的摸金者学得了钻地鼠的高超本领,侥幸活着出来,则又往往因分赃不均而引起相互之间的仇恨,从而引发向官家告发或内部火并的恶果。

据长期盗墓的长沙"土夫子"们说,盗墓这个行当,

179

发掘人员刘柄（刘柄提供）

合伙人最为紧要，也是最让人放心不下的头等大事。合伙做这种生意，主要靠的是一个"义"字，一旦合伙人见利忘义，起了邪念，进入墓室中的人就很难活着出来。财宝的诱惑力实在太大了，不但所谓的铁哥们儿靠不住，就是舅舅外甥也不见得可靠，有时父子间也会发生为了争占财宝自相残杀的悲剧。人为财死，鸟为食亡的箴言，在盗墓行业中尤见分明。著名的天星观一号楚墓中，考古人员在盗洞深约14米处，发现一个人头骨和零散肢骨，据推断，这个人骨架当为盗墓者所留。若真如此，唯一合理的解释就是此人在取出宝物后被同行所害。至于是未出地宫就封锁了洞口，还是将要爬出洞口时被上面的同伙一脚踹回洞内，或者被一棒子敲昏于地下，则不得而知了。20世纪60年代发掘的陕西乾陵陪葬墓之一永泰公主墓（武则天孙女，唐中宗李显七女儿李仙蕙），考古人员在墓道第七天井，也是墓内最后一个天井接近墓室头道门的东边，发现有一个盗洞，盗洞下靠墙立着一个死人骨架，周围地面散落着零碎的金、银和玉石、玛瑙等饰品，此人便是盗墓贼。因为考古人员发现有打破石门，从右上角钻进石墓室，移动棺椁，入墓室行窃的现场遗痕，后部墓室的白墙上还留下了一只很显眼的黑手印。据推断，盗墓者至少在两人以上，很可能是一同进墓室盗取财物后，先出墓道者产生了独吞之念，对未出者下了毒手，后者一命呜呼，千余年来立于阴暗的地宫与那位美丽的公主之魂相伴了。

擂鼓墩墓葬盗洞淤泥的清理仍在继续，底部不时出现一些小型器物。

5月25日，考古人员在盗洞处清理中突然发现一个破碎

第七章 去来两无踪

的人头骨，但周围尚未见到其他骨架和人骨，据负责记录的考古人员刘柄留下的发掘记录显示：这个头骨属于盗墓者所留，"有可能盗墓人已死于洞中，何原因死，还不清楚。"②此前，刘柄在襄阳县山湾工地一座墓葬发掘中，曾发现一个盗洞，深度约三米，洞底有一人头和一堆人骨。据推测，这是盗墓贼留下的骨骸，这个盗贼是由于同伙暗害而遇难，还是由于其他不可抗拒的原因而命丧墓穴，则不得而知了。那么，此次在擂鼓墩古墓盗洞发现的人头骨，难道又是山湾墓葬的再现吗？

刘柄发掘现场记录

盗墓现场复原

盗墓工具与人头骨的发现，为考古人员和研究者推断盗墓贼进入墓室的过程提供了难得的线索和依据，整个场景可以根据出土工具和人头骨进行复原，并做如下一系列推断和描述：秦末汉初，当八千江东子弟在一代人杰项羽的统率下，走出楚地，与泥沙俱下的农民造反集团合兵一处，攻城略地，越过函谷关，浩浩荡荡杀奔秦都咸阳时，天下陷入了大动荡、大失控、大混乱的格局。在硝烟弥漫，战火连天，殍尸遍野，人头乱滚，天崩地裂的历史性转折时刻，两个黑影于初秋的茫茫夜色中，悄悄潜入杂树丛生，荒无人烟的擂鼓墩山冈。沉寂了一袋烟工夫，见四周没有动静，一个黑影压低了嗓音道："我说老弟，动手吧！"

181

"要得！"另一个黑影回答着。

少顷，只见二人提着一堆黑乎乎的东西，猫一样迅捷快速地来到不远处一个大土冢之下，听听四周没有异常动静，便施展猿猴一样腾挪跳跃的本领，"嗖嗖"蹿上土冢顶部。

待稳住阵脚，二人来到圆顶偏西北的方位，年长的道："照这里动家伙。"

"准不准？"年轻人小声嘀咕了一句。

"你尽管挖吧，保证见到棺材，说不定正对着那个死鬼的头呢！"老者的声音尽管沙哑低沉，却透着一股自信和自负。年轻人不再言语，拨开四散飘荡的草丛，挥动手中的铁耒，弯腰弓背挖掘起来。沉寂的山冈立即发出"扑扑"的响声，草丛中不时冒出金属工具与岩石擦撞后的点点火花。大风掠过山冈，树木发出"沙沙"之声，躲在丛林中的猫头鹰似乎意识到了什么，缩紧了身子发出一阵凄厉的悲鸣，夜色下的山冈平添了几分恐怖色彩。

约一个时辰过后，天空乌云渐渐向东南方向飘去，月亮悄悄钻出云缝，一缕微光洒向山冈树木草丛，斑斑点点的月色映照着草木繁盛的大土冢和正在挖掘的两条汉子。二人一高一矮，皆身穿黑色老鼠衣，全身裹得严丝合缝，只有七窍留着门户，以便于听、闻、交谈和观察动静。从谈话的声调中可知，矮者约50岁左右，高者年约30。随着铁耒的掘动，高大的土冢上部很快现出了一个仅能容身的圆形洞口，年轻者在洞中不断掘进，老者将掘出的泥土悄然无声地用竹筐移于丘下一个低洼处。当洞已没过人身时，老者从一个口袋里摸出一

擂鼓墩顶部（作者摄）

第七章　去来两无踪

根双股扭成的麻质绳索，一头拴在身边的树上，一头伸进洞中，像当地农民打井一样，把挖出的泥土利用竹筐和绳索提取出来。

约四更天的光景，岗下乡村传来了阵阵鸡鸣，此时圆洞已深入地下一丈多深。年长者对洞中小声喝道："鸡叫两遍了，收摊吧，明晚再接上。"洞中传出隐约的应答之声。不多时，洞下之人顺着绳子爬了上来。

二人并不说话，只是找些树枝乱草将洞口遮掩，而后又来到低洼处，以同样的方法将挖出的泥巴做了伪装。二人疲惫中带着几分希望与憧憬，像夜行的老鼠，"吱吱溜溜"地钻入树丛草莽之中，瞬间不见了踪影。

第二天夜晚，两个黑影再次神不知鬼不觉地潜入昨日挖掘的土冢之上，继续从事未竟的事业。约三更时分，洞中之人顺绳索爬了上来，打开老鼠衣上口，用手抹着满脸的汗水，气喘吁吁地说道："好像遇到了封顶石，难弄得很，得换别的家伙。"

长者一听，兴奋地道："石头下面就是墓穴，只要想办法凿穿石板，后面的事省心得很。"言毕，从一个口袋里摸出锤子、铁锥之类的工具，最后拿出一个牛皮灯盏，用火镰

左：神农执耒耜图
右：夏禹执耒耜图
（曾侯乙墓盗贼所使用的工具，虽比神农、夏禹时代的进步，但总体上属于同一类型，故耒耜在"江淮南楚之间谓之臿"）

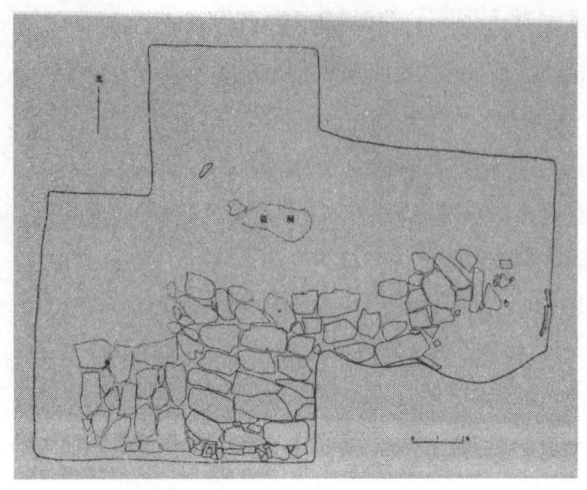

曾侯乙墓墓坑平面图
（石板层大部分已被挖掉，填土中有一盗洞痕迹，盗墓贼就是顺其洞而下的）

引出火种，慢慢点燃，递与年轻者道："在旁边挖个小洞，把灯盏放上，找准石板的缝，看能不能撬得起？"

年轻者缓过劲儿来，将新的工具扔入洞中，罩好老鼠衣，口含牛皮灯把，沿绳索复入洞中。

将近五更时分，洞中人又爬了出来，两眼放光地对年长者道："总算弄开了，下面还是土。"

"好得很，赶快离开，山下的鸡都叫过三遍了。"老者说着，急忙收拾行囊，对洞口和挖出的泥土又做了伪装，悄然溜下山冈。

又经过一个夜晚的挖掘，盗洞自上而下由西往东斜插墓室椁顶。根据年长者的指点，年轻人在洞中用铁锤和凿子在洞的两侧分别砍凿木板。凡盗墓者皆清楚明白，只要挖到椁盖板，离最后的成功只有一步之遥了。而大多数椁盖板在地下埋葬成百上千年，早已腐朽成粉状，一触即溃，映入眼帘的则是遍地奇珍异宝，只待盗墓者像搂草一样"哗哗"往筐中收拾即可。只是，此次的情形却有些不同，椁盖板既宽又厚，且基本保持完好状态。要在十几米之下且仅容一人之身的空间内，用原始的铁凿或铁斧切断半米多厚的质地坚硬的梓木板，[3]其难度和耗费时间可想而知。盗墓贼心怀欲望之火，费了几个夜晚的力气，于惊恐、烦躁、疲惫中，终于将一块椁盖板在相距80厘米的位置分别截断。非常不幸的是，这个时候，断后的椁板"扑"的一下掉了下去，与此相关联的椁板东端顿时失去平衡，无力承受上部的巨大压力，紧跟着"哗"的一声斜插入洞底。如此始料不及的一着，贼娃子

第七章　去来两无踪

如闻炸雷突响，银瓶迸裂，惊出一身冷汗。尚未回过神儿来，便"扑腾"一声随着倾斜的椁板跌入洞底，上面的泥土劈头盖脸地砸压了下来，牛皮囊灯盏随之熄灭，洞内一片漆黑。

此时出现了两种可能：一是盗墓贼跌入洞底后，椁板下是3米多深的积水，上面的散土和石块一并塌下，立即将洞口封住，此贼尚未来得及叫喊一声，便没于水中绝命而亡——这便是盗洞底部淤泥中所发现的那个人头骨的由来。至于人的骨架没有被发现，很可能在抽水时被潜水泵吸于墓坑之外而无法查寻了。另一种可能是，盗墓贼落水的瞬间，本能地抓到了盗洞周边尚未断裂的椁盖板，经过一番扑腾周折，终于从泥水中钻出，重返人间大地。两种推测，最关键的是准确判断大石板落下的时间。从考古发掘的情形看，至少有三块大石板落入洞底的椁室之中，而墓葬所铺石板层的高度距椁顶为2.8米。若截断的木椁落水之时，三块大石板和上面的散土随之落下，蹲在椁盖板上的盗墓者势必被压迫于洞底水下，葬身墓中。若石板与散土是盗墓贼走后，经长年累月的雨水冲刷与浸泡陆续落到洞底的，则盗墓者尚有存活的可能。遗憾的是，考古人员对此没有做出明确的具有说服力的推断。

从盗洞中出土的铁斧、铁锄，特别是黑色竹竿和稍加修整的5根树枝与凿成凹字形带叉口的树干来看，在椁盖板被截断并落入水中之后，仍有人持竹竿、木棍等物对洞下的情况进行过探索搜寻，并在椁室底部留下了方圆近一平方米的明显扰痕。那么这个手持木棍向水下探索者是谁呢？此处又产生了两种可能：一种是截断木椁后随之落水的那位年轻的贼娃子，侥幸爬出洞口后向老者报告了洞下情形，在椁室底部情况不明又不敢贸然下水的两难抉择中，只好找来几根木棍竹竿之类的长柄物进行试探。一种是守在洞口负责用绳索提土和望风的老者，当他听到洞下突然传出"哗哗啦啦"加"扑扑棱棱"的声音，一定感到情形不妙，他的心"咯噔"一下，头皮发炸，汗毛根根竖起，眼睛瞪得形同鸡蛋般大，但却不见洞中的灯光传出。惶恐之中，趴在洞口向下叫喊，洞底却一片死寂。此时老者已基本明白，下面那位年轻的兄弟或许是遇到了墓坑飞刀，或许是身中毒箭，或者遭到了什么暗算，总之不幸与世长辞了。想这位小弟兄家中那80岁瘫痪在床的老母和一家没吃没喝的老婆孩子，此时正望眼欲穿地盼着亲人安全归来，弄几块破铜烂铁换点钱财，全家吃顿饱饭，喝上一锅热汤。想不到这位弟兄出师未捷，突

185

遭罹难，命丧古墓，若他的家人得知，将如何是好？这样想着，老者鼻头一酸，泪水像断线的珠子唰唰地流下，点点滴滴洒入漆黑的洞中。哭毕，老者直起腰，脱去老鼠衣，抬手抹了一把那刀刻斧凿一样历尽沧桑的脸，以悲壮的心境重新借助腰中的火镰点燃火种，以娴熟老练的动作，顺着拴在洞口旁边松树上的绳索滑入洞底。他小心地踩住洞口周边的椁盖板，将火种吹起燃烧开来，轻轻呼唤着同伴的名字并开始伸手打捞。当他的胳膊全部伸入冰凉刺骨的水中而仍摸不到底时，尚残存一点希望的心随之"哗"的一声掉进了冰窖。他知道，这就是南方古墓中的"水洞子"，不但同伴的性命无可挽回，就是地下的奇珍异宝也将与自己绝缘了。遂长叹一声，不再打捞探索，顺绳爬出洞口。

翌日，天空小雨纷飞，整个擂鼓墩笼罩在一片茫茫的雨雾中。老者承受不住人财两空的心灵煎熬和精神折磨，索性不再前怕狼后怕虎，来个一不做、二不休，弄来几根竹竿与木棍稍加修理，揣了火种和灯具，提着绳索，携带长柄竹木器具，快步向擂鼓墩山冈奔来。

来到现场，老者将竹竿、木棍一一扔进洞中，然后腰系绳索，一头拴在树上，顺洞壁而下，带来的雨具平放于洞口，以掩挡淅淅沥沥的小雨。老者滑到洞底椁顶部位，稳住脚步，用火种引燃牛皮灯盏，从腰里掏出一根细长的木楔用力按进洞壁，将灯盏挂上。十几米的洞下灯光昏暗，一团幽深黑绿色的水翻着点点瘆人的寒光，望之彻入骨髓。老者毕竟是久经沙场的盗墓高手，他闭上眼睛默诵了一会儿在楚地盗墓者之间流传的定针神法，处于惊恐、纷乱

古代盗墓贼用的灯盏

第七章 去来两无踪

状态中的心慢慢平静下来。老者蹲在残存的椁顶上，拿竹竿向水下捅起来。这一捅令他大吃一惊，所带一人多高的竹竿压根儿就没有插到底，复换一根长度接近两人高的细木棍，始戳到底部，再向四周探寻，却又无边无沿，既没有探到奇珍异宝，也没有触到同伴的尸身。老者望着手中的木棍，惊得有些发呆，这是一个水库或水坝的深度，很可能也是一个水库和水坝的容量。在山冈的顶部有如此浩大深邃的一潭深水已属罕见，而这个水库又暗伏在一座古墓的底部，更属奇特，若非墓主生前精妙安排，怎能出现这般奇冢异穴？既然如此，地下是否布有暗道机关、飞刀毒箭，或水轮转盘式拐钉铁锥，专以射杀盗墓者？老者思虑半天，仍心中无数。此前几十年盗墓生涯，类似墓坑积水的现象亦常遇到，在行内通称为"水洞子"。但一般"水洞子"之水主要是地下渗漏和雨水从坍塌的墓顶灌入而成，水位一般都在膝盖以下。若墓坑较浅，盗墓者便采取竭泽而渔的取宝方法，先用皮囊将水排出，然后盗取宝物；若墓坑较深，向外吸水极其困难，则干脆采取大坝中摸鱼法，弯腰弓背在泥水中乱摸一气，根据手的感觉和长期练就的经验将器物在泥水中掏出。这样做的好处是，既不太费力地得到了宝物，又达到了速战速决，免遭被官府捉拿而进局子蹲大狱的目的。

很显然，擂鼓墩古墓地下情形已大大超越了盗墓者的经验和想象境界。就常理，无论是古代的盗墓贼还是近现代的盗墓者，皆是历代官府打压抓捕的对象，在百姓间属于拿不上台面的鸡鸣狗盗之辈。

因而，一个盗墓贼的眼力再高，能量再大，覆盖面再广，一生所盗之墓也有限得很，仅就数量而言，与现代考古学家无法比拟。据谭维四和谭的弟子杨定爱等人在擂鼓墩古墓发掘许多年后说，他们一生主持和参与发掘的大小古墓都在3000座以上，有的达到5000多座。在荆州纪南城一带，一个工地一开工，就是几十座或几百座墓葬成片成行地同时发掘，并动用了先进的现代化机械，场面颇为壮观。而盗墓贼远没有这个条件，他们只能利用晚上的时间，像老鼠一样偷偷摸摸、提心吊胆地开挖，因而一生盗掘的墓葬是有限的。

像谭维四、杨定爱等人虽发掘了如此多的墓葬，所遇到的地下水库式古墓也仅此一座。而在这样的水库式墓穴里发现成套的大型编钟，在全国已发掘的几十万座大小古墓中仅此一例。由此可见，世间的奇巧之事相遇之难，

古代打洞的盗墓方式

只有有缘者才能期会于无形。

当然，这个"难"仅限于汉代之前的竖穴土坑木椁墓，若论唐代以山为陵式墓葬，或明代之后开启的券式石砌洞式陵墓，穴内积水并形同一个大水库已不足为奇，从已被盗掘和考古发掘的类似陵墓可以见到。无论是古代还是近现代，所有的盗墓贼甚至包括田野考古工作者，一旦遇到水库型的墓穴，要想得到墓室内的器物，很难通过摸鱼法来实现，最稳妥的方式方法是采用吸水法，即竭泽而渔的方式加以提取。据《晋书·石季龙下》载：邯郸城西石子岗上有座赵简子墓，后赵皇帝石虎即位后，曾命令下属盗发此墓。但发掘的结果却是："初得炭深丈余，次得木板厚一尺，积板厚八尺，乃及泉，其水清冷非常。作绞车以牛皮囊汲之，月余而水不尽，不可发而止。"这座墓是否属于晋国一代名人赵简子另当别论，据谭维四等人推算，记载中的这个所谓"赵简子墓"，其规模要比擂鼓墩墓小许多，可谓是老鼠比之大象。就是这样一个"老鼠洞"样的墓葬储水，竟然用绞车汲

古代盗墓贼按常规打洞入穴盗墓情形（王可飞制作）

第七章 去来两无踪

月余而不尽，若以此法于擂鼓墩古墓汲水，则永无穷尽矣。后来的测验结果表明，确实如此（测试结果后述）。看来遇到类似大型水库式墓穴，非以大功率抽水机不能达到目的，这一点，著名盗陵将军孙殿英创造了古今最为成功的一个案例。

1928年夏，以蒋介石为总司令的国民革命军北伐成功，但各路手握重兵的军阀之间仍貌合神离，打着自己的如意算盘。时驻防北京以东河北省蓟县（今天津蓟州区）、玉田一带的国民革命军第十二军孙殿英部，为筹措军饷，扩军备战，以军事演习为名，出动大军用烈性炸药炸开了坐落于河北省遵化县（现遵化市）马兰峪镇内清乾隆皇帝的裕陵和慈禧太后的定东陵，劈棺扬尸，将价值连城的旷世珍宝洗劫一空。就在乾隆皇帝陵地下宫殿第一道大门打开之时，映入兵匪眼帘的是满洞的积水，有两个士兵奉命前往试探水情，双双滑落水中溺毙，其他官兵再也不敢贸然行事。无奈中，盗陵总指挥孙殿英只好派手下到天津购买抽水机抽水。有了现代化大型抽水机，地宫内没身的积水渐渐被抽出，官兵才顺利挺进，打开里面的石门进入地宫内部。当时乾隆皇帝的棺椁已被积水浮起，直到水被抽净后才回落到地下宫殿的石门之后，兵士们闯进地宫，随着一阵斧劈刀砍，主棺与陪葬棺俱被劈开，价值连城的随葬品被洗劫一空。

1945年8月，日本投降并将军队撤出清东陵，因时局动荡不安，当地土匪首领王绍义率领一千余众，携枪扛炮，趁着月黑风高向清东陵扑来，一口气盗掘了康熙皇帝的景陵、咸丰皇帝的定陵、同治皇帝的惠陵、慈安太后的定东陵等四座帝后陵寝。地宫中的棺椁被劈，尸骨被抛，珠宝被盗抢一空。在盗掘康熙帝的景陵时，由于四周流水不止，王绍义指挥兵匪和随从的一帮流氓无产者，费尽九牛二虎之力，动用炸药和炸弹，耗时三个昼夜才在宝顶的侧角直着打开了坚固异常的地宫。当匪众们进入地宫时，发现里面存积了比乾隆皇帝陵地宫还要多的清水，根本无法靠近棺椁。王绍义等匪众没有采取当年孙殿英盗墓时用抽水机汲水的办法，而是在一位当地著名盗墓贼指点下，扎起几个木筏，顺水划入后室的棺椁前，在火把映照下，挥动利斧向棺椁劈去，暗夜里只听"噗噗"几声爆响，椁盖下蓦然喷出一个火球，整个地宫被映得通红，挥斧者当场落水毙命，地宫一片漆黑，观战匪众皆相逃命。王绍义受高人指点，乃知刚才的火球是棺椁中的沼气与外部的火把遭遇

189

所致,类似于长沙发现的"火洞子"。若棺内沼气消散,便再无类似凶兆迭出。大约过了一个时辰,地宫内烟火消散,王绍义再次派人乘坐木筏向棺椁投掷火把,未见火起,便壮起胆子前去劈棺,众匪扬斧一阵乱劈猛砍,棺椁俱裂,内中的尸体与珍宝显露出来。众匪一拥而上,将康熙帝的尸骸掀入水中,大批珍宝被盗出。随后,众匪乘木筏又一连劈开了五具浮在水面上的皇后、妃嫔陪葬棺,抛骨扬尸,劫走了全部稀世珍宝。

就在王绍义率部盗掘景陵后,当地敌工部部长黄金仲,闻知此事,立即萌生了趁混乱之机盗掘其他陵墓的邪念。在他的蒙骗下,当地区长、区小队长和大批区、村干部及民兵、群众受发财的欲望驱使,明火执仗地开往陵区。时清东陵仅剩咸丰皇帝的定陵和慈安太后的定东陵没遭盗掘,黄金仲亲自指挥手下干将瞄准定陵进行发掘,他本以为炸开石门后,劈开棺材,就能将宝物轻而易举拿到手。谁知大门炸开,地宫里涌出了滔滔大水,无法靠近。精明的黄金仲既不采取当年孙殿英动用抽水机的方式,亦不同于王绍义扎木筏的方法,他命人到定陵隆恩殿香案顶取下大匾,就地拆下两扇紫檀门板,稍一捆绑,做成了一条木船,让众匪乘坐划入地宫,很快找到了浮在地宫内咸丰帝和萨克达氏皇后的棺椁。几个匪类对准棺椁,挥动利斧,一顿猛砍,棺椁破裂,尸体被掀翻于水中,随葬珍宝全部被掠走。

从以上与水打交道的大大小小盗墓者看,无论是王绍义还是黄金仲,之所以能乘筏和木船劈棺,主要得益于明清时代的墓葬都是券洞地宫式的庞大建筑,在积水中行船,如同在一个现代游泳馆一样方便。但汉代之前的墓葬多为竖穴木椁,直接在椁上覆土,根本没有空间用以划船。若积水在膝盖之下,盗墓者可蹚水而进,来个摸鱼式捞取器物。若水至腰部以上,盗墓者必然傻眼,唯一的办法就是像石虎一样用绞车加牛皮囊汲水,或像后代的孙殿英一样用潜水泵抽水。很显然,擂鼓墩古墓被盗之时,尚未发明机械化的潜水泵,像筒车、牛车、踏车、拔车、绞车等半机械化汲水工具也没有发明创造出来。④

退一万步说,即使是有如潜水泵、筒车、龙骨水车这样的特殊机械,一般的非官方盗墓贼也不能使用。因为那如同站在擂鼓墩山冈上高声叫喊:"我要盗墓,我要找死!"

既然无力和不能利用龙骨水车等工具向外汲水,盗墓者是否可以像后

第七章 去来两无踪

世的跳水能手或潜水员一样，一头扎入水中用手打捞椁室中的文物呢？回答是否定的。贼娃子的胆量再大，技术再高明，但毕竟是一些社会底层的普通百姓。就如同职业杀手的职责是杀人而不是被人杀一样，盗墓者的职责是盗取死者的墓葬以便从中获利，而不是主动寻找死路葬身墓中。在如此狭小深邃的空间内，除非有现代化的潜水服和相应的潜水设备，否则不能为之。明代宋应星在《天工开物》中说到古代职业采珠人乘坐舟船下水作业时，曾云："舟中以长绳系没人腰，携篮投水。凡没人，以锡造弯环空管，其本缺处，对掩没人口鼻，令舒透呼吸于中，别以熟皮包络耳项之际。极深者至四五百尺，拾蚌篮中。气逼则撼绳，其上急提引上。无命者或葬鱼腹。凡没人出水，煮热毳急覆之，缓则寒栗死。"又说："宋朝李招讨设法以铁为耙，最后木柱扳口，两角坠石，用麻绳作兜如囊状，绳系舶两旁，乘风扬帆而兜取之。然亦有漂、溺之患。"书中所说的"没人"即下水采珠者，尽管有如此之设备，且在宏阔的水面上作业，仍有性命之忧。

古代的龙骨踏车（引自《天工开物》，〔明〕宋应星著）

相较而言，古代的盗墓贼只有老鼠衣而无采珠者那样的潜水服和相关设备，若孤注一掷，冒险钻入水底，其结果必同一只老鼠钻入油锅，自是死路一条。在上天入地皆无路的绝境中，盗墓者能做的，只有在洞中下网，或用带钩的长柄工具在洞下打捞，当年擂鼓墩的盗墓老者就是如此。可能是老者不知何时得罪了哪路神仙或小鬼，无意中触了霉头，此次行动真可谓倒霉透顶。从考古人员发掘的情形看，这位盗墓老者当为一名出色的职业专家，属于大内高手之辈，

没水采珠船（引自《天工开物》，〔明〕宋应星著）

他选择的盗掘方位，恰是整座墓坑中最要害的部位。整个盗洞斜着挖下去，直通中室的东北角，这个边角与东室和北室相邻，稍一转身即可进入三室。也就是说，盗墓贼只开一洞即可轻取三室之宝，其经验之丰富，判断力之高超，技术之娴熟，无不令人拍案叫绝。

对盗墓老者来说极为不幸的是，盗洞下方的器物不是诱人的青铜编钟，而是一架由32件石块组成的编磬，整个磬架用青铜铸就，坐北朝南，呈单面双层结构完好地站立在椁室之中。当最早进入的年轻贼娃子将椁盖板截断之后，断板落入水中，上面的填土、石块倾泻而下，巨大的冲击力将石磬下层横梁的中部和上层梁端的龙角，以及东西两头怪兽上之圆柱全部砸断，致使磬架倒塌，磬块散落，部分破裂受损。紧接着，跌落的椁盖板与泥土碎石将磬架与石磬覆盖，加剧了盗墓者后来打捞的难度。而在编磬的周边，则布满了大大小小的鼎、簋、盒、匜等铜器和多件木卧鹿、瑟等珍贵器物。在中室东壁与编钟西架相对应的部位，由北往南排列着两件方彝、两件铜壶、一件大鼓，大鼓底下还有小鼓等器物。所有这些器物，尽管近在咫尺，却是盗墓贼在直径仅为80厘米的圆洞底部无力捞取的。既然如此，盗墓贼能够获得的东西就极其有限了。天欤、命欤，际遇之不幸欤？

关于盗后情形，考古发掘人员方酉生在记录中写道："总的看来，是没有被盗走东西，但是否能肯定一件也没有盗走呢？还不能这样说。原因是北面、东南角现在有空出的地方，这究竟是当时原来的布局呢，还是东西被盗走了呢？这是一个问题。由于盗洞之故，大量淤泥、石板掉入椁室内，加之积满了水，所以除南半部未被淤泥堵塞，北半部的原状已无法深知了。"

　　清理后，发现整个钟架各部位均保存完好，唯东立柱上一龙舌残失。据湖北省博物馆主编的《曾侯乙墓》解释，"当系下葬前已失落"。这个解释显然是一种凭空猜测，没有证据支撑，难以令人信服。下葬前其他的部件都完好无损，何以唯独把青铜龙的一只舌头割掉或扭掉或失掉？龙作为一种神秘的灵物，自上古时代就是人们崇拜的对象和图腾的象征，在殷周以前的数千年已经出现。在先民的心目中，它能幽能明，能短能长，时而升天，时而潜渊，变化万端，莫测高深。它所具有的祥瑞、王权，乃至中国文化的广泛的象征意义，波及了所有神权和精神领域，并作为中国传统的最有影响的神，具有无可替代的至尊地位。这样一种现实与神权领域的双重象征，谁有如此大的胆量将王宫之中的龙舌无端扭断或割掉？如此做法又出于何种目的？假如事发又将得到何样的惩罚？龙若无舌，何以为龙？若王侯死去，主持葬礼者将断舌

北室随葬器物被搅乱情形（南部偏东处有两件大尊缶，车马兵器布满全室）

北室中出土的编磬复原情形（右边编磬架青铜龙式立柱少一舌）

193

之龙体陪葬于古墓，不但是对天尊之神的亵渎，也是对墓主神灵的莫大亵渎和污辱，可谓天怒人怨，神鬼不安，有谁敢冒天下之大不韪做此抉择？如此之妄举，肩上那个圆圆的带有七窍的肉球想被摘掉乎？

由此推断，唯一的合理解释恐怕是为盗墓者所捞取。也就是说，盗墓贼并不是一无所获，他用棍子、竹竿或其他长柄器具在水下打捞了好一阵子，所获器物多与寡，后人已无从知晓，但至少知其获得了一个青铜龙的舌头。这或许可以看作上天对这位老者所作所为进行无情惩罚之后而赐予的一点小小心灵安慰吧。

棺下珍宝下落不明

就在中室紧张地清理淤泥之时，水位不断下降，杨定爱主持的东室清理也已铺展开。当水位下降至距椁墙顶约1.5米时，庞大的主棺显露出来。只见这具巨棺屹立于东室中间偏西南部位，黑漆为地，上施朱彩，看上去像小山一样巍峨壮观、气势恢宏，又像一个庞大的怪物静静地卧于泥水中，等待着某一个瞬间突出深渊，纵横天涯。

因上部椁盖板早已拆除，面对持续下降的水位，原来采用在椁墙上架杉木条的操作方式已经成为过去的老皇历了，考古人员如何在1米多深而又不断下落的水中作业，成为一个亟待解决的问题。有人首先想到了在长江流域水库堤坝中兴行的橡皮舟，若弄十几艘橡皮舟漂浮于墓坑水面，人坐在舟中如同在宽阔的水库中打鱼、养殖一样来回操作，既方便又浪漫，很有一点"渔歌互答，其乐何极"的诗情画意。但这种器具在本地随县与襄阳皆无出售，或许去武汉可以购到。谭维四等经过考虑，认为如此做法既费钱又费时间，等到费尽心机辗转从武汉运到工地，充气后放于墓坑，这时的水早已抽干，橡皮舟只能成为丧家的橡皮狗趴在污泥中动弹不得了。于是，此种极富革命浪漫主义色彩的设想被否决。

既然橡皮舟不能使用，干脆从当地找几条木船替代，这一做法既省工又省力，㵐水、涢水两条大河便有船只可调。此构想引起了大家的兴趣，谭维四亦感到可行，忙派人前往河滩察看。可惜的是河中的木船比想象中的要大许多，无法在墓坑中使用，若重新找木匠打制轻巧灵活的扁舟，显然来不及。于是有人提出干脆仿照民国时代孙殿英、王绍义等兵匪在清东陵盗宝的办法，找几块像咸丰陵大殿那样的匾牌式木板，外边围几根竹竿，自行造舟放入墓中，考古人员可站于这种竹筏式的木舟上进行清理发掘。此法作为在紧急中掘墓盗宝当是可行，但对操作者的人身安全和水下的器物安全无法保证，且有较大的危险系数，一旦木板失去平衡，上面乘坐者很可能于晃晃悠悠间一头栽入坑下的泥水之中，结果器物未能捞出，考古者又变成了古人。于是，此法再度遭到否定。

杨定爱一看这种情形，索性对谭维四说："这个事你不要管了，我找人操办，到时保您满意。"

谭对杨在这方面的能力向来非常佩服，一个人再伟大，再有能力和气魄，不见得面面俱到、泽被环宇。谭维四作为湖北考古界的旗手和领军人物，若按梁山好汉排座次的旧例，当稳坐聚义厅第一把交椅，像晁盖、宋江一样统领全寨水陆弟兄杀进杀出，干一番惊天动地的事业。但若论某一方面，特别是水上作战能力，不见得比阮氏兄弟高超。当然，若论将过路者用蒙汗药一一放倒，然后杀人越货，劫掠钱财，要比孟州道上十字坡卖人肉包子的孙二娘又差得远了。因而，当谭维四听到杨定爱斩钉截铁般的许诺，当场答应下来。

个头不高，身子骨儿不大的杨定爱找到雷修所工程师，三下五除二就制造出了一个得心应手的"空中作业吊台"。其制作方法是，在

在东室，考古队长谭维四（左一）在架起的作业平台上向前来检查工作的省、地、县和军区领导人介绍作业情况

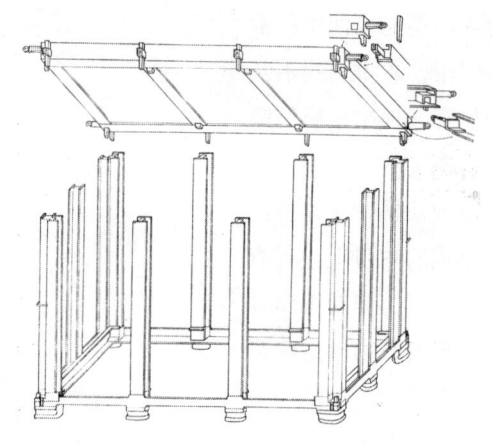

墓主外棺青铜框架结构示意图

南北椁墙上搁上两根杉树干，制作了一个长与东椁室南北间距等宽可容多人同时操作的木架，架上钉以厚木板，用4根粗麻绳将这个木架吊在杉杆上，可以自由升降。两端又用木楔将其与椁墙卡紧，防止左右摆动。以此类推，这个吊台在其他几个椁室亦可适用，一切的测量、绘图、清理及捞取文物都可在这个台上进行，既省力又方便，可谓考古业内的一大发明创造。

吊台搭起，杨定爱、刘柄等考古人员开始对东室的巨棺进行测量、绘图。

经仔细观察，发现主棺外棺盖是在巨大的四横两竖的铜框架上嵌厚木板，旁边伸出12个铜钮，钮下铜框各有铜楔，用以卡紧铜框；框下有10个铜榫，用以嵌入棺身铜立柱。棺身是用10根工字形铜立柱嵌10块厚木板组成的。棺身上共施20组图案，每组以阴刻的圆涡纹为中心，周边饰以朱绘龙形蜷曲勾连纹。这种庞大的铜木结构的棺和埋葬形式，在中国属首次发现。考古人员在观察、测量、绘图中，总感到棺的摆放方式和位置有些不对劲儿，但一时还弄不清原委。当东室的水全部抽净后，一切才显露出来。

经测量，整具主棺长3.2米，宽2.1米，高2.19米，正南北向放置，底部有10件圆形兽蹄形足，用以支撑主棺。在考古人员此前发掘的几千座墓葬中，所见最大的主棺长度也未超过2米，宽度和高度也仅仅1米左右，两者相比，真是黄犬比骆驼，小巫见大巫了。按照常理，主棺应该是四平八稳地立于墓穴，但此棺一边伸出的铜榫嵌入椁墙之内，整具棺只有西部4个铜足着地，一边悬空，盖面呈倾斜状，导致棺盖东南角与棺身脱离，出现了一个8厘米的缝隙。从缝隙中往里

第七章 去来两无踪

窥视，清楚地见到里面还有一具内棺，且比外棺更加华丽。棺身在墓室中倾斜，且与盖脱离，这在以前的考古发掘中尚未遇到。据现场的考古人员推断，之所以出现如此令人疑惑的状况，很显然是下葬时发生了意外。那么，是什么原因造成了如此严重和不可思议的后果呢？

墓主套棺在东室出水情形（套棺长3.2米，宽2.1米，高2.19米，重约7吨。此为迄今中国所见体形最大，分量最重，金工、木工与漆工相结合制作的髹漆制品。套棺以青铜为框架、底座，安装木板，然后整体髹漆绘彩，如此精绝的工艺制品，整个中国仅见此一例）

按当时的葬制，王侯将相与贵族死后，墓中不但有木椁，而且还有多重套棺。棺用于殓尸，而椁则是套在棺外或绕棺四周的匣子。《说文》段玉裁注："木椁者，以木为之，周于棺，如城之有郭也。"另据《礼记·丧大记》云，天子享用四重棺椁，装有其尸身的棺四周有水牛皮包裹，称"革棺"；第二重叫"杝"，用椴木制成，第三重称"属"，梓木所制，第四层叫"大棺"，亦梓木制成。战国时，厚葬之风兴行，贵族阶层不仅所筑坟丘高耸，墓室内也要"棺椁必重"。《庄子·天下》说："天子棺椁七重，诸侯五重，大夫三重，士再重。"有的文献记载棺椁层数虽有不同，但贵族们死后皆用棺椁入葬则是无可置疑的。通常的做法是，木椁必须在墓地做好，统称为井椁。而墓主人死后必须在家中入殓，内棺也必须在家中装入外棺并封闭严实。出殡时，内外棺作为一个不可分离的整体，利用各种设施和方法运往埋葬地，擂鼓墩古墓的棺椁从装殓到运送也应当如此。

从这座古墓已经显露的主棺外形估计，重量当在4吨以上。这样一个庞然大物，当年用什么运输工具将其运往墓地已无从知晓。按照考古人员郭德维的推断，棺椁到了墓地后，很可能是先在墓坑之上，将棺的四角固定好木桩或铜桩，有如码头上拴船的铁桩，棺的四角拴上绞索，绞索靠墓坑边固定的桩，由人力操作徐徐下放。只是这座古墓的墓口与周围在发掘之前已遭破坏，固定木桩的遗物已不可寻，因此，只能作为一种猜测。如果这一猜测是正确的，下面将会出现这样的情形：当主棺下放到一半时，或许是东南角的绳索没有拴稳，或许是桩没有钉牢，最大的可能是东南角的绳索突然崩断了。这一断可不得了，主棺立即发生倾斜并急速下沉，其他三面的绞索无力救援，结果是棺盖东南角的铜钮随着棺的坠落而重重地撞向南部椁壁板并插了进去。因棺身的重力过大，被钉牢的棺盖板只好"咔嚓"一声与棺身分裂开来，整个主棺呈半悬空状立于墓中。墓主的外棺盖板与棺身原由铜榫镶牢，使之合严稳妥，但在下葬时棺身倾斜，盖板镶钉撞向椁壁，导致盖与身之间起钳榫作用的铜榫大多数拉断或拉折，并留下了宽达8厘米的缝隙。

可以想象的是，当绳断棺裂的瞬间，墓坑之上所有的人一定目瞪口呆，继而惊恐万状。按照当时的观念，死者下葬若棺椁倾斜，将是"主大凶"的不祥之兆，若是王侯一级的人物，则与国家社稷紧密联系在一起，那更是凶上加险，意味着国家倾覆，社稷崩溃，山河改色。制造这一事故者，自是招来砍头或灭门之罪，众人的惊骇之状可想而知。面对如此凶兆恶相，主其事者一定在短暂惊慌失措中欲挽狂澜于既倒，救国家社稷于危亡，当然更重要的是为了自己肩膀上扛着的那个圆圆的肉球，能继续自由自在转动下去，遂千方百计要把主棺扶正并使其安然落地。可惜，无论做何努力，皆因棺木太大、太重，最终还是以失败告终。主持此次丧葬礼仪的官僚以及属下众生，是否因这一大煞风景、大不吉利的特级事故被砍了头，剥了皮或割掉了鼻子、睾丸等不得而知，但作为生前作威作福威震一方的墓主，却只能无可奈何地歪着身子躺在倾斜的棺材里，于冥冥世界中长久地睡下去了。

考古人员做了这般推测后，没有马上吊棺、开棺，原因是根据以往发掘经验，墓主人的棺内必藏有珍贵文物。就湖北已发现的闻名于世的越王勾践青铜剑、云梦睡虎地秦简、江陵凤凰山168号墓西汉古尸，都无一例外地出自墓主的棺内。而举世闻名的长沙马王堆一号汉墓主棺，曾出土了大量的丝绸制品和一具女尸。面对这具构造奇特，规模庞大，气势咄咄逼人的彩绘套棺，考古人员自是格外看重，加倍小心，不敢轻举妄动。作为发掘领导小组组长的邢西彬，同样深知这具巨型彩绘套棺意味着什么。特地指示谭维四："开棺之前一定要做好充分的准备，何日开棺，一定要事先请示，并经国家文物局批准。"因得知国家文物局局长王冶秋即将来现场指导的消息，谭维四决定主棺原封不动，用饱水塑料泡沫将其裹好，并派人用喷雾气筒不断向棺身喷水，保持一定湿度，防止干裂。

因有了中室放置的建鼓失去浮力和支撑而倒塌折断的教训，在水即将抽干之时，谭维四指示杨定爱等人，立即于棺下加固千斤顶，以防因水的浸泡分量加重而突然坠落，压塌棺下的文物。按照以往发掘贵族墓葬的经验，墓主的棺下一般会有一点金、银、玉器之类的随葬品。5月29日清晨，当杨定爱欲在棺下加固千斤顶时，俯身观看，一批闪耀着灿灿光芒的器皿蓦地映入眼帘。杨定爱心头一惊，刚要叫喊，一个念头袭上心头，话到嗓子眼儿又"咕噜"一下吞了回去。他瞪着眼，略带惊慌之色地向四下张望，见一时无人注意自己的举动，遂悄然无声地走出墓坑来到谭维四身边，像反特电影里地下党或特务们对暗号接头一样，压低声音，颇有几分神秘地说道："又有重大发现，棺下发现了金器，好几件，以前从没见过。"

"呵？！"谭维四听罢，心头一惊，目光在杨定爱脸上停留了几秒钟，心领神会地说："好，好！"随杨定爱快速下到墓坑，将正在坑内一角

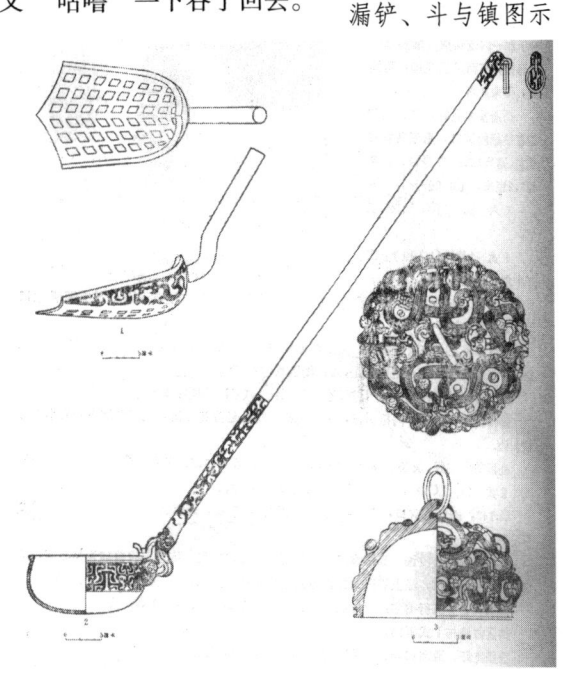

漏铲、斗与镇图示

绘图的考古人员刘柄悄悄招呼过来，三人一同俯身向套棺底部观看，果然见到了两件金光闪耀的器具。谭维四转身面色严峻地对杨定爱小声道："不要声张，赶快用千斤顶顶住棺底，迅速标明器物位置，然后提取。"

待一切工作就绪，杨定爱开始提取棺下器物。首先取出的是一件金盏，圆形、平底、三足、有盖，这是一件造型别致，纹饰精美的盛食器（高11厘米、口径15.1厘米、盖径15.7厘米，重2156克）。揭开盖，里面置镂空金漏勺一件。此器是已出土的先秦金器中最大最重的一件，现场的谭维四、杨定爱等人惊喜不已，因器形与过去出自随县的一件自铭为"盏"的铜器相类似，故名为金盏。

金器盖图示

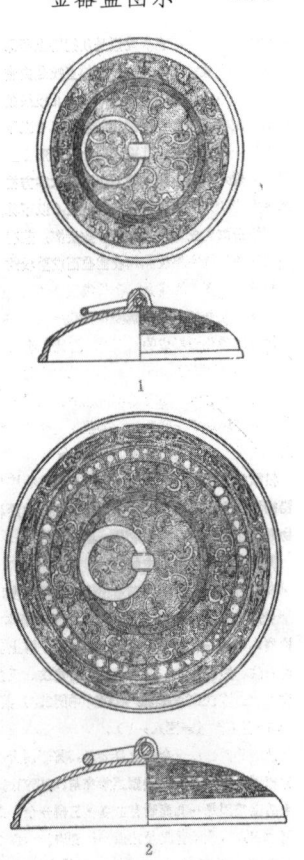

金盏取出后，立即用油布掩盖，以尽量减少外人的注意。在金盏的不远处，放置着一件带盖金杯，素面无纹饰（高10.65厘米、底径6.3厘米、盖径8.2厘米，重789.92克）。出土时，盖已打开，并置于杯旁，将二者合上，托在手里沉甸甸的，令人爱恋。作为一种稀有的黄金制品，在中国先秦考古发掘中时有发现，但绝大多数为小件金饰，像这样形体大、分量重，制作精美的黄金器皿，前所未见，可谓稀世之宝。杨定爱与刘柄等考古人员怀着极度的兴奋，继续在棺下搜寻、清理，很快在金杯的旁侧，又发现了两件铸造精致、纹饰华丽优美的金器盖，一件比金杯盖稍大，一件略小。这一发现，进一步刺激了谭维四等几人的神经，大家瞪圆了眼睛，渴望有更大的器皿出土。然而，希望很快变成了失望。杨定爱与刘柄搜遍了棺下所有的空隙，均未发现期待中的器身出现。

"怪事呵，怎么一件器身也没有呢？"杨定爱望着谭维四迷惑不解地说。

同样感到不可思议的谭维四道："在棺外找找

第七章 去来两无踪

看，是不是漂到外面来了。"

结果仍令人失望，寻遍了整个墓坑，未见一件器身的影子。

"真是活见鬼了！"谭维四自言自语地说着，见墓坑外围观的人越来越多，怕生闪失，遂命令杨定爱、刘柄暂停寻找，先把出土的5件金器包好，悄悄送往驻地保管组转入室内秘藏。经保管组组长白绍芝称量得知，5件金器总重3487.37克，折合市秤为6斤9两7钱。一次性出土如此重量的先秦金器，在整个中国考古史上尚属首次。

鉴于这批器皿的华丽形态与重大价值，以及尚有两件器物只有盖而无身的不解之谜，谭维四迅速向发掘领导小组组长邢西彬做了汇报。邢当场指示：暂不声张，谢绝参观，妥为保管。同时指示继续在墓坑中搜寻器身，力争弄清事实真相。

发掘队驻地库房只是几间平房，屋前房后每日人来人往，相当杂乱。出于安全考虑，谭维四请雷修所所长郑国贤、政委李长信前来观看出土的金器并求援。二人看后，于惊喜之中当即表示大力支持，因无更安全的地点放置，郑、李二人决定腾出他们的办公室作为目前和以后陆续发现小件珍品的保管室，并令保密员抬来了用于保管档案的钢质保险柜，将出土金器秘密转移至柜中保存起来。考古队保管组组长白绍芝离开驻地，一人独住此室，专门负责保管。同时，雷修所对这栋秘藏珍宝的办公楼加强了安全保卫，增设了岗哨，并有流动哨兵持枪日夜巡逻守护，形成了一道

白绍芝向作者讲述当年保护曾侯乙墓出土器物情形（作者摄）

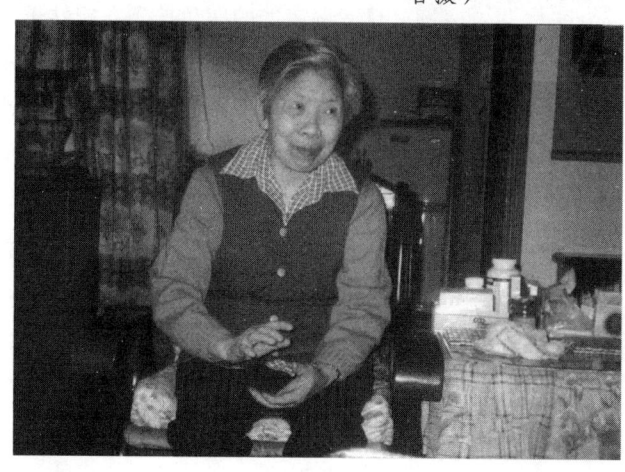

201

铜墙铁壁，保证了出土文物珍品的绝对安全。

5件金器放进了保险柜，但那两件缺失器身的器盖，却一直令考古人员挂念在心又困惑不解。时有几位省里来的领导人观看了秘藏的金器之后，赞叹之余不约而同地提出疑问："这件器盖分明是实用之物，不是为陪葬而特意打造的明器，既然是实物就应该有器身，就如同一个人一样，不可能只有人头没有身子。若生活中发现一个人头说着话或唱着歌或破口大骂在地下乱滚乱跳，那只能是一个妖怪。同理，世上的器物可能有身子而没有头，但还没有见过只有盖没有身的器具，就如同当年北京大学拖辫子的教授辜鸿铭所言：'一个丈夫可以娶四个妻妾，没见过一个妻妾娶四个丈夫的，就如同一把茶壶配四个茶碗，没见过一个茶碗配四个茶壶一样。'既然有头必有身子，一把茶壶配几个茶碗，那么这个器身跑到何方去了呢？会不会仍在墓坑的淤泥之中，或者被盗墓贼盗走了呢？"谭维四决定，在吊棺之前，先清理东室底部所有陪葬器物，或许器身就躲在哪个易被疏漏的角落。

随着坑内污水全部抽干，东室内除了庞大的主棺，在四周堆积着大小不一、神态各异的零散器物，还有几个当初未能取出的侧翻的陪葬棺棺盖与人骨等。在主棺的东北角，一只青铜铸造的鹿角长颈立鹤站于平板底座上，昂首伸喙，姿态悠然地注视着这个对它来说已分别得太久的新鲜世界。

当水还没有完全抽干时，它就以其独特怪异的姿态引得了考古人员和围观者的瞩目，这种自然界中所没有的，非禽非兽、亦兽亦禽的动物，显然是一件匠心独运、极富想象力的艺术杰作，而这种打破常规格局的艺术品类，在中南地区特别是江汉流域的考古发掘中多有所见。鹿与鹤在中国古代皆被视为吉祥的动物，这种动物有神的灵性，对人类具有保护作用。《楚辞·天问》就有"惊女采薇，鹿何祐？北至回水，萃何喜？"句。据《文选·辨命论》注引《古史考》

青铜鹿角立鹤（此物造型奇特，龟背鹿身，头上插一对铜鹿角。整体纹饰绮丽，不失为一件极好的艺术精品。通长143.5厘米，重38.4公斤）

惊女采薇图（屈原《天问》插图，〔明〕萧云从作）

文：惊女采薇，鹿何祐？北至回水，萃何喜？

注释：惊女，楚辞研究专家闻一多以为当作女惊，惊，通警，警戒之意。回水，即雷水，发源于首阳山。萃，相聚，指伯夷、叔齐先后出逃，在首阳山下的回水相聚，最终一起饿死。"何喜"是屈原问这二人所作所为有什么可高兴的呢？王逸《楚辞章句》云："昔者有女子采薇菜，有所惊而走，因获得鹿，其家遂昌炽，乃天祐之。"萧云从即根据此说而绘图。

曰："夷、齐采薇而食。野有妇人谓之曰：'子义不食周粟，此亦周之草木也。'于是饿死。"这便是"惊女采薇"的典故。《㺨玉集·感应篇》引《烈士传》曰："二人（伯夷兄弟）遂不食薇，天遣白鹿乳之。"此为屈原所问"鹿何祐"之事。

《说文》："鹤鸣九皋，声闻于天。"古谓之仙禽。有考古人员认为，这一艺术作品乃鹿与鹤两者的结合体，作为瑞祥之兆，葬于墓主人大棺之旁，寓意墓主人在另一个世界骑鹿以游原野，乘鹤以遨太空。也有人引经据典，认为此物应称为飞廉，是古代的风神，主要用于镇墓避邪。屈原《楚辞·离骚》曾有"前望舒使先驱兮，后飞廉使奔属。鸾皇为余先戒兮，雷师告余以未具"。望舒，神话中给月亮驾车的人。飞廉，指风神。奔属，跟在后面奔跑。

擂鼓墩古墓中的飞廉铜像放在东室主棺之侧，应是伴随墓主人的灵魂升天，并作为后卫忠诚地保驾护航一样。亦有别出心裁如方酉生者，认为两说皆误，此物可能是用于悬鼓的鼓架，因为它的身旁不远有一面带环的扁鼓，其大小恰可悬于其上。谭维四也认为："方酉生的说法较为合理，因后

203

飞廉图（屈原《九章》插图，〔清〕门应兆作）

文：历太皞以右转兮，前飞廉以启路。阳杲杲其未光兮，凌天地以径度。

注释：太皞，传说中的古代帝王，即伏羲氏。飞廉，神话中的风神。杲杲，明亮的样子。凌，越过。天地，俞樾以为乃"天池"之误。径，直。度，同渡。

来我曾试着将同室所出悬鼓的复制品悬于其上，鼓的竖环恰好套在鹤嘴的尖喙上，两横环分别套在向上呈圆弧状的鹿角上，十分合适。后来随州市博物馆已在编钟演奏厅里，仿此做了一件加入其钟磬演奏的行列，并无不合适之感。"当然，谭氏说这段话的时候已是十几年之后了。

无论是鹿是鹤，或是飞廉、鼓架，正在发掘中的考古人员没有时间进行考证讨论。这件青铜鹿角立鹤被请出坑外后，又将室中散乱的乐器、兵器、礼器、漆木器、生活用器等器具一一提取。乐器大多出土于东室的中部，主要有漆瑟五件，五弦琴、十弦琴各一件，小鼓和笙各一件。与中室相比，主要为娱乐乐器，没有钟、磬那样的重乐器，显然是为了墓主人娱乐的需要而特设的。

清理后在现场认出的兵器有戈、弓、镞、盾、矛等，有的出自主棺两侧，有的贴近东室的南壁与西壁。种类如此繁多的兵器出自东室，当是有保护墓主之意。当然也有例外，如在棺的北侧出土了一张带有外套的弓，长1.5米，弓身用红线缠绕，弓弦俱在。在弓的旁边，放有两束箭镞，一束10支，一束9支，箭杆皆为红色，箭头与一般的不同，无锋刃，属于平头箭镞。据考古人员刘柄等人推测，弓和箭是专门为射击珍贵禽兽用的工具，箭做成平头，是为避免射穿珍禽异兽的皮毛。这一推测正确与否，很难说得清楚。

令考古人员印象深刻的是，在靠近主棺的东侧，杨定爱发现了两件与众不同的小型青铜戈。出土时，与戈相接的柲已残断且分离。戈身通长14.3厘米，小巧精致，光亮如新，如现代人用于防身的手枪一样，使用痕迹不明显，周身泛着

第七章 去来两无踪

黑黝黝的青褐色光芒。详细观察，其中一件戈身镌刻着"曾侯乙之寝戈"铭文，也就是说，这是墓主人亲自使用或亲近侍卫使用的小型防身戈。另外，在主棺的旁侧还清理出土了一批马嚼子、马镳和马饰，这些器物象征马驾的车，也寓意墓主可以乘车到处巡视和游玩。至于寝戈头上镌刻的"曾侯乙"铭文，是否指棺中的主人，考古人员一时还没有把握做出结论。

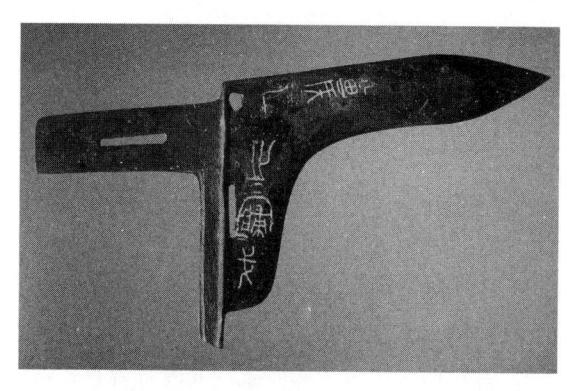

曾侯乙寝戈

在清理过程中，大家密切注视着眼前的一切，企图于不经意中有个意外惊喜，以破解久悬于心中的金器有盖无身之谜。但整个东室全部清理完毕，金器之身仍是千呼万唤未出来。不仅没有找到与此相般配的器身，就是其他质料与之相配者亦未发现。当时负责记录的刘柄在他的田野考古发掘记录中写道："在主棺下南北两侧放有金盖两件，但其主要部分的器身，直至清理工作完毕仍未发现。不知是何原因。本来此墓是被盗过的，盗洞把中室打开，是否盗墓人进入东室？就是进入东室，为什么金盏、金杯还保存很好？"

从整个墓坑的结构和积水情况推断，盗墓贼进入东室的可能性很小，中室西部成排的编钟都没有被盗走，发掘时一个不少地立在原处，何以要舍近求远进入东室盗取器物？而从中室进入东室，唯一的通道就是椁墙下那个狭窄的小门洞，盗墓者要在三米深的水下，于漆黑一团中穿洞而过，并取走棺材下的器物，非有孙悟空的功夫是难以想象的。

205

揭开狗头之谜

就在众人对这一金器失踪之谜大感困惑不解之际，库房清理组人员传来消息，说是对一个头骨进行清洗去泥后，发现是一个狗头。现场人员听罢，越发困惑，真可谓怪事连连，要么是无身的人头，要么是无身的金器，现在又在东室发现了一个无身的狗头，这个狗头是作为殉葬的牺牲入葬的，还是有什么其他的原因？是否有一种受过专门训练的特种犬曾随盗墓贼潜入墓室？据说在古老的盗墓行业内，曾有一种用猎犬盗取器物的说法，这种方法从原始的猎人打猎的实践经验中借用而来。盗墓者像猎人一样，先设法弄一条与土狗完全不同的优良犬进行特殊训练。盗墓贼与猎人不同的是，在训练中不是让猎犬在山林野洞中捕捉活蹦乱跳的兽类，而是凭其灵敏的嗅觉在僵尸朽骨四周寻找坚硬的器具，尤以金银铜玉等器具为主。训练成功后，盗墓者便如同经验丰富的猎人牵黄擎苍在森林深处寻找猎物一样，携其爱犬一道出更作业。当墓穴被挖开后，内部情况不明，盗墓贼惧怕有毒气体和飞刀毒箭等暗器伤害自身，便先遣猎犬钻入墓室打探情况。一旦发生意想不到的凶险之事，自有猎犬在室内与之搏斗，自己借机快速钻出洞口，或逃奔而去，或采取相应的制压措施，以避免凶祸。若墓室内无异常情况发生，受过训练的猎犬便在墓穴内四处搜寻宝物，盗墓者可在某个相应位置安全地接收东西。若墓内器具摆放明显，且有金银铜玉等不同随葬器物，猎犬则先从盗墓者认为最贵重值钱的金器下手，用嘴轻轻咬住器物边沿，一件件送将出来。若器物藏在隐秘处，猎犬则凭其灵敏的嗅觉找到目标，或扒或咬，或连扒带咬，将器物弄出秘所，再移送到主人手中。如此一番折腾，盗墓者确信墓穴内再无异常情况发生，便亲自引火进入穴内进行清仓式检查，盗取未尽器物。

不过，这种特殊的盗墓方法只限于干燥的墓坑，对两湖地区的"水洞子"则难以施展。像擂鼓墩古墓这样的水库式墓葬，更是望洋兴叹。但有一位平日里颇好奇思异想的年轻考古队员却不这样认为，他当即向杨定爱等人表示自己很小的时候听爷爷讲过类似盗墓的故事，说的也是用犬盗墓，但这种犬不是一般的猎犬，而是自小生长于长江和汉水岸边山中的特种犬，当地土语叫豹犬。据说这种犬的远祖就是水中的豹子，尽管后来其中的一个支系

第七章 去来两无踪

走上了陆地，但血液里仍流淌着水豹的基因，周身的器官依然潜伏着在水中游弋翻腾的能量，内心深处蕴藏着回到故乡的野性与乡愁。正是这种形体和习性都不同于其他任何一种犬类的豹犬，经过盗墓者有意识的严格训练，远古祖先遗存在体内的基因被重新激活，强悍的生命力再度迸发出来，一旦跃入江河湖海，如同水豹般敏捷伶俐，上下翻转，直搅得风生水起，雾腾浪滚。巨大的潜水能力可令这种豹犬一个猛子扎入水中，游弋一个时辰或者更长的时间，且在水中捕捉猎物的本领绝不比水豹逊色。活跃在两湖地区和中国东南部的盗墓贼，积历代先行者的经验和门道，将这种豹犬用于盗墓之中，从而解决了历代盗墓者最感头痛，又怨恨交织，甚至痛心疾首的"水洞子"问题。

豹犬用于盗墓，原本就是从北方的猎犬逐兽的习性中演化而来，所受的寻宝捉宝训练基本相同，在满是泥水的墓穴内，豹犬除了具有相当的潜水能力，必须具备在狭小的墓穴和棺椁中，有准确辨别金银玉器的能力，尤其对黄金制品，嗅觉要格外灵敏，抓获起来也要比其他材质的器物更具精神和强悍之气。可以想象的是，1000多年前盗掘擂鼓墩古墓的这位"大内高手"，当是生活在江汉流域乡村野屋之中，或许就在随县的涢水、溠水附近。当然，这只是按最普通的一般逻辑来推理，若有较劲者非要说是来自河南驻马店，或内蒙古的赤峰地区，甚至来自波斯湾或非洲大陆，也未尝不可。因为盗墓者所遗留在擂鼓墩古墓内的证据，尚不足以确切证明其来源地和其他背景，只能说是人类的盗掘，并在盗掘中使用了人类自身发明的工具，如此而已。

假设第一种盗墓者的背景成立，那么他就可轻易获得江汉流域的豹犬，经过一番智力和技术训练，即可用于盗墓取宝的实战。可以想象的是，当拥有这样一只豹犬的盗墓贼费尽九牛二虎之力打开擂鼓墩古墓之时，面对一潭黑黝黝的深水，在惊讶之余，心中仍燃烧着希望的熊熊之火。在用木棍等工具打捞一阵，斩获甚少时，他想到了那个得力助手，于是爬出洞口，将心爱的豹犬抚慰一番，用竹筐将其滑入洞底，令其钻入墓坑之内三米多深的水中捞取器物。豹犬进得墓室，凭借优越的潜水本领和灵敏异常的嗅觉，在室内游弋探寻。水的波动伴着一缕金器的郁香飘荡过来，豹犬嗅之神情一振，遂摆动头颅寻着气味的一丝微弱信息追索开来。当发现气味从椁墙内靠近中室的一个门洞传出时,豹犬没有犹豫,立即从洞中钻入东室,然后来到主棺下,找到了主人梦寐以求的金器。豹犬将利爪伸入棺底,掏出了一件形同盏的金器,在掏动过程中,器盖掉落,只有圆形的器身被利爪钩了出来。豹犬惊喜地用嘴叼起圆滚滚、沉甸甸的金盏器身,转身腾跃,施了一个赖狗钻裆之术,"唰"地钻出门洞,而后一个大回环,犬头左右摇摆,从中室底部的盗洞露出水面。幽暗的灯光映照下,清水哗哗,金盏状的器物闪着明晃晃的金光,令蹲在盗洞底部椁盖板上的盗墓贼狂喜不已。豹犬将东西放下,轻轻向主人哼了一声,便再度调转身向水下钻去。浪花荡漾中,第二件金器器身又被叼出水面落入盗墓贼手中。此时盗洞底部除了中间一个水洞,只有周边一点椁盖板可供蹲踩,稍一不慎就会滑入洞下的水中,已捞取的器物无处可放。处于癫狂兴奋中的盗墓贼只好先将两件金器装入袋中,摇动铃铛,示意上面的同伙用绳子提出洞外。就在这个时候,灾难降临了。当上面盗墓的同伙面对出土的如同小盆一般大小的金器时,惊得目瞪口呆,在几十年的盗墓生涯中,哪里见过如此庞大贵重的稀世珍宝?只要将一件出手,就够三辈子吃喝玩乐的了。整座古墓恐怕就数这两件宝贝最为值钱,倘若下面的弟兄爬将出来,两件宝贝如何分配是好?想到此处,洞上的同伙歹心顿起,杀机萌生,索性来个一不做二不休,这一辈缘分已尽,等下辈子再合作吧!想到此处,几块大石板从洞口狂掷而下,下面的盗墓贼未能哼一声就一命呜呼,身子一歪倒入洞下水中。而那豹犬突觉主人落水,顾不得捞取器物,急忙回身相救。哪料到不但主人的小命未保,连自己也已无法爬出洞口,可怜的豹犬在墓坑中翻腾狂奔了几个时辰,最后惨死于东室之中。——这就是考古人员在盗洞下发现人头,在东室发现狗头,以及出土的两件金器无盖无身的谜底。

　　面对青年人的奇思异想,许多人不置可否,因为这样的豹犬未曾见过,盗墓贼当年如何打洞盗宝,是否用了传说中的豹犬,谁也说不清楚。于是,谭维四命令东室清理组组长杨定爱前往驻地库房仔细查验,看是否真的发现了狗头,若是狗头,做何解释?

　　杨定爱奉命携武汉大学教授方酉生等几名考古人员来到驻地库房,发现面前确实摆着一个狗头。为解开狗头之谜,二人对东室出土的器物特别是前几天吊出的陪葬棺细心查看,并照着发掘记录进行比对,一圈下来,没有发现狗头与其他器物的内在关联。当方酉生再次来到一具棺前，眼前一亮，突然意识到了什么，立即蹲下身进行检查。从外形看去，这具木棺在所有的陪葬棺中体积最小，制作粗糙，外部只上了一层黑漆，与其他陪葬棺制作精美、漆绘出花纹图案的装饰悬殊，极不协调。找来发掘记录查验，此棺出于东室通向中室门洞的旁侧，方酉生灵光一闪，认为这具棺装着的应是一条看门的狗。发掘清理时，现场的考古人员皆认为是一个小孩的棺材，发掘记录和《情况简报》上也清楚地记载着"棺内葬小孩一个"。里边装着的是小孩还是一条狗呢？正在这时，谭维四于焦急中来到了库房，方酉生把这一疑问提出后，谭命令杨定爱当场把棺内的骨骸全部拿出来一一比对。杨定爱将早已成为一堆骨骸的乱骨用席子包住，拿出来摊开一看，发现少了一个头颅，再将骨架一拼对，出现了一条狗的形状。赶紧将狗头拿来放于颈前，一条大狗的形象活灵活现地映于众人的眼帘。至此，大家才恍然大悟，棺中陪葬的原来并不是什么小孩，而是一条肥硕的、拖着长尾巴的大狗。后经鉴定，此为一只成年母狗，肩高0.6米，体长约1米。若立起来，比一个小孩要魁梧得多。这条母狗葬于通往中室的门洞边，显然有充当墓主人门卫之意。面对这个意外插曲，有考古队员遂以调侃的语气说道："这

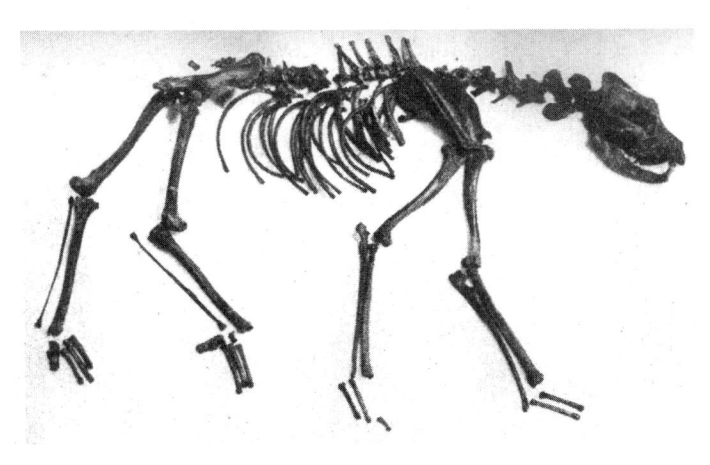

墓中发现的殉狗骨架

个墓主肯定是个男人，且是天字第一号情种，不但陪葬的人是女性，就是陪葬的狗也特意选一条母狗，真是一个爱色狂呵！"

狗头之谜解开了，现场的青年人所猜测的所谓豹犬盗墓的神奇故事没有被印正，但关于金器失身之谜仍未解开。经过一番吵吵嚷嚷的争论，有人认为墓主在下葬时被贪财的参与者偷偷取走，因器盖与器身不便一起藏匿，只取走了两件认为值钱的器身，两个器盖被撇在了主棺之下。这一猜想立即遭到了谭维四、郭德维等资深考古人员的否定，尽管主棺尚未开启，但从墓葬的规模和陪葬器物之宏富贵重看，墓主人一定是个王侯级的人物，否则没有如此气派。这样一个人物下葬，墓坑周围一定是岗哨林立，戒备森严，操作者的一举一动都在警卫人员和臣僚亲属的监视之下。在这样一种阴森恐怖紧张的气氛下，即使吃了老虎心豹子胆，也不敢在众目睽睽之下冒天下之大不韪，盗取如此贵重的珍宝。假如真有谁不知好歹、胆大妄为，其后果不只是自己像2000多年后的阿Q一样，被"嚓"的一声砍掉脖子上那个拖着猪尾巴的肉球，很可能还要招来满门抄斩、诛灭九族的大祸。因而这一推测成立的可能性极小，或者说根本就不可能存在。

既然下葬时没有被偷走，盗墓贼与豹犬进入的猜想又无法证实，整座古墓再无发现盗洞和缺口，难道这两件金器像穿山甲一样，具有钻地打洞逃跑的灵性和本领不成？这一点显然是不可能的。既不能插翅上天，也不能长甲钻地；既不怕火炼，也不怕水浸的两件稀世之宝到底哪里去了？消息传出，闻者一片惋惜，在无法理喻的困境中，有人放言：唯一的可能，也是唯一合理的解释，就是此物被发掘的某个考古人员暗中盗走。此言一出，众人皆惊，若国家奉派的现代考古人员再充当起"摸金校尉"，或假公济私，索性干起盗墓贼的勾当，那还了得？这不是国将不国，天下大乱了吗？若此事当真，考古人员将以何面目出现在广大民众的视野之中？对此，谭维四等人遵照"谣言止于智者"的古训，表示了沉默。10多年后，郭德维才对外做了如下的解释："发掘此墓，顾铁符先生向我们提出了两点要求：不丢失和损坏任何一件文物，不忽略和放弃任何一点资料。这两点我们牢牢记住，并贯彻于这次发掘的始终，且扎扎实实地做到了。同时，丢失、损坏文物是发掘中的大忌，我们也一贯是极为注意的。首先，下墓坑的人员是经过长期考验的，不只技术上过得硬，思想品质更过得硬。这是做考古工作最起码的职

第七章 去来两无踪

业品质和道德修养，任何一个考古学家都是不收藏文物的。莫说此墓发掘这种集体的、大规模的活动，就是一个人主持工地遇到金银财宝也是常事，如连这点起码的品德都没有，根本就无法去搞考古发掘。考古队员即使一个人挖到了金银财宝、珍贵文物，也是如数上缴，这是没有半点含糊的。具体到此墓几件金器，发现时不止一人（自椁盖板揭开后，每天守卫现场绝不止一人），发现以后，也打破必须先绘图、照相的常规，只是记录了位置即取回室内妥善保管，在工地上没有张扬，以致不在现场的许多考古队员经过了一段时间也才知道。故在发掘工地上绝不可能丢失。所以可以肯定，除了金盏、金杯这些完整器物外，确确实实还下葬了两件金器盖，至于金器身到了何方，仍是一个谜。"⑤

据谭维四推断，墓内发现的两件无身器盖，尽管它确实是一种金器之盖，但入葬后就不能叫盖了，而应叫"镇"。即镇席之物。此物的材质不同，铜制的称铜镇，玉做的称玉镇，黄金做的自然称金镇，《楚辞·九歌·东皇太一》："瑶席兮玉瑱。"瑱原是戴在耳朵上的玉器。王逸《楚辞章句》注："瑱，通镇，以白玉镇坐席也。"

此处当为席镇。既如此，也就只有盖而不会有什么器身了。对于屈原在《楚辞》中描绘的瑱，现代人谁也没见过，只能凭空想象。按一般的解释，这个瑱是一种玉器，而不是金器，且是压在席子上的一种玉器。擂鼓墩古墓出土的两件金制盖形物，置于棺材之下，如何发挥镇压的作用？就位置而言，不但不能居高临下地镇压兴风作浪的妖魔鬼怪，反而有被妖孽反制与打压的局势。既然如此，所谓"镇"又从何说起？如何去"镇"呢？于是，围绕这件器物到底是盖还是镇的问题，一时众说纷纭，各有一套看似天衣无缝，实则无法自圆其说的理论。就在众人为破译金器无身之谜而争得面红耳赤，相持不下之时，操有开棺验尸之大权的国家文物局局长王冶秋来到了随县。

东皇太一插图（〔明〕萧云从作）

《九歌·东皇太一》原文："吉日兮辰良，穆将愉兮上皇。抚长剑兮玉珥，璆锵鸣兮琳琅。瑶席兮玉瑱，盍将把兮琼芳。蕙肴蒸兮兰藉，奠桂酒兮椒浆。扬枹兮拊鼓，疏缓节兮安歌，陈竽瑟兮浩倡。"

注释：太一是楚人信仰观念中的尊贵天神，王逸《楚辞章句》说："太一，星名，天之尊神。祠在楚东，以配东帝，故云东皇。"穆，虔诚、恭敬。将，愿、请。上皇，即东皇太一。抚，持、握。玉珥，玉镶的剑把。璆锵，玉佩碰撞的声响。琳琅，美玉名。瑶席，用蓆草制成的座席。瑶，蓆的假借字，一种香草。玉瑱，压席的玉器，瑱通镇，压。盍，发语词。将，持、拿之意。琼芳，玉色的花朵。安歌，歌声缓慢悠长。浩倡，高声地唱。

212

第七章 去来两无踪

注释：

①《史前考古学基础》，裴文中遗著，载《史前研究》第1、2期，1983年。

②此事在湖北省博物馆主编的《曾侯乙墓发掘报告》中并未提及。事隔30年的2007年春，作者在武昌湖北省博物馆翻阅刘柄的原始现场记录时，发现此条记载。2007年4月17日，作者从随州采访重返武昌，就这一问题问询当时的现场发掘总指挥谭维四先生，谭先生说没有发现人头。既然没有发现人头，何以刘柄先生要记录发现人头？谭先生也不好解释。作者返京后，于4月30日拜访正在北京的郭德维先生并提及此事，郭说没有发现人头，是不是记错了？当作者提出是否由于抽水的关系，吸力使墓坑西室头骨从门洞里漂到中室？郭先生同样做了否定的回答，他说西室的棺材里各自有头，正好对上号，没有缺失。几天后，郭德维先生打电话给作者，谓刘柄记录的那个人头应该是一块较大的陶片，因为这陶片呈头骨状，所以误为头骨了。如果不是陶片，就确实不好解释刘柄的记录了。后来作者给襄樊市刘柄写信查询，此信通过擂鼓墩曾侯乙墓发掘者之一、襄阳博物馆的李祖才先生转刘柄先生。7月23日，刘先生回信说，当时自己确实看到是一块头骨样的东西与泥水混在一起，就记作头骨。但工地领队把它否了，因为在盗洞中见到的一点骨，未见肢骨等，又与墓室无关，也与墓室藏品无关。9月12日，刘柄先生再次给作者来信说，郭德维先生所言有道理，这个东西不可能是从西室漂过来的头骨，因为小抽水泵的吸力不足以把西室的头骨抽到中室。郭把这块头骨解释成"头骨状的陶片"是有道理的。是耶？非耶？事隔30年，虽说往事并不如烟，毕竟随着时间的流逝，有些史实已成为历史，要查对起来并复原当时的真实原貌，确实有些不易。有的东西也只能是姑妄言之，姑妄听之了。

③木椁的用材，经中国林业科学研究院木材工业研究所鉴

定,全部为梓木。

④据英国学者李约瑟考证,龙骨水车大约在公元1世纪发明于中国,是中国流传到整个世界的最有益的发明之一,它比欧洲的发明早了15个世纪。在古代中国,龙骨车适用于运土运沙而不是提水,因此它最初是带式传送器。由于龙骨车的西传,欧美国家将它应用于船舱排污、磨面、河面挖泥及盐湖抽卤等众多方面。(参见李约瑟《中国科学技术史》)

⑤《礼乐地宫:曾侯乙墓发掘亲历记》,郭德维著,四川教育出版社1996年出版。

第八章 墓室大清理

旷世绝响

开棺验尸

6月7日，国家文物局局长王冶秋偕夫人、文物出版社社长高履芳，在顾铁符和湖北省委书记、省革委会副主任、武汉军区副政委潘振武陪同下抵达擂鼓墩古墓发掘现场。此时，整个墓坑之内的状况是：西室漂浮的彩棺随着水位回落，或仰或躺，横七竖八地倒卧着，四周散落着一堆堆竹席、碎骨等物；北室分布着一堆堆的兵器、车器、大型铜器和一时尚分辨不清的文物；中室的零散器物基本清理干净，唯庞大的编钟钟架与中层以下大型甬钟尚未取走；东室最显眼的自然是兀立于中南部的彩绘巨棺。面对规模如此宏大的墓圹，蛟龙一样透迤磅礴、凌空欲飞的编钟，以及气势恢宏，如同小山包一样高大耸立的彩色巨棺，曾观看过不下千余座墓葬的王冶秋，心灵受到强烈震撼，当即表示不虚此行，大开眼界，一定要在这里多住几天，尽量帮忙解决一些困难，尽一个国家文物局局长应尽的责任。

当天下午，王冶秋与潘振武听取了古墓发掘领导小组人员的汇报。根据开棺必须经得国家文物局批准的要求，发掘现场总指挥谭维四就有关开棺方案做了具体说明。谭维四说："方案分为两套，一是整棺取吊，吊出后另选场地开棺清理。此前已与驻随县炮兵某师和雷修所联系好了载重8吨的黄河牌吊车一台，解放牌载重汽车两台，同时还由雷修所工程师刘秀明设计了一个载重5吨半的平板车一部待用。当主棺吊出后，可直接放于平板车推走，到驻地一个面积300余平方米的仓库

王冶秋（中）在查看出土编钟上的铭文

第八章 墓室大清理

开棺清理。不过，毕竟这么庞大的铜木结构的套棺，现场的发掘者谁也没见过，如何开启取吊都没有经验，光凭吹牛皮耍嘴皮子没用，必须丁是丁，卯是卯，一丝不苟地根据实际情况做准备。比如这个棺的重量，谁也没有把握说出具体数字，我粗略算了一下，可能有四五吨，这是个相当惊人的数字，以前哪儿见过这么气派庞大的棺呢？为慎重起见，我们专门找雷修所工程师刘秀明用科学的方法来计算重量，验算的结果是，主棺木板和外部青铜框架二者加起来，总重量当在3吨半或4吨左右，不会超过5吨。这个数字和我估计得差不多，以8吨重的吊车来起吊重5吨以下的主棺，应当不会有什么问题。但有的同志说不可能有这么重，又有的同志说重量要大大超过这个数字，七嘴八舌，吵吵嚷嚷，谁也说服不了谁。我怕万一出现差错，又决定从附近一家建筑公司借到一台载重5吨的解放牌吊车，以为备用。"

说到这里，谭维四稍做停顿，以观察对方的态度和听取指导性意见。王冶秋坐在桌前抽着烟卷，喷着烟雾，两眼放光，面带微笑地望着谭维四连连点头，一副亲切、赞赏的慈祥模样。身边的潘振武正襟危坐，眉宇间透着军人特有的干练与机灵，神态严肃。从面部表情看，二位领导都没有明确表态或暗示。

谭维四喝了口水清清嗓子继续汇报："二是考虑到这座古墓已有2000年左右的历史，又被积水所浸泡，棺木可能变质并较脆弱。假如主棺质地脆弱，整体结构不够牢固，无法整体取吊，则就地解决，在墓坑内开棺验尸、清理随葬器物，然后分层取吊，目前除吊车等重型机械外，开棺的各种工具和器材也已准备完毕。考虑到长沙马王堆、江陵凤凰山汉墓出土古尸的前例，这座古墓基本上算是保存完好的，尽管套棺外层的顶盖已有较大裂缝，且时间久远，但里边的内棺还未见明显的缝隙，若密封得当，或许还有完整的古尸出土。鉴于此情，发掘领导小组已做了古尸出土后最为重要的防腐准备，同时与参加过长沙马王堆、江陵凤凰山西汉古尸解剖工作的武汉医学院武忠弼教授约定，一旦发现古尸，请他立即率领医学专家小组赶赴现场，实施古尸现场保护与解剖研究。"

王冶秋听到这里，禁不住点了点头，对以上两个方案表示认可。潘振武也表示赞成，并谓发掘领导小组和谭维四等人考虑得比较周到云云。于是，王冶秋代表国家文物局当场拍板，主棺可以起吊，事不宜迟，越快越好，自己与潘副政委等人将亲临现场助阵、指导。众人闻听，皆大欢喜，发掘领导小组组长邢西彬决定当夜起吊，王冶秋与潘振武欣然同意。

当天晚上，天气晴朗，月明星稀，溾水河畔吹来的东北风，把白天被太阳暴晒的一股闷热之气吹散。约9点，王冶秋、潘振武及省、地、县各色有头有脸的人物来到发掘现场，在墓坑旁一张简陋的木制排椅上就座。早些时候赴京的顾铁符也于当日返回，并作为大字号专家在现场为起吊方案的具体实施出谋划策。吊棺与开棺验尸的风声早已传出，普通民众的好奇心再度受到刺激，纷纷向发掘现场奔来。尽管军地双方的执勤人员进行了有效阻击，仍有3000余众借着夜幕的掩护，或假公济私骗取通行，或强行闯入，或翻墙而过，很快将工地围得水泄不通。此时，由刘秀明工程师设计的平板车已停放在坑边，位于主棺西南方向墓坑之外的载重吊车昂首挺立，悬挂的钢丝绳微微荡动，夜色中如一张搭弦的巨弓，忍而待发。考古照相师、电影电视摄影师等等，纷纷选取理想位置，憋足了劲准备捕捉、拍摄擂鼓墩古墓自发掘以来最为难得的，也最为惊心动魄的历史性镜头。整个现场灯光闪耀，人影绰绰。清理组人员上蹿下跳，坑里坑外，汗流浃背地来回忙碌、呼叫。工地外侧人群骚动，或抢夺有利地形，或争占最佳观看位置，争吵、叫骂之声此起彼伏，形同蛙塘。

当现场总指挥谭维四来到资深考古队员程欣人面前时，一把大胡子的老程突然抬头说道："老谭，我想起了一件事。"

"啥事？"谭维四不解地问。

"三年前的今天你在哪里？"

"三年前？"谭维四一愣，略加思索，立即惊喜地道，"哎呀，你要不提这个醒，还真是忘了，江陵凤凰山呵，真是太巧了！"

程欣人一个提醒，令现场几位老考古队员精神越发亢奋，思绪再度回到了1975年6月7日那个不平凡的日子。就在那个夏季的夜晚，江陵凤凰山168号汉墓开始吊棺。当考古人员费尽力气，将墓中棺椁吊起之时，棺内积水从裂开的缝隙中哗哗外泄，满怀希望的众人，心情也像流水一样四散消失，谭维四怀着一线希望坚持将棺运到荆州博物馆开棺验尸。至凌晨5点，奇迹显现，男尸乍现，众人皆惊，荆城为之轰动。世事难测，聚合分离皆有缘，想不到事隔三年，同样是6月7日的夜晚，考古人员竟移师擂鼓墩，在夏季暖风

第八章 墓室大清理

的吹拂中,再度重复当年的历程。天耶,命耶,抑或天命俱合耶!只是斗转星移,白云苍狗,此棺非彼棺,现在面临的将是更加困难和复杂的一场考验。

"说不定上天保佑,棺中再出一具男尸,这个男尸一出,那就是马王堆老太太和江陵凤凰山老爷子的祖宗级人物了。"身边的考古队员刘柄满脸兴奋地道。

"但愿如此吧!"谭维四满脸沉重地看了一下腕上的手表,时针指向10点,他打起精神,来到一个土堆上,喊道:"杨定爱,准备好了没有?"

"好了!"

杨定爱等东室清理小组人员,已对主棺做了安全保护,四周用角铁锁住以防散架,周身又用塑料泡沫做了包扎,底部垫有厚木托板,千斤绳系于托板之上,起吊人员站于一侧。架在坑外红色砂岩上的载重吊车,车身又用千斤顶和枕木加固,不至于因重力过大而发生前倾甚至趴伏倒掉的现象,支援吊车的炮兵某师首长特地派出一位经验丰富的汽车排长和一位技师站在一旁协助,做到万无一失。机车发出"隆隆"的声响,司机宋宝精神抖擞,两眼注视前方,只待一声令下。谭维四见状,抬头挺胸,像一位临阵沙场的将军,目光扫过现场和众人,提高了嗓门,挥动令旗,高声喊道:"开始——起吊!"

话音刚落,负责起吊指挥的杨定爱口中的哨声响起,明亮的灯光照耀下,两面红绿小旗在手中唰唰摆动。顾长的机车吊臂向墓坑伸去,粗壮的钢丝缆绳和巨型吊钩晃晃悠悠地停在了大棺顶上。青年考古队员李祖才把千斤绳套上吊钩,卡好绳扣。又是一声哨音响过,杨定爱手中小旗重新摆动起来,司机见状,脚踩油门,于隆隆的机车轰鸣中,瞪圆了眼睛,手把操纵杆慢慢紧收缆绳。载重指示仪表很快跳过5吨,接着又从6吨跳到7吨、7.5吨,只差0.5吨就要到极限,但大棺卧于墓坑稳如泰山,纹丝不动。负责指挥的杨定爱并不知此情,仍然吹动铁哨,挥动小旗左右摆动,脸上显出焦虑中夹杂着困惑的神色。司机见状,不知如何是好,站在机车旁密切关注动向的汽车排长,立即示意停止起吊,机车如同一头爬坡的老牛,"轰——!"的一声喘了口气不再动弹。凌空飞扬的巨臂慢慢垂下,钢丝缆绳在空中无精打采地荡动开来。

"怎么回事？！"面对突然变故，无论是现场的领导、指挥者、考古队员，还是普通观众，都发出了不解的疑问。王冶秋、潘振武等纷纷站起来向吊车方向观望，现场总指挥谭维四也急忙来到吊车前。示意停车的排长迎上前说道："谭队长，不行，棺材太重了，指示表都快到8吨了，还是吊不起来。"

谭维四听罢一惊，立即把杨定爱和在一旁观战的刘秀明工程师叫到跟前，略带焦虑之色地道："8个吨位都拉不动，这个数字比咱们估算的已经超出了3吨，一个棺材怎么会这么重，是不是哪里出了问题？"

刘秀明略加思索，道："吊车离墓坑远了一点，吊臂不够长，不是垂直起吊，而是斜拉硬拽，这样力量减弱了许多。我的意见是，吊车前移，靠墓坑近一些，尽量做到垂直起吊，或许就吊起来了。"

谭维四认为这位刘工程师说得有理，于是和吊车司机等人商量挪位，如此这般折腾了一个多小时，总算把机座摆弄安稳，吊臂伸出，直达椁室上空，缆绳垂下，直至棺盖顶部。众人见状，皆舒了一口气。杨定爱抖擞精神，嘴中的哨音再度响起，手中小旗来回摆动，机车似乎因为刚才在大庭广众之下丢人现眼的表演憋着一股心火，此次发出了比之前还要巨大的轰鸣，照相师与摄影师纷纷选择最佳位置开始拍摄，端坐在排椅上的领导者们也站了起来，围观的群众更是大呼小叫，追儿唤女，拥挤冲撞，凭着力气与霸气抢占到最前方者，一个个岔腿弓腰，缩着身子，伸长了香蕉状细瘦而无血色的脖子，眼睛放着迷茫苍凉的绿光，于山冈升起的夜雾中，呈饥渴贪婪之状向墓坑观望。棺顶上的挂钩套牢，吊臂发力，钢丝缆绳立即绷紧，所有人的目光都集中到坑内的巨棺之上，并咬紧牙关，捏紧拳头，绷紧神经，暗暗替机车助力。然而，任凭机车发出一阵又一阵暴怒和哀号的轰响，巨棺仍像故意较劲一样，丝毫没有一点离坑的反应。机车冒了一阵烟雾后，只得喘息着停止。

"棺材的重量已超过了8吨的负荷，无法吊起，另想办法吧。"汽车排长对谭维四道。

谭维四听罢，如同挨了一记闷棍，深觉今夜大栽脸面，下午在中央、省委领导面前慷慨激昂，侃侃而谈，每一个环节都说得头头是道，但实际一检验，破绽顿出。目前所知，一个棺材就比先前估算的超出了3吨多，现在领

第八章 墓室大清理

导就在坑边观看，面对如此尴尬的场面，情何以堪？想到这里，有点急红了眼的谭维四，发狠般道："难道是活见鬼了？再加一台并肩起吊。"

于是，从附近工厂借来备用的一台吊车立即开始助战，欲一举拿下。

令谭维四和众人再度大失所望的是，两台吊车一齐发力，坑内巨棺仍然是任凭风浪起，稳坐钓鱼台，纹丝不动。此时已过午夜，山冈升起的大雾弥漫开来，灯光浸在雾中，朦朦胧胧，墓坑的一切已看不分明。早已身心俱疲、兴趣皆无的王冶秋见此情景，站起身打个哈欠，令人把谭维四招呼到眼前道："我说老谭呵，这个棺太大了，太重了，看来是出乎大家的想象了，田野考古发掘遇到这种事很正常，谁也不是神仙。现在是两台吊车都搞不动，我看就不要整体搞了，是不是可以现场拆开起吊？这是我和潘书记刚才商量的意见，你们再研究一下，看是否可行。现在已经很晚了，大家休工，回去好好休息一下，明天上午接着干，我和潘书记还要来看。"谭维四听罢，认为只能如此，于是宣布休工，待明天稍做研究，再按第二套方案来个现场开棺验尸。

翌日晨7点，杨定爱率领清理组人员就开棺的技术问题进行了详细研究，并做好了一切准备。8时许，王冶秋、潘振武等各路领导人再次来到发掘现场，谭维四见清理人员、后勤人员、吊车司机、照相师、摄影师以及各色人等，都已各就各位，遂下令开棺。墓主的外棺盖板与棺身之间原有的铜榫大多已松动，只有少数完好如初，杨定爱等几人挥动手中的钢铁工具连凿加敲，咔嚓几下就将棺盖撬开，将垂下的钢丝缆绳套入棺盖，机车启动，吊臂高昂，巨大的棺盖板腾空而起，现场爆出一阵欢呼。司机宋宝聚瞥了一眼仪表，指针显示已超过了1.5吨。原来如此，一个棺盖板就如此沉重，若加上铜框结构的外棺棺身，还有一个尚不知里边藏着什么宝贝的内棺，分量自然就远远超过了预算的5吨，载重8吨的吊车再牛，也难以承受如此之重。

外棺盖吊出坑外放到小平板车上，众人的目光纷纷向棺内射来。只见一个形体巨大，五颜六色的内棺置于底部，占据了棺室的大部，内棺顶部可见一片厚厚的已腐烂了的丝绸残迹，在鲜艳亮丽的朱漆外棺内壁的映衬下，呈浅红色。未久，丝绸残片开始蠕动、萎缩，渐渐变成褐黄色，继而又呈黑色。考古人员知道这是由于空气的渗透与阳光照射所致，几乎所有的墓葬，发掘时都会遇到这个棘手的问题。眼看内棺盖上的丝绸在短时间内无法取出，长久地暴露于阳光与空气中，只能加剧毁坏甚至导致毁灭，发掘领导小组成员紧急磋商，决定不再顾及，在尽量摄取各种记录资料后，抓紧时间吊出内棺，整体送室内进行保护。

外棺内部深度达1.7米，且内外棺皆呈倾斜状态，内棺明显错位，已滑落于西部一侧。当杨定爱翻入大棺内对里边的小棺详细观察后，发现内棺紧贴外棺内底，无一点缝隙可寻，显然无法乘虚而入放置托板，即使是直接用千斤绳捆系，也无从下手。既然无法捆扎，吊取就成了一个难题，谁都明白眼前这具棺材不是一块普通的木头，里面盛放的不是一头死猪，而可能是一具保存长达2000年的人的尸体。无论是棺材还是尸体，都是极其珍贵的文物。因而对待这具棺材，不可能像对待一块猪肉一样，用锋利的铁钩捅进棺身，稀里马虎地拎出坑外，一了百了。必须在确保文物不被破坏的情况下，想出可行的办法予以吊取。于是，有考古队员认为大棺棺盖已经吊离，下面的重量应该在8吨左右，若同时启用两台吊车，可将内、外棺一次吊出。因外棺和内棺皆呈倾斜状态，在起吊前必须将棺身扶正，否则很可能在半空失去平衡而猝然摔下，后果不堪设想。遥想当年，当下葬的操作者因绞索突然断裂，或其他不明的原因，导致大棺从半空中落入墓穴，从而导致了盖裂棺斜的"大凶"之相。面对这个已为现代人探明总重量超过8吨的庞然大物，下葬者尽管绞尽脑汁，但仍无法用人力和不发达的工具将其扶正并归于原位。往事越千年，当年下葬者那恐惧、焦虑、仰天哀叹的悲怜身影仿佛就在眼前，即使是到了拥有现代化机械的今天，要将大棺扶正也非易事。有人受此前以水的浮力吊陪葬棺的启发，建议重新向椁内注水，以水的浮力用吊车将大棺扶正，然后即可捆绑缆绳吊取。这个意见得到了谭维四、邢西彬、顾铁符以及王冶秋、潘振武等领导的认可，开始向墓坑注水。

考古队员刘柄当天的记录，对现场情况做了如下记载："要起吊时西壁着力，已拉得西侧棺板北端破裂，继续起吊，棺板有破碎的危险。"又说："光在起吊放平这一问题上，又搞了大半天也未能解决，用了千斤顶，用钢丝缠起来，再加上木板，几次起吊也不能解决问题。硬搞，棺板只会搞破。七嘴八舌，意见很不统一。随后彭明麟同志索性锯了一根杉条，横于外棺西侧（倾斜着力面），起吊时棺无一点影响，吊车开动，果然效果好，放平，还未用到10分钟就解决了问题。放平后，想把内外棺一次吊起，连试几次不

第八章 墓室大清理

行,中午12点停止起吊。"

既然整体起吊无望,谭维四下决心打开内棺盖,就地清理。在得到王冶秋同意后,下午3点,考古人员开始行动。内棺盖镶嵌的子母扣并不深,开启并未费多大力气。此前,因外棺盖已破裂,加之积水长期浸泡,多数人认为棺内尸体存在的可能性很小,故没有把武忠弼教授率领的医学专家小组叫到现场。当外棺盖揭开,里边露出了五彩缤纷、鲜艳夺目的内棺时,众人的眼睛又放出了异样的亮光,神情大振,认为此棺表面完好无损,比江陵凤凰山168号汉墓的内棺强多了,说不定内棺之中还有一个小木棺,棺内的尸体和器物应该还保持原状,即便有点损伤也不会太重,出土一具完整的古尸又有了可能。于是,棺内是否能出古尸成为现场工作人员和围观者议论、期待的焦点。

在众人望眼欲穿的期待中,负责开棺的杨定爱突然喊了声:"坏了,有裂缝!"众人闻听,大骇,顺杨定爱手指的地方一看,果然见内棺盖南端有约1~2厘米的裂缝,可插进一个手指。

"完了!"在场者深知,只要有一点裂缝,空气和积水就可乘虚而入,内部的尸体和器物将受到腐蚀,保存下来的可能性已极其微小了。顿时,大家像泄了气的皮球,一个个

内棺盖被吊起来

223

无精打采，不再吭声。

经测量，内棺长2.5米、头端宽1.27米、足端宽1.25米、高1.32米，结构为接榫而成，全身髹漆彩绘，以墨黑、金、黄等色漆绘出繁缛的图案，多以龙、蛇、鸟及神人、怪兽组成，成排成行成组，似寓意一些神话故事。

不一会儿，内棺盖被打开，几位考古人员怀着一线希望，伸长了脖子向里观看。只见内棺棺室四壁的朱漆鲜艳夺目，有1/3的积水，从各种迹象看，棺中原积满了水，随着整个墓坑积水被排除，棺中积水也随之下落至现在的高度。水呈淡黄色，如糊状。整个内棺显得有些空荡，没有想象中的小木棺，南头棺壁上，一块半圆形的玉块嵌于中央并露出水面。水中漂浮着一堆褐色状物，似是盖在尸体上的丝麻织物。由于棺身向西倾斜，从棺的东侧可见棺底铺有竹席。除此之外，看不清其他东西，只觉眼前黑乎乎一片，令人有些失望。

"快看看下面，说不定尸体就在这堆东西底下呢！"一个考古队员提醒道。

早有准备的杨定爱已戴好了医用手套，他伏在棺壁上，用手轻轻向漂浮物的下方探摸了几下，然后起身抬头说了两个字："骨头！"

"呵！"身旁的队员听罢，摇摇头，满脸沮丧。消息传到墓坑之上，观看的领导与围观的群众皆露出了失望与惋惜之情。

既然尸体只剩骨骸，关于保护古尸的方案自然告吹，下一步要做的就是抓紧时间清理

考古人员清理墓主内棺的遗骨与遗物

棺中遗物。谭维四决定先整体取出，然后运到室内慢慢清理。具体做法是，先以小皮管用虹吸管的原理排除棺内积水，再用一块与棺等长的薄铝板沿棺的侧壁下插到底，再横向插入棺的底部，将遗留物全部托于铝板上，铝板下再用木板加固，最后和盘托出。由于下葬时内棺随着外棺的倾斜而滑动，大部分遗物已移入棺内西部，加之托板有弹性，当杨定爱以此方法把遗物托出后，仍有少量文物残存棺底，只好再由考古队员王友昌下到棺内进行仔细搜寻，又从中取出文物50余件，一同运往室内进行清理。

至此，东室的现场清理工作基本结束，剩下的主棺两层棺身要等到6月21日其他各室清理完毕后方才取吊。这一天是星期三，只是阴天，没有异常天象异兆出现，上午8点25分开始吊主棺中的内棺。据当天的文字记录显示：

昨天下午曾灌水入外棺内，水深至胸部，内棺浮起，就用板子和绳子垫于底下，然后放水，内棺又落下。今天上午又拴好绳子，用吊车起吊后，放于汽车的拖斗车上。拖卡（拖斗车）的4个壁均打开，使之成为平板车状，放棺于上，再关上，拉至一边暂停放。内棺通体饰各种花纹。接着吊外棺，放于汽车厢内（8时43分），运至车库保存。这个外棺估计有5吨重，压得汽车轮瘪了。运到车库门前，将原装着外棺盖的平板车推出，先吊棺盖放在一边，然后吊外棺放在平板车上，接着全部清出棺内东西。棺内物质已成稀糊状，呈红褐色，清理的同志用木瓢盛起舀进铁桶，提去冲洗，有金箔片（南注：据报告称，墓主外棺和内棺共出土金箔99片，估计这些金箔原来也是作为装饰物分别贴在某种器物上的，因墓坑长期积水，黏附不牢或器物受腐蚀而脱落下来，故散见于各处），玉璧、玉饰、锡圈等物（另造册）。清理完后，又把吊棺盖盖上，推平板车入车库。平板车载重量，车库门和室内是经过事先设计的，却没法开来汽车推平板车。由于原来设计平板车载重为4吨（估计主棺重3.5吨），可是经过吊车起吊的结果，外棺盖近2吨重，外棺重达5.4吨，加起来7吨多重。这样重得太多，汽车推平板车进车库时，一点小坎都上不来，车轮竟于水泥路面上打滑，再退出来，准备第二次推平板车入库时，平板车的右前轮外撇，压破，其他3个轮也因负荷太重，而不同程度地外撇。这样只好停止推进，用木板支撑平板车，这个外棺就放在外面了。

内棺是装在拖车上的，而且不重，我们用力推就将它推进车库了。

6月30日，考古发掘记录再次显示：

清理组的同志和民工，试图以人力将放于平板车上的外棺推进车库，结果没有成功。后来，用解放牌汽车倒挡推进，才奏效。这具外棺自21日上午从东室吊起，一直放在车库门外，今天上午才算将其推进车库内。这件事前前后后折腾了几天，车子都压破了，人也没少受罪，真是不易。①

从这份当年留下的珍贵的文字记录看，这番折腾的确是不易，想不到外棺的总重量已是7吨之重，仅外棺镶嵌的铜框架的重量就达3吨。外棺加上内棺约2吨的重量，总重量已超出9吨。经考古人员测算，除去木板的含水重量，估计入葬时这具套棺的总重量当在7吨以上。难怪当年棺身斜着落入墓坑，入葬者束手无策，而2000年后的起吊，拥有现代化机械设备的考古人员竟两次未能成功。

当主棺内的骨架移入库房之后，发掘领导小组便邀请中国科学院古脊椎动物与古人类研究所专家张振标，对人骨架的年龄、性别等做了初步鉴定。随后又请湖北医学院楚莫屏与湖北省博物馆李天元两位专家，对墓中出土的22具人骨架进行了仔细观察与测量。鉴定结果可知，墓主和陪葬者人骨的主要特征属于蒙古大人种，接近蒙古人种的东亚和南亚类型。墓主为男性，年龄约42～45岁，身高1.62～1.63米。

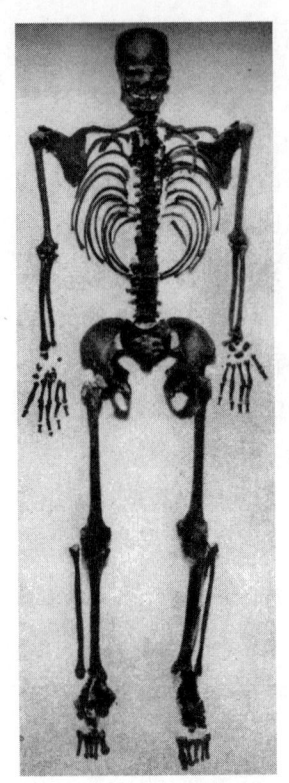

清理复原的墓主骨架

第八章 墓室大清理

王冶秋：大家不要捅乱子

东室主棺的文物与墓主的骨骸全部取出，尽管没有见到完整的古尸，但出土的文物仍令人兴奋，众人在松了一口气的同时，把主要精力集中到其他几个椁室之中。

6月9日上午，受潘振武、邢西彬等省领导邀请，王冶秋与发掘人员进行了座谈，就擂鼓墩古墓的发掘与相关的事宜发表了如下意见，特别是对文物如何分配问题做了明确指示，这个谈话对出土文物最终被运到武汉湖北省博物馆保护和保存，起到了极其关键的作用。王冶秋说道：

王冶秋（中排右一）听取相关发掘人员汇报并发表出土文物保护和去留的意见

这次发掘工作很重要，墓的规模很大，文物保存很完整，这是过去少见的。墓内的文物很丰富，许多是过去没有见过的，我看过的古墓不下1000座，但这个墓内许多东西还是不认识。乐器这么多，几乎吹、拉、弹的都有，特别是那套编钟，60多个，是音乐史上一次空前的发现。铜器上的铸雕花纹，手工工艺达到了难以想象的水平。还有许多兵器、竹简。发现的弹簧很了不得。②往下清理，可能还有不少重要文物。

大家做了一件很有意义的工作，初步看来，墓葬的年代属春秋战国之际。"国家文物局八年规划"中提出，要研究解决我国历史上两个过渡的历史阶段，一是由原始社会向奴隶社会过渡，一是由奴隶社会向封建社会过渡。这个墓正处在春秋战国之际。毛主席讲，这是我国由奴隶社会向封建社会过渡时期，看来这个墓对说明这一历史问题有重要价值。一般说来，奴隶社会是杀殉，一杀就是好几百人，而这个墓是赐死，被赐死的人不会是重要人物，可能是死者生前的乐队。赐死后用了棺葬，这比奴隶社会用杀殉是一个进步，但还是要殉人的，这可能是由奴隶社会向封建社会过渡时期的一种现象。关于从原始社会向奴隶社会过渡的问题主要是夏代。商代以前出过不少东西，应该有夏代的，但有的人就是不承认，因为不是他自己发掘的。

这个墓要研究的问题还很多，如墓主人到底是谁？有的说是楚惠王，有的说是曾侯乙，可以百家争鸣。还有，墓主人是没落的奴隶主阶级，还是新兴地主阶级，很值得研究。铜器铭文和竹简上的文字，可能会说明一些问题，希望大家清理完后，写出发掘报告，尽快出书。要把电影拍好，把资料做全做细。将来，这个墓要向全世界公布，电影在香港一放，就要轰动世界。

发掘工作要做细，要善始善终。马王堆的发掘工作，中央很重视，总理要求一天做两次汇报。发掘马王堆软侯时，由于墓坑破坏得很严重，里面有国民党的弹片，大家以为没有文物了，最后仔细清理，就发现了"长沙丞相"和"軑侯之印"的图章，这样就解决了马王堆墓葬的年代和墓主身份问题。因此，工作一定要做细，要把墓底认真清理一下，看有没有图章。竹简和铭文要认真清洗研究，文字和图案临摹下来，还要即时照相。编钟要请音乐研究所和乐器厂来测音，经过测音后，可能会演奏出很好的乐曲。兵器要请军事科学院战史研究室来研究。所有骨头都要鉴定一下，看是男性还是女性，有多大年龄，我看墓主可能是男的。

可以搞文物复制品换外汇，为"四个现代化"服务。我们文物复制水平跟不上，钱给人家赚了，香港一些旧货和复制工厂搞得很快，利用我们的文物去赚钱。澳大利亚利用我们的文物资料搞复制赚了60多万澳币。香港今年是马年，对马很重视，非要买我们的马踏飞燕（即"马超龙雀"）。做一件马踏飞燕的成本只要1000元港币，但可卖2000元港币，我们就是不大量生产。

这个墓的文物资料很重要，要运到省里去集中整理研究保存。完整的资料要完整地保存，不要东放一点，西放一点，搞得东零西碎的，把文物搞分散了。编钟65个是连续的，是一套，兵器也很完整，都不要分散了。文物整理好了以后，可以调北京展出，向中央领导同志汇报。但是，展出后，还是要还到省里来保存。总之，在随县保存墓坑，搞个文物陈列室，出土文物要运到省里集中保存和展出。将来外宾在省里看文物，到随县去看墓坑，外国搞考古的总想看墓坑。

省里和随县是不是要搞一个这个古墓的博物馆？我看不一定都要搞，但革命纪念馆可以搞，毛主席、董老都曾多次来湖北……但也不要搞得太多。有的地方把主席走过的路住过一晚的地方作为"路居"纪念馆来搞，不一定合适。我们不要把纪念地搞庸俗了，还是搞那些与重大历史活动和历史事件有关的地方，有的搞馆，有的搞碑，湖南省有的纪念地没搞好，比如清水塘旧址，把老街拆了，建了一个大纪念馆，喧宾夺主，主席说把他的邻居搞走了。我们在韶山坚持了保护原状的原则，没有搞大建筑，主席满意。华主席也很重视，为了保持韶山的原貌，将车站和灌渠修在距主席故居较远的地方。

关于这个墓的宣传报道问题，要等一段时间。因为，有好多文物我们还不认识，好多问题还没研究清楚，如到底是什么时候的墓，墓主人是谁，竹简上的文字是什么内容，等等，都还没有研究清楚，不好报道。总要等这些问题基本搞清楚了，大家有了一个基本统一的看法才好报道。特别是日本研究我们东西的人很多，研究得也很快，如果我们没有研究清楚就发表，闹出笑话来，就很不好，也很被动。因此，这个墓的材料，要经过省委和国家文物局请示中央同意之后才能正式报道。希望大家不要捅乱子，捅出乱子就不好办。但是，现在可以发内参，让领导了解情况，也可以做报道的准备工作……③

王冶秋的讲话已明确透露出一个信息，即文物不能散，先拉到省博物馆进一步清理研究，如此一说，就在理论和制高点上斩断了随县扣留文物的可能。王冶秋还明确表示，自己还要在擂鼓墩多住几天，力争看到墓坑文物全部清理完毕后再回省里，和省委、省革委会领导同志商量后再正式决定文物的去留问题。回到北京，还要向中央领导同志汇报。同时根据现场发掘、清理，以及对器物鉴别、铭文与竹简简文识读的需要，已电告北京方面，马上派相关专家前来支援，力争让此次发掘少留遗憾或不留遗憾。

既然古尸没有完整出土，也就省去了防腐、保护与和围观群众纠缠的麻烦。令王冶秋、潘振武等领导们最为牵挂和关注的，则是仍屹立于中室的那套编钟，如此伟大的人类文明瑰宝，必须尽快将其取出，运到室内进行保护，同时也顺便测试一下，埋藏地下2000多年的青铜编钟会不会还能奏响，古老的乐曲能否重新响彻人间大地。

会议结束，考古队员又进入墓室继续清理文物。翌日，也就是6月10日傍晚，北室的清理工作全部完成。

当王冶秋到来之时，北室已基本清理完毕。最初露出的器物是靠南壁的两件特大型铜缶，中间是一些伞盖等物。整个北室北部全部被散乱的一堆甲胄片所覆盖，下面放置何种器物并不清楚，当把甲胄片清理之后才看到，此室原来是个大杂库。首先是兵器之多之精之独特，让考古人员眼睛一亮，计有矛、戟、殳等多种长杆青铜兵器，一般在3米以上，最长的达4.36米。另外有成捆的带杆箭镞，每捆约50支。此前考古发掘中所见的箭镞，一般只见箭头而不见箭杆，北室出土的箭头都完好地安于箭杆之上，且箭杆捆扎的羽毛也皆并存，殊为罕见。整座古墓共出土各类兵器4777件，北室就占了3304件，其数量之大，保存之完好，令人惊叹。除兵器外，还于甲胄之下发现了一批成堆的竹简，当时并不知竹简书写的内容，后来经过专家考证，才知是"遣策"，即墓主人入葬时参加葬礼的车马兵器的清单。这批竹简的发现，为解开墓葬主人和时代，以及曾国与楚国的历史之谜，起到了至关重要的作用。

就在北室清理进入尾声时，中室取吊编钟的工作也正在紧张地进行。此前，编钟上层已取走，只有中层和下层尚悬挂于墓坑中。现在，下部的

工作人员取吊墓坑内下层大型编钟

淤泥已全部清走，可以让整套编钟重返人间了。当天下午，中层三组编钟全部取出。自11日开始用吊车取吊最下层的13件大型甬钟。至12日下午，下层13件大钟全部取出。经测算，重100公斤以上者共有10件，其中重175公斤以上大型编钟有5件，最大一件高1.52米，重203.6公斤。至此，整套编钟共65件全部安全出土，总重量为2567公斤。

6月15日上午，考古人员开始拆卸编钟架以便吊取。这个时候，大家才真正领略到这副2000多年前的曲尺形钟架，其设计构造是多么精妙，并富有严谨的科学内涵。只见下层3件铜人的足部皆为一半球体铜墩，实际构成了直角三角形的3个顶点，而这三点又构成了一个平面，加上半球体底座铜人的重量（分别为359公斤、323公斤、315公斤），就使整个铜架的重心非常稳固，自身不易发生倾斜，一般的外力很难使其倾塌。更令考古人员叫绝的是，中层铜人与下层铜人之间，虽有横梁悬隔，却有榫眼相通，而且在一条垂直线上。奇妙之处在于，下层铜人头顶的方形榫头，本身就是方形榫眼，可承插中层铜人下部伸出榫头端部的小方榫。如此这般，中层和下层的铜人就贯通一气，从而使整个铜架牢固地连成了一个整体。或许正因有了如此科学合理的设计，才使这一庞大的钟架承受2500多公斤的重量历2000多年的埋葬与水浸，仍巍然屹立于幽深的墓穴，直到重见光明的一天。

考古人员把取出的编钟运到临时库房

6月17日，中室文物全部清理完毕，考古人员集中精力清理西室。

此时，整个墓坑的水已被抽干，西室内浮起的彩棺全部落入椁底，共有11具棺身，12个棺盖，连同此前取

吊出水的两具彩棺（其中一盖未取），此室共有13具木棺，应是为墓主人陪葬而特意摆放的。若站在墓坑边沿望下去，如同遭到了一场浩劫，有侧，有立，有覆，有翻，横七竖八，凌乱不堪。只有少数棺身与棺盖连在一起，大多数则已游离，显然不是当年下葬时的原状，应是积水使其浮动位移之故。木棺四周散落着尸骨和腐烂的竹席，既没有礼器，也没有乐器和兵器，连日常生活用器都很少看到，间或有些小木器、小玉器之类的东西点缀其中，颇有些野坟孤魂的景象。仔细观察，发现木棺分为两类，一类为弧棺，一类为方棺，弧棺较矮，方棺较高，可能意味着陪葬者的地位不同。两类棺虽都髹漆绘彩，但并不华丽，与东室墓主人那豪华艳丽，气势恢宏的彩绘套棺相比，更显简陋寒碜，望之令人有一种说不出的凄楚和悲凉。

考古人员尽了最大努力企图弄清这些木棺原来的位置，对倾覆的尸骨也尽可能复员归位，让其各归其棺。但除了基本弄清了木棺的位置，对有些尸骨到底该归于何所，一时无法弄清判明，只好先装入棺内吊出坑外，转入室内清理。至19日，西室内的陪葬棺全部被吊出，由黄锡全、杨定爱负责室内清理工作。据清理现场的文字记录显示：被编为第6号、第12号、第13号的陪葬棺内，只有人骨架而无人头。被编为9号的方棺，"棺内空空如也，文物已无存，因此无法判断头向"。被编为11号的方棺内，"有头骨两个，可能系吊棺上来时误将另一头骨放入内，现将多出的一个头骨另外放着，待查明后再处理。裹尸竹席已腐烂"。

从以上记录可以看出，考古人员要把这散乱尸骨入葬时的确切位置弄清楚，是一件相当棘手的工作，不知杨定爱用什么方法把无头尸骨安上了头，无棺的尸骨找到了棺，最后一个不多，一个不少，各有所归，皆大欢喜。后经北京、武汉两地医学解剖专家及古人类学家鉴定，西室13具棺内的陪葬者全为女性，年龄分别为13～24岁，其中有5位为未成年女性，年龄分别为13～16岁。若加上东室中陪葬的8位女性，为墓主陪葬者多达21人。其年龄最大者不过26岁，最小者仅13岁，身高多数在1.43～1.6米之间，不足1.43米的仅2个，超过1.6米的有3个。至于这群女性生前的身份，以及与墓主的关系，是自愿殉葬还是赐死，是杀殉还是闷在缸里淹死，死前是否留下遗嘱或类似遗嘱式的密码，只有留待日后破译了。

6月22日，擂鼓墩古墓4个室内暴露的文物全部取出，田野发掘工作接近

第八章 墓室大清理

尾声。根据王冶秋所讲"工作一定要做细，要把墓底认真清理一下，看有没有图章"的指示精神，以及长沙马王堆二号墓发掘的经验，[④]谭维四命杨定爱率领一班清理人员，自23日开始，分室将椁底板上的淤泥和沉积物用簸箕一点点取出，置于坑旁的大水缸里进行淘洗，将漏于底部的小件器物逐一清洗出来，力争一件不漏。至26日，清理与清洗工作基本完成，但仅筛出一些铜镞、小木扣子、小玉块、残骨片等物，期待中的印章没有出现，不免令人有些沮丧，对墓主人和时代的确定也增加了不少困难。既然事实如此，也只能接受这个结果了。

接下来，又对底板下的情况进行探查。按照原来的计划，在每室的中部凿一个直径30~40厘米的小方洞，穿透底板，下部的情况即见分明。当临阵钻探时，谭维四又觉得如此方法对底板的损伤太大，不利于长期原状保护，遂改变主

曾侯乙墓形状和出土文物示意图

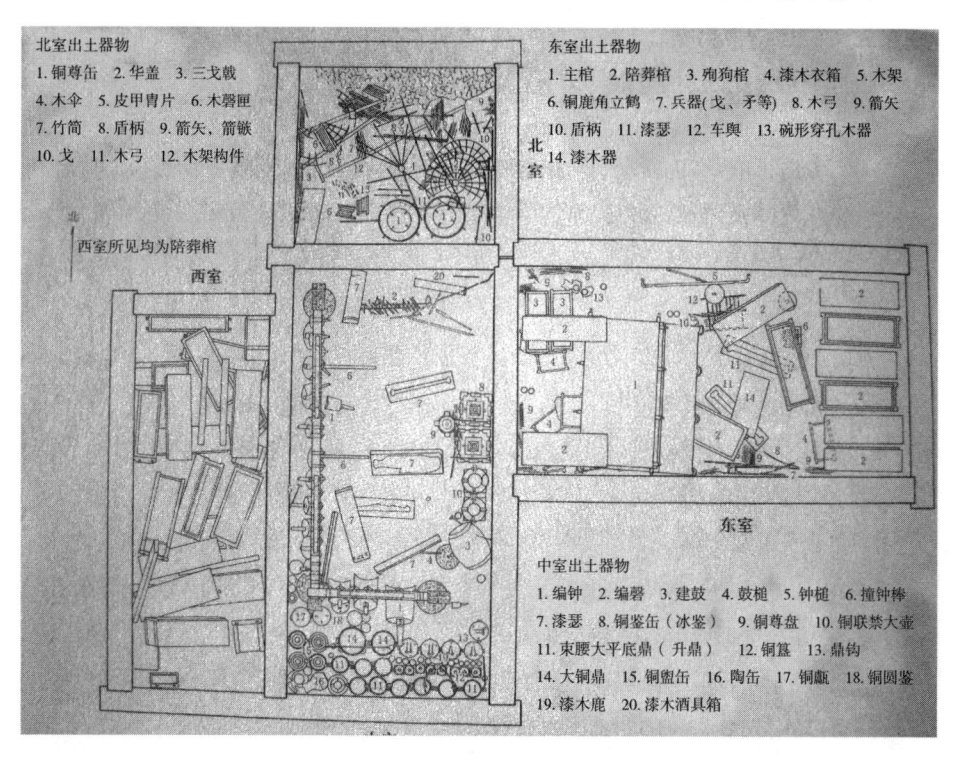

北室出土器物
1.铜尊缶 2.华盖 3.三戈戟
4.木伞 5.皮甲胄片 6.木磬匣
7.竹简 8.盾柄 9.箭矢、箭镞
10.戈 11.木弓 12.木架构件

西室所见均为陪葬棺
西室

东室出土器物
1.主棺 2.陪葬棺 3.殉狗棺 4.漆木衣箱 5.木架
6.铜鹿角立鹤 7.兵器(戈、矛等) 8.木弓 9.箭矢
10.盾柄 11.漆瑟 12.车舆 13.碗形穿孔木器
14.漆木器

北室

东室

中室出土器物
1.编钟 2.编磬 3.建鼓 4.鼓槌 5.钟槌 6.擅钟棒
7.漆瑟 8.铜鉴缶(冰鉴) 9.铜尊盘 10.铜联禁大壶
11.束腰大平底鼎(升鼎) 12.铜簋 13.鼎钩
14.大铜鼎 15.铜盥缶 16.陶缶 17.铜甗 18.铜圆鉴
19.漆木鹿 20.漆木酒具箱

233

意，采用洛阳铲与钢筋钻相结合的办法，在椁板上先用洛阳铲打洞，穿透底板，再用钢筋钻往下探。若遇到不能穿透者，直接用钢筋钻往下钻。钻探证明，底下没有垫枕木。

墓坑底部检查完毕，杨定爱又率领人员在椁墙四周做了局部浅层清理和重点钻探，得知盖板下椁墙与坑壁之间，主要为木炭，只在中室东部发现盖板下先填木炭，深10厘米有一层清灰泥，其下又为木炭。经钻探，木炭直达坑底，并经夯打，炭已碎裂，均未取出。

钻探结束后，开始向墓坑灌水清洗、消毒，而后复将污水抽干，底板进行清扫后全部显露出来，最后撤去椁室顶部临时搭建的安全板、帆布棚，做了最后一次照相、摄影、绘图，电影摄影师拍摄了整个墓坑底板的全景，算是做了告别。至此，擂鼓墩古墓的田野发掘工作全部完成，时为1978年6月28日。

文物必须先运到省里去

根据王冶秋的指示，国家文物局文物处立即组织专家赴随县协助工作。国家文化部文物保护技术研究所的保护专家胡继高、张贻义、徐娟娟；文化部艺术研究院中国音乐研究所音乐专家黄翔鹏、李纯一、王湘、吴钊、王迪、顾国宝；北京大学古文字专家裘锡圭、李家浩，以及中国社科院历史研究所的李学勤、武汉大学历史系的石泉等历史学专家，陆续抵达随县擂鼓墩古墓发掘现场，对最为紧迫和亟待解决的问题先行保护和研究。

7月1日，在随县文化馆举办的"'78随县擂鼓墩 M1古墓出土文物展览"正式开幕。

早在6月9日，在省、地、县领导人与部分考古人员参加的座谈会上，当王冶秋毫不含糊地提出古墓出土文物不能分散，且一定要拉到省博物馆保存、研究这一在当时最为敏感的意见后，与会的襄阳地区与随县领导人颇感不快，当即提出这是在随县土地上发现发掘的古墓和出土文物，如果全部拉到省里，作为随县的领导者无法向当地人民群众交代，而当地群众在感情上

第八章　墓室大清理

恐怕也无法接受，最好的办法是在随县擂鼓墩修建博物馆，把这批东西原地保护、研究。王冶秋听罢，当场表示反对，说道："这批文物如何保存，要等省委研究。我的意见，可以将墓坑在现场保存起来，把一些小棺放在墓坑内，墓坑上面盖个保护棚，里面保持一定的湿度。在墓坑旁边兴建一个文物陈列室，展出文物图片和复制品，将来作为一个参观点就可以了。"

对方一看文物留在当地无望，建博物馆同样无望，仍不甘心地争辩道："文物不分散当然是对的，像编钟一套65件，不可能这里放10件，那里放20件，但也不是所有的文物都不能分散，像出土的漆兵器、铜器等器物那么多，挑几件不太重要的，放在随县陈列一下也是可以的，为什么非要全部拉走，寸草不留呢？这不让随县人民太寒心了吗，广大人民群众怎么会答应呢？"

王冶秋解释道："我也不是说拉走之后就永远放在省里不运回来了，只是现在文物刚出土，急需清理保护，许多问题还没弄清楚，随县没有这个条件保护和研究，所以就现在情况看，必须先运到省里去。等相关的问题都解决得差不多了，发掘报告出版了，随县具备了保护研究条件，也可以运回来。"王冶秋说到这里，停顿了一下，接着面朝潘振武说道："但这要看省里领导同志的意见，潘书记，你看这个意见是否合适？"

潘振武当场点头表示："我看是可以的。"

随县方面领导人一看这种阵势，知道自己再争下去是白磨嘴皮子。于是，调整战略战术，以退为进地应变道："这个墓的名声已经出去了，现在社会上传言不少，有的说挖出了金头，有的说挖出了金马金人，金马还会跑，金人还能开口说话。总之，什么离奇的传言都有。面对这种情况，考古队不能把东西悄没声息地拉走，必须给随县人民一个交代。在拉走之前，要把这个墓出土的东西拿到县文化馆大厅亮一亮相，也就是说办个展览，让群众过个目，看一看都挖出了哪些东西，做到心中有数，对社会上的传言也就不攻自破。否则，县里领导不好向人民群众交代。"又说："既然文物拉走是顾大局，我们同意，但也不要遗漏了小局。文物拉走后，出于这样那样的原因不能运回来，希望省里复制一套送我们，特别是编钟。否则，擂鼓墩现场只有一个墓坑和几口破棺材，一点复制文物没有，即使是建起陈列室，也没的可看，价值也不大。"

针对这一要求，王冶秋表示理解，说："文物复制的事，省文化局、省博物馆要认真研究，给予交代。"潘振武接着说："当文物清理出墓坑后，可以在县文化馆办个展览，让群众看一看，这样也算是对随县人民、驻军和方方面面给予的支持有个交代。"对此，王冶秋表示同意，并指示要抓紧办，在时间上不要拖得太长，否则对文物保护极其不利。⑤

根据这一指示精神，考古队把精选的出土文物陆续运往县文化馆大厅展览，并于7月1日正式接待观众。为防止再次出现擂鼓墩发掘现场一拥而上，挤倒雷修所营区围墙的混乱局面，本次展览采取了有组织进入的方式。据当时的记录显示，参观者空前踊跃，络绎不绝，仅上午两个小时，就有1000多人参观。因此次组织严密，防范有术，没有发生墙倒人伤的恶性事件。

对外展出的器物大多为质地坚硬，不易损毁的青铜器和玉器，像容易脱水变质、腐朽的漆器，以及从北室清理出土的竹简等均没有参展，仍保存在临时库房内供前来的北京大学教授裘锡圭等人研究、释读。黄翔鹏等音乐专家正在为青铜编钟、石编磬和出土的皮鼓、瑟、琴、排箫等鉴定、测音，最关心这批埋藏千年的乐器是否还能发音，音乐性能如何。而作为古代众乐之首的青铜钟，在宫廷演奏中具有无与伦比的主导地位，这套前所未见的大型编钟是否还能发音，音质如何，演奏方式怎样进行，则成为研究人员最为关心的问题。鉴于编钟的声势早已传遍四方，被描绘得神乎其神，观者无不想一睹为快，考古人员不得不将钟架放在仓库，把悬挂的65件大小不一的青铜钟运

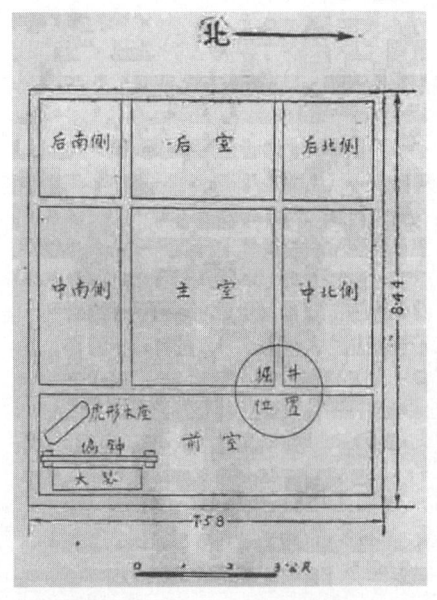

长台关楚墓外木椁平面草图（引自《信阳战国楚墓出土乐器初步调查记》）

第八章 墓室大清理

往文化馆展出。于是，黄翔鹏等人的工作也只好由工地仓库转到文化馆内进行。

在擂鼓墩古墓发现编钟之前，中国地面上已经出土过十几套大小不一、或全或残的青铜编钟，如长治十四号墓出土一组8件；新郑古墓出土了两组，一组为10件，一组为9件；寿县蔡侯墓出土了三组，一组为8件编镈，一组为12件甬钟，一组为9件钮钟。经音乐学家测试，以上古墓出土的钟镈，一部分不但能发音且能演奏，如河南信阳楚墓出土的13件编钟即是较为成功的一个范例。

1957年2月，在河南省信阳以北约60里的长台关，一帮农民在打井时无意间发现了一座古墓。同年3月至5月，河南省文物工作队进行了发掘。据发掘简报称：此墓葬坐西朝东，外木椁略作方形，东西长8.44米，南北宽7.58米，共分7室。从墓葬形式及出土遗物等各方面判断，为一座战国时期的楚墓，其规模宏大，为同一时期在长沙发现楚墓的七八倍。墓主姓名不详，墓中除了棺椁完好，还出土了一大批保存完好的漆器、木器、陶器、玉器、竹简和许多包括烹饪器、食器、酒器、水器、乐器、兵器、车器、马器和配装在木器、漆器上的零件类青铜器。墓葬前室贯通南北，宽约5米，深约2米，在此室南半部发现了青铜编钟和瑟等一批乐器。由于此墓出土器物之多，保存完好，引起轰动，一时观者云集，各路学科的研究者纷至沓来。

长台关楚墓出土编钟测音时的情况（引自《信阳战国楚墓出土乐器初步调查记》）

同年6月，中央音乐学院民族音乐研究所派专家对出土的13件编钟进行调查、测音和录音，据参加人员王世襄执笔的报告说：根据形制和铭文，似乎可以肯定这套编钟是春秋时物而埋葬在战国的楚墓中。在与编钟同墓出土的28片

237

完整的竹简中，有一片记载着钟的数目。这套编钟与竹简记载的数目相符，至少可以证明这套编钟在放入墓室以后，并无短少，是近年出土编钟中最完整的一套。"特别使人惊异的是这套编钟的完好程度。它们不仅没有伤裂，连轻微的侵蚀锈片也找不到。在各钟身上，只浮遮着薄薄一层黑色的氧化（或可能是一种炭质）表面。这层表面还掩盖不住下面金黄色铜质的光泽。由于这套钟的铜质几乎没有变，因而它的声音可能变化不大。"与这套编钟同时出土的，还有两件敲钟的小木槌，这是中国考古史上首次发现先秦时代敲击青铜钟的器具，对揭开古代乐人敲钟工具和姿势，具有重要意义。

在信阳楚墓编钟出土之前，上海博物馆收藏了一件战国"刻纹燕乐画像杯"。从这件画像摹本可以看出，后面的左侧有一人跪坐在鼓瑟，右边有一人跪坐在编钟前做敲钟状，钟架上挂钟4件。前面的人，或手持鼓槌敲鼓，或翩翩起舞，整个画面呈现出一派歌舞升平的景象。敲钟人手里握的槌棒是什么材质制成的，若编钟超过4件是否还保持如此姿势，不得而知。调查人员通过对信阳出土的编钟实际进行测试，认为："钟槌作丁字形（柄长53厘米，断面呈扁圆形。槌头长9厘米，断面略作扁方形但无棱角），与战国铜壶上（故宫博物院藏燕乐渔猎壶）作乐人手中所持的钟槌非常相似。两槌一个已断折，一个尚完整，但木质糟朽已不能再用它来敲打。经过审视，钟槌的原来木质是用较松的木料做成的，我们也用河南当地所产的木质较松的楸木，试行仿制。"又

战国铜器"刻纹燕乐画像杯"上的画像

第八章　墓室大清理

说："根据钟架的高度和宽度，及两个木槌的形式和长度，我们可以相信古代乐人在演奏时是席地而坐或跪在地下敲打的。由第一个钟到第十三个钟，相去约两米。假设作乐人跪在钟架前面的正中，两手各执一槌，两臂伸展，则他所能打到的区域，将超过两米。所以他是可以自如地进行演奏的。"

最后，调查人员得出结论："我们现在可以相信目前所能听到它的声音，与它原来的声音，可能没有多大区别，因而它是研究古代乐器及乐律最理想的材料。"⑥

对于这一结论，曾参加信阳楚墓发掘指导工作的顾铁符说："这一组编钟，据中央音乐学院民族音乐研究所精密的测量和测音的结果，认为音阶相当正确，只有第十二枚与十三枚之间，无论钟的大小和音阶，都相差比较大，可能在随葬到墓里去之前，已经缺掉过一枚了。"结合铭文和编钟的大小排列形式，顾氏认为"这一组编钟应有的数目，为十四枚"，⑦而不是墓中埋葬的十三件。对于顾氏这一说法，王世襄等音乐研究人员认为："仅凭这些现象作为论据，进而推断这套编钟原来不止十三个是远远不够的"，⑧只能作为一种存疑提出来供研究者参考而已。

在探讨中，就墓中器物保存完好的原因，顾铁符认为："长期埋在地下的铜器，能保存得这样好的，除了信阳这一批之外，也只有在战国楚墓里才能见到。根据近年来长沙考古发掘工作中的经验，对战国楚墓里铜器的保存，有两种绝不相同的情况：一种墓是用原地的土填的，（发掘后）绝大部分已经看不见棺椁的痕迹，竹、木、漆器及人骨架也全部腐朽，铜器埋入从上面掉下来的填土里。这一种墓里的铜器，除了镜之外，都保存得非常差，表面变成深灰色或翠绿色，薄的甚至变成半透明体，质地很软，有时触手即毁。待到干燥了以后，比较硬些，但还常常不断地风化。另一种墓在棺椁的周围填有很厚的黏土（就是长沙人所说的白膏泥），棺椁及竹、木、漆器等保存得比较好，甚至于很完整。铜器在木椁里面，除了一般表面有一层黑灰之外，绝大部分质地坚硬，声音清脆，铜质不变，和没有入过土的一样。铜器在墓里之所以能保存得这样好，对楚墓发掘有经验的人认为与用黏土来填椁的周围有关，并且填得越厚越好。黏土的颜色也有区别，一般带黄色的比较差，白色的比较好些，而以呈青灰色的为最好。信阳楚墓在椁的周围填了一米左右厚的黏土，这种黏土的颜色也正是呈青灰色的。这可能就是墓里铜器和全部棺椁、随葬物保护得这样好的原因。"⑨

正是由于信阳楚墓出土编钟完好无损,且能演奏出当年那种优美的旋律,当1970年中国第一颗人造卫星上天之时,在天空轨道中运行的卫星传出的《东方红》乐曲,就是信阳编钟所演奏。

如何才能撞响古钟

历史常含有未来的东西,擂鼓墩古墓所采用的填土方式,与顾铁符所说的信阳楚墓完全相同,尽管有了盗洞的干扰,但墓中文物特别是众多的青铜器,还是完好如初地保存了下来,此次出土的庞大编钟就是一个证明。当然,信阳楚墓出土的编钟,与擂鼓墩古墓出土的编钟相比,无论是数量、形体,都没有如此之多、如此之庞大,且铸造工艺也远没有这套编钟精致完美。只是擂鼓墩古墓出土的编钟生不逢时,没有赶上第一颗人造卫星上天。

既然信阳楚墓出土的编钟能够演奏远古的曲子,黄翔鹏、王湘等音乐专家深信眼前的这套编钟演奏古曲就更不在话下,且产生的音响效果一定要比信阳编钟好得多。于是,随县文化馆大厅内,王湘等人在文物展出负责人郭德维的陪同下开始测音。由于白天编钟要展出,只能等到晚上观众散去之后方可进行,但上半夜四周嘈杂,难以测准,只有等下半夜才能开始。在擂鼓墩古墓清理时,考古人员在编钟钟架旁发现了6件呈T形,通长62厘米的木槌,两根茶碗般粗细,长达215厘米的木制撞钟棒,只是当时木槌与木棒分别浸在泥水中,清理者并未立即认识到它的用途,直到在县文化馆测音时才突然想起。惜出土的钟槌经过千年泥水浸泡已不堪用,测音人员便用自己携带的橡皮头小槌击奏上层的钮钟和中层甬钟,这样既不会改变钟体的频率,又避免了使用木头钟槌的碰撞噪声对仪器干扰。据在场的考古人员回忆:"编钟敲响后,那种非常透明,透明得像水滴一样的音色,还有它那绵长的余音,一下把大家都镇住了,真是太美妙了,美妙得有些不可思议,像在梦中一样。随后大家就一鼓作气,测试其他的钟,发现上层的小钟清脆明亮悦耳,中层的钟比较圆润。也就是这次测试,解决了在音乐界某些大腕颇为怀

第八章　墓室大清理

疑的"一钟双音"的悬案。⑩

在测音过程中，王湘等人发现每件钟正鼓、侧鼓部位有不同的标音铭文，敲击这两个部位，击发出来的乐音也不相同，而且同一件钟两个不同部位的乐音，基本都是相差三度左右。当时在场的黄翔鹏激动地喊道："妙，妙极了！又一套双音钟，小三度呵！"

在此之前，黄翔鹏、王湘等人曾跟随中国音乐家协会主席吕骥组织率领的一个民族音乐调查小组，到陕、甘、晋、豫四省进行过一次先秦音乐文物测音调查活动。在历时三个月的历程中，搜集了一大批田野考古发掘新材料，并从出土的先秦编钟身上，发现了典籍没有明确记载的奇妙情况——一个编钟居然能发出两个乐音，即隧部（口沿正中）可以敲出一个乐音，鼓部（口沿两旁）也能敲出一个乐音，侧鼓音比隧音高出一个小三度。对此种新奇现象，音乐专家称其为"一钟双音"，此类钟又命名为"双音钟"。调查结束后，黄翔鹏草成了一篇题为《新石器和青铜时代的已知音响资料与我国音阶发展史问题》的论文，其上半部在《音乐论丛》1978年第1期公开发表，并鼓吹这种一钟双音的现象是中国音乐、声学、铸造技术史上一项了不起的伟大创造云云。这一别开生面的说法立即在音乐界引起了轩然大波，许多音乐学家对此表示怀疑，认为编钟是体鸣乐器，靠的是板振发音，一个物体何以会发出两种不同频率的乐音呢？当年音乐专家对信阳楚墓出土编钟进行测试时，曾有这样的结论："十三个钟测定之后，依次将它们的音名及音分差记录下来，并经过换算，求出它们的频率。……附带要提出的是，在测每一个钟的时候，我们除了敲打鼓的部分之外，也敲打了它的钲的部分。经闪光测音机指出，敲每一个钟的鼓和它的钲，所发出声音的音高是一样的。"⑪

既然信阳楚墓出土编钟鼓部和钲部所发声音相同，其他的先秦编钟也不存在发出两种声音的可能。于是，在一片唏嘘与吵嚷声中，《音乐论丛》编辑部感到了压力并为此乱了方寸，黄翔鹏的论文被腰斩，其下半部，也就是专门论述双音形成的部分被"留中"处理，即将形成只有上部没有下部的"太监"结局。正在这时，擂鼓墩古墓编钟出土，让处境尴尬的黄翔鹏抓到了一根坚硬的稻草。此前，北京大学古文字专家裘锡圭、李家浩已经对编钟周身镌刻的3000余个铭文进行了释读、破译，发现文字从编钟的编号、记事、标音到乐律，内容繁杂详细。第二层的甬钟每一件都有铭文，除一面钲

241

部为"曾侯乙乍咩"几个相同的字外,其他皆为音乐乐理方面的内容,堪称一部古老的音乐教科书。经考释,钟上的铭文恰有双音小三度的记载,与测试的结果不谋而合,从而形成了难以涂改抹杀的真正意义上的铮铮"铁证"。这一无可辩驳的事实证明了"一钟双音"并非虚妄的猜测和胡言乱语,这是久已失传的先秦钟乐的重大发现。面对此情此景,作为发现者之一的黄翔鹏,其惊喜与激动之情也就可想而知了。⑫

当测试人员敲击中层的大钟特别是下层编钟时,遇到了一个不大不小的麻烦,橡皮槌敲上去如同一堆棉花套撞在碾砣上,或如下雨天人在泥泞中行进,只有"噗噗"的闷响,而无清脆悦耳的声音传出。按照理论推断,下层编钟发出的声音应该更加洪亮雄浑才符合规律。测试人员加大力气敲上去,仍是软绵绵的闷响,而测试仪器上显示的数据与上层小钟相差无几,甚至还不如。众人深感迷惑,不知问题出在何处,有人认为橡皮槌毕竟弹性较大,根据信阳楚墓出土编钟的演奏方法,应该用木槌敲击,而擂鼓墩古墓编钟旁侧,同样出土了木槌,由此可见需用木槌敲击方能奏效。因出土的木槌质地已朽,不堪重用,于是有人找来一根与木槌同样粗细的小木棒重新敲击。当敲击中层的大钟时,效果稍好一些,再敲击下层的大钟,虽无棉花套撞石头的"噗噗"之声,但也只能发出"咚咚"的沉闷低沉的声响。出于对文物安全的考虑,测试人员不敢再随便找东西敲击,大家四顾茫然间,沉浸在酷暑中满头大汗连续作业的王湘说道:"是钟本身的问题,还是我们的方法有问题?按理说这钟是没有问题的,是不是还有别的敲击工具没有发现?"

王氏的话一出口,一下提醒了身边同样感到困惑的郭德维,郭的脑海里立即显现出在墓坑清理时,依靠在钟架上的两根两米多长的木棒。当时大家以为此棒是下葬时为了固定编钟,防止倒塌而专门增设的两根支撑柱,其作用像顶门棍一样,只是后来因水的流动而使其移动了位置,看不出支撑的原状了。当郭德维与其他考古人员欲拆卸编钟时,一个年轻队员手拿木棒正准备向外传递,脚下突然被什么东西绊了一跤,一个踉跄差点摔倒,手中的木棒顺势撞上了下层一口大钟,随着"咣当"一声响动,整个墓坑四室的清理人员都惊异地抬起头,为这件大钟的安危捏了一把汗。当时负责清理的郭德维在将年轻人训斥一顿的同时,仔细查看了钟的各个部位,发现并无

第八章 墓室大清理

异常。正是通过对此次事件的回忆，郭德维蓦然意识到，依靠于编钟架上那两根茶碗口般粗细的大棒，并不是什么支撑柱，很可能就是用来敲击下层编钟的大型钟槌，或者叫撞钟棒。想到这里，郭德维到文化馆院内找来一根粗木棍，将上面的尘土擦拭干净，轻轻地朝悬挂着的一件大钟口缘叩了一下，一种浑厚的声音立即传了出来，众人眼睛为之一亮。在大家的鼓动下，郭德维两手攥紧木棒，大着胆子用力向大钟的鼓部撞去，"轰"的一声，洪亮浑厚的声音顿时响彻了大厅，众人神情为之一振，测音仪上立即显示出高于此前近一倍的数据。一直在旁观察的王湘兴奋地喊道："出来了，出来了，这次声音算是真的出来了！"

"这么大的钟，用小东西怎么能撞得响呢，看来非得用这样的家伙撞击不可呵！"现场有人附和道。"这个事还是要慎重点为好，弄不好会把钟撞碎，那事情可就大了。"也有人当场表示了不同看法。

因涉及文物安全，谁也不能轻易做出结论，更不敢贸然采取行动。当天夜里，郭德维又用木棒试探性地撞了两下，便不再动作。第二天，关于下层编钟是否非用大棒敲击的问题，由郭德维提出，谭维四召集考古人员和音乐专家来到县文化馆大厅共同研究探讨。有人认为必须用橡皮槌，有人认为用铁棍砸，有人根据典籍中所称的"金石之声"，断定非用石头敲击不可，否则所谓的金石之声从何而来？一时间，众说纷纭，莫衷一是。此时，郭德维令一名参加展览的年轻考古队员，到驻地临时仓库把两根从墓坑中室清理出的木棒扛到现场。郭指着木棒说："我认为非

撞钟棒与钟槌

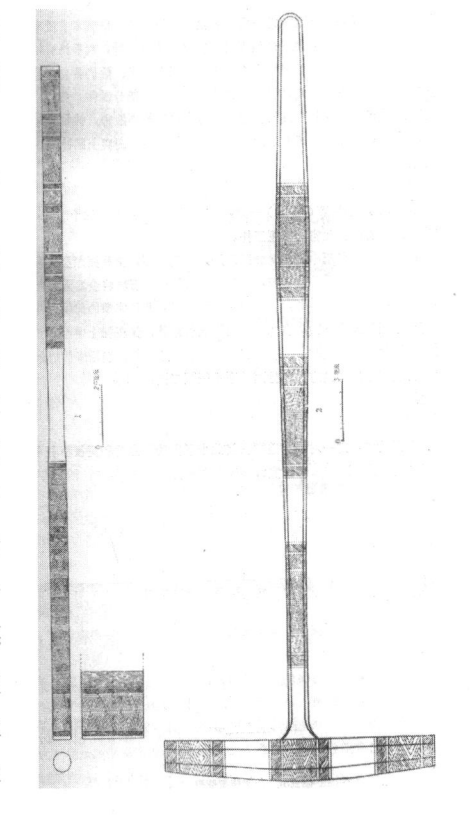

用这个东西敲击不可,否则无法解释这两根木棒为什么依靠在编钟架上。"

众人围上前来,对两根茶碗般粗细的木棒详细查看起来。只见两根木棒形制一致,通体黑漆为地,并绘有三角雷纹和雷纹,两端经修削,近多棱柱体,中部36厘米长的部位略微内收,似是专为人手把握所特制,棒身下端底面有撞击留下的痕迹。

"可能就是这个东西,用铁棍砸,石头敲都是不对的。"有人看了之后开始附和郭德维的说法。

"这可是珍贵的文物,不是小孩子戳尿窝,你说是就是,有什么证据?与编钟一起出土的东西多了,是不是都可当作敲钟的东西来用,这个不能稀里马虎,拿文物当儿戏,一定要慎重。万一弄出乱子来,我看要吃不了兜着走。"有人给现场刚刚兴起的热情当头泼了一顿凉水,搞得大家昂起的头又一个个垂了下来,左右环视,不知如何是好。一直在旁侧默不作声的谭维四蓦地想起了什么,有些激动地大声喊道:"杨定爱,你去仓库把那个鸳鸯漆盒给我取来,速去速回。"杨定爱不知这位考古队长布袋里要的什么戏,也不便多问,站起身出了大厅,搭了一位领导停放在院内的吉普车,向驻地疾驶而去。

❀ 持棒鸟人的启示

不多时,杨定爱怀抱鸳鸯漆盒走了进来。现场仍在争论不休,谭维四接过漆盒看了一眼,对众人道:"不要吵了,证据找到了,就在这上面。"

众人围上来一看,一个个目瞪口呆,想不到证据就密藏在这个漆盒的身上。

只见在木雕漆盒两侧的方寸之处,分别绘有两幅主题性人物画。左侧画面是两件钟磬悬于一对兽形柱的钟磬架上,旁边一个鸟形人在持棒撞钟;右侧一鸟形人击鼓,一人舞蹈。两幅大小分别在7厘米×4.2厘米之间,周围用绚索纹装饰,如同现代油画的画框。从画面看,持棒撞钟的鸟形人当是一名宫廷乐师。可能古代画匠对物象之间的关系处理方法把握得还不够,或者是

第八章　墓室大清理

别出心裁，故弄玄虚，画面上的鸟人造型奇诡，整个身体似乎飘浮在空气之中，像一种单色的剪影，透出一种奇幻怪异的气氛。尽管鸟人与钟在画中的大小比例有些失当，但却为研究当年擂鼓墩古墓随葬编钟，尤其是下层大钟演奏用具及方法给予了明确提示。毫无疑问，画中的鸟人所持撞钟之棒，落实到现实生活中，就是墓坑中室编钟架前发现的那两根茶碗口般粗细的大木棒，若撞下层编钟，非此棒莫属。至此，一个争论不休的历史之谜得以解开。后来，考古人员把鸳鸯漆盒上的两幅图，正式命名为《撞钟击磬图》和《击鼓舞蹈图》。

鸳鸯盒左侧描绘的撞钟腹部击磬图

既然谜底已经揭开，墓坑中出土的木棒因年久日深，不堪重用，需要尽快弄两根复制的木棒投入工作。因当地的栎木最为结实厚重，谭维四找到县文教局副局长周永清，派人到南山砍了两棵栎树制成木棒，算是解决了测试和演奏的工具问题。

由于钟体合瓦形的独特结构和不匀厚的钟壁以及激发点和节线位置的关系，经过测试，所有编钟都能激发出两个乐

鸳鸯形漆盒上的钟磬乐舞图（此图以朱漆绘于鸳鸯盒腹部左侧，画面中钟磬悬于一对兽形柱的钟磬架上，旁绘一乐师握棒撞钟，生动地反映出当年宫廷钟磬乐舞的生动场面。这一图像为我们研究当年编钟，尤其是下层大钟演奏用具及方法做了明确的提示）

245

音，且两音间多呈三度和谐音程。中、上层各钟的双音清浊分明。当单独击发一音时，另一音并不鸣响，即或发出微微的声音，对击发的一音也没有干扰，客观上还有所润色。双音相比，以正鼓音音量稍大，音色最优，余音略长，频率较低。两音之间多相距三度音程，与标音铭文所体现的音程相合。下层的大钟声音低沉浑厚，音量大，余音长；中层里较大的钟声音圆润明亮，音量较大，余音较长，而较小的钟声音清脆，音量较小，余音稍短；上层钮钟声音透明纯净，音量较小，余音稍长。钟体大者发音比较迟缓，钟体小者发音比较灵敏。

甬钟图示及各部位名称

当65件钟全部测试完毕后，音乐专家发现了一个奇异现象，即下层中间部位的那件"楚王镈钟"虽然也能发音，且音色音质颇好，但与其他另外64件显然不属于一个套系，很像下葬时临时加塞进去的样子。为什么下葬时突然加入这么一个"非我族类，其声（心）必异"的镈钟？且还放置在如此显要的位置？现场测试的音乐专家一时搞不清楚，只好暂时弃之不顾。想不到正是这件奇异的镈钟，为研究者进入历史之门寻找墓主死亡的具体年代提供了关键的钥匙。

除镈钟外，其他64件编钟作为成套的整体，最低音是 C^2，最高音是 D^7，可以旋宫转调。全套钟音色优美，音域宽广，音列充实。用现代通俗语言解释，编钟的音阶相当于现代国际上通用的 C 大调，音域跨越5个半八度，只比现代钢琴的高低音部各少1个八度，中心音域12个半音齐全（现代使用的88键钢琴，左右各去掉

第八章　墓室大清理

7个白健，5个黑键，中间64个黑白键就是曾侯乙编钟的音域宽度）。从理论上说，这是一套可以奏出各种乐曲的乐器，能够表现很多复杂的音乐技巧。但实际操作起来效果如何，还需要检验。于是，现场负责的郭德维组织人员用钢管当横梁，在临时展厅里悬挂起中层的一组编钟，王湘用橡皮槌试着敲奏。未敲几下，优美的《东方红》乐曲传了出来，众人听罢，大为惊喜，满脸兴奋的王湘对谭维四说："音乐是声音的艺术，只看不听不过瘾，我看还是想办法把编钟架起来，搞几支曲子演奏一下，既达到了测试的目的，也是对随县人民和当地驻军一个完美的报答。"

同样沉浸在激动与亢奋中的谭维四听罢，认为此说有理，当场说道："那好，我们几个负责把编钟找地方架起，老黄、老王、小冯、小王，你们就自己动手编排乐曲，做新中国第一代编钟乐师吧！"言毕，众人鼓掌欢呼，此事算是一拍即合。

事不宜迟，从北京来的音乐专家黄翔鹏、王湘、王迪，以及当地音乐考古专家冯光生等立即行动起来。摆在几个人面前的首要问题，就是弄清判明敲钟的乐师需要几人，以何种方式演奏。从故宫所藏"燕乐渔猎壶"和上海博物馆收藏的战国"刻纹燕乐画像杯"上所画的歌舞场面，连同出土的信阳编钟，其敲钟者皆为一人，且席地而坐。很显然，擂鼓墩古墓出土编钟与古代绘画图案和信阳楚墓所出之钟大为不同，面前这套总长度超过10米的编钟，无论如何不是靠一人席地而坐就可操作得了的，即使是全身站立，一人也难以操控整套编钟。所谓常识并不是常新的，必须寻找适用于这套大型编钟独特的演奏人数和方法。根据墓坑出土的6件T形木槌和2根大型撞钟棒，结合编钟铭文考证，得出了如下结论：演奏编钟的乐师共5人，皆立式。其中3人持小木槌于钟架外（后）侧，专司敲击上层、中层钟体之职；2人手持撞钟棒立于钟架内（前）侧，像鸳鸯漆盒上的鸟人一样，半侧身用棒撞钟，这个姿势显示了演奏者对观看者的尊重。

演奏方式已经确定，下一步就要实际操练，为配备相应的人手，谭维四专门打电话从省博物馆群工部调来两位女青年讲解员，同时从驻随县炮兵师宣传队选调了三位业余文艺战士，与王湘等音乐专家组成了一个编钟演奏乐队，由黄翔鹏担任艺术指导兼音乐指挥，日夜兼程地排练。

原定登堂演奏的时间很快到来，此次演奏再度得到了驻随县炮师的热情

247

用新架起的编钟演出的情景

支持，师首长专门命令管理科抽调官兵打扫礼堂，并与考古人员杨定爱等一道对舞台加固维修。在确定能承载重负，万无一失后，方通知考古队将整套编钟钟体和钟架一一拉到师部礼堂组装起来。当编钟出土时，大多数人是从墓坑上方俯视其物。而如今，当成套编钟在礼堂舞台组装而成后，人们或平视，或仰视，视角的转换，造成的感觉和心中的震撼大不相同。编钟几乎占满了舞台，较小的空间反衬出编钟的宏伟壮丽。只见六尊佩剑青铜武士，呈直角三角形叠式站立，威风凛凛，气宇轩昂，承托起编钟的庞大身躯。整套编钟如两条巨龙盘旋交缠，驾云吐雾，凌空飞动，在辽阔迷蒙的苍穹中起舞穿行，望之令人浩叹。

　　8月1日下午，借建军节这喜庆的日子，一场别开生面、史无前例的编钟音乐会在炮师礼堂拉开了序幕。不大的礼堂坐满了军、地各方人员，考古队长谭维四作为主持人向观众简单介绍了擂鼓墩古墓发掘经过和出土器物，特别对各种出土的乐器一一做了展示后，随着编钟清脆的声音渐渐传出，形势浩大的编钟音乐会就此开始。鉴于信阳楚墓出土编钟奏响的《东方红》乐曲，随着中国第一颗人造卫星升入太空，响遍寰宇，国人振奋，举世震动的先例，此次演奏的第一支乐曲仍然是倾注了中国人无数情感的《东方红》。在黄翔鹏的指挥下，乐师手持复制的钟槌和撞钟棒，全神贯注地开始演奏。清脆洪亮的钟声响起，优美动听的旋律迅速传遍了整个大厅，注入观众的心田，令人如饮甘醇，如痴如醉。乐曲刚演奏到一半，陶醉其中又被极度亢奋之情驱使的观众开始鼓掌，接着人群一片欢腾，纷纷离座鼓掌高呼。掌声雷动中，坐在前排的军地两方领导和代表，情绪失控，呼呼啦啦地冲上前台，紧紧握着谭维四的手，连声呼道："哎呀，出来了，不得了呵，千年古钟复鸣了，真是不可思议呵！"

谭维四一看许多人两眼放光，如饮狂药，开始向前台拥来，整个礼堂人群骚动起来，脑海中立即浮现出编钟发现时那万人涌动，人潮如海的可怕场面。心中打了个激灵，立即对几位领导和代表高声喊道："不要乱了场子，赶快维持秩序！"一句话提醒了对方，军、地领导立即站上舞台挥手示意并发表讲话，前来的观众大多是部队官兵、家属和地方各机关挑选出来的先进工作者，素质优良，几句话之后，皆如梦初醒，立即意识到自己此时身在何处，狂热的情绪迅速降温，众人各自归位，等待着台上继续演奏。

当《东方红》乐曲演奏完毕，黄翔鹏开始指挥演奏其他编配的《楚商》古曲。此曲采自屈原《九歌·东君》，是楚人祭祀太阳神的颂歌。乐声传出，由弱到强，由慢到快，悠扬回旋，将人们引入了那"暾将出兮东方，照吾槛兮扶桑。抚余马兮安驱，夜皎皎兮既明"的远古岁月，欢乐中伴着淡淡的哀伤，令人荡气回肠。接下来，便是流行于世的《国际歌》《欢乐颂》；美国电影插曲《一路平安》；日本歌曲《樱花》，以及脍炙人口的《草原上升起不落的太阳》《浏阳河》等等。一支支古今中外乐曲，或舒缓，或深远，或小桥流水，或大气磅礴，显示了包容万物，吞吐天下风云的大国风范与豪迈气象。钟声飘荡，令人激情澎湃，热血荡漾，不禁为人类如此辉煌的艺术杰作而盛叹。

演出大获成功，编钟的神奇在社会上再度引起震动的同时，也引来了更多的人纷纷拥向炮师，要参观编钟，亲自聆听古老的乐曲。炮师营区每日人声鼎沸，大呼小叫，各色人等想方设法钻入礼堂以了心愿。未久，湖北省委第一书记陈丕显、书记韩宁夫等省领导人相继来随县视察工作，借机来到炮师礼堂观看编钟演奏。几位领导在给予鼓励和支持的同时，相继做出指示，其中关键的一条是：擂鼓墩古墓的发掘和编钟的演奏，已在湖北和全国造成了很大影响，许多群众翘首以待，希望早日见到实物。要尽快结束在随县的展出与编钟演奏，把全部文物运到武汉，在省博物馆举办展览，以满足更多群众的要求。考古队不敢怠慢，立即收罗文物，准备撤摊打包回营。但事情远没有如此简单，面临的第一个难题就是看当地领导和群众乐意不乐意，答应不答应。而作为随县领导和百姓，自然是很难乐意和答应的。

8月底，展览停止，在谭维四指挥下，文物开始陆续装箱。就在正式摊牌之前，省、县双方开始暗中较起劲来。据负责发掘后勤工作的随县文教局副局长周永清回忆："为文物去留问题，我曾同发掘队长谭维四或商量或争辩，有时唇枪舌剑。我真想把编钟留在随县，有位领导对我说：你就是坐在车头前，也要把编钟留住。在留下编钟的要求无法满足的情况下，我又提出留部分文物在随县，但争论的结果令我十分失望。"又说："后来我才知道，国家文物局局长王冶秋已与省委领导同志商量过，要把这批东西全部运到武汉去，省委领导同志表示同意，并已通知了随县县委主要领导。最后，我不得不对谭维四同志说：'作为随县人，我对编钟有着独特的感情，作为党员，我无条件服从党的安排。'"⑬

事实上，当发掘即将结束时，王冶秋意识到马上就面临着文物的去留问题。根据以往的经验，类似这样的问题往往复杂难办，若不明确做出决断，很容易造成扯不断，理还乱的后果，对文物研究和保存将产生极大的危害。为防患于未然，王冶秋离开随县赶往武汉，与省委、省革委会主要领导人交换了意见，表示要把出土器物全部运到省博物馆研究保存，湖北省委第一书记陈丕显对此表示赞同。王冶秋回北京后，立即向中共中央、国务院和中宣部做了书面汇报，明确表示"决定待发掘工作告一段落后，将全部文物运到武汉进行整理研究"。中共中央很快做了同意的批示。于是，湖北省委电令随县县委协助考古队将编钟等出土文物安全运往武汉。为防止随县方面节外生枝，也为了使文物运输工作顺利进行，7月11日，主管文教工作的湖北省委书记、省革委会副主任韩宁夫亲自驱车来到随县。次日上午，在县委、县革委会主要领导人陪同下来到擂鼓墩古墓发掘现场，就有关问题明确表态。韩说："木椁就不要拆了，墓坑也不要回填了，就地原状保留，要把棺椁保护好，由县里负责管理，将来逐步建成旅游观光点，对外开放。出土文物及资料，作为'集品'保存，运到省博物馆，抓紧整理研究，妥善保管。"正是有了中央与省里的几道强硬的指示，谭维四令箭在手，才放心大胆地指挥手下行动起来。

9月5日早晨，天刚放亮，武汉空军后勤部运输营汽车二连及驻随县炮兵师汽车连共二十余辆汽车，悄悄驶进随县文化馆，开始装运文物。见此情

第八章 墓室大清理

景,闻讯赶来的随县领导和文教部门的负责人,仍想做最后一搏,阻止将文物搬上汽车。谭维四一看对方的阵势,深感不妙,又觉力不能敌,只得打电话报告省委,请求省委迫使对方丢掉幻想。省委秘书长接电后,亲自打电话告知随县县委主要领导人,令其配合考古队装运文物并安全护送出随县地界。当时不明就里的随县文教局副局长熊存旭,眼看自己无力阻止谭维四等人的行动,立即跑到分管文教工作的县委副书记程运铁家中求援。时程尚未起床,熊一边敲门一边急促地说:"程书记,大事不好了,编钟要运走,现在已经装车了,赶快想办法吧。"

程运铁急忙穿衣下床,打开门揉搓着眼睛说:"老熊呵,不就那么几个破铜烂铁吗?运走就运走,要它干啥?运走还省事了呢!"

熊存旭一看对方并不把此事放在心上,或者是放在心上又自知无能为力,不便阻拦,又急转身一溜小跑来到县委书记常东昌家中述说。常书记听罢,长叹一声,无可奈何地答道:"老熊呵,这批东西怎么留得住呢?我是县委书记,省委书记说了话,我能不听吗?我是党员,只好下级服从上级。林彪逃跑时,毛主席不是说'天要下雨,娘要嫁人,由他去吧'吗?这事我是无能为力了,就随他们去吧。"

既然县委主要领导人已表示无能为力,其他随县的大小头目自然不能强行阻拦,只好眼睁睁地看着考古人员和部队官兵一箱又一箱地往汽车上装文物。此情此景,对每一个随县官员和群众而言,可谓百感交集。熊存旭站在一旁,两眼泛着红光,一边跺脚,一边徒叹:"奈何、奈何?!"

许多年后,周永清对这天早晨的一幕记忆犹深:"编钟等文物启运之日,细雨霏霏,几十辆汽车装满文物就要启程了,数千人伫立街头目送车队缓缓驶去,充分体现了随县人民浓浓的编钟情。我和所有人的心情一样,我为随县出土了一批反映我国先秦文化艺术成果的文物而高兴、自豪,又为这批文物没能留在随县而惋惜。"

仍然是许多年以后,发掘时的随县摄影师余义明回忆说:"熊存旭副局长敢打敢冲,劲使了,但没有成果。东西还是被拉走了。此后,熊存旭、杨相来与我三个人专门去找省军区司令员,此人曾经来随县看过墓坑,与我们熟悉,他当时说有什么困难去找他云云。当我们真的去找他后,他说自己不管这个事,搞得我们很伤心。多亏我们当初还拍了一些照片,留下了资料,

251

熊存旭在讲述当年曾侯乙墓出土器物被运走情形时，仍含悲愤之情（作者摄）

为后来这个墓坑与出土文物展览创造了条件。否则，那可真叫赔了夫人又折兵，更让人伤心透顶了。"⑭

无论是伤心还是恋恋不舍，还是跺脚对天长叹，擂鼓墩古墓出土的15 000余件文物，最终还是在1978年9月那个酷暑即将消退的秋天里，被装上解放军派出的汽车，安全运往湖北省博物馆。⑮

接下来，考古人员要做的，是根据出土文物透露的信息，尽快揭开墓主人和墓葬年代之谜，给学术界和全国人民一个满意的交代。

注释：

①湖北省博物馆档案室藏。以下所引发掘记录，皆来自该档案室。

②王冶秋所说的弹簧，出自东室，置于一个带足的长方形木案上。据发掘报告云：案板上平放两个圆形漆皮垫圈，皮垫圈上共平放20个身缠丝弦和金属弹簧的纺锤形圆木陀，陀上榫接间套着小骨箍和树皮小筒以及小骨帽的圆木棒。金属圈被规则地缠绕在木陀上，外观颇像现代的电线圈。陀大小不一，最大者上端直径5.4厘米、下端直径4.7厘米、高7.5厘米。经检

测，陀上的弹簧分为黄金和铅锡合金两种，黄金弹簧仅两件。但无论是黄金还是铅锡合金，质地都很软，用来制弹簧，仅具外形，并无弹性。此器究竟有何用途，至今仍是不解之谜。

③见湖北省博物馆档案室打印稿。

④1974年1月13日，长沙马王堆二号汉墓发掘进入最后一天，时已深至墓坑清理到椁底，天空突降大雪，工作难以进行。在王冶秋和湖南省委书记李振军现场指挥下，决定立即调用起重机，将早已腐烂的棺椁吊出墓坑，同时将墓室中的污泥浊水，全部装筐装桶用起重机吊出，同棺椁一起装入卡车，拉到省博物馆清理。此墓早已被盗，只有几件零星器物出土，最后在冲洗破烂的椁板时，发现了对整个马王堆汉墓墓主和年代定性极为重要的三颗印章。一方上刻"利苍"两字，另外两颗刻"轪侯之印"和"长沙丞相"字样。由此证明墓主是长沙丞相利苍，一号墓是他的夫人辛追，三号墓是他的儿子。整个马王堆汉墓是一个家族墓葬，流传了千百年，学界坊间猜测、争论了几年的悬案一朝冰释。

⑤《王冶秋等领导同志讲话记录》，湖北省博物馆档案室。

⑥、⑧、⑪王世襄执笔《信阳战国楚墓出土乐器初步调查记》，载《文物参考资料》，1958年1期。

⑦、⑨顾铁符《有关信阳楚墓铜器的几个问题》，载《文物参考资料》，1958年1期。

⑩后来，作为音乐考古学家的冯光生专门对颇为神奇的"一钟双音"现象做了研究，从技术发展的角度将其分为"原生双音""铸生双音""铸调双音"三个阶段，而这三个阶段分别属于自然存在、有意获取、精确调制的发展过程。他认为曾侯乙编钟的双音技术属第三个阶段的巅峰时期，几乎达到该技术的极限。从编钟的钟腔可以看到：相对侧鼓部有一条明显的"音脊"。此时的工匠不但掌握了这一最为敏感的调音部位，而且以加厚和减薄并用的办法来调节钟的双音，如此方

法，可谓是古代音乐史上一项具有创造性的天才的杰作。

⑫鉴于擂鼓墩古墓出土编钟的事实，黄氏论文的下半部于《音乐论丛》1980年第3期刊出。

⑬周永清《随县人民的编钟情》，载《神奇的擂鼓墩》，随州市政协学习文史资料委员会2002年编辑出版。

⑭关于拍照之事，有不少不为外人所知的插曲，这些生活细节从另一个侧面折射出历史印痕以及发掘中的真实映象。在采访中，潘炳元对作者说："当时发掘清理人员很紧张，我们几个负责照相、摄影的人员同样紧张不安，每天连轴转。就在墓中出器物的时候，我患了阑尾炎，当时工作离不开，每天都要拍照，我忍痛照了两天，晚上收工，我从工地回到宿舍，再也动不了了。大伙一看说坏事了，赶快上医院吧，谭维四赶紧找了个车，考古队员梁柱背着我车上车下地进了县医院，当天晚上就动手术。开刀后发现伤口快化脓了，医生说一化脓性命就保不住了，我也不知真假，反正事已至此，只好听天由命吧。想不到一个星期就出院了，我又开始在工地忙开了。又过了一个星期，我感到不对劲儿，伤口痛得不行，一看，开始漏水了，告诉医院，医院给打青霉素之类的药。后来漏水更严重，一看不行了，才转到武汉湖北医学院附二院医治。医生打开伤口，取出线头，一看都化脓了，所以漏水，用棉签蘸水在伤口里面搅，那个痛呵，我几次被痛得昏过去了。弄了一阵子，又抹了些什么药，缝起来，伤口不漏水了。过了几天，我感到不痛了，就又回到了发掘工地。此时挖得差不多了，我又忙了几天，把以前没照的东西全部补拍一遍，这才算完事。当墓坑内的东西全部取出后，又在坑旁边搭了一个木架子，有15米高，我站在上面对墓坑拍了最后一张照片，这野外发掘的事就算结束了。"（2007年4月10日上午，作者在湖北省博物馆宿舍潘宅采访记录。）

余义明对作者说："发掘中，拍照和摄影的事确实不是那

第八章 墓室大清理

么顺利，我们随县教育局周永清副局长专门安排我前去发掘工地照相，这实际上是一个带有政治性的任务。哪家派了摄影师到现场，所拍摄的资料就是谁家的，以后发表文章也好，办展览也好，对外宣传也好，这批资料的主动权就在自己手中。若不派人照相，以后的一切事就难办了。潘炳元为什么要带病坚持在工地拍摄，这是一个重要原因，如果省博物馆的摄影师倒下了，照片拍不出，那他们以后的工作，特别是编写发掘报告和办展览等等，麻烦可就大了。所以，对我来说，感觉已经不是我个人的事了，可以说是全县人民的嘱托，我把这个任务看得很重，也尽量想方设法去完成它。一开始时大家合作得还算愉快，后来就有矛盾了，特别是老潘（潘炳元）住院以后，矛盾更激烈，因为有些场面我们拍了，老潘拍不到，省博物馆的老谭就设法拖延。当漆器出土后，我要拍，谭维四不让我拍，说商量好了再拍。等到凌晨2点还没有消息，我怕老谭捣鬼，急了，拿一块砖头去砸老谭的门，老谭说这深更半夜的，大家都睡了咋办？我说我去喊。于是，一个个敲门，把拍电视的、拍电影的，还有省博物馆的老潘（潘炳元刚从医院回到工地）都弄起来了。后来老谭答应拍一个星期。拍金器、玉器时，省博物馆保管部的白绍芝亲自陪着，两天两夜后，白绍芝不陪了，后来打条子领器物，白天拍完后再送到白绍芝那里去。这样，断断续续地拍，总算把所有的器物都拍了一遍，我也算圆满地完成了任务。现在随州方面举办的展览、印的书籍画册，以及对外宣传等用的照片等等，都是我那个时候拍的。如果那时不想方设法拍下来，现在要办这些事至少有一多半是不可能的。（2007年4月13日上午，作者在随州余义明摄影工作室采访记录。）

⑮1978年10月1日，湖北省博物馆举办了《随县擂鼓墩一号墓出土文物展览》，观者如堵，满足了省内部分人员的好奇心。1979年3月26日，湖北省革委会在随县政府礼堂召开了《随

县擂鼓墩一号墓保护发掘有功部队庆功授奖大会》，对相关部队进行了慰问。会上，武汉军区空军政治部与炮兵政治部首长分别宣读了为有关单位及个人记功授奖的命令：为中国人民解放军武汉军区空军雷达修理所记二等功；为空军雷达教导队、炮兵某师修理所、空军后勤部运输营汽车二连各记三等功。另有6个相关单位受到嘉奖。同时，为郑国贤、王家贵、解德敏、刘秀明、黄果吉、杨自华、姜建军、宋宝聚、朱道静、杜文杰等10位官兵各记三等功一次。另有李长信、张进才等38位官兵受到嘉奖。国家文物局给大会发来贺信表示祝贺。会上，省、地、县领导及解放军武汉军区空军和炮兵机关首长分别为立功受奖单位和个人颁发了军功章、奖旗、奖状和奖品。

第九章

历史的印痕

旷世绝响

曾国之谜

当擂鼓墩古墓发掘进入尾声时，为便于上下左右各方面了解墓葬出土器物和墓主、陪葬人等等情况，发掘小组曾编撰了一份供内部传阅的发掘简报（截至1978年7月3日），最后的小结部分这样说道：

该墓共有4个室，西室仅系其中之一，就出了彩绘棺13具（如果加上东室的10具，一共有23具），这是一个空前的发现。这数目众多的彩绘棺，所殓之人肯定是殉葬者。

从棺的内室来看，最长者才1.72米（棺④，方棺），最短者仅1.62米（棺⑫，弧棺），考虑到这些人入葬时还有穿戴之物在身上，所以，他（她）们的身高不会超过1.7米，棺⑫所殓之人则不会超过1.6米。

这批悲惨的殉葬者属男属女，留待以后定论。不过从墓椁室的分布情况来看，有的同志认为，西室完全依附于中室，并有门洞与之相通（当然，东、北室均有门洞通中室），而中室恰好又是集中了该墓礼乐器的绝大多数，可以毫不夸张地说，中室是一个古代贵族豪门的礼乐厅在墓葬上的反映。所以，葬于西室的人生前很可能是专门奏乐跳舞的，墓主人（葬于东室）妄想死后也驱使他（她）们舞乐于阴间，自己观舞于"庭"，钟鸣鼎食，一如生前。把自己的养尊处优建筑在劳动人民尸骨之上的统治阶级思想意识，就是这样惨无人道、令人发指。

西室的棺有两种，弧棺和方棺。前者比后者要少，东室除1具巨大的主棺（外棺套着内棺）和1具没有刷漆的素面小棺外（殓1具狗骨架），还有8具彩绘棺（其中1具刷漆素面），与西室的大小约略相同。而这8具彩绘棺全部系弧棺。这就告诉我们：殓于弧棺的人，其身份很可能比殓于方

第九章 历史的印痕

棺的人的身份要高一些。因为，古墓分东、西二室葬棺，墓主之棺又是置于东室的，只有幸臣宠姬才能与墓主同室而葬。那么，西室的葬于弧棺内的人就有可能比葬于方棺的人要上等一些。尤其引人注意的是，西室棺②（弧棺）有两床竹席裹尸（注：棺④也出了两床竹席，其他的棺内是否也如此，由于在清理时关注不够，加上保存情况较差，没有搞清楚是否均系二床竹席，但各棺内均有一床竹席裹尸，这一点则是可以肯定的），出一件该墓独一无二的漆木鸭子，上面绘有敲击鼓的图案。这个人会不会是葬于西室的奏乐队和歌舞手的领头者呢？值得怀疑。

该墓椁室的结构系单元组合，比汉代盛行的空间分隔式要早一些，有的同志认为，该墓的时代应定在春秋战国时期（或春秋晚期至战国初期）。

该墓位于当时的随国境内，受楚文化的影响较大，根据一些同志分析，在椁板顶铺竹席和棺内竹席裹尸，以及无论是弧棺、方棺，底板均悬空等，都是楚墓的特点。不过该墓除这些与楚墓特点相同外，当然还会有其他的情况与楚墓有密切关系。然而，毕竟也具有一些独特之处。比如，弧棺的弧度不大，底板悬空度也不大，填土内积石积炭（楚墓大多没有），墓内没出镇墓兽（楚墓大多数是有的）等等。有的同志认为，楚文化以荆州和长沙为代表而各具特色，比如荆州的楚墓多出弧棺，长沙楚墓多出方棺，而擂鼓墩M1号古墓则兼而有之。这一切，连同墓主和下葬年代等等，都是今后将要展开研究的问题。[①]

墓主到底是谁，下葬年代又在何时呢？

就在这份简报编写的同时，从各地赶赴发掘现场的专家、学者，与考古人员一道，在发掘工地分别举行了数次学术讨论会、报告会、演讲、座谈会。来自北京大学的古文字专家裘锡圭、李家浩，通过对墓葬出土的10 000多字的资料研究（编钟铭文2800字左右，竹简墨书6600字，另有刻在钟磬、青铜兵器上的文字600余字），得出了自晋代汲郡魏墓发现《纪年》《穆天子传》等竹书之后，此为先秦墓葬出土文字资料最多的一次。墓中出土青铜礼器铭文，多为"曾侯乙乍時甬终"，大部分编钟在乐律铭文之外，也有"曾侯乙乍時"的铭文，这些铭文充分说明曾侯乙就是这座墓的主人。换句话说，这座墓中埋葬着古代曾国的头号人物——一位名叫乙的曾侯。

259

曾侯乙墓出土竹简上的墨书文字，这批竹简是目前中国所能见到的最早竹简实物之一

曾侯乙墓出土竹简，长70～75厘米，宽1厘米左右，字书于篾黄一面，墨书篆体，每简字数不等，最少的4字，最多的62字，共计6696字。在中国先秦古墓发掘中，一次出土这么多字的竹简，尚属首见

裘、李二人的观点得到了大多数考古发掘者的赞同，在后来编撰的大型学术报告《曾侯乙墓》中，编撰者对各种观点总结后说道："在此墓出土的青铜礼器、用器、乐器和兵器上，'曾侯乙'三字计有208处出现。在考古发掘中，同一人名作为物主如此多地出现于一座墓的器物上，还没有先例，不容忽视它对判明墓主的意义。"又说："更能说明问题的是：墓中出土的铜镈上面的铭文，载明该镈是楚惠王赠送给曾侯乙的。楚惠王为曾侯乙铸镈，而'曾侯乙'三字又作为器物的所有者反复出现于许多铜器上，这就只能说明，接受楚王赠镈的曾侯乙，正是拥有这些铜器的曾侯乙，也正是此墓的主人。"②

第九章 历史的印痕

既然墓葬的主人是曾侯,那就应该有个曾国,据文献记载和现代考古发掘,在随枣平原及其附近地区,出土过大量春秋战国时期的曾国铜器,其中一部分确认来自湖北的襄阳、孝感等地区。这些铜器的出土,以确凿无疑的事实证明,春秋战国时期,在随枣走廊及其附近,确有一个曾国存在。但奇怪的是,史上著名的《左传》《国语》《史记》等典籍,对春秋战国时期随枣走廊这一地区大小国家的活动都有过详细记述,却唯独没有提及从铜器铭文所知的存在了几百年、活动范围在汉水流域最为广大的曾国。古籍中共有三个"曾国"都记载明确,一个在今山东苍山西北峄县一带,名鄫国,鲁襄公六年(公元前567年)被莒国所灭。另一个缯国在今河南省中南部,何时灭亡无考。这两个"曾国"都是姒姓国,在史学界已无争议。随县境内在史籍上一直记载有一个随国,如《左传》《春秋》《国语》中都提到随国,但从未提到曾国。可在这一带出土文物的铭文中,唯有曾国的器物而不见一件随器。许多年以来,无数鸿学硕儒怀着一种宗教般的虔诚和希望,企图在不为世人熟知的古代文献和出土资料中寻找到有关曾国的记事本末,但一代又一代过去了,尽管学者们殚精竭虑,在浩如烟海的故纸堆和斑驳锈蚀的出土资料中,四处扒寻梳理,仍未发现关于曾国的只言片语和蛛丝马迹。也就是说,地下出土的文物与传世文献无法对号入座,世人所谓的神龙见首不见尾,毕竟还有个或大或小的尾巴可见。可这个曾国只存在于地下的青铜器中,在传世文献上连个小小的哪怕是细如游丝的蝌蚪文也无从寻觅。这是历史本身的误会,还是后人的疏忽?神秘的"曾国之谜"真相到底是什么?

6月10日,时在随县发掘现场的著名史家陈寅恪的弟子、武汉大学历史系教授石泉,应邀向全体考古队成员和其他学者做了《古代曾国——随国地望初探》的学术报告。石教授以丰富广博的学识和天才的预见,率先提出了"曾、随为同一国家"这一具有划时代意义的非凡见解。报告旁征博引,环环相扣,列举了湖北省随枣走廊和豫西南、鄂西北之间的南阳盆地南部出土的大量有铭文的曾国青铜器,以及这一地区大量的历史地理学调查资料。在将这批资料与古代文献记载对比研究后,石泉说道:"近年来,一系列曾国器物在随枣走廊及南阳盆地之出土,特别是最近发掘的随县擂鼓墩'曾侯乙'大墓的收获,是考古界对研究荆楚地区古文化的又一项重要贡献。

考古材料中的曾国和文献记载中的随国，时限一致，地望（特别是在今随县一带）重合，族姓相同，而在现有的曾器铭文与有关随国的史料中，又未见此二者的名称并存。凡此迹象，似只有把曾与随理解为同一诸侯国的不同名称，才讲得通。"③

继石泉之后前往擂鼓墩发掘现场参观考察的中国社科院历史研究所研究员李学勤，在工地举办的讨论会中，对石老前辈的见解表示赞同，在广泛搜集资料的基础上，经过一段时间的研究，对神秘的"曾国之谜"做了进一步推论。李氏说：早在北宋时，湖北省安陆县（现安陆市）一带就发现过两件"曾侯钟"（即楚王熊章钟，楚王熊章即楚惠王）。④1933年，安徽寿县朱家集楚王墓又出土过一对大型的曾姬壶，上刻的铭文是："隹王廿又六年，圣桓之夫人曾姬无卹……乍宗彝聘壶，后嗣用之……"著名史家刘节在他的《寿县所出楚器考释》一文中，研究了钟、壶和另外几件曾器，正确地指出，曾不是古书中常见的姒姓鄫国（在山

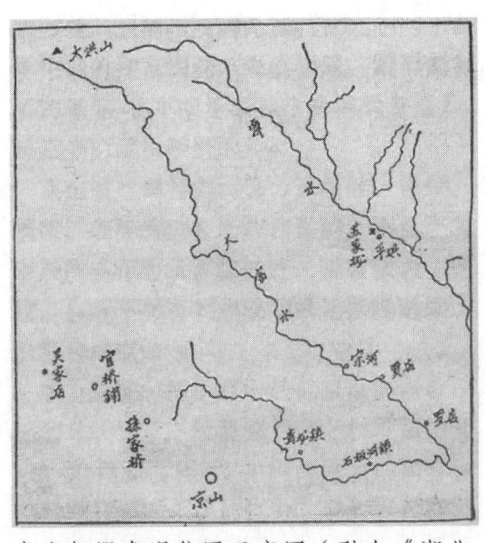

京山铜器发现位置示意图（引自《湖北京山发现曾国铜器》）

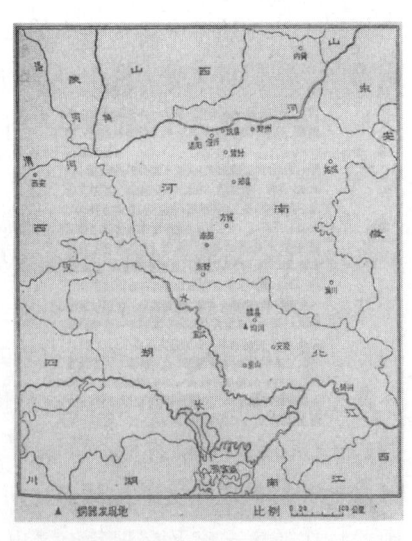

随县曾国铜器发现位置示意图（引自《湖北随县发现曾国铜器》）

东峰县东），而是一个姬姓诸侯国，附属于郑国。"曾人之足迹北起郑郊，南及光州，西起南阳，东抵睢州"，即在今河南省的中南部。⑤1966年，一批刻有"曾侯中子㳺父"铭文的春秋铜器，在湖北省京山县苏家垅出土。⑥随后几年，湖北随县⑦、枣阳⑧、河南南端的新野⑨，连续掘获许多曾的铜器。这一系列的发现说明，曾人活动范围不像刘节推测的在河南中南部，而主要是在湖北北部汉水以东，以新野为其北限。根据铜器分期知识分析，京山、随县、枣阳的器物，时代多为春秋前期。武汉文物商店征集的曾伯从宠鼎，年代还要早一点，大约在西周东周之际。上海博物馆收藏的曾子㳺鼎，器主和京山的"曾侯中子㳺父"是一个人，观鼎的形制和锈色，无疑也是湖北出土的。枣阳出土的一件鼎和新野出土的一件甗，器主都是"曾子仲海"，但新野的多数铜器是春秋中期的。最近，在"各省市自治区征集文物汇报展览"中，又展出了湖北襄阳地区征集的两件春秋中晚期曾国铜器。曾姬壶和楚王熊章钟是战国前期楚惠王时代的器物。由此可见，从春秋初年一直到战国前期，姬姓的曾国始终是存在的。湖北随县擂鼓墩曾侯大墓的发现进一步证明了这一点。然而，在有关这一时期历史的古代文献里，却完全找不到姬姓曾国的史料，特别是《左传》对汉水以东各小国以及楚国向该地区发展的情形，都有非常详细的记述，但也没有"曾国"字样。《左传》所记载的淮汉之间诸侯国，如江、黄、邓、唐、厉等，多已在出土的铜器铭文里出现，只有这个曾国，铜器出土最多，分布地域最广，《左传》中却似乎没有记载，这不能不说是一个谜。

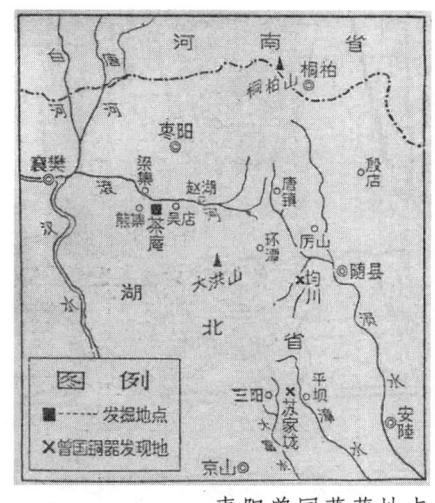

枣阳曾国墓葬地点示意图（引自《湖北枣阳县发现曾国墓葬》）

为解开这一千古之谜，李学勤在列举了上述诸种事实

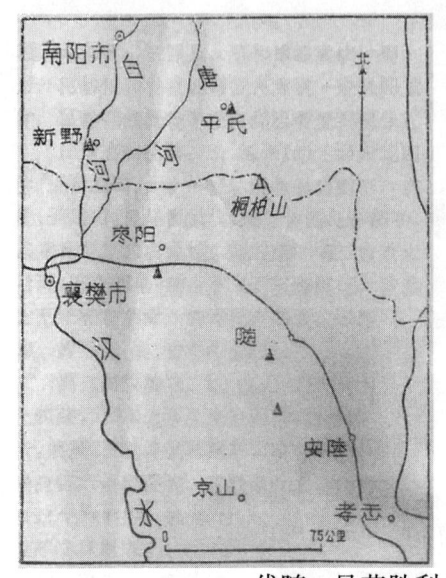

新野墓葬位置示意图（引自《河南新野古墓葬清理简报》）

后，认为："姬姓曾国不但在《左传》里有记载，而且有关的记事还很多，只不过书里的国名不叫作曾罢了。大家知道，当时有的诸侯国有两个国名，例如河南南阳附近的吕国又称为甫，山东安邱的州国又称为淳于。从种种理由推测，汉东地区的曾国，很可能就是文献里的随国。大洪山以东有随、唐、厉三国，姬姓的随国最强，所以《左传》说'汉东之国随为大'。春秋前期，公元前706年，楚武王侵随，随侯做好了准备，楚军不敢进攻。公元前704年，楚再伐随，虽获胜利，但未占领随国，只结盟而还。公元前690年，楚武王第三次伐随，死于军中，由大臣与随侯结盟。公元前640年，随国又率领汉东诸侯叛楚。分析这一时期的形势，汉东小国境域能北至新野、南至京山、并与楚抗衡的，只有随国。"又说："曾国绝不是唐国、厉国。北宋末年，今湖北孝感地方出土过一组西周铜器，记载周昭王南征的路线经过唐和曾。曾和唐、厉同时出现在一组铜器铭文中，证明曾不会是唐、厉。从各地曾器铭文看，京山、枣阳、新野几个地点的曾国墓葬，都是曾侯子弟的墓，只有1970年湖北随县均川发现的一组铜器，器主"曾伯文"是曾国之君。最近发现的曾侯乙墓又在随县附近。国君的墓葬应在其国都，而据文献记载，随县正是随国的国都所在。考察铜器铭文，知道曾国的历史相当长久。曾姬壶作于楚惠王二十六年（公元前463年），楚王熊章钟作于楚惠王五十六年（公元前433年），'周之子孙在汉川者，楚实尽之'。汉东地区经过春秋之世不亡的，唯有随国。高士奇《左传纪事本末》评论说：'夫随之为国，限在方城内，于楚尤逼，而能屡抗楚锋，独为后亡。'战国初年汉水以东，如不是随国，哪里还再有一国姬姓诸侯呢?"

最后,李学勤补充道:"曾即随,某些铜器的铭文还可以证明。京山出土的铜器中有两件西周晚期的簋,铭文是:'惟正二月既死霸壬戌,黾乎作宝簋,用敬夙夜,用享孝皇祖父考,用丐眉寿永命,乎其万年永用。'黾乎应该是曾侯的先世,'黾'字从'它'声,古音和'随'字十分相近,可相通假。这是曾也可称为黾(随)的又一证据。"[10]

擂鼓墩古墓的主人是曾侯乙,曾国与随国为同一国家之说,经南北两位历史学家首倡,在学术界引起了强烈反响,和者甚众,应者云集。曾参加擂鼓墩古墓发掘的方酉生在表示支持"曾、随同为一国"说的同时,还根据对历年来在湖北随县、安陆、京山、枣阳以及河南新野等地出土曾国铜器铭文的研究,提出了自己独特的见解。按方氏的说法,从文献记载看,周王朝几次将一些姬姓王室宗亲以及异姓功臣,分封到各个边疆地区去"以藩屏周"。当时,分封到汉水流域的姬姓国家有唐、随、聃、巴、厉等国,后来随成了诸姬姓国中的老大,称霸汉东,鼎兴一时。周王朝原来分封的本意是"以藩屏周",即让这几个姬姓宗亲国家监督控制南方的苗蛮,包括住居在荆蛮之地的楚国在内,以巩固周王朝的统治。但随着时间的推移,现实情况发生了巨大嬗变,日趋强大的楚国像一头虎虎生风的雄狮在江汉平原四处捕获猎物,吞噬周围的小国。曾国与楚国只有一条汉江阻隔,面对楚国咄咄逼人的气势和周王室的日趋没落,无力与其相抗,深感凶多吉少的随国越来越难以担当周王室对自己的厚望,最后只好调转屁股背周附楚,唯楚王的马首是瞻,才勉强生存下去。如此所作所为,与当初周王室分封时镇抚南方、拱卫周室之意,显然是背道而驰了。面对这种在正统者看来大逆不道的行为,《春秋左氏传》为了维护周天子的宗主地位,就用周礼来贬低它,将曾国贬低称为随国。所谓"随",即墙头之草,随风而倒,有奶便是娘,无奶就跳墙之意,含有讥讽、敌忾的意思在内。因而,所谓的随国,实际上就是姬姓的曾国,曾国和随国实际上是否同一个国家的问题,只是叫法上不同而已。也许周天子当初封的是曾侯,而以后建都于随这个地方,随着曾国撇开周室依附于楚,南沦为楚的附庸,别人就叫他随侯、随国,但他自己则一直称曾侯。今天的随县就是古代曾国的延续,曾侯乙墓的发掘算是正式解开了这个千古之谜。

由于有了方西生等重量级人物的加盟，使"曾、随一国"之说广为流传，成为各种学说的主流，后来出版的《曾侯乙墓发掘报告》，湖北省博物馆的主要撰写者对这一学说同样表示了热切关注和支持，认为这一学说比之其他说法 "理由比较充分，矛盾比较少"。从这部重约五公斤的大型发掘报告中可以看出，要想对擂鼓墩古墓出土文物和相互之间的关联有清晰明确的了解，就必须弄清春秋战国时代楚国与随国（曾国），以及周王朝与其他各诸侯国纷乱复杂的政治关系，否则，古墓的器物之谜和在学术界绵延久远的 "曾国之谜"将无法破解。那么，这一时期的楚国与随国以及名义上由中央王朝控制的天下是怎样的一种情形呢？

弑杀周幽王的千古悬案

以今湖北、湖南为中心的楚国，原为殷商的方国，西周时，其首领鬻熊归附周文王，三传至熊绎，受周成王封，居丹阳。熊绎五传至熊渠，熊渠生三子。周夷王之时，王室微，诸侯或不朝，或相伐。熊渠甚得江汉间民和，乃兴兵伐庸、扬越，至于鄂。乃立其长子康为句亶王，中子红为鄂王，少子执疵为越章王，皆在江上楚蛮之地。及周厉王之时，暴虐，熊渠畏其伐楚，遂去其王号。又传三世。史载 "楚至熊渠始大"，至熊勇始有确切纪年。熊勇元年为公元前847年，时为西周晚期的厉王时代。

姬姓之随（曾）的立国时间，史无记载，但《国语·郑语》记西周末年周人史伯答郑桓公问时，曾有这样一句话："……当成周者，南有荆蛮、申、吕、应、邓、陈、蔡、随、唐。"韦昭注："应、蔡、随、唐，皆姬也。"从中可知，至迟在西周晚期，在成周（即今洛阳）之南早有一个姬姓的随国存在了。《春秋》哀公元年，记随与楚、陈、许等国联兵围攻蔡国，是见于现存史籍中随国最后一次行动，这就是说，随至少在春秋末期还存在。关于它的地望，《左传》桓公六年记楚斗伯比语云："汉东之国随为大。"明言地处汉东。结合《汉书·地理志》《水经注·涢水》等对地理沿革的记载，可能肯定，随国都城就在今随县范围内。

第九章 历史的印痕

在擂鼓墩古墓发掘之前十几年，考古人员在安阳殷墟发现了一片商王武丁南征虎方的卜辞，内中提到南方有一个曾国，地理位置在今河南中部，柘城西，潩水东。据考证，这个曾国是姒姓之曾，原为夏人遗裔。当周武王灭商后，这个曾国被兼并和被迫迁移，大部分曾人迁到今山东峄县一带，并继续以曾国相称，文献称作"鄫"，金文作"曾"。新兴的周朝开始在姒姓曾国的故地另封了一个姬姓的曾国，始封的时间大约在周成王大封诸姬姓之时，或者稍后，但不晚于西周早期。从出土的"安州六器"推断，学术界多定为昭王时器，因而姬姓曾国受封当在周昭王南征之前。

姬姓曾国受封后，文献中作"缯"，而金文中作"曾"。随着周边生存环境的不断变化，新封的姬姓曾国朝气蓬勃，不断向西南部开疆拓土，抢占争夺有利地形。第一次把触角伸到了今河南方城县附近，并为后世留下了缯丘与缯关的历史地名。第二次大规模进击，已占据了今随州辖境，并把随州作为国家的首都开始经营。就在擂鼓墩古墓发掘半年后的1979年，随县农民在季子祠西侧发掘出一座古墓葬，出土编钟、容器、马衔、戈、戟器等随葬物品40件。其中两件戈均有铭文。其一为"周王孙季怡孔臧元武元用戈"；其二为"穆侯之子西宫之孙，曾大攻（工）尹季怡之用"。二戈铭文皆有"季怡"二字，当属人名，无疑指的是同一个人。[①]从前一件戈铭来看，肯定是指姬姓，因为他是"周王孙"。《史记·周本纪》载：周的始祖弃，"好耕农，相地之宜，宜谷者稼穑焉，民皆法则之。帝尧闻之，举弃为农师，天下得其利，有功。帝舜曰：'弃，黎民始饥，尔后稷播时百谷。'封弃于邰，号曰后稷，别姓姬氏。后稷之兴，在陶唐、虞、夏之际，皆有令德。"从后一件戈铭看，这个季怡不但是曾国的大工尹，还是曾国的公族，因为他的先辈"穆侯"只能是曾穆侯。他既是曾国公族，又是姬姓，那么其出生国——曾国无疑应当是姬姓，此点已没有什么疑问了。

这个姬姓的曾国经过许多年的努力，终于从周边诸多小国中脱颖而出，出现了"汉东之地随为大"的政治局面，成为名副其实的汉阳诸姬之首。

至于这个姬姓曾国在文献上被称为"随"的悬案，有学者认为其地固称随，因而文献多称之为"随"。或如方酉生所言：一些封建卫道士为了维护周天子的宗主地位，就用周礼来贬低它，将曾国贬低称为随国，表示敌忾之意，这是由当时的价值取向和阶级属性所决定的，其根源可谓久矣。

昭王逢白雉（屈原《离骚·天问》插图，〔明〕萧云从作）萧云从自注："昭后于越裳氏逢白雉，而后有南土之底也。献鸟者佛其首，画其礼也。"

《史记·周本纪》载："康王卒，子昭王瑕立。昭王之时，王道微缺。昭王南巡狩不返，卒于江上。其卒不赴告，讳之也。立昭王子满，是为穆王。穆王即位，春秋已五十矣。"昭王是周武王克商建立周王朝之后第四代王（南按：武王之后分别是成、康二王，据2000年中国夏商周断代工程公布的成果，昭王在位时间为公元前995—前977年，共19年），所谓"王道微缺"，即国家政治衰落不振。"南巡狩不返，卒于江上"，指昭王在渡汉水时，中途船坏，被水淹死。2003年1月，在陕西眉县出土了一批青铜器，在一个铜盘的铭文中刻有昭王"扑伐楚荆"的字样，由此可知司马迁记载"南巡狩"只是一种饰词，实际是一次伐楚的战争。[12]因为此事是件很丢面子的事，周王室不愿张扬，所以就没有向各诸侯国发出讣告。

关于周昭王南征之事，其他典籍也有点滴披露。据张守节《史记正义》引《帝王世纪》云："昭王德衰，南征，济于汉，船人恶之，以胶船进王，王御船至中流，胶液船解，王及祭公俱没于水中而崩。"也就是说，周昭王是被摇船的人设计，稀里糊涂滚落水中淹死的。周王溺毙后，一个叫辛游靡的卫士把他的尸体抱上了岸。据《吕氏春秋·间初篇》载，周昭王"亲将征楚"，由身高力大的辛余（游）靡做他的车右。归途中过汉水，"梁"折断，周昭王溺毙于水中。辛余靡入水抱住他的尸身，游到了北岸。另据《初学记》

第七卷引《竹书纪年》，周昭王十六年"伐楚荆"，过汉水时，遇到"大兕"，即雌的犀牛；十九年，又南征，突然天昏地暗，野鸡和野兔都吓得四散奔逃躲避，周期"丧六师于汉"。屈原《楚辞·天问》有云："昭后成游，南土爰底。厥利惟何，逢彼白雉？"雉是一种野鸡，史载交阯之南，有越裳国，周公居摄，越裳国来献白雉。昭王德衰，不能使越裳国复献白雉，故欲亲往迎取之，但没说是因何而死。

从以上典籍记载看，无论是昭王南伐楚荆还是逢彼白雉，是因桥梁折断而坠亡，还是因胶船散架破裂而溺毙，皆没有明指是楚人所为。但也有人认为昭王之死，就是楚人所害。如《左传·僖公四年》所记，在昭王溺毙300年之后的公元前656年，于著名的齐楚召陵会盟中，齐国的丞相管仲代表齐桓公向楚成王的使者数落楚国的罪过："昭王南征而不复，寡人是问。"意即追究昭王南征被楚人打败并害死之责任。出身于汉水中游的东汉著名学者王逸在注释《天问》所谓的"昭后成游"等句时，极其干脆明了地说："（昭王）南至于楚，楚人沉之。"对此之说，楚人则矢口否认，当管仲以咄咄逼人之势逼问楚使者时，对方轻巧机智地回答："昭王之不复，君其问诸水滨？"一句话说得不可一世、能言善辩的管仲无言以对。后来的学者杜预对此注曰："昭王时汉非楚境，故不受罪。"

无罪而偏要欲加之罪，除了齐人故意要扼制楚人气焰外，就这件事本身，与楚人的异姓地位有关。楚国自从鬻熊投奔西周之后，到周王朝的建立，几代人都对周王室忠心耿耿。但周成王对楚国的封爵，以及在岐阳会盟，与分赐铜器等方面，因为他是异姓，给以很不公道的待遇。尤其从受封之后不久，一直到周宣王的200多年里，一次又一次大大小小的征伐，使楚几乎灭亡，因此造成了楚对周王室深刻的敌对情绪。既然有了敌对情绪，以周天子为中心的宗室国家的君臣，自然也借机对楚国施以颜色，除了借昭王溺毙于汉水找碴闹事，还在称谓上给予对方以轻蔑的名号。从发掘的情形看，楚人在埋藏于地下的青铜器中，无一例外地自铭为"楚"，从不称"荆"，但古代文献中却屡屡见到"荆楚""楚荆"或"荆蛮"的字眼。这就是说，楚人以楚为国号，并深以自豪。而周王朝的宗室诸侯国，则以荆山之地称之，似有不承认其诸侯国之意，至于荆蛮这一名号，则是公开的污辱性称谓。

原作为周天子宗室一支的曾国，之所以自称为曾，而其他诸侯国将其贬称为"随"，除了曾国后来像墙头之草顺风而倒，不断围着楚国的屁股转圈以图自保外，还与一次重大的历史事件有关。这个事件就是弑杀周幽王，也就是坊间流传甚广的周幽王"烽火戏诸侯"而亡国的故事。

《史记·周本纪》载："四十六年，宣王崩，子幽王宫涅立。幽王二年，西周三川皆震。伯阳甫曰：'周将亡矣。夫天地之气，不失其序；若过其序，民乱之也。……昔伊、洛竭而夏亡，河竭而商亡。今周德若二代之季矣，其川原又塞，塞必竭。夫国必依山川，山崩川竭，亡国之征也。川竭必山崩。若国亡不过十年，数之纪也。天之所弃，不过其纪。'是岁也，三川竭，岐山崩。"

所谓"西周三川"，乃指西周王朝首都镐京附近的泾水、渭水、洛水，此三水皆在今陕西中部地区，属西周王朝的京畿之地。岐山乃周王朝的发源地，好端端的江山，突然水竭山崩，用《易经》的卦相来说就是"主大凶"，意味着西周王朝的末日即将来临。

除了山崩地裂，还有人心大散，周王室已是千疮百孔，危机四伏，大厦将倾。但这个时候的周幽王不但不把天象异兆放在心上，反而又跟一个叫褒姒的妖艳女人颠鸾倒凤，折腾得昏天黑地，不亦乐乎。《史记》接着说道："三年，幽王嬖爱褒姒。褒姒生子伯服，幽王欲废太子。太子母申侯女，而为后。后幽王得褒姒，爱之，欲废申后，并去太子宜臼，以褒姒为后，以伯服为太子。周太史伯阳读史记曰：'周亡矣。'"又说："褒姒不好笑，幽王欲其笑万方，故不笑。幽王为烽燧大鼓，有寇至则举烽火，诸侯悉至，至而无寇，褒姒乃大笑。幽王说之，为数举烽火。其后不信，诸侯益亦不至。幽王以虢石父为卿，用事，国人皆怨。石父为人佞巧善谀好利，王用之；又废申后、去太子也。申侯怒，与缯、西夷犬戎攻幽王。幽王举烽火征兵，兵莫至，遂杀幽王骊山下，虏褒姒，尽取周赂而去。于是诸侯乃即申侯而共立故幽王太子宜臼，是为平王，以奉周祀。平王立，东迁于洛邑，辟戎寇。平王之时，周室衰微，诸侯强并弱，齐、楚、秦、晋始大，政由方伯。"

事情很明显，整日沉浸在声色犬马中的周幽王为讨妖艳美女褒姒的欢心，除了淫乱不止，暴虐异常，还不惜废掉申后及太子，换上了褒姒及其儿子。更为荒唐的是，为博得褒姒一笑，周幽王竟丧心病狂，在维系着周王朝生死存亡的军事重地烽火台妄点烽火，致使前来支援的诸侯倍受戏弄和深感羞辱。如此闹腾的结果是周幽王被申侯联合其他方国与部落的军队弑杀于骊山脚下。

当此之时，包围周王朝首都并干掉幽王的主角是申国的军队，配角则是犬戎和曾国兵马。申国是申后的娘家，太子宜臼的老娘家，当被废掉的太子悄悄潜往申国避难时，申侯不禁怒从心头起，恶向胆边生，索性联合曾国与犬戎部落，共同发兵讨伐周幽王。申国的位置在今河南西南部的南阳盆地，与曾国为邻，西夷犬戎是北方一个凶悍的少数民族部落，活动范围是邻近今宁夏、甘肃的陕西西北部地区，处在周朝王畿之地的西北部。申、曾与犬戎联手，正好形成对周王朝中央的夹击之势。当时的太史伯已清醒地意识到这种危局，《国语·郑语》载："史伯谓（郑）桓公曰：'王欲杀太子，以成伯服，必求之申，申人弗畀，必伐之。若伐申，而缯与西戎会以伐周，周不守矣。'"可惜的是整日沉浸在逐鸡追狗，寻欢作乐中的周幽王已顾不得这些了，在联军以迅雷不及掩耳之势的强大重击下，周王室力不能敌，镐京陷落，幽王在败退中被杀身死，延续了275年的西周王朝宣告灭亡。

幽王死后，鉴于镐京在战火中化为瓦砾灰烬，无法再继续作为都城，申侯便在自己的国土上立太子宜臼为王，是为周平王。周平王在晋文侯的帮助下取得了天下共主的地位，并以周公早年所建的东都洛邑为京畿之地号令天下，后人始称东周。平王四十九年（公元前722年），即鲁隐公元年，这一年即孔子所整理的鲁国史书《春秋》的起始年，从此历史进入了春秋时代。在这个时代中，周王室虽然还有"天下共主"的名分，但政治重心却渐渐转移到列国霸主的身上，中国历史进入了一个急剧动荡、频繁变革、战争连绵的春秋战国时代。西周的世系表为：

武王—成王—康王—昭王—穆王—共王—懿王—孝王—夷王—厉王—共和—宣王—幽王

就当时形势和各路诸侯的习惯思维而言，虽然周幽王德衰无道，内外结怨，但仍是普天之下众人仰望的天字第一号人物，是当时人世间近似神灵的天朝国君，谁要是胆敢伤害他一根毫毛，就是弑君弑父的叛逆行为，属于十恶不赦的滔天大罪。周昭王南征死于汉水，300多年后齐国的管仲仍在追究这件事的责任，这固然是齐国君臣施展的伎俩，想借此要挟压制楚国，但从另一个侧面也可以看出，凛然的王权是不容侵犯的。只是楚的使者咬紧牙关，就是不认这笔账，此事才算不了了之。混账的周幽王正是依仗世俗中认同的王权神圣不可侵犯这一点，才有恃无恐，任意折腾，直弄得国破人亡方才罢休。很显然，在周宗室各路诸侯看来，幽王骊山被杀，是因为申、缯、犬戎明目张胆地犯上作乱，此举乃逆天大罪。在这三个凶手里面，申虽是具体的发动者和组织者，是典型的首犯，但申侯是太子宜臼的舅氏，拥立新天子平王的功臣元勋，功过是非纠缠在一起，其他诸侯一时还无法对其鞭挞和兴师问罪。至于两个从犯，或曰帮凶，犬戎尽管也很强大，但不是诸侯，又是另类民族，事成之后退守其所在的边疆猫了起来，不再抛头露面，此事便不了了之。只有缯国是罪责难逃的帮凶，也是最适合当替罪羊和各路宗室诸侯讨伐的对象。虽然缯国依靠自身的力量和申国以及周平王的支持，暂时没有被其他诸侯明正典刑，但在当时各路诸侯和普天之下百姓之间，却受到了道义上的讨伐与责难。到了汉代，当司马迁写《史记》的时候，在《楚世家》中还曾这样说过："若敖二十年，周幽王为犬戎所弑，周东徙，而秦襄公始列为诸侯。"这里，司马迁用了一个"弑"字来表示周幽王身亡的历史事件。"弑"的本意固然可解释为臣杀死君主或子女杀死父母之意，但还有一种犯上作乱、大逆不道、伤天害理的弦外之音隐含其中，对"弑者"无疑是含有明显贬义的。或许正是处于这样一种道德层面上的原因，缯国在参与弑君的一年之后，古代典籍中就再也见不到"缯"了。尽管缯国后来力量不断壮大，开疆拓土，及至京山、新野、随县等大片区域，并在今随县城区立都，由缯改曾，成为汉水以东各诸侯国的龙头老大。但在其他诸侯国看来，这个国家只配叫一个随风飘摇，或见风使使舵，有奶便是娘的"随国"，而断断不能称其为有着周王室血统的曾国了。

——这就是曾即随，及随国与曾国关系转变的来龙去脉。

第九章 历史的印痕

楚随交锋

从西周早期，至迟在昭王时代，位于今山东、河南、陕西南部的几个姬姓和姜姓诸侯国，陆续南迁至江淮之间，立足生根。这几个国家的前锋则是姬姓的曾国和唐国，以及姜姓的厉国。若把桐柏山、大别山以北淮水流域的若干姬姓国也算在里面，在汉阳诸姬中，文化最高、经济最发达、名声最大者当是以随城为都的曾国。从历年来出土的地下文物推断，它的冶金制造业，特别是铜器的制造工艺水平，与中原各大诸侯国不相上下，在某些方面还超越了。云集在汉东之地十几个大大小小的姬姓与姜姓诸侯国，像一个半岛，伸进了蛮夷的海洋，离他们不远的东南和西南部，就是扬越、楚蛮和巴人。周昭王南征惨败以至身亡的教训时刻提醒着他们，再也不要轻易南进了，就在汉水一带稳住阵脚，坐地生根发芽，慢慢等待成长壮大。而作为在汉水以南富饶的平原上立足生根久远的"荆蛮"，到了熊渠时代已经做大，且在今当阳、江陵、荆门一带建立了一个牢固的根据地，又在今鄂州一带建立了一个虽未必牢固，却足以和根据地遥相

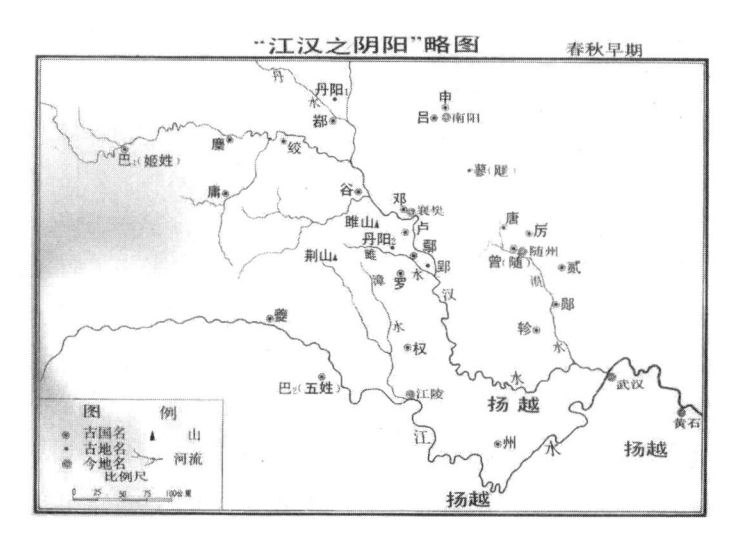

"江汉之阴阳"略图
（引自《楚史》）

考古专家白荣金等修复的曾侯乙墓出土皮马胄

呼应、从侧面支援的据点。荆楚的强大，令其他诸侯国望而却步，而在那些"离居"和"无君"的汉水以南部落，因其弱小和卑微的地位，自是唯荆楚马首是瞻，情愿或不情愿地为其效犬马之劳。在这样一种氛围和环境中，楚国的强盛与北进只是时间和机会的问题了。

楚国要称雄于南方，仅控制江汉西南部是不够的，非全盘控制长江中游，特别是这一带的有色金属产地不可。要全盘控制这一带的有色金属，特别是用以制造兵器和礼器的铜锡产地，就必须击败汉东的曾国与申国。西周灭亡，平王迁都洛邑之后，尽管中原诸侯对申、曾联合犬戎弑杀周幽王的做法大加斥责，并在正史中贬曾为随，但事情总有它的两面性，还有许多复杂因素掺杂其间。申、随二国毕竟有功于东周，在新天子及朝臣连同一批既得利益者的新贵们庇护下，申、曾借机得到了发展，申顺理成章地成为汉阳诸姜之首（袭姜太公之姓，太公称姜尚，又称吕尚，因而姜、吕相通），随国也逐渐成为汉阳诸姬的老大。与申相比，随国更加强大，这当然不是它受到来自天子王朝的庇护比申国多，而是它自身拥有的地理优势，特别是与稀有的金、铜、锡等有色金属有着紧密关联。据专家考证，传世的《曾伯霖簠》作于春秋早期，其铭文有"克狄淮夷，抑燮繁汤，金导锡行"等字样，大意是：曾伯击败了淮夷，平定了繁阳，使运送铜锡的道路得以畅通无阻。据现代楚史研究者张正明考证，此器应为姬曾之器而非姒曾之器，理由是繁阳在今河南新蔡县，距姬曾近而距姒曾远，且姬曾国力强，姒曾国力弱。周人经略南土，主要目的在于获得以铜为主的有色金属。曾国当时是最靠南的一个姬姓国，因而也是离长江中游铜的产地最近的一个姬姓国，对于维护铜锡北运的道路起着举足轻重的作用。从后来出土的大量青铜器看，曾国或说是随国乃是春秋战国时代长江中游地区青铜器铸造水平最高的一个诸侯国，擂鼓墩古墓出土的曾侯乙编钟及数量众多的青铜兵器和其生活器具，就是铁证。

但楚国要击败曾国（南按：因曾、随关系不断变化，在以下叙述中，曾、随二名混用），非使自己的实力与战略战术超过曾国不可。在西周灭亡之后的半个多世纪里，楚对周边地区小国不断讨伐，先后伐庸、伐鄂、伐权，屡屡得手，声威大振，势力大增。但对待随国却谨小慎微，偶有试探性攻击，又屡不得志。在汉水东岸强大的随国与盘踞在南阳盆地的申国，呈虎狼之势蹲守在中原的南大门，对周边国家虎视眈眈。楚国要想称雄江汉并称霸天下，就必须剪灭这两条阻挡楚人前进的虎狼之辈，于是灭随与灭申，就成为楚人战略上迟早要解决的心腹之患。到了楚国熊通在位的时候，经过几十年的策划储备，一改过去只有北方称为"徒兵"，而南方有时称为"陵师"的步兵对付群蛮的战法，仿效中原战阵特色，组建起一支能在随枣走廊驰骋疆场的车兵。当一切准备就绪后，楚武王（熊通）三十五年，即公元前706年，趁随土歉收，随人乏食之天时，楚人出动步骑、车兵，以精锐之师渡汉伐随，历史上楚随首次大规模、正式交锋对垒的建鼓由此敲响。

楚人出兵前，大夫斗伯比对熊通说："吾不得志于汉东也，我则使然。我张吾三军，而被吾甲兵，以武临之，彼则惧而协以谋我，故难间也。"（《左传·桓公六年》）斗伯比是楚国一位杰出的谋略家，深知楚的实力虽强，但仍没有强大到仅靠一次出师就可以剪灭随国的程度，毕竟随人在汉东已经营了几百年，号称"汉东之国随为大"。只有采取"伐谋"与"伐兵"相结合的战略，才能达到战争的预期效果，熊通听毕深以为然。于是，此次楚人出兵，意不在摧毁随都，剪灭其国，而是谋略与兵戈相辅，迫使随国臣服，做

曾侯乙墓出土的皮甲胄与铜兵器（甲胄由白荣金等专家修复。从墓中出土的大量兵器与防护装备推断，当时的曾国具有较强的作战力量）

楚国的附庸。

于是,当楚兵渡汉进入随境,经过小规模的搏杀而迫近其都城后,奉令停止前进,在一个叫瑕的地方待命。熊通命其侄芳章入随都见随侯以"求成"。所谓"求成"即不再兵戈相向,刺刀见红,而是用谈判的方式和平解决争端,达成某种有利于一方或双方的协议。通常的情况分为两种,一种是弱者主动向强者乞和,二是弱者还在进退中犹豫不定,强者一方便施出威逼利诱的手段,迫其就范,芳章此行的目的自是挟楚人的兵威迫其就范。面对楚人大兵压境,趾高气扬的骄狂之态,随侯于惊恐窝火中虽想拼死一搏,但考虑到自己的实力毕竟比楚人差一大截,若真的交起手来获胜的把握不大,于无奈中只好决定忍辱负重,以保全国家利益为最高准则,命少师随芳章到楚师驻地去"董成"。所谓"董成",即充当诸侯的特命全权大使和谈判总代表与对方谈判。楚军中的著名谋略家、大夫斗伯比对熊通道:"据我了解,前来的这位少师乃随侯的宠臣,此人没有什么真本事,靠拍马溜须,阿谀奉承博得随侯的欢心罢了,其最大特点就是好大喜功,不看火色硬冲乱撞,实乃一个弄臣和亡国之败类。若我们把精锐车兵隐蔽起来,故意让这位少师看到一些表面羸弱的部队,给他造成楚不敌随的错觉,以引诱随师出城与楚师决战,我可一战而胜。"

熊通听罢,认为有理,正准备照其行事,身边的大夫熊率且比说:"方法虽好,但有季梁在随国,我们是瞒不过他的。"

斗伯比对此似乎早有所料,说道:"若随师上当出兵,则我胜,若听从季梁而不出兵,对我们以后的战略也有极大的好处。少师其人将因得宠而排除异己,专权任性,对楚国下次伐随会有利的。"

熊通听从了斗伯比的计谋,下令把军队伪装了一番,随国的少师来到楚军阵中,歪着鼻子斜溜着眼观看一番后,当场撇了撇嘴,大不以为然。回城后,少师果然向随侯禀报楚人乃一群乌合之众,徒有阵势,不堪一击,随国应当立即出师迎战。一旦随军出城,楚人将闻风丧胆,一触即溃。随侯听罢,正准备听从其计,大夫季梁却阻拦说:"上天正授予天命给楚国,楚军做出软弱姿态,大概是要引诱我们。君王急什么呢?下臣听说过小国能抵抗大国,是由于小国有道而大国邪恶。所谓道,就是对百姓忠心,对神灵诚信。在上面的人想到有利于百姓,这就是忠心;祝史用真实的言辞祝祷神灵，这就是诚信。现在百姓挨饿而君王满足私欲，祝史假报功德以祭告神灵，下臣不知道这样的小国怎能抵抗大国。"

对于季梁明显含有讥讽和批评意味的话，随侯极不乐意听，但又不得不听，只是听后大为不快，遂辩解说："我祭祀用的牲畜都很肥壮，祭祀的谷物也都丰盛齐备，怎么不诚信？"意思是你傻扯什么？

季梁不卑不亢地说："百姓，是神的主人，因此圣明的君王先教养好百姓，然后尽力奉神……所谓芳香远闻，不单指祭品而言，也是指没有邪恶之心。所以要提倡致力三时，推行五教，亲近九族，以此来虔诚地祭祀宗庙鬼神。这样一来，百姓和睦，神灵也降福给他们，因此事情一做就能获得成功。现在百姓各存一心，鬼神也缺乏主人，虽然君王自己祭祀丰盛，又能有什么福分呢？君王姑且治理好政事，同时亲近同姓的兄弟国家，也许可以免于患难。"

随侯听罢，尽管心里仍不服气，但思前想后，感到季梁说得有理，深为惶恐，于是不再任由那个整日溜须拍马的少师摆弄，下决心罢兵与楚国言和，着手治理政事。楚国一看随侯听从了季梁的计策，遂不敢进攻。

此番对话见于《左传·桓公六年》"季梁谏追楚师"，原文是：

少师归，请追楚师。随侯将许之。季梁止之曰："天方授楚，楚之羸，其诱我也。君何急焉？臣闻小之能敌大也，小道大淫。所谓道，忠于民而信于神也。上思利民，忠也；祝史正辞，信也。今民馁而君逞欲，祝史矫举以祭，臣不知其可也。"

公曰："吾牲牷肥腯，粢盛丰备，何则不信？"

对曰："夫民，神之主也，是以圣王先成民而后致力于神。故奉牲以告曰'博硕肥腯'，谓民力之普存也，谓其畜之硕大蕃滋也，谓其不疾瘯蠡也，谓其备腯咸有也。奉盛以告曰'洁粢丰盛'，谓其三时不害而民和年丰也。奉酒醴以告曰'嘉栗旨酒'，谓其上下皆有嘉德而无违心也。所谓馨香，无谗慝也。故务其三时，修其五教，亲其九族，以致其禋祀。于是乎民和而神降之福，故动则有成。今民各有心，而鬼神乏主，君虽独丰，其何福之有？君姑修政而亲兄弟之国，庶免于难。"

随侯惧而修政，楚不敢伐。

季梁，具体生卒年月不详，从古籍记载中，可知季为其氏，梁为其名，是春秋时期著名的思想家、政治家和军事家。其人不仅对随楚关系的政治格局产生过重大影响，而且成为开儒家学说先河的重要学者之一，尤其是其哲学思想、政治思想和军事思想，更是闪耀出穿越时空的光芒。对季梁的思想和政治才能，楚人可能比随人更加尊重他，而季氏的影响力在楚国也比在随国更深入人心。唐朝一位叫李白的流浪诗人曾说过"神农之后，季梁为大贤"的话。季氏当年向随侯提出的"避实击虚"军事思想，被后来大军事家孙武加以总结发挥，成为著名的战争指导原则，即"辞卑而益备者，进也；辞强而进驱者，退也；轻车先出居其侧者，陈也；无约而请和者，谋也；奔走而陈兵车者，期也；半进半退者，诱也。"（《孙子兵法·行军》）而"民主神主"的思想，则是季梁哲学思想的精髓。这里的"主"当为"主宰"之意。这一思想是对中国进入奴隶社会以来占统治地位的天命神权思想的大胆否定，并对当时起于青萍之末的无神论思想起了推波助澜的作用，在"中国哲学的结胎时代"和无神论发展史上居有极其重要的地位。

位于随州的季梁墓祠遗址

季梁所谓的"兄弟之国"，是指汉水以东、江淮之间的众多诸侯国。这些国家，或为姬姓，或为异姓，生存于晋、楚两个大国之间，一方面朝晋暮楚，另一方面又互相攻伐，对周王室也是时叛时服，飘忽不定的。如《国语·郑语》所言："桓公为司徒，……当成周者，南有荆蛮、申、吕、应、邓、陈、蔡、随、唐……非亲则顽，不可入也。"而"汉东之国随为大"。

置身这样的境地，随国如果不同周围的国家建立友好的外交关系，不但会首当其冲地受到大国的讨伐，而且诸小国也会群起而攻之，随国则难以立足。季梁正是在客观分析这一现实的基础上，才高瞻远瞩地提出了"亲兄弟之国"的外交政策。这一政策不只在周边的姬姓小国，在随楚关系中同样得到了充分的实施，在以后的若干年代中都可看到这一外交路线的深刻影响和楚随关系的走向。

或许正是由于随人在同楚人关系上恪守着季梁的既定外交政策，当相互攻伐趋于白热化的战国时期，比春秋时更加强大的楚国以虎狼之师的凌厉攻势，疾风暴雨般"南卷沅、湘，北绕颍、泗，西包巴、蜀，东裹郯、邳，颍、汝以为洫，江、汉以为池，垣之以邓林，绵之以方城。……大地计众，中分天下"（《淮南子·兵略训》）之时，却仍然把随国置于自己的卵翼之下，并未干戈相向，摇其根本。随国之所以成为汉阳诸姬中国祚最长的国家，与季梁这一具有深谋远虑的外交思想和政治策略，在历代随君和随国人民心中扎下的根基是分不开的。

据《随州志》记载，季梁死后葬于今随州市东郊义地岗，建有墓祠，惜于1946年国共两党争夺战中毁于战火，仅存的墓丘又在1958年的"大跃进"中被夷为平地。前文已述，1979年，在随县季子祠西侧古墓发现的两件铜戈铭文虽然简短，却透露了季梁所在的随国又叫"曾"的历史线索，这就更加说明了季梁与随侯及周王朝非同寻常的宗亲关系。因为季怡墓在季氏梁古墓群中，说明二者同属一个家族。季梁于春秋早期活动在随国的政治舞台。假设其时他正当壮年，那么其卒年可能在《左传》中所说的庄公年间。从季怡墓出土器物的形制风格来推断，这些器物大多具有春秋中期的特点，因此季怡卒年当在春秋中期，其生年当在中期早段。从季梁到季怡中间至少要相隔一代人，二者不可能是同一人。季梁应是季怡的父辈，也有可能是其父辈的父辈。如果这个推测没错的话，那么季梁可能就是"西宫之孙"一语中的"西宫"，其子当为曾国的"穆侯"。由此可见，季梁与曾侯同为姬姓大宗，他的后人中就有人成为"随侯"之一。因了这样的政治地位和名望、辈分，季梁敢面斥"君逞欲"，而令"随侯惧"等等言行，就可以得到一个合理的解释。

当楚随双方达成协议后，楚国退兵，随国君臣也长吁了一口气，庆幸总算免脱了一次不期而至的灾难。但事情并没有到此完结，既然利剑已经出

279

鞘，就不能不带血而还。

按照协议，随国要到周天子那里去替楚国进言，要周王室为楚国加封赐赏，其要求和规格相当于2000多年后，地球上的某些国家如德国、印度、日本等，要求成为联合国常任理事国。当随把楚的这一要求转呈本姓且关系密切的周王室后，周天子根本没把这个夷族南蛮子放在眼里，更不吃他以兵要挟威逼利诱那一套阴招，未做什么考虑，就把这个请求像对待一堆臭狗屎一样踢出门外不再理睬。对于这段插曲，司马迁在《史记·楚世家》中，只用了简单的几句"随人为之周，请尊楚，王室不听，还报楚"做了了结。

想不到这看似平静的叙述，在楚人的心目中却是天塌地陷，极其丢面子的大事。于是，"三十七年，楚熊通怒曰：'吾先鬻熊，文王之师也，蚤终。成王举我先公，乃以子男田令居楚，蛮夷皆率服，而王不加位，我自尊耳。'乃自立，为武王，与随人盟而去。于是始开濮地而有之。"这就是说，楚人公开拉杆子造反了。

楚随博弈后的历史格局

楚伐随并与随"求成"之事发生在武王三十五年，熊通得到周王室拒绝其加入"联合国常任理事国"的消息并大怒是武王三十七年，这个时间跨度看起来是三个年头，若掐头去尾，真正的时间是一年半左右。按照当时的办事效率，时间并不算长，应在情理之中。只是熊通一听这个消息，顿感失了面子，于盛怒中索性一不做二不休，自己命手下弄了一个武王的帽子戴在头上，关起门来在群臣百姓面前有模有样地称起王来，从而开创了诸侯僭号称王的先河。这个时候的"蛮夷"熊通可能没有想到，他这个赌气式的做法引发的直接后果是，中原各路诸侯也纷纷效之，在自己的一亩三分地内或明或暗地称王称霸。面对礼崩乐坏的天下大势，已经极度衰微、徒有一个空架子的周王室无可奈何，只能眼巴巴地看着礼制像决堤之水般一泻千里，永不回头。

司马迁只说熊通因怒而称王，与随人盟而去，没有说明因何而与随盟，

第九章 历史的印痕

倒是前辈史家左丘明对此做了较为详细的披露。《左传·桓公八年》载：

随少师有宠。楚斗伯比曰："可矣。仇有衅，不可失也。"

夏，楚子合诸侯于沈鹿。黄、随不会，使薳章让黄。楚子伐随，军于汉、淮之间。

季梁请下之："弗许而后战，所以怒我而怠寇也。"少师谓随侯曰："必速战。不然，将失楚师。"随侯御之，望楚师。季梁曰："楚人上左，君必左，无与王遇。且攻其右，右无良焉，必败。偏败，众乃携矣。"少师曰："不当王，非敌也。"弗从。战于速杞，随师败绩。随侯逸，斗丹获其戎车与其戎右少师。

秋，随及楚平。楚子将不许，斗伯比曰："天去其疾矣，随未可克也。"乃盟而还。

当熊通这厮关起家门自称武王之时，随国的少师明显见宠于随侯的情形被楚国侦知，对少师其人深为了解的楚国大夫斗伯比认为随国有隙可乘，机不可失，时不再来，遂主张再次出兵伐随。武王认为有理，只是需要找到一个借口才能兴师动众，出兵北伐，否则不便向国外诸侯与国内的民众交代。这年夏天，楚武王邀请了一堆大大小小的诸侯到沈鹿（今湖北省钟祥市东）会盟，在受邀者之中，唯黄、随两国的国君缺席。黄国离沈鹿较远，尚属情有可原，随国离沈鹿并不远，随侯却拒不到会，分明是狗坐轿子——不识抬举，同时也有藐视楚国实力的意味，这一公然做法在令武王大感不爽的同时，也为楚国出兵找到了借口。武王熊通一面派芳章去责备教训黄国国君，一面下令兴师伐随。早有准备的楚军闻令而动，很快抵达汉、淮之间，对随国形成大兵压境之势。面临国家存亡的危急关头，季梁献计随侯：不要急于应战，应按兵不动，先卑辞求和，待求和不成后再下令拼死一搏。只有到了这个时候，随国军队将士才会意识到，欲求生，唯有死战到底，别无他路可走。有了这样的意识和觉悟，将士就会勇气倍增。另一方面，楚军也会因为随人的求和而懈怠斗志。这一谋略与后来鲁齐长勺之战中曹刿的战略战术如出一辙，而许多年后的兵圣孙武则把这一军事思想加以提炼升华，成为兵家圣典。孙子说，为了激怒士卒，长其斗志，必须将士卒"投之亡地然后存，陷之死地然后生"（《孙子兵法·九地》）。非常不幸的是，在随侯面前日渐得宠、骄横跋扈的少师自感腰杆已硬，不把季梁放在眼里，并公开与之大唱反调，力主速战速决。老朽随侯稀里糊涂地认为少师之言有理，遂不顾季梁的谏阻，强行引兵迎击楚师。两军在一个叫速杞的地方相遇，各自排兵布阵，准备决战。

季梁眼看随侯这个老混蛋一意孤行，无法遏止，只好退而求其次，提出了一个新的作战方案，说"南蛮的军队与诸夏之军不同，诸夏的军队是以右为尊，而南蛮是以左为尊，根据以往的经验，楚武王肯定是自统左军，楚兵的左军也必定是最强的，咱们用强兵攻他薄弱的右翼，必然能胜。楚军右翼一败，中军和左翼也会跟着乱将起来，此役可有取胜的希望。"但此时的少师已经骄狂得根本不把季梁放在眼里，且故意与之意见相左，以显其能。他明确表示这一战法乃小夫蛇鼠之计，是无勇夫胆的小人之见，坚持要来个兵对兵，将对将，王对王，硬碰硬，并云只有这样才可张显随国的士气与国君的尊严，也是战无不胜的兵家之道。已经昏了头的随侯撇开季梁，以少师之计而行，亲自随右军行动，命少师为戎右，下令攻击楚师左军。短兵相接，胜负立见，结果是随军大败。随侯一看大事不妙，急忙扔掉指挥棒跳下战车，猫腰弓背踏着遍地尸体于混乱中落荒而逃。那位骄狂的少师在阵前被楚军团团围住，逃跑已无可能，很快被楚军像捂小鸡一样抓在手中成了俘虏。

吃了败仗的随侯不得不派人前往楚营请求议和，雄心勃勃且满怀怨恨的武王不从，欲一举荡平随国。大夫斗伯比审时度势，对武王说道：咱们最怕的是季梁，指望以少师离间随君和季梁的关系，可这一仗下来，反倒把少师的威风给灭了，以后随君不会再听他鼓噪了，季梁必被随侯重用，这是老天爷帮着随君，我们已没机会灭掉随国了。楚武王听罢，深以为然，于是楚、随终于再度以和盟的方式结束了这场战争。

尽管两国名义上和盟，但此次战役，令随国损兵折将、大伤元气，随国君臣也真切地领略了楚国不可抗拒的实力。从此之后，楚国扬威于汉东诸姬，随国只能表示臣服，再也不敢开罪于楚国了。

打败随国之后，楚武王又移师西进，一举击败濮人，拓宽和加固了后方阵线。又三年，楚国在汉东之地与狂妄自大的郧国军队交锋，楚师夜袭驻扎

第九章　历史的印痕

在郧国郊外蒲骚的郧军，郧师大败。从此，楚国在江汉流域的霸主地位得以确立，各诸侯国尽数臣服。尽管不时出现一些反复，但大局已定，外力无法改变了。

楚武王熊通在位五十一年之时，已逾古稀，自觉老境将至，身体明显一天不如一天。但这个性格倔强，老而不死的家伙，仍心怀野心，唯恐天下不乱，死前还要折腾点什么，再给纷乱的世界加点水煮油烹的佐料。就在这个节骨眼上，周天子召见随侯，指责他背信弃义，竟以楚子为楚王而事之，太不讲气节大道了云云。周天子的一顿闷棍，令随侯顿感天旋地转，晕头转向，不知所措。回到随都后，随侯瞻前顾后仍打不定主意，不知到底该抱谁的大腿为好。在摇摆晃悠间，对楚国的态度不免露出冷淡之色。武王熊通侦知内情，暴跳如雷，蹦着高儿大骂了一通周天子之后，又将怨恨和怒气撒到随侯身上，指责随侯不是个东西，居然听从周天子的挑拨离间，背离楚随之盟。熊通一气之下决定再次出兵伐随，若不能灭其国，至少也给对方一个教训，让其知道强大的楚国不是那么容易背离的。为了示以惩罚的决心，楚武王不顾老朽年迈，执意要亲自统率大军前行。

这年春天，周历正月，楚武王熊通检阅名为荆尸的军阵，将战戟发给士兵，以鼓舞士气。在即将为出征而准备斋戒、祭祀之时，武王忽觉身体不适，气喘胸闷，出现了欲死之状。武王急忙令人搀扶自己到宫中，周身打晃，手捂胸口对夫人邓曼说："我的心跳得厉害，恐怕要不行了。"

来自邓国名叫曼的女人听罢，想起许多年来，这位靠弑君篡位上台的南方蛮子，整日就知道东征西讨，杀人放火，抢夺地盘，混战不止，甚至连自己的娘家邓国都不放过，一味地攻掠劫持，弄得汉水两岸烽火连天，人头乱滚，血流不绝。遂冲额头上汗水淋漓，全身哆嗦呈筛糠状的糟老头子翻了个白眼，伸了伸懒腰，润嫩的小嘴一噘，绵里带针地直言道："大王的好运已经用尽了。万事万物一旦满了就会动摇不稳，这是天道。先君大概知道了大王要发动攻打随国的战争，因此使大王心跳，这是在警示你去掉骄狂傲慢之心。如果这次出征军队未受到大的损失，或者是大王干脆'咯嘣'一下死在路上，就算是楚国人民的最大福气了。"

武王听罢这番风中带刀的高论，血撞脑门，差点气绝。但自己已经沦为朽木一根，臭皮囊一个，风流偎傀的邓曼并不把这个半死不活、疯子一样的狂妄南蛮放在眼里，恨不得他早一天死掉，自己还可与宫中几条蓄备的猛汉鬼混一顿。重病在身的武王熊通怀揣满腔悲愤之情，抹去满脸的汗水，一咬牙，在凄雨寒风中披挂上马，率部出征。当大军渡过汉水到达东岸后，武王心疾猝发，力不能支，只好坐在一棵硕大的樠树下歇息。未久，头一歪，身子一拧，便呜呼哀哉了。今湖北省钟祥县（现钟祥市）东有樠木山，亦即楚武王亡身之处。

武王撒下了他的军队和国家撒手奔了西天，不再顾及人间之事，进入汉东之地的军队将领令尹斗祁和莫敖（南按：令尹、莫敖乃官名），面对不期而至的变数，沉着冷静，严密封锁武王去世的消息，率领全军继续前进。一路上逢山开路，遇水架桥，在靠近随时扎下大营，修建堡垒。面对突然而至的楚军，以及楚军摆出的持久战的架势与必胜姿态，随军大为惊恐，不敢出兵对敌，只好派人向楚"求成"。莫敖屈重代表楚王与随侯结盟，会盟地点选在随都之外汉水的拐弯处。会盟既毕，楚人收兵回国。当渡过汉水西岸进入楚境后才为武王发丧。楚伐随之战至此算是落下了帷幕。

武王死，子熊赀立，是为文王。

文王执政后所做的第一件事就是迁都于郢。

郢做地名，古义不详，今人的解释为岗地或台地，如安徽境内称郢的地方特别多，在楚国后期故都寿春一带尤为密集。据考证，这一现象与春秋战国时代有大量楚人聚居有关，但何以称郢而不称台、岗之类通俗的名称，至今不可索解。

楚文王迁都的郢在丹阳的东南方向，原来的郢都故址在今宜城市南部，东不过汉水，南不过沮水（今蛮河）。早在武王中期，楚国就占领了在它东南的郊郢，用作渡汉东征的基地。武王后期，楚国击灭了罗、卢、鄢诸国，原为鄢地的郢就成为比丹阳更好的建都之地。文王迁都于郢，可谓水到渠成，此地是肥沃的冲积平原（至今当地称其为"小胖子"），而更加重要的是它处在南来北往、东来西往的交通枢纽上，南瞰江汉平原，北望南襄夹道，东临随枣走廊，西控荆睢山地，是江淮之间的要冲，汉水中游的重镇。楚国以郢为首都，无论制驭蛮、越、巴、濮，抚绥汉阳诸国，乃至窥伺中原诸夏，都便于策应。楚武王弑君篡位，以异常的血腥残酷与蛮霸之气，给他的儿子留下了一个正富强起来的国家，连同一批可信用、依仗的官僚，一支久经实战磨炼的军队将士。在一国之君——王的下面，设有令尹官衔，总揽军民大政；设莫敖掌军。在这套官僚机制的下层，设县尹为一县之长。当然，还有其他的官职，只是文献少载而后人不知其详。这些官衔职位，大部分从西周王朝沿袭而来，但又有具体的改造和独特的创新。新上任的文王继承了他老子竭尽一生冲杀打砸、劫掠焚烧的血脉和因子，兴趣和精力同样贯注于打砸抢烧的战争之中，并以"枪杆子里面出政权"的方针和行为准则，以其七分雄鸷加三分昏庸的性格东征西讨，开疆拓土，终于实现了其先父未竟的"观中国之政"的宏心大愿。参考多种历史典籍，对楚国由一个蛮夷小国渐渐蜕变为大国的几个关键阶段，可做如下简要的描述：

公元前847年，楚熊勇为蛮夷之长，楚史至熊勇始有确切纪年，史家将此年定为楚元年。

公元前706年，武王三十五年，楚攻随，同时要随转告周室尊楚，周室不听。

公元前704年，武王三十七年，熊通自立王号，称武王。楚攻随，楚胜。与随盟。楚始占有濮地。

公元前703年，武王三十八年，楚攻郑，攻邓。

公元前701年，武王四十年，楚攻郧。

公元前700年，武王四十一年，楚攻绞。

公元前699年，武王四十二年，楚攻罗，楚败。

公元前690年，武王五十一年，楚武王攻随，卒于军中，子熊赀立，是为文王。

公元前689年，文王元年，楚始都郢。

公元前688年，文王二年，楚攻申，攻邓。

公元前684年，文王六年，楚攻蔡，虏蔡哀侯归，不久释放。"楚强，陵江汉间小国，皆畏之。"

公元前680年，文王十年，楚灭息，攻蔡。

公元前679年，文王十一年，齐、宋、陈、卫、郑五国国君会盟于鄄邑。《左传·庄公十五年》记此事，评曰："齐始霸也。"《史记·楚世家》则云："齐桓始霸，楚亦始大。"是年，齐为桓公七年，管仲执政，除弊兴利，在诸侯中脱颖而出。

公元前678年，文王十二年，楚灭邓，攻郑。此役是楚逐鹿中原首次进入其腹心地带，正式撞开了"观中国之政"的大门。

公元前677年，文王十三年，楚文王卒，子熊艰立，是为庄敖。

公元前672年，庄敖五年，庄敖欲杀其弟熊恽，恽奔随，与随袭杀庄敖自立，是为成王。

公元前671年，成王元年，楚成王使人献于周惠王。《史记·楚世家》载："初即位，布德施惠，结旧好于诸侯，使人献天子。"周惠王以祭肉赐给楚成王，希望楚国"镇尔南方夷越之乱，无侵中国"。此时的楚国已成为方圆逾千里的大国，中原各诸侯不能不对其倍加小心和重视了。

公元前640年，成王三十二年，受楚国挤压掣肘又想摆脱困境的随国，暗中串通汉东几个小国背楚，公开与楚成王叫起板儿来——这是汉东诸国试图挽回往昔光荣与梦想的最后一次尝试，其结果令人沮丧。楚国令尹子文一出兵，以随国为首的多国部队分崩离析，纷纷扔掉刀枪剑戟，老鼠一样流窜回窝。孤立无援的随国如同一棵在凄风苦雨中飘摇的古树，面对以摧城拔屋之势而来的楚师，随侯只有派人"求成"，以保全国家社稷。成王和令尹子文强按怒火，以罕见的大度处理了楚随矛盾，一度飘荡在汉东上空的阴霾迅速消散，随侯保持了自己的荣华富贵和尊严，随人保持了自己的宗庙和官制，随国这棵古树的梢头又复见和平的阳光雨露。自此之后，随国再也没有反叛的能力和志向了，在近三个世纪的时间里，随国成为楚国忠实的附庸，而一度称雄于世的楚国，一如既往地于自己腹地保留一个在内政上高度自主的国中之国，随国在楚国的卵翼下，终于延续到了战国中后期才断掉最后一口气。

楚庄王称霸

一代枭雄楚成王翻云覆雨地折腾了几十年，想不到晚境凄惨，竟弄了个被太子商臣指挥甲士围宫逼其上吊自杀的结局。之后，商臣即位，是为穆王，穆王卒，庄王即位。楚国入庄王时代，国力达到了鼎盛，史上所称的春

第九章 历史的印痕

秋五霸,其中之一便是楚庄王。[13]

庄王继位后的第三年,就出师灭掉了江汉平原的庸国;又三年,发兵攻宋,然后兵锋直指中原。楚庄王在位之时,除了给后人留下了"三年不蜚(飞),蜚将冲天,三年不鸣,鸣将惊人",或者叫"一飞冲天""一鸣惊人"的寓言性典故外,还有著名的"问鼎中原"成语传世。《史记·楚世家》载:楚庄王八年,楚军攻伐住居在伏牛山与熊耳山之间伊水流域的陆浑戎人部落,前锋推至伊水与洛水之间,在周都的南郊举行盛大阅兵仪式,以向周室示威,胁迫天子,与周王室分制天下。继位不久的周定王面对这种狂妄不羁的举动,忐忑不安,心中没底,急忙派王孙满前往以慰劳周师为名探个究竟。年轻气盛,不可一世的楚庄王不但不把周大夫王孙满放在眼里,反而问起周王室象征天子权力的鼎有多大,有多重?言外之意,分明要与周天子一较高下。面对骄横跋扈,不知天高地厚的楚庄王,王孙满义正词严地答道:"在德不在鼎。"楚庄王不知对方话中有话,仍不识相地说道:"子无阻九鼎!楚国折钩之喙,足以为九鼎。"意即我不必依恃有九鼎来唬人,我们大楚国若把戟的尖端全部折下来,铸造九个鼎是绰绰有余了。

王孙满听罢,摆出一副大义凛然的姿态,话中暗含讥讽地对楚庄王道:"呜呼!君王其忘之乎?昔虞夏之盛,远方皆至,贡金九牧,铸鼎象物,百物而为之备,使民知神奸。桀有乱德,鼎迁于殷,载祀六百。殷纣暴虐,鼎迁于周。德之休明,虽小必重;其奸回昏乱,虽大必轻。昔成王定鼎于郏鄏,卜世三十,卜年七百,天所命也。周德虽衰,天命未改。鼎之轻重,未可问也。"

王孙满一席话如刀似剑,一下击中对方的要害处,楚庄王如梦初醒,深知天命未改,鼎之轻重,不是什么人都可以问的"大道"。庄王面有愧色,遂打消了窥周室之鼎的念头,引兵离开周郊,转而攻打郑国,以问其背楚从晋之罪。楚庄王问鼎之典故,既表现了他的狂妄,同时也透露出楚国确实已经有了进入中原,以"观中国之政"的实力。想不到就在庄王对郑国进行一番武力教训和惩罚,率部归楚途中,家中却乱将起来了。

早在楚灭庸之时,庄王命子扬为令尹,子越(斗椒)为司马,蒍贾为工正。令尹的官职大于工正,心胸狭窄的蒍贾不甘居子扬之下,于是散布流言,使庄王稀里糊涂地抓住子扬的一点把柄将其处死,然后以子越为令尹,

287

芳贾晋升为司马。但芳贾志不在此，仍心怀不满。未久，芳贾又向庄王散布子越的流言，庄王似信非信，正犹豫间，子越的暗探得知内情，禀报主子。子越深不自安，想起子扬含冤而死的惨剧，认为庄王偏袒芳氏，性情暴戾，说不定哪一天就要对自己暗下毒手。经过一番痛苦思考之后，索性来个先下手为强，趁庄王率师攻伐陆浑、问鼎周室之机，悍然造起反来。一场不可避免的决战就这样在君臣之间的互相猜忌中爆发了。

子越在申县诱杀了执掌兵权的司马芳贾，算是除了心头之患，而后率领自己培植的一支精锐之师在庄王的归途截击。时在郑地的庄王闻变，大惊，急忙推动楚师日夜兼程回归本土。行进间，子越已麾师渡汉，阻截而来。两军相遇，叛军军威甚壮，子越贯弓挺戟，在本阵往来驰骤，楚兵望之，皆有惧色。庄王念子越家族（史称若敖氏，或斗氏）有大功于楚，派使者告诉子越，愿以三位先王的子孙做人质，保证不杀子越。子越听罢并不理会，一味求战，并令士卒击鼓前进。庄王见状，只好紧急调集重兵，与子越部战于皋浒（今湖北襄樊市西郊）。两军相接，子越在阵前亲射庄王，连发两箭。第一箭擦过战车的车辕和鼓架，射中了悬挂的丁宁（钲）；第二箭又擦过车辕，射中了笠毂。王师见状，皆大惊失色，前锋为之却步。庄王当即派人传告全军将士："先君文王之世，闻戎蛮造箭最利，使人问之。戎蛮乃献箭样二支，名曰'透骨风'，藏于太庙，为越椒（子越）所窃得，今尽于两射矣。不必虑也，明日当破之。"众人闻言，方稳住阵脚。

庄王见子越势锐，欲以计取，遂于翌日鸡鸣时分，下令退兵随国，并放出话来，欲以汉东诸国之众，以讨子越之师。子越探听得实，率众来追，楚军兼程疾走，已近随都。在涢水与溠水交汇的岗岭丛林深处，庄王布下伏兵，只待子越师来。庄王弃车登上山冈的一个高台，在台上架鼓布阵，待子越师追近，庄王以槌击鼓，伏兵四起，以虎狼之势扑向叛军。叛军远途追逐，早已兵困马乏，忽见王师鼓声震天，箭飞如雨，喊杀之声地动山摇，惊恐之中四散奔逃。楚将公子侧、公子婴齐分路追逐，直杀得尸首遍野，血染河川，子越战死，叛军迅即溃败，王师大胜。战后，当地人把庄王击鼓之处称为擂鼓墩——这就是随县郊外擂鼓墩名称的由来。

当著名的曾侯乙墓被发现、发掘之后，经考古人员钻探考察，高大的擂鼓墩土堆下面，埋藏着一座和曾侯乙墓不相上下的大型春秋战国墓葬。当年

第九章　历史的印痕

楚庄王所登的高台是否就是这座大墓的封土堆，不得而知，但庄王曾经在此用兵击溃过叛军当是可信的一个历史史实。

庄王大获全胜，传令班师，一路凯歌高奏，还于郢都。为防止叛将子越家族这个具有历史光辉和宏大人脉背景的血族卷土重来，再燃复仇的烈火，庄王不惜罪及全族，采取了格杀勿论，斩草除根的狠招，无论老幼全部斩首，若敖氏全族覆灭。只有当时在外的子越之子贲皇侥幸逃奔晋国，晋侯赏以苗邑，遂以苗为氏，称苗贲皇。在楚国漫长发展历程中，曾为楚国的勃兴做出过最大贡献，其辉煌的荣光令其他任何一个家族都难以望其项背，大有高山仰止之感的子越家族（若敖氏），就这样从楚国的历史上消失了。

叛乱平息，庄王重新抖起威风，置酒于渐台之上，大宴群臣，厚赏立功将士，妃嫔皆从，好不热闹。庄王在一群浓妆艳抹的风流美女的簇拥下，对众人曰："寡人不御钟鼓，已六年于此矣，今日叛贼授首，四境安靖，愿与诸卿同一日之游，名曰'太平宴'。文武大小官员，俱来设席，务要尽欢而止。"

群臣听毕，拜谢就座。庖人进食，太史奏乐，群臣推觚换觞，你来我往，狂饮不止。直到日落西山，夜幕降临，仍是群情激昂，尚未尽兴。庄王一看现场一个个豪言壮语，呈张牙舞爪状，知道酒劲已有八九分，若再有一二分即可灌倒一片，场面一定更加热闹滑稽。于是命秉烛再酌，同时命自己宠爱的许姬姜氏，走下台来遍敬众位文臣武将之酒，众将士不敢怠慢，俱起席立饮。忽然一阵怪风吹来，堂烛尽灭，左右一片茫然。席中有一大汉见许姬貌美，早已垂涎三尺，心乱手痒，只是没有机会下手。如今见烛忽灭，酒壮色胆，踉跄几步，一把搂住许姬的脖子，像提小鸡一样将其提起来强行对嘴，夜色中发出"滋滋"的声响，如同驴饮。许姬芳唇突遭强啃，惊惶失措，嘴里发出"呜呜"之声，摇头挣扎，无意中右手摸到了对方冠缨，用力一拽，缨绝。正啃在兴头上的猛男感觉冠缨脱落，知其事大，惊惧松手，许姬趁机手篡冠缨，猫腰弓背，"扑扑棱棱"鸡越丛林一样从众醉汉中快速逃脱，循步到庄王之前附耳奏曰："妾奉大王命，敬百官之酒，内有一人无礼，乘烛灭，强牵妾袖。妾已揽得其缨，王可促火察之。"

庄王听毕，急命掌灯者："且莫点烛！寡人今日之会，约与诸卿尽欢，诸卿俱去缨痛饮，不绝缨者不得饮。"

众人听罢，随着一片乌乌嚷嚷的嘈杂之声，皆去其缨。未久，灯烛燃起，许姬姜氏已不能指出搂住自己脖子强行亲嘴狂啃的莽汉究属何人。

席散回宫，许姬颇有怨气地对庄王撒娇道："妾闻'男女不渎'，况君臣乎？今大王使妾献觞于诸臣，以示敬也。而那个不识相的，竟像抓野鸡一样强按我的脖子图谋不轨，而王不加察。如此做法，何以肃上下之礼，正男女之别，成何体统？"

庄王瞪着醉意朦胧的眼睛看了看这位爱姬一副委屈娇嗔的神态，大笑曰："此非妇人所知也！古者，君臣为享，礼不过三爵，但卜其昼，不卜其夜。今寡人使群臣尽欢，继之以烛，酒后狂态，人情之常。若察而罪之，显妇人之节，而伤国士之心，使群臣俱不欢，非寡人出令之意也。"

如此一番教训，许姬莫之辩，只好闭上差点要了那个多情加失态的猛男一条小命的嘴巴。

此事后来传出宫外，世人名之为"绝缨会"。汉代刘向在《说苑·复恩篇》（卷六）及其他史籍中皆有记载，惜未论及冠缨的具体形状、大小尺寸和制作原料，遂使后人只能凭空想象，理解和猜测多有歧义。有人说当时的冠缨就是现代京剧中所看到的杨宗保、穆桂英或《十二寡妇西征》中，杨门女将盔头上插的像羚羊角一样的饰物。扮演武将的盔头有几个样式，一般都属于硬胎类，如夫子盔、霸王盔及帅盔等。盔上缀有绒球、珠子作为装饰品，帅盔上带有两条长长的羚羊角，北方普通民众称为蜘蛛羚，行内称缨子。帅盔就是元帅戴的盔头，这个"缨子"就是"绝缨会"中冠缨的演化，或者就是当年冠缨的再现。因为现代人看到的京剧是从

京剧《穆桂英挂帅》中的穆桂英形象

徽调演化发展而来，安徽是楚国的地盘，寿春还一度成为楚国后期的首都，楚风流传不绝。尽管当年楚庄王与他的一般武将所戴的冠缨形状文献失载或失传，但凭其在民间代代口传心授，这个名称和形象还是被后人心领神会，并应用于新的实践之中，并且较完美、艺术地应用到舞台之中，成为独特的服装道具。

这一说法遭到了不少学者的反对，主要原因是著名的徽班进京，最早发生在清乾隆五十五年（公元1790年），时乾隆皇帝要庆祝八十大寿，特召当时的"二黄耆宿"高朗亭率三庆徽班和其他各种戏班进京演戏。演后戏班仍留在北京进行民间演出，大受欢迎。随后便引来了"四喜""启秀""霓翠""和春""春台""三和"各徽班相继进京演出。其中最著名的是"三庆""四喜""春台""和春"，史上号称四大徽班。当年徽班唱的主要是徽调，由最早的徽班进京到后来成为中国乃至世界优秀文化遗产的京戏形成，其间经过了谭鑫培等艺术家无数次的改造和加工。当年徽调艺人的盔头与后来的京剧盔头并不一样，因而不能说现在京剧盔头上插的两根羚羊角就是楚庄王时的冠缨形象再现。这个羚羊角有一点冠缨的影子是可能的，但绝不是当年冠缨的再现或复活。因而，关于楚庄王绝缨会的冠缨形象问题，在学术界成为众说纷纭，莫衷一是的悬案。直到1978年擂鼓墩曾侯乙墓发掘，才解开了这个久已湮没于历史尘埃中的谜团。

考古人员在古墓东室棺椁内墓主下颌处，发现了呈卷折状放置的十六节龙凤玉挂饰，杨定爱等人在室内进行了清理、保护。这件挂饰器身完整，呈青白色，长方形，共分16节，各节大小不一，均透雕成龙、凤形或璧、环形。通长48厘米、宽8.3厘米、厚0.5厘米。器形整体看上去是一条长龙，每节刻龙凤蛇，实为古代玉雕艺术的杰作，在中国现代考古中属首次发现。清理人员见如此美丽又特别的一件龙形器物出土，颇为惊奇，纷纷思考它的用途。有人说这个东西的位置在墓主头部下颌处，应该是帽子上的饰物，或者是帽带一类的东西。有人当场予以否定，认为纯是胡扯，这个东西由大小十几节构成，形体如此长，体量如此宽，分量如此重，何以能作为帽带来用？即是在京剧舞台上，将帅们弄这么一根帽带吊在脖子下面，像根从海里捞出的大带鱼一样，左突右晃，很难表演武打动作。正当各方观点争持不下之时，有人提议请资深考古学家顾铁符前来观看并表示意见。顾氏被程欣人请曾侯乙墓出土的十六节龙凤玉挂饰（全器展开长48厘米，先用5块玉料分别套雕成16节，再用3个活环及一个玉销钉将5件连接成串，可活动卷折，全器共雕刻出37条龙、7尾凤及10条蛇，千姿百态的龙、凤、蛇栩栩如生，还有凤爪抓蛇的生动画面。综观全器也是一条龙，第一节为龙首，其高超的设计和雕刻技巧令人惊叹不已，实属罕见的艺术珍品）

到发掘驻地清理室，对棺椁中的器物和尸骨做了详细观察，联系文献中"楚庄王绝缨之会"的记载，认为这就是被许姬"绝缨"的玉缨，也就是帽带。顾铁符说道："我看就是帽子上的缨，古文献里有过记载，《左传·僖公二十八年》说：'初，楚子玉自为琼弁、玉缨，未之服也。'《说文》也说过：'缨，冠系也。'由此看来这个东西就是系冠的缨。"

顾铁符此言一出，众人一时无语，但坚持不是冠缨的一派人员稍后又向顾铁符发难，其理由是帽子的系带一般都结在颏下，颈之上，即靠近咽喉的部位。而这一串玉饰由16节组成，宽窄不一，两边不齐，还有棱角，要是把它绕在颏下，颈之上的话，不但颏下很不舒服，而且会妨碍头的活动，根本无法实施。也就是说，这个东西与所谓的冠缨没有一点关系。

对此问难，顾铁符没有当场反驳，但仍坚持自己的观点，说回去查查文献，好好琢磨一下，一定会找出具有说服力的理由供众人参考。事后，顾铁符针对这一问题做了一番仔细考证，认为是玉冠缨无疑，并专门著文发表了这一观点。文中说："古人戴帽时，缨的位置比我们现在结的帽带子要靠前一些，就是在下颔的前端，正当颏的位置。在出土的战国到汉代的帛画、壁画、画像石和画像上，可以看得很清楚，确实是如此。用玉制的缨，正因为托住下颔，即使缨稍宽一些，甚至有点参差不齐，亦不至于颏下有太不舒服的感觉甚至妨碍头的活动等等。所以缨用玉制，与实用没有

第九章　历史的印痕

什么矛盾。"⑭这个观点得到了部分学者的认可，后来湖北省博物馆编写的《曾侯乙墓》报告中称："从墓主棺内随葬品分析，墓主戴帽入葬，似属可能。因为有些被置于墓主头部及其周围的随葬品，很可能是帽子上的装饰品。因此，'玉缨'之说，似有一定道理。"但这个玉佩饰是否就是绝缨会中楚庄王的将军们所佩戴的那种类型，尚无一定结论。或许这是当时楚国君臣专门用于礼服上的一种佩饰，只有出席礼节性的重要集会才可佩戴，平时穿戴的是常服，作战时穿的是铠甲之类的戎装，其性质如同后来军队高级将领的礼服和身上披挂的绶带一样。不过当年绝缨会上被许姬扯断的冠缨是否就是玉料制成的，尚无充分的证据，或许是革或木一类的材质制成也未可知。要得到彻底证实，还需要依靠未来的考古发现。

这件挂饰的论证至此算是告一段落，只是当年楚庄王的绝缨会上发生的故事并未就此结束。庄王十七年（公元前597年），楚庄王因郑从晋未肯服楚出师伐郑，命连尹襄老为前锋，三军将士一路浩浩荡荡杀奔荥阳，突入郑地。襄老部将唐狡主动请缨说："郑小国，不足烦大军，狡愿自率部下百人，前行一日，为三军开路。"襄老闻听颇为感动，为壮其志，许之。

唐狡率部一路前行，与敌力战，有御敌者辄败，兵不留行，每夕扫除营地，以待大军。庄王率三军一路前进，未曾遇到一兵之阻，一日之停留。庄王怪其神速，高兴地对襄老道："想不到老爱卿宝刀不老，老当益壮，勇于前进如此迅猛，令本王惊叹不已。"襄老对曰："非臣之能，乃副将唐狡力战所致也。"庄王听罢，即召唐狡，欲大加厚赏。唐狡揖首拜曰："臣受君王之赐已厚，今日聊以报效，敢复叨赏乎？"庄王颇为惊讶地说："寡人未尝识卿，何处受寡人之赐？"唐狡再拜曰："绝缨会上，牵美人之袂者，即臣也。蒙君王不杀之恩，故舍命相报。"庄王闻听，怔愣片刻，长叹一声说："嗟乎！使寡人当时明烛治罪，安得此人之死力哉？"遂命军正记其首功，一旦平郑，将加以提拔封赏。唐狡走后对身边的友人说："吾得死罪于君，君隐而不诛，是以报之。然既已明言，不敢以罪人徼后日之赏。"当夜即出走军营，不知所往。庄王听到部下告之实情，叹了口气，既怜惜又满怀敬佩之情地说道："真烈士矣！"于是三军进发，剑锋直指郑国首都。

是役，楚军大胜，郑君降，复归楚。自此，晋人不敢渡黄河而南进，齐人不敢逾泗上而西进，秦人不敢越崤关而东突，中原诸国则唯楚人马首是

293

瞻，庄王的霸业达到了顶峰，一跃而居春秋五霸之首。

公元前591年，楚庄王卒，年仅四十余。子共王审立。共王之后又经历了康王、郏敖、灵王等几代王侯。灵王十二年，楚公子比自晋归，攻入楚都，楚灵王被迫自缢。公子弃疾旋又杀死公子比而自立，是为楚平王。这一年是公元前529年，也正是从平王始，埋下了君臣相残，伍子胥引吴师复仇，楚国倾覆的祸根。

注释：

①湖北省博物馆档案室存档。

②《曾侯乙墓》，湖北省博物馆编，文物出版社1989年出版。

③石泉《古代曾国——随国地望初探》，《武汉大学学报》（哲学社会科学版）1979年第1期。

④两件"曾侯钟"，据薛尚功《历代钟鼎彝器款识》卷六《曾侯钟》记载："皆得之安陆。"金文出现在商代中期，资料虽不多，年代都比殷墟甲骨文早。金文下限断在秦灭六国，也就是秦用小篆统一中国文字时。宋代人收藏铜器极重视铭文，如吕大临《考古图》等，也有专门摹刻铭文者，如王俅《啸堂集古录》，即把铭文中的字编为字典，另有王楚和薛尚功《钟鼎篆韵》等。薛尚功，字用敏，钱塘（今杭州）人，宋代金石学家、文字学家。绍兴中，以通直郎金定江军节度判官厅事。通古文字，著录考证其所见商、周、秦、汉金石文字，成《历代钟鼎彝器款识》，收入宋法帖二十四卷。其中所收的2件夏器、209件商器、253件周器、5件秦器和42件汉器中除夏器多不可靠外，商器也多为周器。另有《历代钟鼎彝器款识法帖》二十卷，收录上古至汉代彝器511件。除摹写器物铭文外，还有考释，并记载原器出土地点及收藏人。薛氏后来又著有

《广钟鼎篆韵》七卷（今已不传）。

"曾侯钟"由谁发现，发现的具体方位、钟的去向等已不可考，只留下了钟的图录供学者鉴别研究。其铭文曰："隹王五十又六祀，返自西阳，楚王酓章乍曾侯乙宗彝，奠之于西阳，其永時用享。"近世史家郭沫若于1934年流亡日本期间，在所著《两周金文辞大系图录考释》中，对此有所考证，并认为是楚惠王在公元前433年为曾侯乙所做的祭器。随县曾侯乙墓发掘后，考古人员见薛氏著录铭文与墓中出土编钟最下层中央那件镈钟铭文完全相同。

⑤曾姬壶铭文全文为："隹王廿又六年，圣桓之夫人曾姬无卹，望安兹漾陲蒿间之无駆，用乍宗彝聘壶，后嗣用之，职在王室。"（曾姬无卹壶，《善斋》104图）郭沫若认为"大率即惠王时物"。（《系释》），刘节认为曾姬壶的物主是楚声王夫人，即楚惠王的孙媳，她从曾国嫁到了楚国。"此壶必作于宣王之二六年"，两件壶反映了曾楚的通婚关系，直接指出曾为姬姓。（刘节《古史考存·寿县所出楚器考释》）容庚谓："疑是顷襄王二十六年所铸的器。"（容庚、张维清《殷国青铜器通论》，科学出版社1958年出版）以上三说时代各异，但都认为是楚国器，其"曾姬"喻义则不仅表示族姓，还含有"妾"的义理。

后有研究者认为并非如此。史家徐扬杰认为："寿县在春秋时叫州来，属蔡国，又叫下蔡，公元前493年，蔡避楚逼，迁都于此。不久，楚灭蔡，其地属楚。战国末年，楚国也曾迁都此地。'国姬'壶当是楚王祭祀其祖曾姬的礼器，可能是楚灭蔡后，或楚迁都后携带去的。"又说："有的同志根据铜器中有'曾姬'一名，认定曾为姬姓。这是持随即曾说的同志认为最过硬的证据。……我们认为，'曾姬'一名，恰好是曾非姬姓之证。照春秋的通例，国君夫人以至大夫夫人的称号，是在国名、国君称号或夫人谥号的前面，缀以本国姓氏。以国君夫人为例，如息侯娶于陈，陈妫姓，称息妫；江公娶楚成王之妹，楚○姓，称江○；郑武公娶于申，申姜姓，称武姜；秦穆公娶晋太子申生之姊，晋姬姓，称秦姬，又称穆姬。……这样的例子在《左传》中俯拾皆是。正像根据秦姬一名不能判定秦为姬姓，息妫一名不能判定息为妫姓一样，曾姬一名也不能判定曾为姬姓。根据以上的通例，曾姬无疑是娶于一姬姓国的曾侯夫人。按照同姓不婚的周礼，曾、姬通婚，曾必非姬姓，与随不同姓。"因而曾决不是随。（徐扬杰《关于曾国问题的一点看法》载《江汉论坛》1979年3期）另有史家曾昭岷、李瑾认为：古籍多处记载姬是众妾之总称，汉高祖为汉王时，得定陶戚姬，《史记·集解》引如淳曰："姬音怡，众妾之总称也。"而据寿县所出曾姬壶而说曾为姬姓国，湖北有个姬姓曾国，再延伸为曾国即随国等结论，显然不当。（曾昭岷、李瑾《曾国和曾国铜器综考》，载《江汉考古》1980年1期）

⑥据湖北省博物馆撰写的《湖北京山发现曾国铜器》报道："1966年7月7日，湖北省修建郑家河水库干渠时，在京山县宋家河区坪坝公社苏家垅工段，发现了一批西周晚期至春秋早期的铜器。苏家垅位于较为平坦的岗地上，周围群山环绕。发现铜器的地点是在苏家垅后面的小土坡（相对高度20余米）下的地方。"又说："这次发现的铜器有鼎、甗、簋、豆、方壶、盉、盘、匜、车马器和圜底器等，共计97件，其中10件有铭文。现分述如下：鼎，9件。最大的高26.5厘米、口径38.3厘米；其次的高22.8厘米、口径34厘米；最小的高15.5厘米、口径27厘米。9件的器形相同，附耳，兽足，腹外饰窃曲纹和弦纹各一道。最大的两件腹内壁上铸有"曾侯中子游父自作鬻彝"。（南注：与李学勤释读稍有区别。）

报道又说：京山发现的这批青铜器，是当时曾国贵族用来祭祀祖先与宴请宾客的礼器。也是曾侯中子游父用来显示他的身份、地位和权力。例如，大小有序的9个铜鼎，是列鼎。根据《仪礼·聘礼》的记载，当时称"饪鼎"。9个鼎里分别放置牛、羊、豕、鱼、腊、肠胃、肤、鲜鱼、鲜腊等9种食物。这在当时严格的"礼乐"制度下，只有上层贵族才能使用。这九鼎的发现，揭露了曾国贵族妄图通过这一套"礼乐"制度，来维持其反动统治的罪恶目的；同时，它也是曾国贵族对劳动人民进行经济掠夺与压迫的历史见证。根据京山这批铜器的组合、器形和花纹特征，"我们认为，它的年代应当是西周晚期至春秋早期"。

报道最后说："1965年11月，武汉市硚口的废品库中又清理出一件铜鼎，通高17厘米、口径16.5厘米，腹内壁上铸有"隹王十月既吉曾伯从宠自作宝鼎用"铭文，湖北过去发现的这些曾国铜器，证明在湖北境内确有一个曾国存在。综上所述，这次在湖北京山发现的'曾侯'铜器，应当属于在湖北境内的姬姓曾国。"（载《文物》1972年2期）

⑦据鄂兵《湖北随县发现曾国铜器》报道："1970年和1972年，湖北省随县均川区熊家老湾，因群众修建房屋，先后出土了两批青铜器。1972年6月，湖北省博物馆派人前往进行了实地调查，现将情况简述如下。熊家老湾位于随县县城西南约20公里，为一处高出地面约10米的山冈坡地，北面倚山，南面为一片肥沃的平原。在山坡上发现铜器，距地表深约1米，两次出土地点彼此相距约60米。第一次出土的铜器现存6件，出土时叠压在一起，计有簋4、罍1、方彝1。第二次出土铜器9件，出土时为顺序放置，有鼎3、甗1、簋2、壶1、盘子1、匜1。其中鼎3件，形制近似，大小不一……如簋：第一次出土的4件，器形铭文均相同。子母口，有盖，两耳作双角兽首形，有珥。盖、器腹饰重环纹、瓦纹，三足作扁体兽首纹。盖、腹内各有铭文：'唯曾伯文自作宝簋，用易锡釁眉寿黄耇，其万年子子孙孙永宝用享。'通高22厘米、盖高7.3厘米、口径18.5厘米。第二次出土的2件，器形、铭文都一样（南注：铭文略）。"

报道总结说："随县出土的铜器，从纹饰来看，有瓦纹、重环纹、窃曲纹、鳞纹等，均系西周晚期新兴的花纹。从器形来看，与上村岭虢国墓地的Ⅳ式鼎、Ⅱ式甗、ⅠB式簋、Ⅰ式匜近似，与湖北京山曾国铜器也比较接近。以上四批铜器虽各有其某些特点，但大致时代不会相差太远。因此，随县出土的这批铜器的时代应在西周与东周之交。再从这批铜器来看，曾国与黄国的铜器并存，而黄国于春秋鲁僖公十二年（公元前648年）灭于楚，可见这批铜器的年代，至迟不跨过春秋初年……湖北境内是否有过曾国存在，还未见文献记载，但近年来在京山、随县却两次出土曾国铜器，宋代安陆出土的'楚王熊章钟'也铸有关于'曾侯'的铭文，这说明在西周末年到春秋初年，曾人的足迹已及于鄂北一带。随县出土的这批曾国铜器，和京山所出曾器一样，有黄国的铜器共存，再次为研究西周晚期江汉诸小国的关系提供了资料。"（载《文物》1973年5期）

⑧据湖北省博物馆《湖北枣阳县发现曾国墓葬》报道："1972年8月，枣阳县熊集区茶庵公社段营大队第五生产队社员，在村内住宅旁偶然发现了铜鼎三件、铜簋四件和铜壶两件，并送交茶庵公社保存。1973年春，该公社又将此铜器转送枣阳县文化馆收藏。1973年9月，湖北省博物馆派人前往现场调查，发现这里是一座古代墓葬，因遭受自然冲刷，而将随葬器物暴露于地面。经过对墓底的清理，又出土了兵器、车马器等小件铜器280件。"又说："段营大队所在的山丘名叫岗上，岗上很早以来就是一个居住地点。墓葬位于岗上北部坡缘。它的南面连接丘陵地，北部则是滚河的冲积平原。墓葬距滚河约一公里许。墓坑仅存底部，方向90度。墓底长方形，长3.3米、宽1.5米、残存深0.1～0.4米。底部填土为夯过的带黑白斑点的五花土。葬具有一棺一椁，都已腐朽……随葬的容器放置在东端，车马器主要放置在棺的南侧，戈放在东端，矛放在棺的北侧，镞放在棺的南侧。出土的随葬器物共289件，全部都是铜

器。鼎，3件，大小有序……最小的一件上腹部饰窃曲纹和凸弦纹各一道，内壁铸有铭文21字："唯曾子仲謏，用其吉金自作𩰬彝，子=孙=其永用之。"

报道总结说："枣阳茶庵曾国墓葬，所出的铜器花纹、器形都具有西周晚期至春秋早期的特征，与湖北京山、随县，河南新野出土的西周晚期至春秋早期的曾国铜器相比，风格基本一致，所铸铭文字体、内容亦很接近，此墓出土的铜戈、铜矛也像春秋早期的，所以此墓的时代应为春秋早期。……近年来在湖北京山、随县、枣阳及河南新野，连续四次发现曾国铜器，这是一批研究曾国历史、地理的重要实物资料。湖北三次发现曾国铜器的地点和宋代发现过曾国铜器的安陆，地处桐柏山与大洪山之间的涢河谷地和滚河谷地一带，与河南发现曾国铜器的新野亦为比邻。这一窄长的地带是古代从南阳盆地通往江汉平原的东部交通线，从地理形势来看，可能都为曾人活动过的范围。根据《国语·晋语》'申人、缯人召西戎以伐周，周于是乎亡'和《国语·郑语》'申缯、西戎方强，王室方骚'的记载，第一，说明西周时期申、西戎与缯为近邻。而申一般认为在今河南南阳盆地，至于申附近的缯（曾）在什么地方？现在还没有确切的说法。近年来四批曾器的出土，证明在申（国）之南确实有个曾国的存在；第二，谈到了缯（曾）的强大，从曾国铜器几次出土的地域和其墓葬的规模、随葬品的制造技术等情况来分析，这个曾国与文献记载也是相符的。"
（载《考古》1975年4期，执笔者杨权喜）

⑨据郑杰祥《河南新野发现的曾国铜器》报道："1971年8月，河南省新野县城关镇小西关村社员群众在生产劳动中发现了一座古墓。当地党政领导和广大贫下中农非常重视，立即保护好现场。同年8月10日至20日，河南省博物馆派人进行了发掘。""墓内葬死者二人，头向北，骨架腐朽过甚，不能辨出性别，但还可看出西边一具人骨架是仰身直肢葬……墓内随

葬物有铜器、玉器、骨器等数十件。……甗的内壁铸铭文廿一字，铭云：'隹曾子仲㠱用其吉金自乍旅獻子子孙孙其永用之。'此獻字即献字，也即甗字，古代鼎、鬲皆为炊具，二字可以通假。"

报道总结道："这些铜器的形制和花纹虽然保留有不少西周晚期风格，但更多地表现出春秋早期的特征，从整体看和郑县铜器以及无产阶级"文化大革命"期间湖北京山出土的曾国铜器风格尤为相近，因此此墓的时代当属春秋早期。……此墓出土的铜甗铭文，为我们了解古代曾国历史提供了新的重要资料……此墓出土于新野城郊，北距南阳、唐河不过百里左右，与文献记载恰相符合，说明春秋初期新野地区当属曾国境内，或者就是曾国的一个重地。"（载《文物》1973年5期）

另据河南省博物馆、新野县文化馆《河南新野古墓葬清理简报》报道："河南省新野县位于汉水流域唐、白河中下游地带，南与湖北省交界，北与南阳县（现南阳市）为邻，境内河道纵横，土地平阔，自古以来就是南阳盆地通往江汉平原的交通要冲。1971年8月新野县城关镇小西关社员群众在农业生产建设中发现曾国奴隶主贵族曾子仲㠱墓一座，出土遗物与近年来湖北省发现的曾国文物形制近似，时代相同，同属于西周末至春秋初期墓葬。1974年8月，再次发现古代铜器墓一座。这座新发现的古墓与1971年所出曾国墓葬东、西并列，相距仅20余米，出土遗物时代、形制相同，根据春秋时期奴隶主贵族盛行族葬的习俗，此墓也应为一座古代曾国的墓葬。"又说："此墓位于新野县城关小西关南城墙外侧的古河道内。墓坑呈长方竖穴形，墓口被河水冲毁。现存墓深约1米、长4.27米、宽2.3米。方向北偏东43度。墓的东南角被汉代水井打破，井内发现西汉绳纹陶井圈残片。墓坑填土为含有大量河床沉沙的五花土。古河道宽约20米，自北向南，它可能就是古代的淯水故道。《水经注·淯水》："淯水又南与湍水会，又南经新野县故城西。……城西傍淯水。"现在的新野县城北5公里有中淯口、东淯口和西淯口是古淯、淯二水汇合处，且曾国墓地发现于此城西郊，说明在春秋初这里就可能是曾国一个城邑所在。因此，现在的新野县城也应该就是新野县古城所在地，所谓"城西傍淯水的淯水故道也应就是冲破该墓的古河故道。……经过清理，此墓为单人葬，头向北，骨殖腐朽，仅存牙齿数颗。死者葬具为一棺一椁，也已腐朽，只见到朽木痕迹，根据现在朽木测定，椁东边长3.87米、西边长4.3米、南边宽2.12米、北边宽2.4米，棺长2.35米、宽1米；棺、椁周围发现不少碎铜片，可能为棺、椁上的装饰品，墓底残存有红色朱砂痕迹。墓内发现有铜器、骨器等随葬品数十件。"

报道总结说："此墓虽然没有发现铭刻文字，但根据上述材料和1971年在同一墓地发掘的曾子仲淯墓比较，可以判断它也应该是一座曾国奴隶主贵族的墓葬。关于曾国的文物资料，曾在湖北的京山、随县、枣阳和河南的桐柏平氏镇以及新野等地都有发现。这些文物资料不仅数量多，而且形制近似，时代也基本相同，它说明西周末至春秋初期在今汉水下游、淮河上游的广阔地域内确实存在着一个比较强大的曾国。《国语·郑语》说："申、缯、西戎方强，王室方骚。"《国语·晋语》说："申人、缯人召西戎以伐周，周于是乎亡。"上述文献记载了曾国统治集团参与过推翻西周中央王室的战争，促进了西周王朝的灭亡。近年来出土的所有的曾国墓葬中，我们看到它们的一个共同特点就是随葬了大批青铜礼器，如湖北京山曾国墓葬中就随葬有九鼎七簋等青铜礼器97件，新野此墓出土完整的青铜礼器15件，湖北枣阳曾国墓葬出土鼎、簋、壶以及其他铜器有280余件之多。这样大批曾国文物的发现与出土，和文献所记载的当时曾国强盛一时的情况是符合的。"（载《文物资料丛刊》1978年2期。执笔者：郑杰祥、魏忠策）

⑩李学勤《曾国之谜》，载《光明日报》1978年10月4日。

⑪随县博物馆：《湖北随县城郊发现春秋墓葬和铜器》，载《文物》1980年第1期。

⑫2003年1月19日，陕西省眉县杨家村5位村民在取土时，发现了一个青铜器窖藏，多达27件。眉县及宝鸡市文物部门闻报后，立即赶赴现场连夜清理发掘完毕。经专家初步鉴定，27件青铜器分为盘、鼎等器物，是西周晚期周宣王时代的标准青铜器，权属"单"氏家族。皆有铭文，总数不会少于3000字，实为罕见。此次出土的青铜盘有铭文360余字，从周文王追溯到周宣王，囊括了西周的十二代王，再往下一代，西周就亡国了。

对于这批发现，夏商周断代工程专家组组长李学勤考察后说："早些年在扶风曾经发现过一个著名的青铜器，叫史墙盘，史墙盘里有关于周昭王南征的事，因为文字古奥难懂，所以有不同理解。而这个盘里就说得很清楚了，是'扑伐楚荆'，显然是一次南征，一次战争，这个铭文的发现就解决了很重要的学术争论问题。"

⑬关于春秋五霸，说法不一，通常以《春秋》为准，即齐桓公、晋文公、秦穆公、宋襄公、楚庄王。另据《白虎通·号篇》以昆吾、大彭、豕韦、齐桓公、晋文公为五霸。同书又以齐桓公、晋文公、秦穆公、楚庄王、阖闾为五霸。《荀子·五霸篇》和《吕氏春秋·当染篇》则以齐桓公、晋文公、楚庄王、阖闾、勾践为五霸。

⑭顾铁符《随县战国墓几件文物器名商榷》，载《中国文物》（画报），1980年第2期。

第十章 楚国沉浮

旷世绝响

伍子胥的家世情仇

　　已控制了长江中游的楚国，面临的主要对手就是控制着长江下游、方兴未艾的吴国。

　　一次宫廷阴谋搅动了平静得同一泓死水的政局，其冲击波从国内传送到国外，又以高强度从国外反射到国内。这次宫廷阴谋纯属无事生非，缘由看上去微不足道，如同起于青萍之末的一缕轻风。但没有人想到，20余年之后，竟化为摧屋拔城的飓风，导致郢都沦陷，生灵涂炭，演绎了楚国历史上一场生死存亡的大变局。

　　如同世界上大多数事件都离不开女人一样，楚国的变故直至倾覆，源头也追溯到一个女人。

　　这一日，楚平王派太子建的导师费无忌到秦国去为太子建说亲娶妻。当一切烦琐的礼节性手续办完之后，费无忌发现太子要娶的秦国女人竟是一位貌若天仙，性感超群的绝色佳人。佳人如同一颗熟透的娇艳欲滴的紫红色石榴，属于那种让人一见就强烈感到既酸又甜，接着口水四涎的尤物。无忌心想：这等上好的尤物让那太子小儿不费吹灰之力就尝了鲜，真如同一只蜥蜴吞吃了恐龙蛋，着实令天下人可惜，不如我想办法先扑腾了再说吧。想到这里，无忌便整日心神不宁，想方设法和这位秦女接近，以寻找能够一举拿下的机会。如此斡旋了大约一个月，无忌终于在一家高级客馆和秦女秘密相会，趁势将其放倒，然后颠鸾倒凤，过了一把巫山云雨之瘾。

　　当无忌从欲醉欲仙的高空回到坚实的地板上时，他从秦女临走时那回眸一瞥暗含的哀怨目光里，感到了事情的严重与危急。若这女人与太子成就了百年之好，说不定哪一天将自己暗中打劫的勾当说出来，到那时，自己不但身败名裂，恐怕连身家性命也难保全了。想到此处，费无忌打了个冷

第十章 楚国沉浮

战,额头上沁出了点点汗珠。就在刹那间,一个解脱的念头也从脑海中蹦将出来。

回到楚国,费无忌把本次赴秦办理公务的情况向著名酒鬼加色鬼楚平王做了汇报,并极富渲染性地谈了秦女之美和如何性感诱人,谓秦女真乃世间罕见的绝色佳人,如同天人般让观者无不热血奔流、心惊肉跳等等。一番话说得平王张着大口,呆瞪着双眼,呆子一样完全沉浸在对女人的遐想与梦幻之中。费无忌越发煽情地进言道:"这些年我见过的女人不能算少,但能跟这位秦国女人相媲美的还未看到,不但吾王后宫里那一堆妃嫔无法与之匹敌,即使是当年名满天下的妲己、褒姒,从其美色、气质、档次等等综合素质来论,给这位秦国女子做个提鞋扎腰带的侍女恐怕都难以般配呢!"

"你说得太玄了吧,天下居然还有这样的绝色?"平王既惊愕又半信半疑地说。

"一点都不玄,千真万确。若这等上好的尤物被太子生吞活剥了实在可惜,我看大王您还是亲自跃马挺枪先拾掇了算了。"

平王闻听不觉一惊,抬头问道:"你在说啥?"

"我是说把这个女子挑于马下的应该是大王您,而不是太子。"费无忌干脆利索地回答。

"不是说好给太子,我这半路戳上一枪,合适吗?"平王显然已经心动,试探着问道。

费无忌见火候已到,更加坚定地蛊惑道:"这有什么行不行的,既然这个国家都是您的,那按我的理解,凡是这块土地上的一切,不管是死的还是活的,是人还是猴子,是狗还是鸡,都理所当然属于您,普天之下,莫非王土。也就是说,只要这个秦国女人一踏上楚国的土地,首先是属于您的怀中尤物。这个尤物您想给谁就给谁,不想给就自己留着享用,是很正常,也是很自然的事情。再说,若论常规,像这种稀奇的尤物,如同活蹦乱跳的一只雏鸡,您一国之君还没有尝尝是什么味道,不知是酸是甜,是咸是淡,谁还敢瞒着锅台上炕,揭开锅盖就喝汤?"

平王沉思了一会儿,轻轻点点头,狡黠地说道:"好吧,管他娘的,爱谁谁,就这么的了,给我想办法弄来,我先尝个新鲜再说。要知道梨子的滋味,就得亲口尝一尝嘛,呵哈。不过,群臣和太子那边总要想些办法,不要让他们提出过多的异议，或反了杠子。"

无忌凑上前来，笑哈哈地对平王耳语道："这个我早有打算并已做了初步安排，那秦国女子身边有一个侍女，是齐国人，原也是名门望族出身，才貌双全。我准备在迎亲时，一进入楚国境内，就用调包计把秦女和齐女做个调换，这样您娶秦女，太子建娶齐女，两相隐匿，各有所得，岂不两全其美乎？"

无忌一席话，顿时让平王眉开眼笑，连称"妙计，妙计"。而后一拍大腿，大声说道："你就给我大胆干吧！"

未过多久，无忌通过一番严谨的谋划与巧妙安排，终于弄假成真，将秦女弄进了王宫，成了楚平王床前又一只活蹦乱跳，吱哇鸣叫的名姬。而太子建则稀里糊涂地弄了个侍女做了婆姨。满朝文武全被蒙在鼓里，皆不知无忌之诈。

平王见秦女果如费无忌所言，乃绝色美人一个，上好的优种名姬，自此搂在怀中除了宴乐，便在床上翻云覆雨，国家的一切事务全部委托已成为楚国政坛新星的费无忌来处理。

面对如此骤变，朝中开始沸沸扬扬，先是议论君主该不该得到美人夜夜沉迷，再是这费无忌凭什么就一跃成为新星并主持国政？后来以太子的另一位导师伍奢为首的部分臣僚，觉得事情有些蹊跷，慢慢对秦女入宫之事有所警觉并产生了怀疑。当这议论之声传到无忌耳中时，他深知纸里毕竟包不住火，早晚有一天阴谋会暴露出来。可以想象，到了那时，太子是不会和自己善罢甘休的。本着先下手为强，后下手遭殃的处世哲学，无忌在反复权衡利弊之后，索性来个一不做二不休，先将太子置于死地以绝后患。

决心已定，无忌便按照自己的预谋，先是借平王之口将太子和其导师伍奢一同调往一个叫城父的边关重镇守卫，接下来便以谋反的罪名，准备将伍奢和太子拿回楚都治罪。为了把事情做大，无忌亲自选派了一支劲旅前往城父去捉拿太子和伍奢，想不到这劲旅中有一头领平时与太子私交甚好，见突然发生如此变故，于心不忍，派家人骑快马先行赶往城父将险情报告了太子和伍奢。经过一番紧急磋商，伍奢让太子携家眷迅速出逃，暂往宋国避难，自己留在营中应付一切。当无忌派出的劲旅到达城父时，只有伍奢一人了。

第十章 楚国沉浮

伍奢原是楚国贵族之后,其父亲伍举是楚国的重臣,曾侍奉楚庄王,颇受宠信,并以直谏名噪一时。自己也因有功于楚,成为朝堂之上的重臣,想不到因无忌的挑拨离间,自己大祸临头,一回到都城,立即被打入了死牢。

眼见伍奢已有了着落,无忌并未就此罢休,他再度向平王进言,要把两个随伍奢在军中带兵的儿子一同除掉,以达到斩草除根的目的。楚平王听信了无忌的谗言,下令把伍奢从死牢里提出,一面假装安慰,一面说道:"你跟太子纠缠在一起图谋不轨,本该斩首示众,但念你祖上对先朝有功,加之你一时糊涂,误入歧途,我不忍心治你的罪,这事就算过去了。现在你立即给两个儿子写封信,让他们到京城来,以便改封官职,以示朝廷对你们一家的恩典。"

伍奢一听这显然有些蹩脚的话,当场明白这是一个显而易见的圈套,遂不屑地说道:"知子莫如父,我的长子伍尚,敦厚老实,若见到我的信会应召而来。但少子伍员(伍子胥)就不见得,他幼小喜文,长大后习武,许多人曾说过,他的才华文能安邦,武能定国,是个能成就大事之人,如果蒙冤受辱,必然会发誓报复。而像这种足智多谋之人,也不是一封短信所能哄骗得了的,他是不会轻易上你们的当的。"伍奢说完,心中既有悲哀,又有希望,一时百感交集,泪如雨下。

伍奢按平王指令,写出了一封引诱二子上钩的书信。

信写完后,平王和无忌分别看过,尽管觉得有些直白,且破绽很大,但事情本身就是糊弄人的买卖,很难做到天衣无缝,只能如此。于是,一面重新将伍奢打入死牢,等待跟他两个儿子一道开始西天旅行。一面指派鄢将师亲率一帮军卒,驾驷马之车,携带书信绶印,以最快的速度赶奔城父诱捕二人。当鄢将师来到城父进入守军大营见到伍尚与伍子胥兄弟并传递父亲的假书后,果然不出伍奢的预料,伍子胥一眼识破了内中的圈套,表示誓死不从。想不到伍尚的牛劲加糊涂劲已绞成一股劲在心中乱窜,他想了片刻,一咬牙,有些悲壮地对子胥道:"只要能见父亲一面,脑袋掉了也心甘情愿。"

子胥见哥哥如此一意孤行,知道难以挽回,不禁仰天长叹道:"既然你的头不想要了,那就去好了,我的头还想在肩膀上多扛两天,人各有志,那就只好各奔东西,就此诀别了。"

经此一说，伍尚顿觉悲从中来，对子胥道："我走之后，你不要在这里纠集众徒惹是生非，以免灭了父亲活下来的最后一线希望，但也不要再待在这里等死，还是悄悄逃到国外去吧，或许那里有你的容身之地。倘真如你所言，那我就以殉父为孝，你以报仇为孝，咱们各行其志吧。"说毕，伍尚已泪流满面。

"也好。"伍子胥答应着，含泪向哥哥作别，然后收拾行装，携带弓箭、宝剑等防身兵器，悄悄从后门出走。前来执行诱捕任务的鄢将师见子胥已逃走，只好带着伍尚一人回楚国首都——郢都复命。

昭关遗址

一到郢都，伍尚就被关进了大牢。费无忌听说伍子胥已潜逃，极为恼怒，急忙向楚王献计，一面派出追捕小组火速追捕子胥，一面发出特级通缉令，画影图形，在全国范围内进行通缉。

根据案犯总是向自己平时熟悉之地逃亡的特点，追捕小组驾车骑马，执剑扬斧，以虎狼之势首先扑往子胥的原住地棠邑，在没有发现踪影后，马上意识到子胥很可能要叛国投敌。而根据以往恐怖分子大都潜往东方强敌吴国的特征，追捕小组决定连夜向东追赶，以截住在逃的罪犯伍子胥。

十几天过去了，楚平王见追捕小组没有捉到伍子胥，一怒之下，下令将伍奢、伍尚父子二人绑赴刑场将头砍下，然后挂在百尺高竿之上展览示众。

此时的逃犯伍子胥躲过了一劫，并未因此轻松，反而越发紧张起来，他深知费无忌等人抓不到自己不会就此了结，一定还要四处搜捕，八方缉拿。于是，他昼伏夜出，一路沿江东下，准备投奔吴国。好在天不灭伍，经过千难万险，在几位好心人的暗中帮助下，伍子胥过昭关，渡长江，终于进入了吴国地盘，是年为周景王二十三年，即公元前522年。

楚昭王奔随

来到吴国的伍子胥，经过一番艰难打拼，终于得到了吴国公子姬光的信任。未久，公子姬光在伍子胥的鼎力帮助下，发动政变，设计刺杀了年轻的吴王僚并打败了僚的随从部队。公子姬光乘胜入主王宫，登上了梦寐以求的吴国宝座，接受百官的朝贺，自号阖闾。同时对在政变中的有功之臣进行封赏，作为有首战之功的伍子胥被封为上将军兼外交事务大臣。其他凡在倒僚战役中尽职尽力的各色人等，均按功劳大小，得到了不同的加封与奖赏。从此之后，春秋中期吴国历史上迎来了一个最为鼎盛的阖闾时代。

由于在发动针对前吴王僚的政变中，阖闾亲眼领略了伍子胥的政治军事才能，在佩服之余，对国家与民族发展方向中所遇到的大是大非的问题，不时地向这位新任国家安全事务助理讨教。子胥毅然向阖闾提出了"先立城郭，设守备，实仓禀，治兵革，使内有可守，外可以应敌"的具有开创性战略意义的指导方针。阖闾听罢，觉得此话有一定的道理，

刺杀吴王（汉画像石）吴王僚十二年，公子光为夺取王位，在伍子胥的谋划下，假意宴请吴王僚，由武士专诸将匕首藏于炙熟的鱼腹中，并借进献的机会刺死王僚。公子光自立为王，是为吴王阖闾

旷世绝响

勋阖壮武（屈原《九歌天问》插图，〔明〕萧云从作）

原文：勋阖梦生，少离散亡。何壮武厉，能流厥严？

注释：勋，功勋。阖，指阖闾。梦，阖闾祖父寿梦。生，通孙。

闻一多释：整句言阖闾少时流亡在外，何以及壮而勇武猛厉，威名大播于世也。

于是依计而行，吴国的经济实力和军事实力很快得到增长。

就在举国上下形势一片大好的呼声中，踌躇满志的伍子胥又先后将楚国朝廷通缉的罪犯、时已流亡吴国的伯嚭，以及吴国本土的流氓无产者、著名恐怖分子要离推荐给吴王阖闾，二人很快得到了重用。其中，伯嚭出任了吴国的上大夫，要离则被委任为将军。未久，伍子胥又推荐好友孙武于阖闾。孙武原为齐国人氏，将门之后，因齐国动荡，家门遭到不幸，乃弃齐奔吴，在山中隐居，著成《兵法》十三篇，其间与伍子胥相识并成为好友。正是得益于伍子胥的推荐，吴王阖闾召孙武入宫，以试其能。经过一番"吴王殿前问兵""孙武斩姬"等险象环生的事件，孙武的军事才能终于取得了阖闾的信任和肯定，被拜为吴国将军。

眼见当年吴王僚的部属与残渣余孽彻底被铲除，吴国国力强盛，各项事业蒸蒸日上，伍子胥感到借助吴国之兵讨伐楚国，报仇雪恨的机会来临了。于是便伙同伯嚭、孙武等人一起向阖闾提出申请。阖闾深以为然，于公元前512年，正式设坛拜孙武为将军，操练军队。未久，阖闾下令组成一支远征军，拜伍子胥任上将军，伯嚭、孙武为将军，公子夫概为副将兼先锋官，意在伐楚。远征军除后勤供给人员外，暂辖三个由车、步、骑组成的集团军，每个军总兵力在15 000人左右。

根据孙武提出的"民劳，未可，待之"的战略方针，吴国远征军驻扎在吴楚边境一线，以三个集团军的兵力轮番骚扰楚国军队，只要吴国出动一个集团军，便可将楚军全部吸引出来。当楚军一出动，吴军就退回；楚军一退回，吴军再出动，如此往复，迫使楚军疲于奔命。一旦楚军麻痹大意，或产生错觉，有备而来的吴军便乘势给楚军一个突袭性的打击，并视战况夺取一定的地盘。如此几年下来，吴军在孙武的具体指挥下，先后袭击并占领了楚国的夷、潜、六安等重地，初步控制了吴楚必争之地——江淮流域的豫章地区，使吴国基本完成了破楚入郢的战略布局，至此，楚国的败亡只是时间问题了。

孙武像

公元前506年，给楚国致命一击并使孙武功成名就的历史契机终于到来了。

此时楚平王已于10年前（公元前516年）死去，在位计13年，不满10岁的太子珍立，是为楚昭王。在这一历史时期中，渐被削弱的楚国因与相邻的蔡国发生矛盾，突然出兵攻蔡，蔡国急忙向吴国求援，伍子胥与孙武利用这一难得的时机，力主吴王趁机出动大军攻打楚国，争取一战而亡楚，吴王深以为然，下令立即出兵伐楚。

为坚定全军将士必胜的信念，阖闾担任这次伐楚远征军的总指挥，伍子胥为大将军，孙武、伯嚭为将军，阖闾的胞弟夫概为前敌先锋官。远征军除原有的三个集团军共4万余人外，另有新编水军陆战队2万余众，加上与楚结仇的唐、蔡二国水陆军队1万余人，共7万余众，号称精兵10万，驾驶着几百艘战船，按照预定作战方略，由淮河乘船西进，一路浩浩荡荡向楚国方向进发。此次远征，正式拉开了自商周以来规模最大、战场最广、战线最长，以攻克对方首都为主要目标的伟大战役的序幕，历史上称为柏举之战。

正在围蔡的楚军闻报，担心吴军乘虚入自己的首都——郢，急忙解蔡之围，迅速收缩兵力，回防楚境，以确保郢都的安全。吴军遵循孙武倡导的"出其不意，攻其无备"的战

311

略思想，"经迂为直"，实施大规模的战略迂回。当远征军长驱1000里逼近楚国边境时，又溯淮水悄然西进，在进抵凤台附近后，弃舟登陆，并以劲卒3500人为前锋，兵不血刃，迅捷神速地通过了楚国北部的大隧、直辕、冥阨三关险隘，然后穿插挺进到汉水的东岸，在战略上占据了优势之地。

吴军的突袭行动终于引起了楚国朝廷的震动，楚昭王于匆忙中急派令尹囊瓦、左司马沈尹戌、武城大夫黑、大夫史皇等人，汇集楚20万大军，从不同的驻地昼夜兼程奔赴至汉水西岸进行防御，吴楚两军呈隔江对峙状。此时无论是吴军还是楚军，双方心中都十分清楚，汉水是抵挡吴军进逼楚国郢都的最后一道防线，只要这道防线一失，郢都大势去矣。因而，尚以头脑冷静、深谋远虑、极富韬略著称的楚军名将左司马沈尹戌，在认真研究了吴军的战略思想之后，建议囊瓦统率楚军主力沿汉水西岸阻击吴军的进攻，从正面牵制吸引吴军。他本人则北上方城，征集那里的楚军机动部队，迂回到吴军的侧后，毁坏吴军的舟楫，阻塞三关要隘，切断吴军的归路。待这一切完成之后，再与囊瓦所率主力部队实施前后夹击，将立足未稳的吴军一举歼灭。

对于沈尹戌的这一明智之计，并不算愚笨的囊瓦表示同意和配合，但当这位有胆有识的沈将军率部奔赴方城不久，囊瓦便出于贪立战功的心理，竟毫无原则地听从了内战的内行，外战的外行武城黑和大夫史皇的挑拨怂恿，置楚军生死存亡的大局于不顾，擅自抛开与沈尹戌约定的正确的作战方针，采取冒进速战的做法，未等沈部完成迂回包剿行动，即率军仓促渡过汉水，进击吴军。

孙武见楚军主动出击，大喜过望，心想愚蠢的楚军肯定是窝里斗起来了，否则不会出此下策主动出击。遂同阖闾、子胥等密议，果断采取了后退疲敌，寻机决战的方针，主动由汉水东岸后撤。骄傲自大的囊瓦不知是计，还以为自己的大腕名气和阵势使吴军怯战，于是率部追进，步步紧逼。吴军做出迫不得已，不得不回头迎战的姿态，自小别山至大别山之间，楚、吴两军先后进行了三次交锋，吴军三次皆胜，楚军士气低落，部队疲惫不堪。据《韩非子·说林篇》载，吴师在小别、大别三战皆胜后，阖闾曾有退兵之意，问于伍子胥。伍以人溺于水为喻，说只喝一口水还死不了，要连喝多口水才会呛死，为今之计，应该叫那溺水的人沉下水底去。经伍子胥提醒，阖

第十章 楚国沉浮

间才下了进取郢都，一战拔郢的决心。

对阖闾的决心和意志，伍子胥、孙武等吴军将领颇感欣慰，遂当机立断，决定同楚军来一次真正意义上的战略决战。这一年的阴历十一月十九日，阖闾、伍子胥、孙武等指挥吴军在柏举地区（今湖北麻城，一说在今安陆市一带）安营扎寨，排兵布阵，以与尾追而来的楚军决一雌雄，举世震动的柏举之战就此开始。

在吴军的凌厉攻势下，楚军囊瓦所部力不能敌，全线溃败。不可一世的囊瓦在吴军的打击面前，早已丧魂落魄，置残兵败将于不顾，仓皇逃离战场，远奔郑国寻求政治避难。而另一位大将史皇则死于乱军之中。吴军取得了柏举会战的决定性胜利。

吴楚之战示意图

楚军遭受重创之后，余部仓皇向西南方向溃逃，孙武等吴军将领指挥军队及时实施战略追击，并在柏举之南的清发水（涢水）追上楚军残部。吴军采取孙武"因敌制胜"的战略思想和"半济而击"的战术原理，再度给予正渡河寻求逃命的楚军残部以沉重打击。而后，吴军继续乘胜追击，当追至30多里时，正赶上埋锅做饭的楚军残兵败将和从息地引兵来救的楚军沈尹戍部。狭路相逢，勇者胜，两军经过一番血战，楚军被孙武亲自坐镇指挥的吴军再度击溃，主将沈尹戍当场阵亡，号称20万的楚军主力全军覆没。

至此，曾经称霸于世的强大楚军全线崩溃。吴军在孙武的指挥下乘胜前进，一路势如破竹，五战五胜，长驱直入，兵锋直指楚国首都郢城。楚昭王一看大势已去，置全城军民生死于不顾，于惊恐仓皇中携带自己的后宫妃嫔、其妹季芈，连同少数臣僚、太监、厨师之类的各色人等，弃郢都出

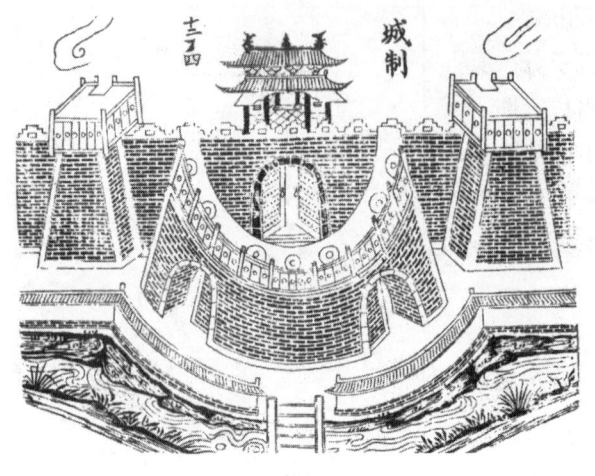

西门向云中方向逃窜而去。驻守郢城的近10万御林军听到昭王出逃的消息，顷刻瓦解，一哄而散，争相逃命而去。有一位叫蒙谷的大夫听说昭王逃窜了，似信非信，急忙跑到宫中一看，除了几个为抢夺器物珍宝而扭打抓挠在一起的太监、宫女，以及数十名乘虚而入的小偷，宫中见不到一位官员，顿感

城制

楚国都城示意图

悲怆。当蒙谷发现记录法规的《鸡次之典》还立在原处，当即躬身扛起来就向外跑，出宫后连家也顾不得回，一口气跑到云梦去了。

十一月二十九日，孙武指挥的军队未经大战，一举攻陷郢都，历时两个多月的破楚之战，终于以郢都的陷落和吴军的全面胜利而告结束。

吴国破楚之战是春秋晚期一次规模宏大，战法灵活，影响深远的大战，也是史籍记载中孙武亲自指挥并参加的唯一一场战争。这次战争双方投入兵力近30万人，吴国长途奔袭2000里，战线绵延数百里，正式交战两个多月。一向被中原诸侯大国瞧不上眼的小小的南蛮吴国，在阖闾、伍子胥、孙武等人的指挥下，运用灵活机动、因敌用兵、迂回奔袭、后退疲敌、寻机决战、深远追击等等战略战术，仅以7万之众，一举战胜多年的敌手——号称拥有百万之师的超级大国，给长期推行霸权主义的楚国君臣以沉重的打击，并在其他诸侯国朝野内外引起了强烈震动。自此，吴国以天下强国的姿态傲然登上了历史舞台。而此前曾被国际舆论普遍认为最有希望完成统一中国大业的楚国，从此一蹶不振，再也没有了昔日那咄咄逼人的锋芒与泱泱大国的气象。

第十章 楚国沉浮

有研究者认为,正是这场战争的爆发,才使统一中国的桂冠最终落到了国土偏于西部的秦王嬴政的头上。从某种意义上说,这场战争在很大程度上改变了春秋晚期整个战略格局,扭转了中国历史的进程,汹涌奔腾的历史长河自这场战争悄然拐弯。至于这场战争的最大功劳应该归于哪位英雄豪杰,伟大的史学之父司马迁在他的《史记》中说得颇为清楚:"西破强楚……孙子有力焉!"

国殇(屈原《九歌》插图,〔明〕陈洪绶作)

郢都沦陷,这在楚国历史上属于首次。国破家亡,宗庙毁弃,发酵突起的源头竟是为了一个女人。想到此处,楚昭王与几个落魄近臣百感交集,不胜悲戚。然而,面对吴军猛士如云,剑气如虹的气势,以及包剿而来的吴军将士,此时的昭王已顾不得回忆往事,总结历史教训了。摆在他面前最紧迫的一件事,就是赶紧逃亡,否则小命休矣。

昭王一行慌不择路,出得郢都,先是向西南逃窜,然后折向东北,稀里糊涂地绕了半个大圈后,最后才渡过汉水进入云中。历史上记载的云中即鄙中,今属郧县,吴军正是从这一带渡汉拔郢的。大军过后,当地土匪强盗像蛰伏的蝗虫遇到了夏日正午毒辣的阳光,"哄"的一声从云梦大泽蹿腾而起,散落于汉东山冈田畴,荒野古墓,开始干起了打家劫舍,杀人越货的勾当。兵荒马乱中,昭王一行渡过汉水一路急行,至一片山冈茂林处,天色暗了下来。未行多久,夜幕降临,众人皆预感到必生事端,一个个头皮发麻,脊梁骨发冷,心脏即将跳出胸口。欲加快脚步摆脱这一险地绝境,无奈一路流窜不止,早已是饥困交迫,头重脚轻,只能强打精神,咬紧牙关,一边步履艰难地缓慢前行,一边暗暗祈祷苍天保佑。倏忽间,山冈丛林深处突然传出"哇哇"几声猫头鹰凄厉的尖叫,众人大惊,茫然四顾,漆黑的夜幕中,随着树枝"唰唰拉拉"的响动,几条大汉挥刀弄棒呐喊着蜂拥而出,向众人袭来。昭王的几个随从眼看情急势危,纷纷挥戈弄枪奋力应战,与众匪打到了一起,战到了一处,滚成了一团。昭王在其妹季芈的搀扶下刚逃出几步,一个匪徒冲将上来挥戈击其头部,正在与匪混战的王孙眼疾腿快,一个鲤鱼打挺飞扑到昭王身上。昭王避免了脑浆迸裂的厄运,王孙却被戈头击中当场昏倒。在短暂的混战与慌乱中,昭王借着夜幕的掩护溜出圈外,携其妹钻进丛林逃到山下,继续向鄀中腹地流窜。人既困乏不堪,路又崎岖不平,间或遍地泥泞,昭王与几名随从已是心力交瘁,恨不得速死道边,一了百了。但理智和求生的本能又催促这群流亡者继续向前移动,以摆脱危急困境。年轻貌美的季芈再也迈不动前行的脚步,只好由一名叫钟建的随从背起来上路。在混战中身中戈伤而昏厥不醒的王孙,在昭王和众人的心中早已命归西天,想不到翌日上午,竟奇迹般地还阳于人间大地,而且下得山来一路紧追,居然找到了昭王。祖孙相见,相拥而泣,众人也悲从中来,泪流满面。

时鄀国早已为楚国兼并,现任鄀国公为楚平王任命的斗辛。尽管郢都沦陷,楚人已是国破家亡,而斗氏家族还与昭王结过冤仇。但此时的斗辛还是以国家利益为重,闻讯立即派出车马将昭王一行接入府上进行安顿。稍做休整之后,鉴于鄀境同样在吴军的扫荡之内,昭王决定奔赴相邻的随县。尽管随县依附于楚国,但名义上还是汉东相对独立的大国,在吴楚交战中属于中立的性质。于是,在斗辛和斗巢兄弟的亲自护送下,昭王一行逃到了随国。

楚昭王刚刚抵达随国,喘息未定,吴师紧追而来。吴国和随国的公族都是姬姓,皆是周天子的子孙。凭着这点缘分,吴人劝随侯及其臣僚顾全周室,不要隐藏把汉阳诸位姬姓国家吞并殆尽的楚王。吴人还向随侯许诺,只要把昭王引渡给吴国,汉东全境皆归随国所有。

面对强大的吴师咄咄逼人的态势和威逼利诱,随侯思考再三,迟迟拿不定主意。当时昭王有位庶兄名子期(公子结)随行,其身材相貌与昭王有些相像。危急中,子期让昭王和少量随从秘密逃出随都暂避,自己假扮昭王,请随人把他当作昭王引渡给吴人。随侯犹豫不决,为此卜问,其兆不吉,于是作罢。眼见没有其他招数可想，但又必须应付吴人的逼问。情急中，随侯一咬牙，索性来个睁着眼说瞎话，矢口否认楚昭王藏匿于随都。一面派人暗中将昭王等人转移出都城，一面指派手下对吴师说："敝国是个小国，是楚把敝国保护下来的，敝国和楚世世代代有盟誓，至今如此。如果遇到危险就背叛楚，以后又怎么能侍奉贵国的大王呢？贵军只是没有捉到楚王罢了，以后只要贵军平定了楚国，敝国敢不唯命是从吗？"随人的意思是说，一个自身不保，四处流窜的楚王算什么，只要你吴师荡平了楚国，成为真正的占领者，随国自然唯吴人的马首是瞻，若楚昭王真的在随，还能让他长期潜藏或者逃跑了吗？

对于这段险象环生，惊心动魄的历史史实，《左传·定公四年》做了这样的记载："以（昭）王奔随。吴人从之，谓随人曰：'周之子孙在汉川者，楚实尽之。天诱其衷，致罚于楚。而君又窜之，周室何罪？君若顾报周室，施及寡人，以奖天衷，君之惠也。汉阳之田，君实有之。'……乃辞吴曰：'以随之辟小而密迩于楚，楚实存之。世有盟誓，至于今未改。若难而弃之，何以事君？执事之患不唯一人。若鸠楚竟，敢不听命？'吴人乃退。"

气势汹汹的吴师一听随人把假话说得比真话还真，且讲得头头是道，像一把皮笊篱——滴水不漏。在无把柄和确凿证据的情形下，只好信以为真，对随人威胁利诱一番，便退走了。

师撤离后，惊魂未定的昭王重入随都。面对随侯在关键时刻站稳了政治脚跟，且态度坚如磐石，昭王大为感动，几度泪下。随后，昭王割破子期心口的皮肉，取血与随侯盟誓，以示世代结盟，永远友好相处。

吴师在郢都的淫乱生活

郢都既破，昭王潜逃，楚国出现了罕见的政治真空。在城外驻扎的阖闾、孙武等人召开紧急会议，决定立即进城接管楚国政权。

很快，几万吴国大军甲胄明亮，枪戟林立，精神抖擞，以胜利者的高傲姿态鱼贯进入郢都，对各要害部门和场所实行全面封锁。吴国远征军成立了一个临时接收委员会，由阖闾亲自任主任，伍子胥、孙武等人任副主任，开始了正式接收工作。此时的阖闾自是志得意满，不可一世。他眼见数代强敌如今终于栽倒在自己手中，而吴国的称霸大业在这么短的时间内就取得了里程碑式的光辉成就，骄奢傲慢之心油然而生。而楚国国都的繁华，女人的妖艳性感，无不让他热血喷涌，滋生出平时只在梦中才可能出现的强烈欲望。这种欲望火一样燎烤着他的身心和每一根血管而难以自制，恨不得立刻就将眼前的一切全部搂到怀中，任自己随着性子玩个痛快。

同阖闾的想法大相径庭的是，作为恐怖大鳄的伍子胥，其父亲和兄长惨死在楚平王的刀斧之下，而自己则被迫流亡国外，历尽人间沧桑，尝遍了不幸的苦酒，家仇如山，身恨似海。如今苍天有眼，自己以战胜者的身份，重新踏上了这片洒满了血泪、哀愁、爱恨交加的土地。遥想当年的悲惨遭遇，不禁热血沸腾，黯然神伤。悠悠万事，唯此为大，报仇雪恨的日子总算到来了。此时的伍子胥恨不得立刻实施埋藏在心中许久的复仇计划，闹他个地覆天翻慨而慷。

于是，整个吴军的最高统帅在这种偏激而有些变态的心理作用下召开会议，制定了一整套对郢城财产、女人的分配方案和具体实施细则。

关于吴国君臣此时在楚都的所作所为，以及斗鸡弄狗的丑行，史家做了忠实的记录，《左传·定公四年》载：吴军入郢后，"以班处宫"；《春秋谷梁传·定公四年》载，"（吴）君居其（楚）君之寝，而妻其君之妻，大夫居大夫之寝，而妻其大夫之妻"。也就是说，入郢后的吴国军队，自阖闾以下吴国各色官员，按职别大小，把楚国自君王以下各级官僚的姬妾，全部按相同的等级分配、瓜分、一一拾掇了。

如此昏天黑地的往复折腾、揉搓了大约一个星期，当阖闾连同孙武、伯嚭、夫概，从女人们那温柔的怀抱中走出时，铮铮铁汉已是眼目深陷，头晕目眩，整个身子变得面条般柔软，面条上方那个散发着温热的肉质的圆球，在风的吹拂中摇摆不定地向前飘动。众将领感到再也没有战斗力时，便决定转移工作重心，于是，在阖闾的主持下，吴国高级官僚和各路将官在楚国君臣往昔上朝的大殿里，再次召开工作会议，在认真总结近一周来捉鸡弄狗的战绩和经验之后，明确提出下一步的工作重心要转移到捣毁楚国宗庙的任务

第十章　楚国沉浮

上来，以给楚国人民从外表到内心，从脸面到精神以彻底的毁灭性打击。

这个最早由伍子胥提出的草案，尽管遭到了孙武的反对，但已被胜利冲昏了头脑的吴王阖闾深表赞同，下令吴军将士立即行动，将楚国的宗庙礼器除了抢掠便全部焚烧捣毁。命令下达，楚国宗庙以及宗庙中的礼器遭遇了一场灭顶之灾，号称楚国的镇国之宝——九龙之钟，也在这场灾难中被销毁砸烂。与此同时，楚国最大的粮库——号称屯粮无数的高府，也被吴国官兵引火焚烧殆尽。一个曾经称霸中原，号令天下诸侯的南方大国的首都，在硝烟弥漫与四处都有的哀号声中，变成了一片废墟。

墓中出土青铜尊颈部镂空雕刻的反首龙（据考古专家推测，所谓吴师在楚宗庙砸毁九龙钟，应是指类似曾侯乙墓出土的带龙装饰的青铜大钟）

《淮南子·泰族训》记吴师入郢后，"烧高府之粟，破九龙之钟，鞭荆平王之墓……"九龙之钟，《新书·耳痹篇》作"十龙之钟点"，是楚国王权和社稷的象征。至于吴师所破的是"九龙"还是"十龙"，现代考古学家、曾侯乙墓的发掘者之一方西生认为，当以"九龙"较为合理。按方氏的说法，用九之数代表王制，与使用九鼎的原理应该是相同的。"九龙之钟"是什么样子的呢？据方西生推测，就是类似擂鼓墩曾侯乙墓出土的编钟。这套编钟下层12件大甬钟，其中有9件是使用倒趴着的虎形兽来悬挂的，这种用9条兽来悬挂9个大甬钟的方式，就是所谓"九龙之钟"一类的礼器。若不是此器，为何12件甬钟只有9件是用倒趴着的兽来悬挂，而另外3件却不是呢？或许当年楚国在甬钟上铸的不是兽而是龙也未可知，但道理是一样的，皆为象征王权与社稷的国之重器。至于鞭平王之墓，则是伍子胥这个恐怖大鳄所为，与其他人无关。《吕氏春秋·首时篇》说："伍子胥……亲射王宫，鞭荆平之坟三百。"《史记·伍子胥列传》所记则为："伍子胥求昭王，即不得，乃掘楚平王墓，出其尸，鞭之三百，然后已。"

吴军拔郢之后，楚昭王猫在随国一个深宫内不再露面，吴师抓捕不着，而与伍子胥结下不共戴天之仇的楚平王早已死去，葬所又不为外人所知。在这种情形下，急欲报仇雪恨的伍子胥仍不肯善罢甘休，决心搜寻楚平王的墓穴，对其尸体进行污辱。经过一番周折，在一位老翁的引领下，终于在郢都郊外的太湖深处找到了楚平王的秘密葬所。当军士们掀开厚重的石板，果然看到有一棺伏卧于空旷的墓穴中。伍子胥立即命手下将棺劈开，将里边盛放的尸体拖出，运到岸边。因平王之尸入殓前用水银专门做了防腐处理，故虽埋入地下几年，但整个身子从上到下，仍同刚死去一样鲜亮而富有弹性。伍子胥一看，正是楚平王之身，随之怒火大盛，从一军士手中夺过九节铜鞭，蹦着高儿，嘴里喊着"狗日的，看鞭！"，开始鞭打平王之身，直到整具尸体骨断筋折，方才住手。随后，仍觉意犹未尽的伍子胥，又下令随行军士将楚平王的棺椁、衣帽、尸身等等，全部捣毁、砸烂，弃之于荒野。当疾风暴雨般的激烈报复全部做完之后，伍子胥才长嘘了一口气，心想此次总算彻底了结了这些年来郁积在心中的深仇大恨。

昭王复国

就在吴国军队在楚都郢城疯狂地奸淫劫掠，焚烧宗庙之时，与吴国相邻的越国乘虚而入，派兵偷袭了吴国边境的部分城池。这个突如其来的变数使长期统率大军驻扎于楚国寻欢作乐的阖闾、孙武、伍子胥等受到了极大震动，速调国内部分留守部队进行拦截、阻击。此时吴国在郢都的占领者尚未意识到，他们的好日子已经过去，重大危机已悄然来临了。

当楚国国都城陷之际，出逃的楚国大夫，即分管外交事务的申包胥几经周折，秘密潜入秦国，并凭着自己的三寸不烂之舌说动秦王派兵援楚。由五百乘战车组成的秦国志愿军，在秦公子子蒲、子虎两位将军的率领下，越过黄河，杀气腾腾地向楚国的吴军扑来。抢先回国的申包胥和楚昭王秘密接上了头，并以昭王的手谕，悄悄收拾楚国的残兵败将，组成一支临时部队接应秦军。两军会合后，楚军在前，秦军断后，寻找吴军决战。

当得知秦兵已进入楚境并开始抗吴援楚的情报后，抱着楚昭王的母亲伯嬴正在床上狂翻跟头的阖闾，立即命令孙武、伍子胥亲自选派部分精锐出城迎敌。此时，吴军将士在几个月玩鸡斗狗的腐败糜烂生活中，已失去了当初伐楚拔郢时的战斗力。双方刚一交手，就被赶上来的楚秦联军一举击溃，吴军损失惨重，元气大伤，自此再也没有充足的力量和勇气与气势正兴的楚秦联军交战了。根据新的形势，吴军不得不由战略进攻转为战略防御。

福无双至，祸不单行，屋漏偏逢连夜雨。就在吴军主力对外作战连连失利之时，先锋官夫概领着他的嫡系部队悄悄地返回了吴国，发动政变称起王来。阖闾闻听大惊，只好率部分将士回国平叛。

虽然夫概的叛乱很快被阖闾平定，但由于留守楚国的部队已所剩无几，加之吴军自入楚之后如清代史家高士奇所言"仁义不施，宣淫穷毒"，致使"楚虽挠败，父兄子弟怨吴入于骨髓，争起而逐之"。也就是说，由于吴军在郢都无恶不作，渐渐陷于人民战争的汪洋大海之中。楚国逐渐得到了社会的同情与支持，楚军人数倍增，战斗力加强，并在秦国救援军的帮助下，开始由全线溃退转为战略进攻，逐渐形成了对楚都郢城的包围态势。面对楚秦联军强大的压力和步步紧逼，无论是伍子胥还是孙武都意识到，吴国已陷入了政治与外交的困境之中，要想长期占领统治楚国已不可能，如将楚国变为自己的殖民地，前景极其渺茫。于是，阖闾根据国内外的情况，果断下令伐楚远征军留守部队在做好善后工作的同时，实施战略大撤退，以保存吴国的军事实力，稳住国内的政治局面。孙武、伍子胥得令后，深觉所剩的残兵败将，脑子所想的皆是女人，算是曾经沧海难为水，除了女人，这个世界上的一切对他们来说什么都不感兴趣了，再继续坚持下去已不可能。于是，二人决定按阖闾的命令，开始有计划、有步骤地组织部队撤退。凡楚国的府库宝玉，全部装载运回。同时拿出主要精力，将万余家楚人全部迁往吴境，以充实吴国空虚之地。经过前前后后几个月的忙碌，驻守在吴国远征军的余部和万家楚国百姓安全进入吴境。

吴师撤退，昭王从随国都城一个地洞里钻出来，擦去满面尘土，在随从侍卫的搀扶下，怀着悲怆复杂的心情，跟跟跄跄地回到了楚国。时为昭王

哀郢（屈原《九章·哀郢》插图，〔清〕门应兆作。文中有"皇天之不纯命兮，何百姓之震愆？民离散而相失兮，方仲春而东迁"句）

十一年（公元前505年）十月。

郢都经过吴师的蹂躏毁坏，已是残破不堪，根本无法住居。于是，昭王下令迁都，到今荆州江陵县之地另建新都，仍称之为郢，以示不忘祖宗奠基的大业，永记先辈们的功绩。后人为了区别此郢与彼郢的关系，又称其为栽郢。据楚简墨书和楚器铭文载，楚王多次在栽郢会见国宾，足证栽郢为首都。在荆门包山二号墓所出的竹简上，记有五处称郢的地方，栽郢是主要的一处。

昭王迁都后，下令封赏护国保主的有功之臣，其妹季芈与在危难中背过自己的钟建产生了爱情，昭王当即许以婚配，并命钟氏为乐尹。那个扛着《鸡次之典》逃出宫，一路奔往云梦泽躲藏的大夫蒙谷也携典回到了郢都。《鸡次之典》的抢救与保护，使百官有章可循，诸事有法可依，对楚国的复兴具有重要意义，因而，此次蒙谷同在受封赏之列。但这场令大楚国破家亡的灾难，使蒙谷对世事有了新的看法，无意仕进，遂辞官别赏，到乡间隐居去了。

一场拔屋摧城，国破家亡的危机总算过去了，宗庙复初，山河依旧，整个楚国虽疮痍未复，但仍作为一个庞然大国雄踞于长江中游。对楚国的变故与昭王本人，著名史家班固做了这样的评价："楚昭王遭阖庐（闾）之祸，国灭出亡，父老送之。王曰：'父老反矣！何患无君？'父老曰：'有君如是其贤也！'相与从之。或奔走赴秦，号哭请救，秦人为之出兵。二国并力，遂走吴师，昭王返国，所谓善败不亡者也。"（南按：《汉书·刑法志》。古有所谓"善师者不陈，善陈者不战，善战者不败，善败者不亡，善亡者不死，善死者不疆"之语。）

第十章 楚国沉浮

几乎遭受灭顶之灾的楚国自迁入江陵栽郢后，凤凰涅槃，渐渐从危亡的大难中复苏，几年后国力渐充，踏上了民族复兴之路，一路凯歌高奏，在日后长达220年的历史长河中，成为楚文化最为鼎盛的历史时期。

公元前489年，吴伐楚，楚救陈，昭王进驻城父督师。未久，一病不起，卒于军中。其子熊章继为王，是为惠王。惠王既立，楚师乃回国。

此时的楚国威名益著，复现泱泱大国气象，但对外的方针政策却大为收敛，一改往日咄咄逼人或盛气凌人的架势，更没有楚庄王跑到周天子门前问鼎之轻重的狂妄荒唐之举了。在楚惠王励精图治下，国内民众得到了安宁，于国外树立了一个并不招惹是非的良好形象。经历了摧堤毁岸的惊涛骇浪和血雨腥风浸染的楚国，于惨痛深重的教训中真正成熟起来，比过去任何时候都显得沉稳、平和、坚强而有气度。

惠王十一年（公元前478年），楚国公孙朝率楚师一举攻灭陈国，即以其地置县，这个在历史的风云变幻中颠三倒四，随风而倒的陈国从此永劫不复了。

惠王十三年（公元前476年），楚攻东夷。又明年，春秋时代结束，历史进入更加纷乱的战国时期。

在楚国都城基础上发展演化的荆州古城城墙与城门

惠王四十二年（公元前447年），楚师攻灭了反复无常，并一度与吴国通好的蔡国，楚国再次得以向东北方向拓展势力。

惠王四十四年（公元前445年），楚灭杞。杞原是夏遗民组成的一个小国，原在今河南杞县，受到周边势力特别是楚国的挤压，屡屡向北迁都，后来竟跑到了今山东五莲县西南之地建国立都。历史上流传的成语故事"杞人忧天"，就是这个民族的"杰作"。想不到天没塌下来，来自南方荆蛮之地的楚国军队却像洪水一样滚滚而来，顷刻之间将风雨飘摇的小小杞国都泡了黄汤，忧天的杞人们成了汤中之鳖，只有听天由命，任人宰割的份了。此时，楚国版图北部已抵达泗水流域，逼近齐、鲁，到了历史上最为鼎盛的时期。为解除后顾之忧，楚国与秦国结盟通好。

惠王五十六年（公元前433年），已老态龙钟，行将就木的楚惠王突然听到了随国国君曾侯乙去世的消息，悲不自胜，命人做宗彝一套，奠之于西阳。楚惠王为后世人类留下了一段知恩图报历史佳话的同时，也为解开"曾国之谜"留下了一把关键性的钥匙。

第十一章 穿越历史的迷雾

旷世绝响

镈钟透露的历史隐秘

楚惠王埋下的这把钥匙,就深藏在曾侯乙墓之中。

当气势恢宏、湮没2000多年的编钟,穿越云遮雾绕的历史隧道和滚滚风尘,再度于曾侯乙墓那幽深的地下宫殿现世的时候,考古人员和从全国各地赶来的专家学者所看到的是这样一个场景:以巨龙盘旋状耸立于墨绿色渊潭的青铜编钟,最下层中间部位的一件钟形体貌极为特殊,整体健硕突出,显然是一个另类,与其他甬钟不能匹配。待擦去覆盖的泥水,在钟体的中间部位发现了一篇铭文。经北京大学古文字专家裘锡圭等释读,铭文共31字,释读为:

隹王五十又六祀,返自西阳,楚王熊章,作曾侯乙宗彝,莫之于西阳,其永持用享。

这段文字令现场发掘的考古人员与前来研究的学者隐约感到与楚惠王有关,有人依此推断,眼前这个大墓,很可能就是楚惠王的葬所。为此,发掘人员与相关专家之间因意见分歧而发生争论。当国家文物局局长王冶秋和著名专家顾铁符从北京来到现场时,面对这件特殊的镈钟和钟上的铭文,皆深感隐含一种秘密,但不能立即做出决断。后来,随着研究不断深入,内含的隐秘才得到破译。

镈钟上的31个字,说的是楚惠王为曾侯乙制作宗彝的事。释读可知,"隹王五十又六祀",指这位王在位的第56年;第三句"楚王熊章",即楚惠王。据史籍记载,楚国前前后后共有40余位王,在位超过56年者唯有楚惠王一人,而楚惠王的姓名正是熊章。楚惠王五十六年即公元前433年,说明这套宗彝铸于这一年。

既然此器发现于曾侯乙墓中,是否意味着曾侯就是这一

镈钟铭文

年下葬的呢？考古人员与前来的研究者之间又产生了不同意见并引起争论。争论的焦点主要集中在"返自西阳"四个字，对字意不同的解释，得出的结果自然就有差别。按照裘锡圭的说法，曾侯乙死亡和下葬的时间，当在公元前433年之后，绝不可能是铸钟的这一年。其理由是：镈钟上的铭文，跟宋代在安陆发现的楚王熊章钟全同，公元前433年是曾侯乙下葬年代的上限。铭文中"自"上一字，宋人金石书里摹得像"这"字。镈钟铭文此字右旁写法跟同出编钟铭文中常见的"反"字相同，毫无疑问地应该解释作"返"。"返自西阳"可能是指惠王自己从西阳返回楚都，当时曾侯乙不一定已经死去。以前出土的尹姞鼎，有"穆公作尹宗室于口林"铭文，从鼎铭全文看，尹姞当时显然还活着，尹姞宗室应该是尹祭祀先人的宗室。所以曾侯乙宗彝也可能是指让曾侯乙用来祭祀先人的宗彝。"按照这样的解释，曾侯乙的死和下葬就有可能是公元前433年以后若干年的事情。就常理推断，曾侯乙在惠王送给他镈钟那一年，年纪不会太轻。据骨架鉴定，曾侯乙死于45岁左右。因此，他的死距离公元前433年极可能未超过30年。我们可以说曾侯乙墓是公元前5世纪晚期的一个墓葬。这样说并不排除曾侯乙在惠王赠给镈钟以后不久就死去的可能性。"①

对于裘锡圭的说法，研究者既感到有其合理之处，也有未尽如人意之点。顾铁符在一次讨论会上，对此提出了诸多疑问："楚惠王五十六年，惠王本人可能已经七八十岁了，而曾侯乙才四十几岁，而这位大国的老前辈给这个小国的年轻人送这样重的礼物，也是罕见的。在春秋战国之际，国与国之间的关系，化干戈为玉帛是有的，但楚国与随国关系的变化，似乎太突然，这究竟是为什么？楚国从武王时候起，至庄王三年止，把今湖北省境内的和河南南阳地区的小国，包括最强悍的庸等国，都已经灭掉。而单独把这一带最大的，又是姬姓的随国留在那里。从当时两国的力量来说，楚

墓中出土青铜镈钟上的31字铭文

国比武王的时候已经增大了不知多少倍,比成王时候亦大得多了。至于随的力量,在'以汉东诸侯叛楚'的时候,已经'君子曰:随之见伐,不量力也。'从舆论来看,已经远比不上楚国了,当然更不用讲庄王时候了。明知力可以灭随,并且除随之外,周围的已经都被灭掉,而独不灭随国,是为了什么?"②

对于裘锡圭的观点和顾铁符的疑问,历史学家李学勤提出了不同见解并做了这样的回答:公元前433年,就是曾侯乙死亡之年。按李学勤的说法:作某人宗彝,就是制作祭祀该人的祭器,该人必然是已死了的,这是铜器铭文的通例。"返自西阳"应解释为报自西阳,古代称"报丧"为"报"。"反"和"报"两字在古书中常常互相代用。铭文中既说"返自西阳",又说作宗彝奠之于西阳,这是什么意思呢?用现代通俗的语言解释就是:楚惠王五十六年,从西阳得到曾侯乙去世的讣告,惠王制作了曾侯乙宗庙所用的礼器,在西阳对他进行祭奠,并永远用以享祀。这个墓出土的竹简也记载墓主下葬时,楚、宋两国曾来会葬,楚国自王以下都赠了车马等物,可以同铭文互证。那么楚惠王为何要制作一套镈钟放在曾国的宗庙里,恭敬地祭祀曾侯呢?当时楚国称霸一时,决不会轻易地对一个小诸侯国给予这么高的礼遇,又为何迟迟不灭力量逐渐悬殊的随国?但如果曾即是随,这个问题便不难解释了。一个标志性转折就是历史上著名的伍子胥、孙武统率吴师伐楚事件。

李学勤在历数了公元前506年,吴师伐楚这场改变中国历史走向的大决战,以及楚昭王奔随避难的故事之后,又说:"此后《春秋》一书中又出现了'随侯'的名号。对此,杜预注:'随世服于楚,不通中国(即中原各国)。吴之入楚,昭王奔随,随人免之,卒复楚国。楚人德之,使列于诸侯。'估计曾侯乙就是保护了楚昭王的随君的后裔,楚惠王铸编钟来祭享他,正是报德之意。"③

对于裘、李二人的不同意见,参加擂鼓墩曾侯乙墓发掘的方酉生认为,若根据裘锡圭的说法,曾侯乙死年在45岁左右,估计他在位之年为30年左右的话,这样从楚惠王送镈钟到曾侯乙死年,早、晚可以相差30年,也就是曾侯乙墓的下限年代可以晚到公元前400年左右,这个显然不太合适,因而李学勤之说更接近于历史的真实。为什么这样说呢?因为楚惠王这时已经在位56年了，加上他未在位之年数，恐怕他这时已经是一位六七十岁高龄的老人了。按照常理，这样年迈的国王是不会轻易地出国的，尤其亲自到一个小国去。假如这种分析能够成立的话，那么曾侯乙墓的下限年代，最迟不会晚于公元前430年。如果按照裘锡圭的说法，楚惠王为什么在他如此年迈之时要去西阳，又为什么从西阳返回楚都后，马上要给曾侯乙作宗彝等，都不好解释。所以裘氏的说法可能性较小。

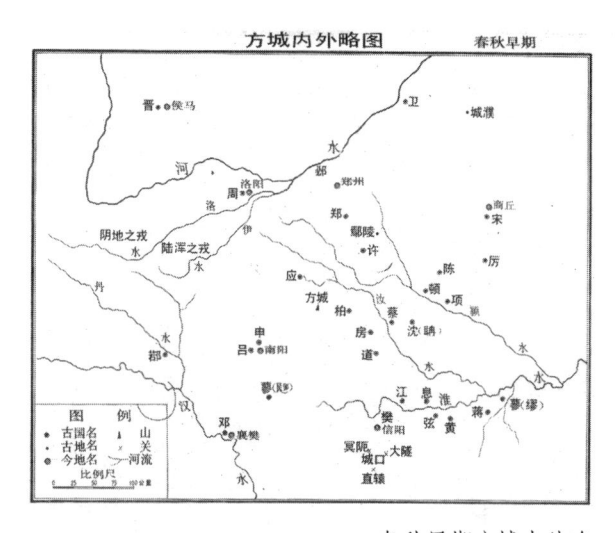

春秋早期方城内外略图（引自《楚史》）

铭文中所说的"西阳"在哪里呢？学者曾昭岷、李瑾认为，西周末年居于南阳盆地附近的曾侯国，东周而后，不知何时迁到了淮水支流黄水附近，这里有个地名"西阳"，实即《曾侯钟》铭之"西阳"。《元和郡县制》载："西阳故城，在今河南光山县西二十里。"西阳即曾国故都。

按照这一说法，曾国与现在的随县没有任何关系，所谓的曾侯乙墓也就不好解释为什么要埋在擂鼓墩了。还有学者考证认为西阳的位置在楚国都城郢，即今湖北宜城附近。但方酉生对此表示不敢苟同，恰恰是因有了擂鼓墩古墓的发现，才足以证明曾（随）国国都西阳的位置就在今天的随县县城附近。方氏说："从田野考古发掘已经了解到，我国古代的王墓，一般都埋葬在国都附近相距不远的地方，夏、商、周三代都是如此。这是不争的事实。曾侯乙墓位于今随县县城之西北约2公里，随之大贤季梁墓在今县城东部约1.5公里处。而且据考古工作者通过钻探了解到，在擂鼓墩地下，还保存有200多座两周时期的墓葬，这个发现十分重

329

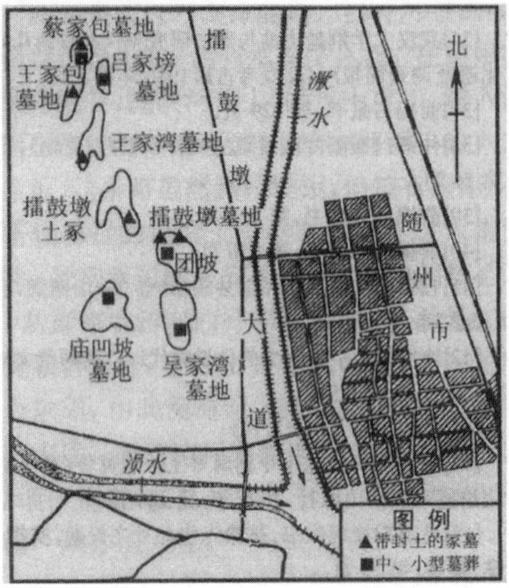

考古钻探发现的擂鼓墩墓群位置示意图（引自《关于擂鼓墩墓群》）

要，因为这些都是国都具备的条件之一。众所周知，都城是生人活动的场所，墓地是死人的归宿地，两者是连为一体的。不是都城不可能在附近出现数量这么多而且重要的墓葬区。所以我认为曾（随）国的国都西阳位于随县县城及其附近。而且考古工作者已经在随县县城及北部发现有两周遗址，这就更加证明了这点。至于曾（随）国的国都为什么称为西阳？对于这个问题目前还不能做出肯定的答案，我的意见是否与位于溳水之北（水北为阳）有关系？但对“西”字还不能找到确切的解释。希望学者进一步深入研究。”④

从方酉生的论述中可以看出，尽管他不同意铭文中的“西阳”在今光山县西二十里和今宜城附近之说，坚持“西阳”就是当今的随县县城，但只是推测，未能举出令人信服的证据。有研究者承认方酉生的随县即“西阳”说，但对其赞成曾侯乙的死亡年代，即公元前433年又有别议。香港中文大学教授王人聪认为：钟镈的作用，既可宴享宾客，亦可祭祀先祖，这类乐器若陈列在宗庙里，也可称为宗彝。铭文中既说楚惠王为曾侯乙宗庙作彝器，可知曾侯乙已经死去。铭文的最末一句为套语，喻永持用享之意。由铭文的释读，可知此时的曾侯乙肯定已经死亡，死亡时间绝不会晚于楚惠王五十六年（公元前433年），但可能略早于这一年，下葬的年代当在这一年稍后。其理由是：“这件镈钟是楚惠王为曾侯乙宗庙作器，而非为送葬所作。只有在镈钟送到曾侯乙宗庙之后，曾国人才能从中取一件来陪葬。从铸造这样一整套大型的编钟，到送至曾侯乙宗庙，最后再取出一件入葬，这一系列事，要在不到一年的时间内办成，恐非易事。所以，该墓的年代应以楚惠王五十六年稍后才较合情理，其上限当然绝不会早于惠王五十六年。"⑤

对于王氏的说法，有人表示赞同，也有人表示反对。有研究者不但同意李学勤、方酉生的观点，且还进一步考证出，曾侯乙的死亡时间就是惠王五十六年（公元前433年）五月初三日，其主要依据就是曾侯乙墓出土的一件衣箱。这是解开墓主人死亡之谜的一把最为隐秘和玄妙的钥匙。

当杨定爱等考古人员决定清理曾侯乙墓东室时，无论是现场的专家学者还是围观的看客，其注意力和兴奋的焦点都集中到椁室中间那具小山一样的棺椁上，猜测棺椁是否安置刀枪暗箭，盛放毒气，以及尸体是否完好等等，对横七竖八或仰或躺分布的各种器物则没有多大兴趣。杨定爱从棺椁下悄悄掏出在观众看来最为"值钱"的金盏等器物，并秘藏于雷修所所长办公室的保险柜后，接着开始清理"不值钱"的"破盆烂罐"。就在这期间，清理人员从椁室的西南隅，一下搬出了五个大衣箱。衣箱皆木质，除编为E66号的衣箱为朱漆外，其他四件皆髹漆，绘以朱漆花纹，但纹饰各不相同。箱身、箱盖分别用一块大型整木剜凿而成。箱身呈矩形，内部剜空较深，便于盛物。盖呈拱形，内空较浅，顶部的两侧各凸出一个凹形鼻，以便抬扛，开启和翻置时可起足的作用。箱身与盖的四角向两端均伸出把手，把手中部周边刻有浅槽，便于扣合后捆绑和系绳扛抬。其中有四件衣箱的顶部阴刻铭文，一件刻有"紫锦之衣"，由此可知此类器物当为装盛衣服的箱子，故被称为衣箱。

清理时，因墓坑积水日久，五件衣箱皆饱浸泥水，有的已漂浮翻覆，盖底分离，箱内未见衣物。杨定爱等清理人员找遍了椁室，也未找到一点衣物残片，估计所盛衣物已腐烂如泥，加上连续抽水，衣箱浮动，腐朽物也随之像泥浆一样四散漂流，不可再见了。当时考古人员没有想到几件看上去非常普通的衣箱，会出自一座王侯的墓室，更不会想到成为名震天下的珍贵文物。

这五件衣箱之所以出现"埋藏千年没人问，一朝出土天下知"的奇观，自然不是木质优良和制造精美，而在于暗含的密码和历史隐喻。正是对其密码的成功破译和对历史隐喻的诠释，才使其身价万倍，为天下所瞩目。那么它的玄机奥妙在何处？经过专家分析研究，这一玄机奥秘就暗藏在衣箱盖的绘画之中。

墓主死亡密码

在编号为E67的衣箱一侧，描绘了相对的两兽，一兽背部绘一鸟伫立，另一兽的上方绘一鸟展翅，鸟后一人奔跑并揪住鸟的尾巴，另一手持棍，似在打击飞翔的鸟。鸟的上下有圆点。有研究者认为，圆点代表太阳，鸟或为日中之金乌，也就是平时人们看到的太阳黑子。后面的那个打击者，可能是神话传说中不自量力，整天像傻子一样追日不止，最后渴死途中，手杖化为邓林的夸父大叔。箱子上刻有"狄匫"，除了表示用于装盛衣服外，还根据《周礼·内司服》所载："榆狄，阙狄。"郑众注："榆狄、阙狄，画羽饰。"郑玄注："狄，当为翟，翟，雉名。"由此判断出此箱应当为曾侯乙专门盛装以鸟羽为饰衣服的箱子，或者说是盛装后妃衣物的专用箱。

编号为E61的衣箱，由于盖面上有刻文"紫锦之衣"四字和一组神话故事的绘画，特别令人注目。盖面绘有斜向的蘑菇云纹，云纹大小不一，两边各绘有两棵参天大树，一棵较高，一棵较矮，高树长出十一个枝头，矮树长出九个枝

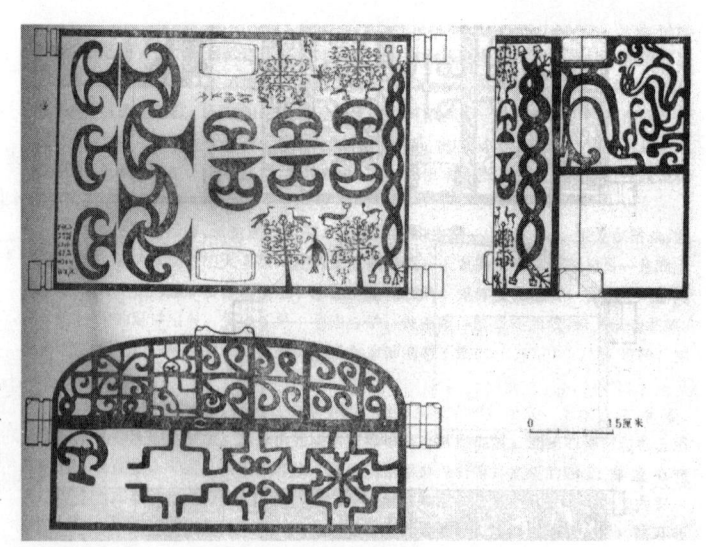

E61号衣箱盖顶弋射图（上左）及其一端（上右）一侧（下）纹饰摹本衣箱图示

第十一章　穿越历史的迷雾

头，每一枝头上又长出一个光芒万丈的太阳纹。高树上立两只鸟，矮树上立两只兽，其中一兽为人面，另一兽为侧面，容貌不清。树间都画了一人挽弓射箭。这箭是系有绳索的矰缴，可以回收。上下两幅图中各有一鸟中箭坠落。有研究者认为：所绘之树是通天的神树扶桑，枝头所绘圆点是太阳，弋射之人就是历史上著名的"后羿射日"传说中的后羿，射下之鸟是日中金乌。蘑菇云纹两边的图画，重复表现了"后羿射日"的故事。盖面的边缘还画有两条双首人面蛇，双蛇互相缠绕，这当是传说中的女娲、伏羲图画。一侧立面也画了伏羲、女娲，并再次表现了"后羿射日"的故事。

在衣箱箱盖左端一角，研究者还发现了由20字组成的漆书，香港中文大学著名国学大师饶宗颐将其释为："民祀惟房，日辰于维。兴岁之驷，所尚若陈。经天常和。"其大意是百姓之所以祭祀被称为天驷的房星，是因为房星为农祥之星，星与日辰的位皆在同一方位北维。众宿和岁星没有抵触，各得其所，故就会出现"经天常和"、天下太平的局面。E61漆箱上的图像与漆书，是中国古代天文历法的形象与文字相配的最早的记录，其意之深远，为学界所重。

五件衣箱由随县转至湖北省博物馆后，谭维四专门聘请相关的专家、学者对其进行了详细研究，希望能从中找到不为外行所知的密码。但从E61、E67两件衣箱的绘画看，所绘的基本属于神话故事。这类故事在史籍和其他墓葬中多有发现，已算不得什么稀奇，暗含的历史信息多数得到了破译，再要找到不为人知的密码，已相当艰难。因而，应邀前来的研究者在谭维四的具体组织下，着重瞄准E66号衣箱进行攻关，希望找到破译的线索。

从整体看上去，E66号箱体呈矩形，箱盖拱起，与其他衣箱稍有差别。最为独特的地方是盖面正中有一个朱书篆文的大型"斗"字，与青龙、白虎两

绘在E66号衣箱盖顶上的二十八宿天文图

幅巨画。"斗"字无疑表示北斗星，环绕"斗"字周围，书有二十八星宿名称，这是中国乃至世界所发现的二十八宿全部名称最早的文字记录，故命名为《二十八宿图》。宿也称舍，即一个恒星月中，月亮每晚在满天恒星中都有一个旅居的地方。它依据月亮每二十八天运行一周的规律，以恒星作为参照，将地球赤道上方的天空，划分为二十八个不等的部分。每个部分作为一宿，用一个位于当时（即创立二十八宿时）赤道附近的星座作为标志，并且用这些星座中一个星作为距星，以便量度距离。古人就是根据这个二十八宿体系来确定岁时季节，编制历法，指导农业生产活动的。

　　E66衣箱盖上各个星宿，按顺时针方向排列，与人们平时仰头观察的天象正好相反。这个现象是西周初期存在于人们心中的宇宙观念，也是"盖天说"的具体反映。此种学说主张天是圆的，像一口倒扣着的大锅；地是方的，像一张硕大无比的棋盘，二者结合就是"天圆地方"说。随着社会实践不断更新发展，这一学说渐渐演化为"新盖天说"，即"天像盖笠，地法覆盘，天地各中高外下"。意为天像圆形的斗笠，地像扣着的盘子，都是中间高四周低的拱形。圆拱形的天，罩着拱形的地，这件衣箱的造型就是这种学说的象形表现。这件衣箱的绘画作者以此为本体，将拱形盖面想象为圆形的天穹，将箱底想象为大地，由箱底向盖顶看，等于站在大地仰视天穹。而由盖顶向下看，天象图就自然要反过来画才合乎宇宙本真。这只不过是画匠一种内心视觉的表述方式罢了，他假设人能够站在天体之上俯察宇宙，就像俯视衣箱一样——事实当然是不可能的，只有在艺术中可以用这样的手法表现。盖面两端，画师洒脱地描画了两只巨型青龙、白虎，青龙一端的侧立面加有大蘑菇云状纹饰，白虎一端的侧立面绘有一只蟾蜍。箱的另一立面绘有相对的两只兽，另一面没有彩绘。

　　这件漆箱与相关文字绘画一经公布，立即引起世界性轰动，当年举行的中国天文史学会，特地邀请发掘曾侯乙墓的考古人员谭维四等前往介绍出土经过和相关内容。时已定稿并印刷等待开印的《中国大百科全书·天文卷》，当编者闻听这一消息后，立即决定停止印刷，对书中所涉相关内容重新修改，并加入了E66箱盖上的天文内容。这件漆箱的图片也迅速由中国传向海外，被数十种杂志，特别是天文杂志作为封面广泛传播。欧美与日本等国的天文学家闻风而动，纷纷前往中国参观实物，进行研究。一时中外震动，举世瞩目。

之所以出现如此轰动的场面，其原因就在于这件衣箱盖绘画所蕴含的内容既丰富又玄妙，有的地方达到了神奇玄幻、妙不可言的境地。如中国古代的二十八星宿体系到底起源于何时，学术界一直争论不休，有人认为商代就已初步建立了这一体系，甲骨文中有属于后来二十八宿的名称记载，而古典文献《诗经》和《夏小正》也有个别星宿的记载，但这些显然还不能证明当时已经形成了二十八宿的完整体系。

据可考的文献资料显示，二十八宿最早见于《周礼》，这部形成于战国时期的著作，只概说了一个总称，并未列举某星某宿相互对应的名称。作为一个完整的总称，它在成书于战国晚期的《吕氏春秋》中有所记载。在这之前，最完备的二十八宿，相传载于战国中期（公元前4世纪）甘德的《天文星占》，以及石申的《天文》。惜二家的原著早已失传，仅《汉书·天文志》中保存有甘氏和石氏关于二十八宿的星表。二者星名稍有不同，后来始依石氏而固定下来。今见《甘石星经》乃后人辑录而成，已非原著，并为后人所伪托，实难为证。即使是按楚惠王赠送镈钟之后30年曾侯乙死亡的时间计算，这件衣箱下葬的年代也要比甘德、石申早了一个多世纪。可见二十八宿体系并不是传说中的甘、石两人所创立。他们很可能是根据前人的观测成果，重新测量和整理，并以此编著成书而流传于世的。若以《吕氏春秋》的记载为坐标，曾侯乙墓出土的这件漆箱盖，把二十八宿形成时间的可靠年代，从战国晚期一下提早到战国早期，提早了约两个世纪。如果考虑到曾国是一个小国，并且二十八宿只是作为一种装饰图案描绘在箱盖上，二十八宿体系在当时应该是一种被普及的天文知识了，它形成的时代，必定比这件文物下葬的年代还要早出许多个年头。

至于二十八宿体系源于何地，更是世界天文学界争论不休而迟迟未得到解决的难题，由于各自推算和考证的方法不同，所得的结果也不一样。古代的中国、巴比伦、印度、阿拉伯等国家，都运用二十八宿来观察星象。国内外一些学者认为二十八宿起源于中国，并对此做了许多详尽的考证，如荷兰人斯特莱赫尔在1875年出版的巨著《星辰考源》，从天文、地质等方面指出二十八宿的分布、起讫、命名的意义等，均与中国当时的气候、社会生活习惯相对应，与希腊所见的天象则毫无关系，并说："中国天文学历史悠久，全部星座名称自成一统,而西方星座与中国相同者甚多,均由中国传入。"斯特莱赫尔还认为:古代世界关于星座的划分,希腊抄袭了巴比伦和埃及,而巴比伦和埃及使用二十八宿坐标的时代,并不早于中国的西汉。所以,他认为二十八宿的星空区划,是中国人创立的,西方的二十八宿都是从中国传过去的。

日本著名学者新城新藏所著《二十八宿起源说》认为:二十八宿是中国在西周初期或者更早的历史时期创立的,春秋中期以后,从中亚传到印度,再传入波斯和阿拉伯等地。

中国科学家竺可桢从公元20世纪40年代起,开始研究二十八宿起源于哪个国家和民族的问题。1951年,他曾推断中国有完整的二十八宿体系"大概在周朝初年"。1956年,他又认为不会早于公元前4世纪。1976年,中国著名考古学家夏鼐发表了《从宣化辽墓的星图论二十八宿和黄道十二宫》的论文,在进一步补充和丰富竺可桢这一论点的同时,痛斥了一些"不怀好意"的帝国主义国家学者的谬论。如"明末西洋来华的反动的耶稣会教士们,误认为我国的二十八宿及与相关的十二星次,便是巴比伦、希腊天文学的黄道十二宫的翻版。后来主张'中国文明西来说'的西洋汉学家,多仍袭这种错误的说法。直到最近,还有借'中国文明西来说'以反华的苏修历史家,在讨论殷商文化元素时,胡说什么中国在当时借用了西方的'黄道带'概念。"⑥

通过对宣化辽墓壁画中一幅星图,包括有二十八宿和黄道十二宫图形的研究,夏鼐旗帜鲜明地指出,二十八星宿体

夏鼐论文中的宣化辽天庆六年墓的星象图(摹本)

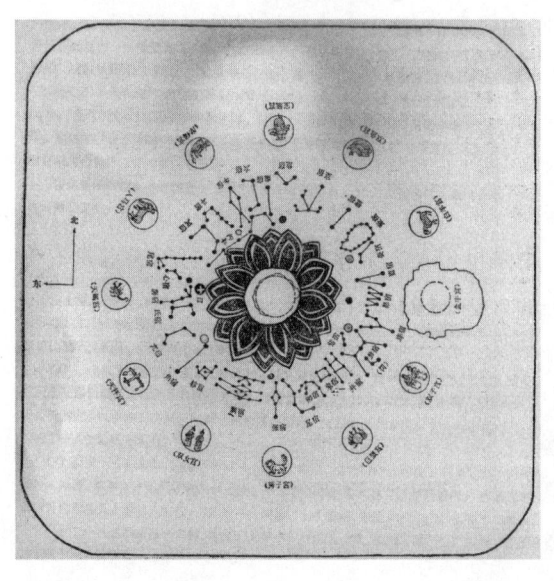

系的创立最早发源于中国。最后总结说："二十八宿的巴比伦起源论是没有根据的。中、印二国的二十八宿是同源的,而中国起源论比较印度起源论具备更为充分的理由。二十八宿体系在中国创立的年代,就文献记载而言,最早是战国中期(公元前4世纪),但可以根据天文现象推算到公元前8至前6世纪(公元前620±100年)。虽然可能创始更早,但是公元前4世纪以前的文献中只有个别的星宿的名称,文献本身未足以证明这些星宿是已成为体系的二十八宿的组成部分。"又说:"我们不否认古代各民族的文化是互相影响的,但是像苏修历史家那样,胡说什么中国的二十八宿是借用西方的'黄道带'概念,这不过是企图复活'中国文化西来论'的老调,歪曲历史事实以制造反华舆论。在客观事实面前,这种别有用心的企图,只能遭到可耻的失败。"

曾侯乙墓E66衣箱二十八宿天文图的发现,以无可辩驳的事实证明,这是迄今所见世界上最早的二十八宿天文图。竺可桢、夏鼐两位学术大师把二十八宿的起源定在中国,且推断其起源时间为公元前7世纪,即春秋时代当是可信的。若按事物循序渐进的发展规律推算,二十八宿的起源或许比这个推断还要早些。

由于处在天球的不同位置,二十八宿又被古人平均分为东、西、南、北四组,每组七宿,分别用青龙、白虎、朱雀、玄武等动物的形象来表示。这一组对应关系的文献起源于秦汉时期,后人普遍认为四象是从二十八宿演变而来的。[7]

曾侯乙墓E66衣箱天文漆画的发现,修改了这一历史错误结论,不仅将四象与二十八宿相对应的记录提早到战国早期,而且促使历史学家不得不对二十八宿与四象的关系问题重新考虑并做出新的抉择。

在研究中,专家们注意到了一个特殊现象,即E66衣箱天文图上只画出了青龙与白虎,并没有出现文献记载中的朱雀与玄武,但是青龙与白虎在图上的位置,与四象的划分基本一致。这一现象令学者们在感到困惑的同时,也倍受刺激,深感其中一定含有什么外人不易察觉的隐秘。经深入研究才逐渐觉悟到,之所以没有出现朱雀、玄武的图像,可能是衣箱盖上不再有空余的画面,画工只好将其省略了。二十八宿的名称是在写好"斗"字并画好青龙、白虎后,于间隙中填补的。不过在箱身的另一面却画着鸟形的怪兽,有研究者认为这就是代表南方的朱雀。如果按这一思维方式推断，箱身的另一面应有代表玄武的图像或喻义才能对应，但对面却涂满了黑漆，望之黑乎乎一片，如同漆黑的夜幕，什么也没有。这又做何解释呢？

对此，谭维四等专家认为："把天球分为东、西、南、北四方，用动物和颜色来标志它。东方是青龙，西方是白虎，南方是朱雀，北方是玄武。青、白、红、黑都有了。"这个说法，只是一种外在的朴素的标志，谭维四与相关专家还意识到，当时人们对天象的观念，除了依此定时节，指导农业生产活动外，又从中泛延出了一种带有浓厚迷信色彩的占星术，把星象与人的命运或者国家的命运连在一起，成为一种"宿命论"。如《左传》《国语》中的不少记载，就把岁星十二次与当时的十二国相联系，某一星次中的天象变异便预示与它有关的哪一国要发生重要事件。如国家的灭亡、国君的死丧、年岁的灾歉等。《周礼·春宫宗伯》说："保章氏掌天星，……以星土辨九州之地，所封封域皆有分星，以观妖祥。"到了汉初的《淮南子·天文训》，则又把天上的九野二十八宿与华夏大地上的十三国的国家大事密切联系起来。后来干脆把各地州郡也与星象强作联系来分析，以配合分野次舍。《史记·天官书》则有"二十八宿主十二州"之说。与此同时，星相家还根据人的生辰八字，对应天相，以此推占其人的寿夭贵贱，使"宿命论"更加细化与具体化。葛洪《抱朴子·辩问卷》更一针见血地说："人之吉凶，制在结胎受气之日，皆上得列宿之精。"这种联系，后来发展为遍及朝野的"星命"之术，这种术数其生命力之强，影响之深远，直到21世纪，仍有人深信不疑，并为此倾注满腔热情。

针对古代这一明显带有唯心主义加迷信色彩的星象分野学说，谭维四与邀请而来的专家认为，生活在曾侯乙时代的人们，特别是上层的贵族阶级，肯定不同程度地受到占星术与星象分野学说的影响。以此推论，曾侯乙墓中衣箱所绘图画，也有把人的吉凶祸福与星象联系起来，并把这种信息留存于绘画中的可能。按照这一思路研究下去，终于从"山有小孔，仿佛若有光"的小隧道，一下子进入了土地平旷、阡陌纵横的桃花源，豁然开朗。

在二十八宿其中之一"亢宿"之下，清晰地写着"甲寅三日"四个字。

这显然是个时间的标志，这个时间意味着什么呢？甲寅三日，到底是指哪一年哪一日？与曾侯乙本人的"妖祥"是否有内在联系？查日本汉学家新城新藏所编《战国秦汉长历图》会发现，公元前433年农历五月初三正是甲寅日。受这一研究成果鼓舞的谭维四等人又邀请天文学家进行推算，结果不但表明上述日期准确，而且这一天北斗星的斗柄也正好指在"亢"的位置上。天文学家还进一步推算出，在那一天的黄昏，北斗七星隐没在地平线下，人们已无法看到。原来，这是描绘公元前433年农历五月初三黄昏时候的天象图。

衣箱盖上的"甲寅三日"的字样

至此，E66衣箱星象图的玄机奥秘得以破解，它与曾侯乙的命运果然有着神秘的联系，曾侯乙的死亡之谜也随之浮出水面——楚惠王五十六年，即公元前433年农历五月初三黄昏时分，曾国国内发生了一件惊天动地的大事。朝堂之上，奏钟石笙筦未罢，天大雷雨，疾风发屋拔木，桴鼓摇地，钟磬乱行，舞人顿伏，乐正狂走。雷电交加中，一阵怪风袭来，"哗"的一声荡灭了灯火，沉沉黑暗中，一代国君曾侯乙极不情愿地咽下了最后一口气，撒手归天。

曾侯乙归葬

年仅40多岁的曾侯乙死了。是死于暴病，还是群妃、臣僚或其子与外戚合谋的弑杀，或是于女人肚皮之上心竭精尽，一命呜呼，皆不得而知。根据墓中出土的遗物和文献记载，可以推测的是，当曾侯乙断气闭眼，不顾宫中近侍、臣僚、妃嫔爱姬们或真或假的哭号，一路急行，匆匆赶往另一个世界那阴森恐怖的阎王殿，欲登鬼录之时，仍在阳间大千世界为各种欲望和利益算计奔忙的亲族家人，开始调集各色官僚、术士和勤杂人员，为其紧急招魂，以期让这位年轻的国君重返人间大地。

在一片白幡飘荡，萧飒凄凉，鬼气迷蒙的气氛中，只见负责山林之官的虞人满面肃穆庄严，快步登上房檐的梯子，早已恭候在庭前的乐队开始弹奏曾侯乙生前喜爱的乐曲，身穿白色细纱的歌舞伎随之起舞翻腾。紧接着，专门负责招魂的礼仪之官头戴爵弁，身穿朝服，在乐曲、歌舞以及白幡交互飘荡中，从东边的屋檐登上房顶，手持曾侯乙生前所穿的衣服——周王室赏赐的礼服，随着阵阵呼天抢地的哀号与嘤嘤低泣，面向北方连呼三声曾侯乙的名字："皋——乙复！"而后将衣服自上至下，抛入前庭放置的竹莢中。立在前庭的受衣者，立即将投下的衣服覆盖在曾侯乙身上。如果曾侯的灵魂只是暂时离去，身上覆盖招魂之衣，则灵魂复归，曾侯乙很快就会醒来。若这位国君一意孤行，下定了决心要与他的血亲、近侍、臣僚、妃嫔爱姬等等一切相关者叫板儿耍横，在奔往阎王殿的鬼道上死不回头。招魂者则迅速转到曾侯乙的大小寝宫、始祖之庙和国都城郊，做最后的努力。于是，成片的白幡随风飘动，哀号恸哭的人群四处奔走，招魂官满面凄楚，声声呼唤："皋——乙复！"如此循环往复，连续三天三夜。直至哀哭者泪干力尽，招魂官伏地泣血，方才罢休。

按《礼记·问丧》的说法，人死之后"三日而后敛者，以俟其生也。三日而不生，亦不生矣"。意为死者在三天之内尚有还魂复活的希望，若三日内不能生还，希望就此寂灭。死者的血族近亲须放弃妄念，赶紧准备小敛大敛的仪式，以安葬死者。公元前433年农历五月初三这一天黄昏，曾侯乙在凄风苦雨中走了，再也没有回头。等待他的便是擂鼓墩那个幽深阴暗的地下宫殿。

这个地下宫殿是曾侯乙生前预建的，还是死后继位的国君匆忙调集术士勘察吉地，继而开凿营建的？因历史没有留下相关记载，墓中亦无相关的遗物铭文出土，后人已不知晓。所看到的是，同大多数那个时代的贵族阶层一样，根据视死如视生的思想观念，这座地下宫殿无论是结构还是布局，都仿照主人生前所居宫室的模样进行建造。在擂鼓墩不大的山冈上，工匠们依据设计者的要求，于红色砂砾岩向下凿穿13米左右，形成了一个墓壁垂直，修削比较规整的宫殿式墓穴。据发掘的考古人员从岩壁上留下的印痕推断，工匠们使用的工具宽约4厘米，可能属于铁钁（或斧、锛）之类的金属物。由于砂砾松散，墓坑东部南北两壁，在穿凿过程中已出现崩塌，这从填土与石板铺满这些地方的痕迹中可以看出。此种情形，无论是当时还是以后的思想观念，都认为是"不吉"的凶兆，而这种凶兆对曾侯乙或曾国的新君和臣民来说才刚刚开始。

不知动用了多少人力，也不知经过了多长时间的折腾，一座仿宫殿式不规则墓穴总算开凿而成。按当时曾国的风俗习惯和条件，工匠们在坑底铺上一层长度不等，宽约50~60厘米的椁板，再垒12道宽度厚度与底板差不多的隔板，以分出东、西、北、中等四室。分隔4间椁室的，皆为粗大的木方，垒起的墙上各开一个门洞，以连通每一椁室。门洞虽然不大，墓主的灵魂足够在其间自由穿梭。

椁室修建而成，接下来要做的便是殡葬仪式中的一个重要环节——殴墓。

按当时的人的观念，一座陵墓建成，躲在阴界的厉鬼就会趁机出来作祟，令死者灵魂不安。为驱赶厉鬼，不给其躲避、生存的空间，死者殡葬之前，必须先令人行厌胜之术，即令专门驱鬼逐疫的方相氏4人，掌蒙熊皮，黄金四目，着玄衣朱裳，执戈扬盾，进入墓穴，用戈猛烈殴打撞击墓圹4个角落，以驱逐厉鬼，清扫门庭，保证死者灵魂安息。为了仪式的逼真和形式的完美，每当方相氏执戈扬盾时，有多人在墓坑内外扮成厉鬼的模样，一边舞蹈一边发出"吱吱"的如同老鼠一样的怪叫，声音由大到小，直到完全消失，意味着厉鬼已全部被赶尽杀绝，主人可安心入居其内了。仪式完成，开始下葬随葬物品和墓主棺椁。这个场面被画师绘在了曾侯乙墓内棺上，神人、神

曾侯乙内棺上描绘的神怪图像，意在保护死者的灵魂

兽及其他花纹组成的图案，就是当年丧葬仪式时为驱鬼而跳"群傩舞"的生动逼真的写照。[8]

现代人类已无法确切地得知曾侯乙墓最先下葬的是何种器物。考古人员按照古代葬仪和历史上记载的类似事例推测，为避免造成秩序混乱，凡大型器物一般优先于小型器物入葬，其理与世人搬家迁居相同。毫无疑问，立于中室西壁那套超大型编钟当是最先入葬的之一。当编钟各个构件运往擂鼓墩并在墓室内组装完毕后，或许是曾侯乙当年留有遗嘱，或许是新上任的国君突发奇想，居然把楚惠王五十六年赠给曾侯乙作宗彝的编钟，从宗庙里取出其中一件刻有31字铭文的镈钟，悬挂于墓内钟架下层最中间显眼处，与墓主人永远相伴。为此还把这里原挂的一件大甬钟挪位，并挤掉了这架编钟中最大的一件甬钟没有下葬（南按：原钟上刻有与甬钟相对应的乐律铭文，考古人员从铭文与甬钟的错位中得知被挤掉一件最大者）。曾国王室这样做的目的，或许为了显示墓主的身份和荣光，或许为了显示楚、曾二国非凡的亲密关系。按谭维四的解释：楚惠王所为意在报德，曾国王室将其钟悬在墓内钟架最显著的位置，是为了表示对楚王的尊重。至于被挤掉的那件最大的甬钟流向了何处，已无从知晓了。而后来发现于安陆、京山的"曾侯钟"，当是曾国灭亡之后，由其宗庙流落于各地的。曾侯乙本人与曾国的王室成员们没有想到，正是这件"楚王镈钟"的入葬，使迷失了2000多年的曾国之谜得以揭开，并由此开启了探索曾、随之国相互关系，以及与楚国交往的历史之门。

继编钟之后的下葬品，当是那些繁缛复杂的大型青铜礼器。作为周室的支脉，曾侯乙的臣民在他的殡葬仪式中，当然要大肆铺张文繁事富，体大思精的周礼。所谓"礼"，是指古代贵族等级制的社会规范与道德规范。譬如天子住房，下面的台基须高九尺；天子祭祀，鼎要九件，簋要八件；天子筑城，方九里。至于诸侯、大夫的待遇，则按级数递减。如诸侯住房高七尺，祭祀用器七鼎六簋，大国筑城亦九里，其次七里，再其次五里，最小的诸侯三里。大夫住房高五尺，祭祀用器五鼎四簋。

青铜器是礼制的重要体现者和代表者，作为礼器可分为食器、酒器、水器等三大类，其中首要的，也是最能显示礼制意义和规范的是食器中的鼎。鼎是王权的象征，传国重器，用以明贵贱，别等序，纪功烈，昭明德。周代有一套等级森严的礼乐制度，人们的衣食住行都必须严格按规定行事。天子、诸侯、卿大夫、士所用的器具，从材质到数量都有着严格的区别。由于社会不断变化，从西周到东周的800年中，这套礼乐制度也在不断发生着变化。例如用鼎制度就处于周礼的核心地位，什么人、什么场合才能用鼎，用多少鼎，鼎内盛些什么，都有严格的规定。

除鼎之外，其他各种礼乐器也都有其使用制度。其中以鼎与簋的相配最为明确。因为鼎用来盛置牲肉，簋用来盛置黍稷，它的重要性仅次于鼎，当时常常把鼎、簋作为标志贵族等级的主要礼器。《礼记·祭统》中有"三牲之俎，八簋之实"的记载。所谓"三牲"，即牛、羊、豕，又称为大牢。这就是说，以簋配大牢九鼎。郑玄注："天子之祭八簋。"《礼记·明堂位》亦有"周之八簋"的记载。《诗·小雅·伐木》曰："于粲洒扫，陈馈八簋。"以上这些都是说天子才准用九鼎八簋。然而到了东周时代，诸侯也多用九鼎八簋。这种现象，多数史家认为是僭越天子之礼的"礼崩乐坏"的具体体现。

曾国尽管已沦落为楚国的附庸，沦为二流小国，仍根据虎死不落架的思维方式，国君的葬礼自然也不能按旧有的一套规矩来办，必须搞得豪华气派，与周天子的葬礼不相上下才感到过瘾。曾侯乙死后，其宗室人员与臣僚也不敢居于人后，在这位君主的墓内放置了九鼎，而簋的数量，也弄了八件以示配套。

考古人员在曾侯乙墓内中室的南部，发现一组青铜礼器，宛如刚下葬时一般，秩序井然，一丝也没有挪动。九件升鼎上，各用竹编织的盖子盖着。五件盖鼎上各有一对鼎

中室南部随葬的九鼎八簋、大镬鼎等出水时情况

343

考古工作者正在清理椁室中的青铜礼器

钩，整整齐齐地摆在其上，正当中有一对大鼎，每鼎的鼎耳上各倒挂一个鼎钩。还有一件长柄青铜勺，搁于两件鼎的口沿上，表明这件铜勺与这两件鼎是配套使用的。另有九件小鬲，共附两个小匙，其他配套一起出土的有盘和匜，这些是专供盥洗的用具。

从这组青铜礼器中，考古人员还从中看出主次之分。以升鼎、大鼎居最中，依次是簋和盥缶等。另外，配套情况也十分清楚。在近现代田野考古发掘中，如此明晰而有序地摆列着的入葬器物，实为罕见。而从先前被盗或考古发掘的情况看，煮牲的鼎叫镬鼎，一座王侯墓一般只陪葬一件，而曾侯乙墓却出土了两件，用当今中国人的说法，属于严重"超标"和违纪行为。⑨

考古人员发现，曾侯乙墓的九鼎内，有七件明显盛装了猪、羊、牛、鸡、鲫鱼等"牺牲"，另外两件没有盛物，可能是文献中所载的肤和肠胃之类的祭品，因无骨骼，腐烂之后没有留痕迹，也就无从辨析。

值得注意的是，在中室的南部成组的青铜器之中，还夹杂一件全身涂着黑漆的木鹿，造型生动，形象逼真。鹿，在古代称"瑞兽"，把木鹿与青铜器放在一起，究竟是表示吉祥，还是有别的用意，尚不得而知。

青铜礼器入葬之谜

据考古人员推断，就在中室放置九鼎八簋的同时，其

第十一章　穿越历史的迷雾

他几个室的相关安置事宜也在同时进行。葬礼的时间是有限的，一旦启动向葬地运送陪葬器物与棺椁等程序，就会牵一发而动全身，整个曾国首都甚至邻国都有波动和感觉，这一点从后文的叙述中将会看到。

墓坑中的北室与中室，可从不同的方位进入，同时摆放器物。北室南部偏东处的两件大尊缶，应该就是最早放入的大型器物。两个尊缶都超过1.2米高，腹径皆为100厘米，分别重327.5公斤和292公斤，为储酒器。器物朴素实用，据说每件都能盛下400多公斤的酒。这是两周时期已出土的最大的两件酒器，因其体形特大，故称大尊缶。两器肩部有铭文两行七字："曾侯乙乍時用終。"经观察研究，器体分两次铸接，即先铸上半截，再接铸下半截，内壁上可见两模合接处有凸起的箍带。器表有纵范痕4条。每截为4块范合铸，两次铸的范痕不在一直线上。范块接合不整齐，其中一范痕两边器表面高低错落。盖钮和腹钮均铸接而成。据推断，当时应盛放酒，后密封不严而蒸发。

就在殡葬者于北室紧锣密鼓放置大尊缶之时，在中室东壁，靠近九鼎八簋的地方，两套造型独特的青铜鉴缶被放置下去。每套均由方鉴和方尊缶两部分组成，外面的叫鉴，里面的叫缶，二者结合为一整体，称为鉴缶。古代的鉴是指大盆，在铜镜没有盛行的时候，用鉴盛装清水，人可俯在鉴上低头察看自己的容貌。大型鉴还可供人沐浴，《庄子·则阳》中曾有卫灵公与三个妖艳女人同鉴而浴的记载，可见其鉴之大。擂鼓墩古墓出土的两件方鉴盖，其中间方框边缘及鉴身内壁，均刻有相同的铭文"曾侯乙乍時用終"。一套重168.8公斤，一套重170公斤。据考古人员根据此前安徽寿县蔡侯墓出土的同类器形推断，这两件大型重器，既不用

青铜冰鉴及联禁铜壶在中室出土情形

345

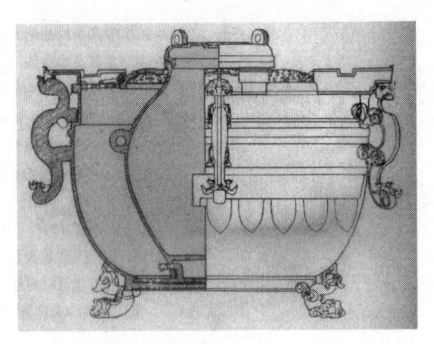

冰鉴打开后情形　　　　　　冰鉴内部奇巧的设计

于"鉴",也不像卫灵公一样拿来当洗澡盆应用,而是盛酒之器。

当然,这个盛酒器指的是鉴内之方尊缶,而不是全部空间。在鉴与其内尊缶之间,周围有较大的空隙,应当是用来放冰块的。如此精巧的设计和制作工艺,该器可谓是一件极富"高技术含量"的青铜礼器,在典籍记载和此前的考古发掘中从未见过。据《周礼·凌人》载:"春始治鉴,凡外内饔之膳羞鉴焉,凡酒浆之酒醴亦如之,祭祀共冰鉴。"可知鉴缶是古代重要的礼器之一。若用现代通俗的语言表述,这是一套用来冰镇酒的器具,故有人戏称它是中国古代最先进的冰箱。

2008年的北京奥运会开幕式,第一个节目就是"击缶而歌",也就是一排排身穿白色衣服的青年手举木棒拼命敲击一排排被解说为"缶"的东西,且这些"缶"皆发出鼓的声音。这个节目受到许多文化批评家的指责,因为"击缶"不仅是民间低级的娱乐样式,而且是低贱之物的文化象征。最典型的例子就是《史记·廉颇蔺相如列传》中,赵国上大夫蔺相如逼秦王击缶的故事。书曰:秦王饮酒酣,曰:"寡人窃闻赵王好音,请奏瑟。"赵王鼓瑟。秦御史前书曰:"某年月日,秦王与赵王会饮,令赵王鼓瑟。"蔺相如前曰:"赵王窃闻秦王善为秦声,请奉盆缶秦王,以相娱乐。"秦

第十一章 穿越历史的迷雾

古老的土制缶　　　　　　　　2008年北京奥运会击缶的场面

王怒，不许。于是相如前进缶，因跪请秦王。秦王不肯击缶。相如曰："五步之内，相如请得以颈血溅大王矣！"左右欲刃相如，相如张目叱之，左右皆靡。于是秦王不怿，为一击缶。相如顾召赵御史书曰："某年月日，秦王为赵王击缶。"这个故事除了说明蔺相如的超人心智与胆魄，还透露出缶确是一种低贱的东西，蔺相如就是要用这种低级乐器来羞辱对方。想不到事隔2000多年后，被一个叫作张艺谋的导演拿来用作全球盛事的奥运会开幕式节目进行敲击，实在显得特别反常和无知。按文化批评家朱大可的解释，古代的缶在许多时候都是作为丧器应用的，击缶与鼓盆，由先秦大到中古的贱器和丧器的双义用途，逐渐归流到丧器这个单一主题上来，自宋之后则多为丧礼之器，张艺谋以自己的无知在全球几十亿公众面前演绎了这个"丧器喜用"的节目。而关键的问题还不止于"丧器喜用"，这个被叫作"缶"的东西，其实根本就不是缶，仅仅是一种方形鉴而已，而这个方鉴的原形就是曾侯乙墓出土的鉴缶，即外部是鉴，内置一缶，是一种复合器，二者可以各自分离和独立。奥运开幕式的"击缶而歌"，击的就是一个缺胳膊少腿的曾侯乙墓出土鉴缶的变体物，或者说敲击的就是一个导演者并不知其实用功能和文化内涵的古老的"冰箱"。此种非骡子非马，甚至是指鹿为马之举，加剧了民众对传统器物符号的认知混乱，

347

也无意中道出了2000多年前屈原说出的著名警句，"黄钟毁弃，瓦釜雷鸣"（"缶"一作"釜"）的隐喻，预设了奥运缶对于当下中国的象征意义，它的价值就在于以弃用高贵尊崇的黄钟大吕而专以瓦缶"雷鸣"的方式，表达了文化贱化和濒死的现实。悲夫！

就在这个古代冰箱的旁侧，殡葬者又放入了一对世之罕见的联禁铜壶，壶的底座是一个长方形铜禁，正是这个铜禁把壶紧紧地连在了一起。两件壶大小相近，通高皆为99厘米，腹径53.2厘米，重分别为106公斤和99公斤。其壶盖、镂空盖罩均可拆卸，系分别铸成后组装而成。器颈内壁均有铭文二行七字："曾侯乙乍時用终。"

同鉴的尊缶一样，联禁壶也是盛酒之器，但比尊缶的容量要大得多。壶边放置了两件大铜勺和一件漏斗，大铜勺是取酒用的器具，酒取出后在灌入冰鉴之前要经漏斗过滤。鉴缶与联禁壶是不可分割的一个整体，从储酒、取酒、滤酒、冰酒到饮酒，器具一应俱全，且设计形象奇巧，制作精良，为两周墓葬中所独见。

在联禁壶和青铜鉴缶之前，还有一件同编钟一样轰动世界的称世之宝——青铜尊盘。尊盘与鉴缶、联禁壶、青铜漏斗、铜勺，以及旁侧环绕的木质髹漆耳杯、筒杯、漆卮、漆豆等物品，皆为彼此相连的一组古代礼器，其中的礼数和道道繁缛复杂，恐怕当年那些为曾侯乙殡葬者也难以弄得明白，说得清楚。

所谓尊盘，即由一尊一盘组成。尊是用来盛酒，盘则是盛水或冰的器物。尊通高30.1厘米、口径25厘米、底径14.2厘米；盘通高23.5厘米、口径58厘米。尊重9公斤，盘重19.2公斤。从外形看，尊和盘通身装饰着纤细繁复的立体纹路，

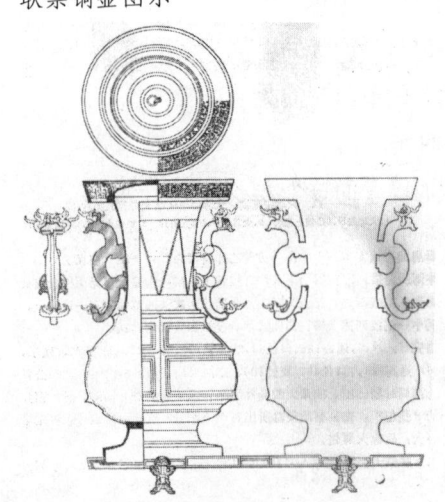

联禁铜壶图示

由无数条游动的小龙蛇错综地穿插结构而成。在尊的颈部一蕉叶纹的两侧，刻有"曾侯乙乍峙用终"七字。这件尊盘，集中了先秦时期最为复杂精湛的工艺技术，其玲珑剔透的透空附饰犹如行云流水，龙蛇蠕动。造型艺术和铸造技术都达到了炉火纯青的程度，堪称中国青铜时代不可超越的巅峰之作。

尊盘出土后，正在曾侯乙墓发掘现场参观考察的著名史学家、青铜器专家李学勤等惊为天之杰作，认为其"制作工艺的精巧已达到先秦青铜器的极诣"。考古人员把这件器物小心翼翼地放入库房，然后进行仔细清理和研究。移往武昌后，在谭维四的努力下，又邀请国内冶金和铸造专家前往湖北省博物馆，专门对此器进行考察研究。结果表明：尊的铸造方法，尊体的口部、颈部的外壁及圈足用浑铸法分别铸出，圈足上的4条双身龙先是首、舌、身各自铸作，然后焊接。焊接的技术较为高超。如腹上的4条双身龙分为8个单体焊接于腹部的8个接头上，圈足上的4条双身龙是挖出龙腹部分泥芯，巧妙地利用圈足的镂孔设范浇注，用铅锡合金溶液接合，制范用的木片至今犹存。最复杂繁缛的口部透空附饰是用失蜡法制造而成的，先铸出相等的4大块，然后用铜焊与尊体连接而成。整个尊用34个部件，通过56处铸、焊连成一体。

盘，则由盘体和各种附件、附饰组成。其铸造方法是，用38个部件，通过44处铸、焊连接成一体。器内底部有"曾侯乙乍峙用终"七字铭文，经仔细观察，从字体到排列都可判断为属于两次形成。第一次铸款，有打磨痕迹，为"曾侯㳿之尊

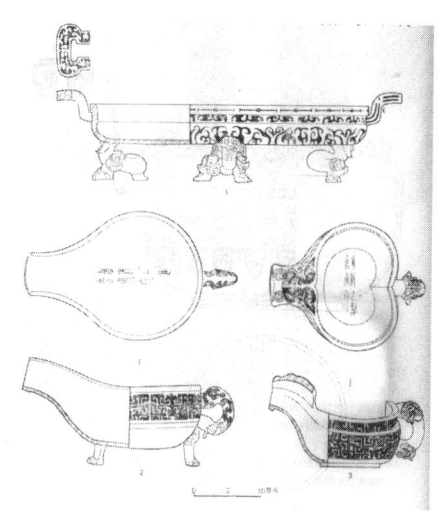

盘与匜图示

墓中出土的青铜尊盘

墓中出土的青铜尊

盘"六字。第二次为刻款，改刻时将第三、五、六三字刮去，但"遬"字未全部刮掉，然后改刻"乙乍時用终"五字。由此可知，此器原应为曾侯遬所有。这个曾侯遬很可能是曾侯乙的先君。

在商周青铜器中，尊是盛酒器，盘一般为水器。曾侯乙墓所出尊、盘合而为一件器物，有着统一的艺术风格。这里的盘应非水器。《仪礼·士丧礼》曰："士有冰用夷槃可也。"《周礼·凌人》曰："大丧出夷冰槃。"槃即盘，盘亦可盛冰，可称冰盘。因此，这件尊盘应与前述鉴缶的用途相同，乃冰酒之器。不过，据考古人员推断，由于它在工艺上具有巧夺天工的神采，可能已非实用之器，而是成为显示曾国宗室主人豪富、供来宾欣赏陈设的工艺品。

专家们经过仔细考察研究得出结论，尊盘镂空的装饰堪称中国已出土的青铜器中最为复杂的物品，周身透空的附饰花纹，显然系用久已失传的国之秘方——失蜡法铸造工艺作成。

中国青铜时代第一个高峰的工艺标志，是范铸法的运用。第二个高峰的工艺标志，则是新的金属工艺体系，包括浑铸、分铸、铸铆焊、失蜡法、锡焊、铜焊、锻打、铆接、红铜镶嵌、错金银、镏金、刻镂等。其中失蜡法在这一体系中最为重要，也最令人瞩目。研究中国青铜制造的工艺技术，曾侯乙墓为世人提供了较为全面的材料，大大丰富了人们对先秦青铜文化的认识，许多湮灭的工艺技术由此得以复生还阳。根据曾侯乙墓考古发掘总指挥谭维四的说法："曾侯乙墓出土的尊盘除了用陶范铸造的部分外，一些复杂的透空花纹实际是用失蜡法铸造的，这是铸造金属器物其中的一种方法，也是熔模铸造中的一个分类。其制造流程说得简单通俗一点，就是先用蜡料将设计好的铸品做成蜡模，由于蜡的可塑性好，可以在蜡模上做出繁复的纹样或使器物具有复杂的形式，在蜡模表面上涂上砂、石、耐火泥等粉末，形成比较坚固的外壳，待把外壳，也称外范阴干后，再加热熔去蜡模，形成完整的空腔，再向空腔内浇注铜水，迄铜液冷却，去掉外范，铸件即成。从这种技术原理和程序可以推断，但凡用失蜡法铸造的青铜铸件都是孤品，在铸造的同时，即意味着毁掉了模具。从经济的角度来衡量，意味着用失蜡法铸造需要很高的成本。因而真要做起来却不是一件容易的事。已发现的成千上万件商周铜器中，已知确系失蜡铸件的屈指可数，由此可见铸造难度之大。但若将失蜡法与组合范以及其他的铸造方式比较，前者却有后者所不具备的优点。例如，用组合范浑铸类似尊盘口沿那样细密的纹饰，一立方厘米的空间里至少需要十块铸范才能成型，而整个铸形则需数千块铸范组成，这在理论上即或可行，付之于实践却是不可能的。所以，若想得到细密、精美的装饰效果，非失蜡法不能做成。毫无疑问，没有高深的艺术修养，没有塑造蜡模的丰富经验，没有敷裹外范以及熔模、铸造、焊接等精湛的工艺，同时又没有相当于曾侯乙的经济实力，想制造尊、盘这样构成复杂的青铜器，是绝对不可能的。"

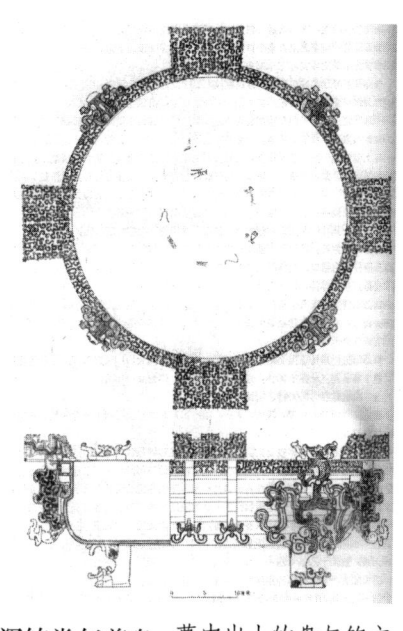

墓中出土的盘与铭文

失蜡法的出现堪称世界冶铸史上的一项重大发明，关于这一方法在中国的起源和发展，历来众说纷纭，有些国外的所谓学者，其实就是狗仔队一样的人士，非要说中国的失蜡法是由埃及或美索不达米亚移传而来，或是伴随佛教从印度传入的。总之，中国的失蜡法铸造技术不是独立发展起来的。曾侯乙尊盘与河南淅川下寺春秋晚期楚墓的发掘，以叮当作响的铁证，打破和纠正了以上学说的神话性和谬误。

事实上，失蜡法在中国的应用具有久远的历史。1978年

351

底，考古人员对河南淅川下寺的春秋晚期楚墓进行了发掘，在二号墓出土了和曾侯乙墓尊盘相似的尊盘，经铸造界专家检测和鉴定，其上的附饰均为失蜡法制造，比曾侯乙时代更早，是中国目前发现的最早采用失蜡法铸造的青铜铸件，这就把中国使用失蜡法的时间提早到了春秋中期前后。曾侯乙墓青铜尊盘在使用失蜡法上堪称鬼斧神工，达到了极为完美的地步。如此精巧瑰丽的艺术珍品，不会是从天上掉下来的，也不是那个时代人们头脑中固有的，而是从漫长的实践中得来的。以此推断，中国运用失蜡法的历史必然上溯若干年。从铸造工艺水平上看，西亚两河流域的古代失蜡法铸件，远不能与东周时期长江中游的失蜡法铸件相匹敌。

遗憾的是，这一具有悠久历史和民族光荣的传统，当历史的长河流淌到隋唐时便出现了断裂，其基本的技术只是在一些乡间作坊偶尔简单地运用。又经过1000年左右，失蜡法竟"转化"为西洋人发明的专利。

抗日战争时期，驻扎在云南昆明的美国空军机械师奥斯顿，发现当地民间会用一种看来较为特殊的方式铸造金属器物，他进而发现，用这种工艺铸造飞机的螺旋桨异常坚固，于是加以改造利用。抗战胜利后，这位机械师回到美国便以此技术报请了专利，专利名为熔模精密铸造法，别名奥斯顿法，俗名失蜡铸造法。不久，苏联购买了这个专利。20世纪50年代，中国又从苏联将这个专利买回。⑩

美国军人将中国乡间作坊的技术，转化为现代铸造的新工艺，体现了山姆大叔善于学习、勤于思索的精神。令人感慨的是，早在2700多年前，中国就已拥有失蜡铸造技术，然而后世子孙却没有将这一技术带到现代工业中去，竟至于要从外国人手中去购买这一包含中国人祖先聪明才智的专利。悲夫！

郭沫若的失误

曾侯乙墓发掘之时，考古人员发现大多数兵器都放于北室中，共有3304件之多，尤其是长杆兵器全部放于北室。从种类上区分，有矛、戟、殳、

第十一章 穿越历史的迷雾

晋、殳等，其器头均用青铜制造，器尾的材料不同，有的为青铜，有的用骨或角制作，如此众多的兵器放于一处，意味着北室当是一个武器库兼储备室。

在这个武器库兼储备室中，青铜箭镞及成捆的箭矢，总计达4507支，比整个中国考古界在所有东周墓葬中出土的箭矢总数还多。成捆的箭矢每捆50支，其中大多数保存了当年镞在矢上的原貌，箭镞完好地安装于箭杆身上，不只能窥其整体，连箭杆末端捆扎的羽毛也竟然完好无损，使世人能目睹古代矢镞的原始风貌，殊为难得。尤让考古人员惊喜的是，箭镞中的品类多种多样，既有常见的三棱形和双翼形，也有较少见的四棱方锥形和圆锥形。三棱形中，又有三倒刺、六倒刺和九倒刺之区别，这是以往发掘的东周墓葬中鲜见的形式。

30件戟的清理出水，曾一度令考古人员格外关注，与以往所有发掘的出土物都大不相同，戟头有的由三戈一矛组成，有的无矛而由三戈或两戈组成。从保存的情况看，无论是4米多长的带杆矛戟，还是3米多长的带杆青铜戟，皆完好无损，如同刚刚放入墓室般光亮如新。而戈头、戟头还完好如初地捆扎在兵器杆上，这的确是个重大发现。因戈杆本身极不容易保存，凡墓中出土而戈头仍扎于杆上者就更为稀少，自宋代以来，人们对戈头的捆扎方法一直争论不休。新中国成立后的考古发掘中，只有少数几座墓葬有出土过，但因保存不好，无法全部明了当初原形。曾侯乙墓60多件完整戈的出土，使这一历史悬疑顿然冰释，而关于戟这一兵器本身的争论，至此也画上了一个圆满的句号。

就在曾侯乙墓发掘不久，由于中国西部秦始皇陵兵马俑坑出土了部分青铜戈，考古学家王学理曾对此做了初步研究，并联系其他各地

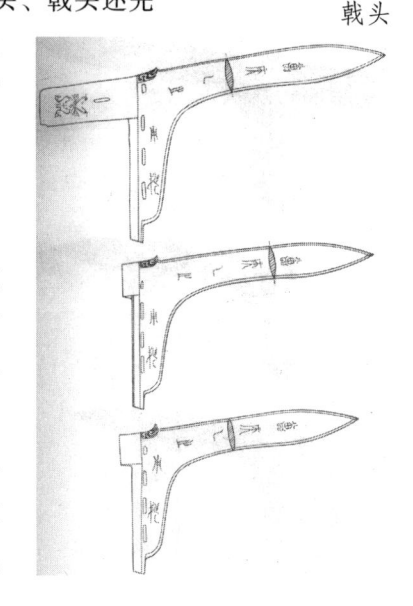

戟头

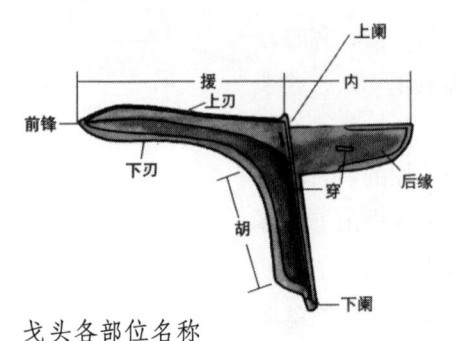

戈头各部位名称

戈之安置方法和各部位名称（引自《中国兵器史稿》）

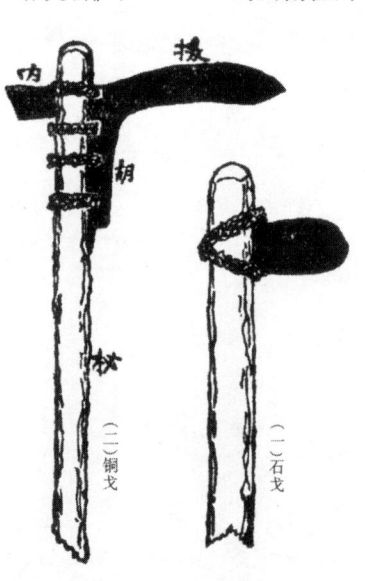

包括曾侯乙墓在内出土的同类器物，对戈的来龙去脉及遗留于世的难题进行了诠释。按王氏的说法，戈之为器，实乃中华远古民族的一大发明创造。考古发掘得知，在号称文明古国的埃及、巴比伦、希腊和罗马等国，这种兵器都没有被发现过，在欧洲和亚洲西北部的古老民族中也没有类似的兵器出现。有考古学家在中国的亚洲邻邦，如朝鲜、日本和印度等国古代遗存中发现过铜戈，但显然是受中国古代文化的影响而在自己的青铜文化中生产的勾兵。如果说中华民族发明的戈有分店的话，这些亚洲邻邦国家生产的勾兵就是分店，只是这分店制造的戈根据各自的条件、喜好不同，而稍微变了一点样式罢了。

戈作为一种勾兵或啄兵，最早是受到石、骨、陶镰的启发而产生的。在华夏民族生活领域的新石器时代晚期遗址里就出土有石戈，其状如横长形的镰刀，没有明显的援与内的分界线。中国大地上所发现的最早戈头出土于距今约3600年的河南偃师二里头夏代遗址中，长条形的援稍稍弯曲，虽然形似镰刀，但两面起脊，尖锐，内作直内或曲内。到了商代，这种兵器又有发展，但变化较小。西周到春秋时期，青铜戈的制造出现了一个飞跃，制造者根据新的战争和多兵种出现的需要，在商戈的基础上，延长胡，增加穿数，终于发展成完备的戈式。作为一柄长兵器，在柲的前端戈头，后端装镦。其次戈与柲由垂直相交，变成大于90度的钝角，使戈援上翘，从而加强了钩击的效能，在车战时代扮演了威武雄壮的重要角色。车士站在车上，利用错毂之机，从车侧伸出戈钩杀对方的车士。因戈的强项在于勾和啄，而不能直刺，在发挥效力上就

第十一章　穿越历史的迷雾

受到限制。春秋后期，随着步兵和骑兵的出现，在战场上拼杀时，多做正面交锋，横勾式的戈就很难派上用场。于是，一种在勾、啄、援之外又能刺的多功能武器——由戈和矛联装的戟就应运而生了。

战国时期，刺、援合体的铁质"卜"字形戟开始出现，它不但逐渐取代了青铜戟，而且也彻底淘汰了青铜戈。及至隋唐时期，长兵器除矛、稍和长刀之外，在战争舞台上称雄一时的戟也被排挤出实战的行列，并很快湮没于历史的烟尘之中。宋之后，世人只闻戟之名而不知其形了。多亏《考工记》为后人留下了一段文字记录："冶氏为……戈广二寸，内倍之，胡三之，援四之……重三锊。戟广寸有半寸，内三之，胡四之，援五之，倨句中矩与刺重三锊。"⑪

后人谈及周代车兵五种，只是根据文献记载言其为戈、戟、殳、酋矛、夷矛。宋代徐天麟在《西汉会要》中引初唐颜师古之说曰："五兵谓弓矢，殳、矛、戈戟也。"至于这五种兵器的器形是什么样子，历来对弓矢、矛的看法没有异议，对酋矛、夷矛的说法有争论，但未形成气候。唯对戈戟与殳的争论此起彼伏，近千年来一直没有消停过。特别是到了清代，随着地下古物不断出土和考据学盛行，戈戟器形之争呈愈演愈烈之势。不少学者对《周礼·考工记》加以注释，甚至附以图解。著名学者戴震和程瑶田等对此花了大量精力，但因实物湮没日久，文字资料又相对缺乏，不免有臆测的成分。戴震在其《考工记图》一书中，就把戈与柲的关系绑错了位置。程瑶田曾引宋儒黄伯思的《铜戈辨》之说，释解戈戟制度，力辟宋前之谬论，并根据刺兵兼勾兵之理想，拟一戟制图以示世人。此图略作十字形，虽内稍长，却与后来出土的周戟及战国戟的形制完全相同。程氏的设想原已接近了实物本身，完全可看作文物考古界的一大幸事。遗憾的是，十年之后，因久久不见出土之戟实物，程氏对自己的推断产生了怀疑，遂忽然改变其说，而以内末有刃之戈为

戈盘柲衔内缠缚之图（引自《考工创物小记》）

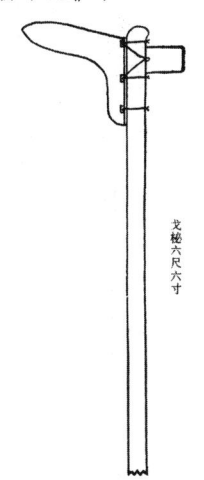

戈柲六尺六寸

戟，无刃者为戈，将戟之援向上斜伸，以附刺兵之用。其结果是刺既不能，勾啄亦均不便，一念之差，致与实物完全相反，十年心血化为尘土，徒为后人慨叹。

清代大儒阮元亦曾涉足戈戟的研究，且颇得要领，所画戟形与后来出土实物相符合。阮氏曾曰："戟之异于戈者，以有刺。且倨句中矩与刺，是刺同援长，可省言刺五之，但曰与刺而已。今世所传周铜戈甚多，而戟则甚鲜，郑注又多晦误，于是古戟制不可知。余于伊墨卿太守秉绶《吉金拓本》册中，见一戟，乃歙县程彝斋敦所手拓，其刺直上，出于秘端，与旁出之援絜之，正中乎矩，且刺与援长相同，爰图其形于后，以为《考工记》说文之证。"⑫

阮氏所言本来已接近了历史真实，但后人却认为他弄那一套属于歪理邪说，根本不足信，而程氏晚期的推断才是正确并符合历史事实的。于是，自宋以下至民国，戟之认识不清，解释图示，均多谬误。宋人所绘《三礼图》，清人所绘《考工记图》，多是臆测的，皆不得要领。1929年，著名金石学家马衡所著《戈戟之研究》，此文旁征博引，夸夸其谈，把戈之形制搞得雾气茫茫，令观者眼花缭乱。惜马衡观摩过的古物不少，但仍未见实物，因而误入戈、戟为一物的歧途，并在此基础上加以发挥，声称戈戟之援与内，同为横列，同一直线，而戈、戟之胡又同在援与内之间纵而上垂云云。岂不知此乃根本致误之点，可谓差之毫厘，谬之千里。在作戈、戟图说时，马衡仍不把前贤阮元其人其说放在眼里，以如旧习，引《三礼图》等古籍以戈戟同为一物，且曲其柄，上下加璎珞，图而示之，号曰"龙伯戟"。⑬

其图看起来文质彬彬，颇有仪仗风范，为一些社会人士和政客所垂青。1933年，南京国民政府召开第一次全国运动大会，所设奖品式样即按马氏之图制作。当奖品陈列大会主席台时，万人瞩目，好不风光。但有识之士当时即指出，此器当为古代仪仗或装潢品，并不能真正用于冲锋杀敌之战

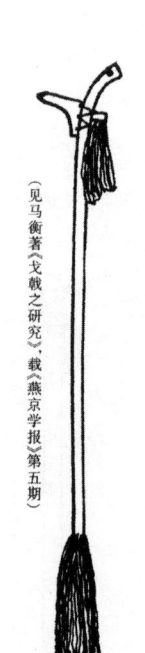

马衡所仿造之戈秘 (见马衡著《戈戟之研究》，载《燕京学报》第五期)

场,与历史上真正的戟器不合。稍后,郭沫若与胡肇椿两位青铜器研究者,皆公开声言马氏搞出的这件兵器实乃与历史相处甚远的妄想之物,根本靠不住,甚或与历史事实背道而驰。自视甚高,且傲气漫然的郭沫若,在所作《说戟》一文中,直言马衡的错误在于偏信程瑶田之说而认戈、戟为一物,仅谓戟之内有刃,而戈之内无刃,此说实与出土实物不符,而昧于戟为刺兵。并谓:"程氏以内末之刃为刺,于冶氏之文不尽通,于实物亦不相符。凡《考工记》言刺,皆直刃,内末纵有刃,仍主在横击,不得言刺。……戟柲丈有六尺,盖以击兵而兼刺兵……故余意戟之异于戈者必有刺……而刺则当如郑玄所云,着柲直前,如者也。"又说:"此物当如矛头,与戟之胡、援、内分离而着于柲端,故《记》文言与。刺与戟体本分离,柲腐则判为二,故存世者仅见有戈形而无戟形也。"⑭

郭氏在批马氏搞出的器体与实物不符的同时,特别提出戟之"有刺",并相信马氏所谓戟刺之下,必有璎珞,名曰彤沙的说法。根据这一推想,郭沫若画了一幅柲上有璎珞,柲下装镦无缨的戟图公开示众,以证明自己学说之正确。想不到此图一出,又引起了许多当世学者之疑,胡肇椿在《戟辨》一文中,对此提出了不同见解,并对郭氏之说进行了批评,谓:"戟制沉冤二千年……近人马衡氏及郭沫若氏所拟戟图,一则失之于戈,一则未能与近年出土之实物相符合。"批过之后,胡氏还是同意并强调郭沫若提出的戟必须"有刺"这一鲜明特点,谓:"戟为三用之兵,可勾可斩,而其主用在刺,故其援长而锐,其柲亦丈有六尺。所谓举围欲重,柲长而易于用力以刺远也。"⑮

当此之时,有兵器研究者周纬认为郭沫若所绘之图有误,其误的根源乃"郭氏亦失于文人偏重理想,而未注意兵器之在手灵便适用与否,故所拟戟柲图,亦近于仪仗缀络之器,而非冲锋陷阵便于杀敌之物。"⑯尽管周氏不同意此

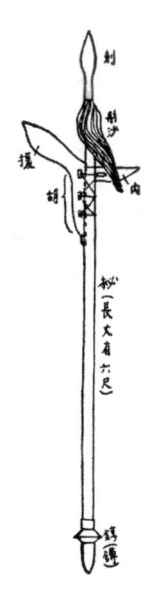

郭沫若所拟雄戟想象图(引自《中国兵器史稿》)

（见郭宝钧著《戈戟余论》）

郭宝钧拟戈柲想象图

图，但仍认为郭沫若所说戟之"有刺"的标志是正确的。

1936年，曾参与发掘河南卫墓的郭宝钧根据卫墓及汲冢发掘的结果，作《戈戟余论》文，内绘有一幅戈柲想象图。所采之戈为一无胡短内之商戈或西周铜戈，戈上加一角形器，如角带钩。按郭氏所说，"最初之戈原于角兵，故最初之铜戈以至商勾兵，当亦有角兵为辅。所以近来出土之戈旁，常伴有此种角形器"。又，戈演为钩，故"钩较戈先进一个等级，其后钩再延长为刺，继而演为戟。戟刺于钩喙处，仍留小缺口，以冒柲端，以助前刺之力，是正钩之遗蜕。"[17]此图一出，学术界不以为然，且它受到不少批评，如兵器研究者周纬就认为这种形式的戈，"战斗时恐无用处，而徒增斗士之不便也"。[18]

郭沫若曾谓："戈之第三段进化，则当是柲端之利用，戟之着刺是也。戈制发展至此，已几于完成之域，盖以一器而兼刺兵击兵勾兵割兵之用。戈之演化为戟，如蝌蚪之演化为青蛙，有戟之出而戈之制遂废，至两汉之世，所存者仅戟而已。"[19]

郭宝钧紧步郭沫若之后尘，随之附和道："程瑶田初拟戟图状如十字，颇近真实。嗣复以内未有刃戈为戟，学者多年宗其说。郭沫若氏首疑其误，谓刺者着柲直前如镈者也。刺与内或判为二物，设想殊是。十字形戟清阮元氏早将出土龙伯戟制图矣。余前岁发掘辛村，得铜兵百余事，其中有戟十五，皆与龙伯戟同制，事实最雄辩，真物当前，古训自明，一切疑义，可不繁言而解矣。盖戈之辨，在有刺无刺之分。无刺为戈，有刺为戟，其事至明。"又说："物之有刺者若戟，棘从并束。束，木芒也。故有芒刺之兵，亦以棘名，棘即戟也。《左传》'子都拔棘而逐'，《明堂位》'越棘大弓'，《周礼》'为坛壝宫棘门'，皆以棘为戟。《诗·斯干》'如矢斯棘'，郑笺'棘，戟也'。是戟之得名由于棘，芒为棘之特征，刺亦为戟之特征矣。故

第十一章 穿越历史的迷雾

《说文》解刺为直伤，又谓戈为平头戟，戟而平头为戈，则戟必为戈之不平头者，即头上着刺可知矣。郑玄谓'刺者着秘直前如镩者也'，斯言得之。"[20]

不知郭宝钧是有意附和郭沫若之说以达拍马屁之意，还是确为自己的创见，但无论如何，从其所画戟之图看，实在离真正的实物相差太远。不知当真正的实物从地下破土而出并得到学界一致认可之时，郭宝钧氏面对这幅长着一只"羊角"的怪异之图做何感想？

就在各方论战几十年后的1974年，陕西临潼秦始皇兵马俑坑前五方出土了铜戈1件，戈、矛联装的戟4件，戈头皆是相邦吕不韦监造，内有"寺工"铸铭。秦始皇兵马俑坑主要发掘者之一、著名考古学家王学理说："戈、戟分称的根据是戈头出于第11过洞的红烧土中，并无矛头的伴出。而其他的四戟不但戈、矛俱全，而且都是有秘的存在，其中的0710号戟全长2.88米。"

当戈、戟于同一坑出土之时，仍然引起过一阵"何为戈？何为戟？"的争论，而争论的焦点仍是"有刺"和"无刺"的区别与划分。凡按郭沫若所说"有刺"，也就是戈矛联装者，便认为是戟。否则，只能被称为戈。著名学者许慎《说文·戈部》中曾明言："戟，有枝兵也。"但历代学术界对这一解释视而不见，或视其意而在现实中找不到相应的实物，故避而不谈。即是少数言及者，也总是不得要领。什么形式的戟是"有枝兵"？这个"枝"做何理解和诠释？它与"刺"的差别何在？是否就像人们平时看到的树枝与树身所长的刺具有的差别一样？无人予以关注，或者说关注也说不清楚，弄不明白，索性闭上眼睛视而不见。

就在学术界陷入误区而不得解脱之时，曾侯乙墓30柄青铜戟横空出世，以活生生的实物与现身说法解开了千古之谜。考古人员发现，有的戟上镶有锐利矛头，即所谓的刺，但也有些戟并无刺。这批戟大多为三戈或两戈联装，

卫墓出土之铜钩

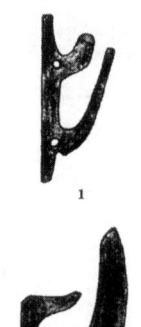

1

2

辛村与戈同出土之角质钩

旷世绝响

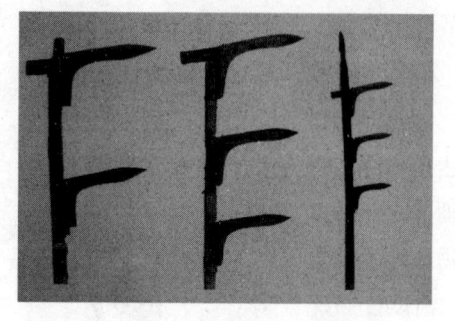

戟（从右至左为有刺三戈戟、三戈戟、双戈戟）

身上铸有"用戟"或"行戟"的铭文，明确无误地告诉世人，它就是史籍上记载的五兵之一青铜戟。由此可知，所谓戟与戈的区别，关键的一点是在于"有枝兵"，而不在于像郭沫若所说的"有刺"。也就是说，一戈一矛结合为"有枝兵"，双戈或多戈结合的戟也是"有枝兵"。凡"有枝兵"者为戟，否则不是。如此而已。

千古之谜，今可解矣

殳头图示

戟的争论以出土实物与铭文的双重证据而画上了句号。令考古人员倍感兴奋的是，当年与戟一同放入墓坑的三棱矛状青铜器，也作为无可辩驳的"铁证"，为世人解开了另一个湮没遁失千年的不解之谜。

在清理中，考古人员于墓中北室发现了7件带三棱矛的长兵器。器身通长均在3.3米左右，三棱矛头长12～17.9厘米，后部相接的是带刺的球形铜箍一个，再后面隔49～50厘米的一段是套在柄上的第二个刺球铜箍，样式独特而威武。与三棱矛同出的还有14件长杖式器物，顶面均有半圆形铜环，又称铜柲帽。杖式器物长度为3.12米与3.26米不等，与三

360

第十一章　穿越历史的迷雾

棱矛杆皆为"积竹木柲",分别横置在室内泥水中。清理人员程欣人等小心谨慎地把7件三棱矛头取出坑外,洗净淤泥并去锈,发现其中3件有同样内容的篆刻一行六字,解读后为"曾侯戯（郟）之用殳"。显然,这个三棱矛就是远古时代的兵器——殳。以研究古代兵器著称的程欣人见后兴奋不已,当场说道:"千年之谜,今可解矣!"

史载,殳在商周时代已出现,春秋时代为鼎盛时期,秦汉之后逐渐退出战争舞台,成为一种前导和讲究排场,具有皇家威严象征意义的"殳仗"。至唐代尚有"殳仗",即执殳的仪仗队,甚至在"元日冬至大朝会"时,竟有"二百五十人执殳"的壮观场面,后世流传的仪仗队之名就来源于此。遗憾的是,宋代之后,仪仗队的名字流传下来,但当年的殳和"殳仗"是什么样子,也像戟一样渐渐湮没于历史尘烟中不知所终了,后世研究者只靠猜测揣摩来注释这一流传了千余年的兵器,但无一得要领者。

清代的程瑶田、吕调阳等大儒,对古代"五兵"的考证曾下过相当大的功夫,惜程氏在其《考工创物小记》中对殳避而不谈,吕调阳在其《考工图》谈到了殳,并绘了插图,图中描绘的殳为一长杖形器。这个形状是否来自诸如沂南画像石墓那样的壁画不得而知,但显然没有得到学界的认可。[21]

扬雄《方言》有二处谈殳,如"三刃枝南楚宛郢谓之匽戟,其柄自关而西谓之柲,或谓之殳"。又说:"金宋卫之间谓之摄殳。"晋郭璞注:"金,今之连架,所以打谷者。"清代程瑶田谓匽戟即鸡鸣戟。曾侯乙墓的发掘者之一程欣人谓:晋代郭璞所说的打谷用的"连架",至今湖北、安徽等省部分地区仍流行这一二字方言,意即打禾场时拍稻、麦、豆等农作物的脱粒工具。此一器物,各地称呼略有出入,比如圻春、武昌、洪湖等地称"连场",天门和沔阳、仙桃等地称"连篙",均县等地称"连盖"。以上诸例旨在说明前人对殳的造型和用途的几种推想——长杖、戟柄或"连枷"。[22]

可能受郭璞的"连架"与湖北一带流行的"连枷"类说法的影响,近人周纬在所著《中国兵器史稿》中,对殳的形状做了相近的想象和推断,书云:"戈、戟、矛,曾经古人及今人之详细研究,出土实物亦多,形制铸造及其相关之艺术,均尚易于阐发研讨。殳则未见有人特为研究,殳果为何种长兵器乎?"又说:"周殳之出土者,未经古今收藏家或考古家图示吾人,

361

墓中出土的殳（由左至右依次是箍球锐殳、刺球锐殳、晋首端和尾端）

各地博物馆、图书馆或研究所中，亦罕见此物。岂殳之为物，近于农器，出土时被人疑为刈田或捣稻之物，而不以为兵器，遂至收藏无人乎？考古之兵器，大都皆可两用，战时以之御敌，平时以之工作。此风远自骨兵石兵时代而来，如石斧、石锛、石凿、石铲、石镰、石锤、石刀、石棒、石戈等器均是也。铜器时代初期之兵器，亦未必不如是，如勾兵本重在勾在割，商勾兵颇近于镰刀之形，割禾割黍割稷，均属可能。戟亦可刺割兼施，矛亦可刺兽猎鱼。今戈、戟、矛均易考实，而殳独阙如，想必其形制及用途，更偏重于农林方面无疑……打麦拍稻，或砍树劈薪，均可用之也。"

最后，周纬总结性地说："殳虽具有击兵之效能，实近于农林之器或兼有卫家及仪仗之用。殳之形究何如乎？有刃否乎？清王晫曰：'殳，即殺也。《礼书》作八觚形，或曰如杖，长丈二尺而无刃，主于击。'其言未知有他据否，或系撮拾《考工记》注语而云然。唯殳长无刃，类于有首之杖以锤人，则似可信也。"[23] 显然，周氏的说法与后来发现的实物差别是很大的，他著书的时代是抗日战争爆发之前，此时中央研究院在著名的安阳殷墟考古发掘正如火如荼地进行，不但这个时候的考古人员和兵器研究者对殳的形状仍全然不知，即是在以后近半个世纪的考古发掘中，考古人员面对出土实物，仍浑然不觉，误为他器。

1955年5月，安徽寿县西门内，由于治淮工程发现了著名的蔡侯墓。经考古发掘，墓中出土包括7件天子级别的升鼎在内的500多件珍贵文物，其中有2件铜质殳头。但当时的考古人员并不知此为何物、是何名，乃在发掘报告中误当作

第十一章 穿越历史的迷雾

矛的另一种形式（Ⅱ式）加以叙述描绘，并云："二件皆三棱，出土时一件与镦一件同出，矛銎与镦孔内均作八方形，外有花纹。矛长13.5厘米、銎径2.8厘米、镦长4厘米、銎径3厘米。另一件部的残长9.3厘米。"㉔

1958至1959年，考古人员对安徽滩南市蔡家岗赵家孤堆战国墓中的第二号墓进行了发掘，在其中发现一件Ⅰ式铜矛，据报告说，这件铜矛"三棱形，三刃一锋，圆銎中空，透至尖部。銎内残存朽柲，銎无穿，外围有半凸起蟠虺纹。通长14.7厘米，銎径3.6厘米"。㉕

1973年3月下旬，襄阳蔡坡四号墓中也出土过两件铜质的三棱矛，与其同出的有鼎、簋等重要礼器以及其他兵器多件。从出土的器物推断，墓主的地位当不低于寿县蔡侯。无论是安徽赵家孤堆出土的三棱形三刃器物，还是襄阳出土的三棱矛，皆为古代的殳，可惜当时并没有人能识别并说出它确切的名字。真正弄清楚殳之形状，则得益于曾侯乙墓的出土。曾在古代历史舞台上活跃了千余年的早期殳，就是这种三棱矛式的长杆兵器。

当然，面对几次考古发掘实物而未能及时辨别清楚的情况，不能全部怪罪考古人员的无知和无能，实在是与文献缺乏和出土实物太少有大大的关系。民国时期的考古发掘不计，仅新中国成立后出土的长兵器已成千上万，而三棱矛殳仅寥寥10余件，足见其数量之少和弥足珍贵。究其原因，当是此类兵器主要由王公侯伯的近卫所执，非一般兵士所持，加以周、楚大墓发掘相对较少，故殳出土甚少。通过文献与出土实物印证，殳的鼎盛期主要还是春秋战国时期，考古发掘中的少见与珍贵，以及学术界对其认识的滞后，也似乎成为一种必然。

当北室的青铜兵器清理完毕后，考古人员在曾侯乙墓中室与北室分别清理出青铜礼器和用具134件，其中礼器117件，用具17件。两类的重量计有2344.5公斤。若加上编钟以

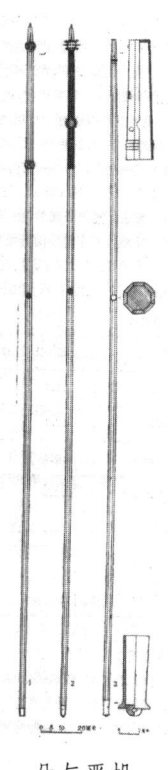

殳与晋殳

363

及其他青铜铸件和兵器的重量，曾侯乙墓出土青铜器的总重量达到了10.5吨。这个记录在已发现的东周墓葬中是空前的。

如此庞大精美、数量众多的青铜器葬于地下，令世人在震惊、赞叹的同时不免产生疑问，墓室内重达十几吨的青铜来自哪里？一个小小的诸侯附属国何以有如此大的能量？青铜的秘密隐藏在何处？难道是从天上掉下来的吗？

答案很清楚，不是从天上掉下来的，也不是抢劫而来的，青铜的秘密就埋藏于山野大泽的荒草深处。

青铜来源于何处

通过古代文献和现代考古发掘实物的双重研究成果证明且正在证明，春秋战国时代的楚国及周边的几个附属国，不但盛产羽毛齿革之物，金属产品生产也占有领先地位，尤其是铜、锡等有色金色金属的储藏量与开采冶炼之盛，是北方中原诸国无法匹敌的。

就当时的具体情形言，小型铜矿与锡矿，北方诸国大多数皆有发现和开采，但称得起大型或超大型铜矿者，则为江南一带所独有，且只分布于楚、吴、越三国之间与周边相邻地区，其他各国同样没有这一天赐地设的福分。楚国的大铜矿藏多集中于现在的鄂东南以及与鄂东南相连的赣西北，即今大冶、阳新、瑞昌诸县。这一带矿产品优于吴、越，其铜矿早在商代中期就已开始采炼，在春秋时代已达到很高的采炼水平，从遗址中出土的日用陶器可知，采矿者是扬越人。楚成王时代，南抚扬越，北收弦、黄，东征徐夷，控制了大别山南北的通道，使长江中游的铜矿成为囊中之物，开采与冶炼技术出现了人类历史上第一个高峰。20世纪中叶发现的大冶铜绿山古矿井和古炼炉，表明春秋时代的采铜、炼铜工艺，已达到了当时的世界最高水平。

铜绿山在大冶县（现大冶市）大冶湖旁，山势呈西南—东北走向，长约2公里，宽约1公里，其间所有山头的海拔都在100米以下，山中有丰富的铜、铁矿床，且有金、银、钴等共生。山以"铜绿"为名，恰如同治年间

第十一章　穿越历史的迷雾

编撰的《大冶县志·山川志》所云"每骤雨过时，有铜绿如雪花小豆点缀土石之上"，故相传此处为"古出铜之所"。地下有铜矿，则地上有"铜草花"，每逢春夏之际，铜草花星散于山野之间，成为当地颇有特色的景观，故名铜绿山，亦即铜绿色的山丘之意。原矿久已荒废，1965年重新开采时发现古代采矿遗迹。1973年，当地开采者从古矿井深处发现大型斧形铜凿，遂引起有关方面的重视。1979年冬，中国社会科学院考古研究所派出一支工作队与地方考古队一起，在铜绿山几个地点同时进行发掘，从而证实此处铜矿开采始自西周，还有可能上溯到殷商末年，春秋战国之际铜矿的开采和冶炼达到鼎盛。在全世界年代最早的同类遗址中，铜绿山不但含有丰富的文化信息，且是水平最高、保存最好的至可珍贵的人类文化遗产。

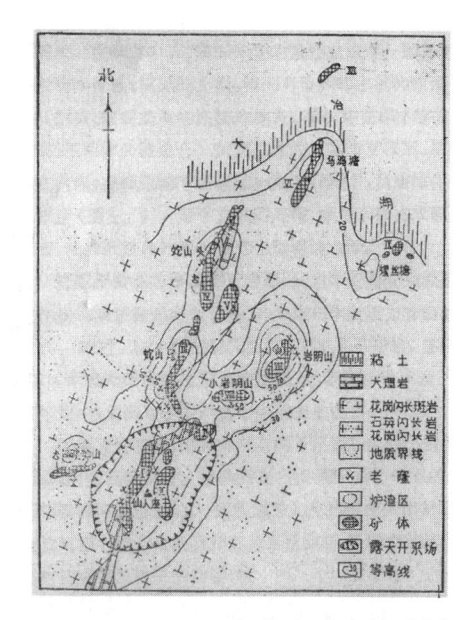

铜绿山矿床地形图（引自《湖北铜绿山古铜矿》）

经现代考古发掘所知，春秋时代铜绿山的矿井深度已有40～50米。井巷的组合，大致是围绕着几口竖井，开拓出为数较多的横巷，呈扇面形展开，横巷下面又开拓出若干盲井。从残存的遗迹可以看出，竖井和横巷都有木构的方形支架，竖井支架长宽各约60厘米，横巷支架高约100厘米，宽约80厘米。在竖井与横巷相接之处，有马头门，高度和宽度一如横巷。矿井中有良好的通风和排水系统。照明靠燃点竹签，是最原始的方法。采矿用斧形铜凿，已知最大的一件重达16公斤。采出的矿石装在竹篓中，经竖井提升到井外，选矿用船形木斗装矿土在水中淘洗，可得上等冶炼铜料。㉖

经当地工人开采和考古发掘，春秋战国时代的炼炉已发现多座，都是竖炉，外观为圆台状，由炉基、炉缸、炉身三部分组成，除炉基内有石块外，其余都用黏土垒筑。炉缸侧

365

壁筑有金门，在炉缸的内壁和金门的内口，加衬了以青膏泥和石英砂为主的耐火材料。炉缸截面为椭圆形或长方形，炉缸内径，长轴约70厘米，短轴约40厘米，缸深约30厘米。从地层和出土物推定，古炉的时代均属春秋时期。为了验证古炉性能和所具备的条件以及冶炼水平等等，中国社科院考古研究所铜绿山工作队在山中筑了两座仿古炼铜竖炉，做了两次炼铜模拟实验。结果证明，铜绿山炼铜竖炉的冶炼工艺是铜的氧化矿的还原熔炼，只要有足够的风压和风量，使炉内木炭燃烧充分，就能进行正常的冶炼。只要炼炉熔化带中有足够的温度，矿石不论品位高低，不论是块矿、粉矿，都可以炼出红铜。使用这样的竖炉，可以连续投料，连续排渣，间断放铜，持续冶炼，不是只用一次就要破炉取铜。一座炼炉，如果投入物料3000公斤，矿石平均含铜量为12%，在正常情况下，一天一炉可炼出红铜约300公斤。

铜绿山古矿井附近还有古炼炉遗存，因被炉渣掩埋而保留下来。许多地点的表面覆盖有一米多厚的古代炉渣，总重量达40万吨，经过样品化验分析，估计古代提炼的红铜当在4万吨左右，这无疑是一个惊人的数字。可以设想，如此多的红铜，可铸造出多少青铜器？楚成王经常给其他小国和中原诸侯国送"金"，尤以赠给郑文公而闻名，有研究者推测，所谓的"金"，其实就是这种成锭的红铜。

按当时的条件和习惯，铜矿石采出后，就地冶炼，红铜炼成后，易地铸造。因此，楚国的冶炼中心就在铜绿山以及与铜绿山相连的古矿区，铸造中心则在郢都和其他通都大邑。铜绿山古矿区曾多次采集到春秋战国时代的圆饼形铜锭，每块重约1.5公斤，估计是外运时遗失所致。

遥想当年，商王武丁南伐，昭王南征，其中最大的目的是奔着铜和铜矿而来。如果楚国积弱不振，以姬姓随人为先锋的周室宗亲及各路诸侯，就会席卷长江中游。那时，楚人就会国破家亡，妻离子散，沦为其他部族刀俎上的鱼肉，任人宰割。幸而，从武王到成王，楚人创立了一个良好的社会机制，养成了良好的习惯，具备了一往无前的秉性，才成为广有千里之地的大国。在这个大国的周边地区，随人所代表的诸夏长于铸造，扬越所代表的群蛮长于冶炼，而处于江汉流域中心霸主地位的楚人则兼而有之，并凭借丰厚的矿藏资源采炼制造出举世闻名的青铜器具。

已知的楚国是铜、锡矿藏储备、采炼的大国，与附属之国的曾人有必然联系吗？湖北省专家后德俊将曾侯乙墓出土的铜器与铜绿山古铜矿井内铜矿石的微量元素的含量做了对比分析，发现两者十分接近。这证明曾侯乙墓铜器的原料极有可能来自大冶铜绿山。铜绿山遗址当年并不在曾国而在楚国境内，曾人如何获得这批青铜原料，是物质交换还是通过什么特殊手段，有待进一步考证研究。但除铜绿山之外，在湖北境内还发现了多处矿冶遗址，如曾侯乙墓所在的随县邻近钟祥县谢家湾和城北的洋梓镇，先后发现采矿冶炼铜炉。据谭维四等专家推断，曾侯乙墓的青铜器原料一条通道是用自己的特产与楚国交换铜、锡原料，另一条通道是采自曾国辖境，如钟祥县洋梓镇铜矿产地，只是由于钟祥县境几处遗址尚未进行大规模发掘，还不能做出确切的判断。或许，等这几座颇具规模的采矿冶炼遗址发掘和相关资料出土，曾侯乙墓青铜原料的来源也就得到一个合理的诠释吧。

注释：

①裘锡圭《谈谈随县曾侯乙墓的文字资料》，载《文物》1979年7期。

②顾铁符在随县与曾侯乙墓发掘者谈话，整理后发表于《中国历史博物馆馆刊》1980年2期。

③李学勤《曾国之谜》，载《光明日报》1978年10月4日。

④方酉生《曾侯乙墓的神奇之谜》，载《神奇的擂鼓墩》，随州市政协学习文史资料委员会编，2002年印刷（内部发行）。

⑤王人聪《关于曾侯乙墓的年代》，载《江汉考古》1985年2期。

⑥夏鼐《从宣化辽墓的星图论二十八宿和黄道十二宫》，载《考古学报》1976年第2期。据夏鼐在此文的解说："1974年冬，河北省文管处和省博物馆，发掘了张家口市宣化区下八里村的一座辽代仿木结构的砖墓。在后室穹窿顶部的正中央，发现了一幅彩绘星图。根据所发现的墓志，墓主人张世卿，以进

粟授右班殿直，死于辽天庆六年（公元1116年）。这个地主阶级的人物，是一个佛教的虔诚信徒。他生前修庙建塔，墓中东壁的壁画中绘有侍者为墓主人准备诵读佛经的场面，桌上放着《金刚般若经》和《常清净经》。这些都表示墓主人妄图死后还能享受剥削阶级的生活。"又说："墓顶星图绘于直径2.17米的圆形范围内，中心嵌有一面直径35厘米的铜镜，镜的周围绘重瓣莲花；再外便是二十八宿和北斗七星等星宿，环绕着中心莲花做圆周形分布。背景为蔚蓝色，象征晴空。这些星宿都作朱色圆点，每一星座的各星之间以朱色直线相联系。北斗星座在北方，斗柄东指。二十八宿中张在南，虚在北，昴在西，房在东，其余依次序排列。二十八宿与中心莲花之间有九颗较大的圆点：其中一颗特大的，作赤色，中绘金乌；其余八颗，朱、蓝二色各占一半。最外的一层，分布着黄道十二宫图形。各图形分别绘在直径21厘米的圆圈中。它们的位置，白羊宫和娄宿相对，其余各宫顺着钟针动向依次排列一周。原报告以为九颗大圆点中有金乌的为太阳，这是对的。至于未能确定代表何星的其余八颗，我以为当是代表月亮、五行星和计都、罗睺二星。它们和太阳在印度的天文历法中称为'九曜'。"

⑦中国古代把二十八宿分作四组，每组七宿，并将各组的七宿想象为一种物象，分别以龙、鸟、虎和龟蛇命名，称为"四象"。发展到后来，又将这"四象"与东、南、西、北四方以及青、朱、白、黑四种颜色联系起来了。其关联与名称分别是：

东宫青龙：角、亢、氐、方、心、尾、箕
北宫玄武：斗、牛、女、虚、危、室、壁
西宫白虎：奎、娄、胃、昴、毕、觜、参
南宫朱雀：井、鬼、柳、星、张、翼、轸

第十一章 穿越历史的迷雾

以上记载来源于《甘石星经》。甘德和石申二人生卒年月皆不详，大概生活在战国中期。甘德著有《天文星占》八卷，石申著有《天文》八卷，早佚。后人拾遗补阙，把甘德和石申测定恒星的记录称为《甘石星表》，又称《甘石星经》。它是世界最古老的星表之一，比希腊天文学家伊巴谷在公元前2世纪测编的欧洲第一个恒星表还早约200年。今存的《甘石星经》为两卷，其中虽有一些后人增添润色之辞，仍不失原书面貌，是一部对天文研究有很高科学价值的文献。甘德、石申的研究成果为历代天文星相家所重视，在正史的天文志类中，大量引用了他们的研究成果。随着近现代科学的发展，月球背面的环形山，均用已故世界著名科学家的名字命名，其中选用了5位中国人的名字，因为石申对天文学研究做出了杰出贡献，所以他的名字也登上了月宫。以石申命名的环形山，位于月球背面西北隅，离北极不远，月面坐标为东105°、北76°，面积350平方公里。

曾侯乙墓出土编号为E66衣箱盖所绘二十八宿名称，与史载小有差异。除东宫青龙相同外，其他星宿名称为：斗、牵牛、妫女、虚、危、西萦、圭、娄、胃、茅、毕、雉、参、东井、舆鬼、酉、七星、张、翼、车。

对于曾侯乙墓出土衣箱盖绘画以及二十八宿完整体系形成的年代问题，武汉师范学院教授曾昭岷、李瑾对此有不同的看法。按曾、李二人的观点，衣箱盖上的二十八宿作为一个完整体系，形成的年代不会早于战国中期，而曾侯乙墓入葬年代应在战国晚期。也就是说，比湖北省博物馆考古人员谭维四、郭德维等研究者认同的年代，分别后延了一个世纪左右。

曾、李二人的理由是："二十八宿中个别名称出现的时代，可以上推到甲骨卜辞，丁山先生于此已做过一番尝试。可是，直到春秋晚期的文献中还没有出现过完整的宿名。战国中期的天文星占家甘德的星表上也仍然只有25个宿名。数十年以后，天文星占家石申的星表中才出现了完整而固定的宿名。随墓二十八宿星名序列及星数与甘氏体系参差较大而颇近于石氏体系，说明此墓的年代不得早过甘氏。"又说："我国二十八宿体系形成的年代，一般多据文献记载和运用近代天文学方法推算以进行探讨，后者以前者为前提。文献无证，推算结果往往落空。所以竺可桢先生的看法，前后变更了三次：第一次认为我国二十八宿的起源始于四五千年之前；第二次以为'大概在周朝初年已经在应用二十八宿'；第三次以为不会比公元前4世纪更早。三次看法的年代逐步后移，最末一次看法与文献记载相合。于此说明：天文学方法推算虽然较为精确，但也不能不奉历史记载为圭臬。"

最后，曾、李二人总结说："我国二十八宿体系既然形成于战国中期，则具有二十八宿完整体系的天文图出现之随县擂鼓墩一号墓，其年代就绝不可能是在战国早期，更不可能在春秋战国之际。"（曾昭岷、李瑾《随县擂鼓墩一号墓年代、国别问题刍议》，载《武汉师范学院学报》1979年4期）

对于曾、李二人的观点，曾侯乙墓的主要发掘者之一、湖北省博物馆考古学家郭德维斥之为"荒谬绝伦""类比方法也是不对的""纯属牵强附会之说，实不足信"。同时指出："就文献记载来说，在《诗经》和《夏小正》等书中，早就有了二十八宿中一些宿的名称，如火（心宿）、箕、斗、定（营室，车壁）、昴、毕、参、辰（房）等。而在殷墟甲骨的卜辞中，就有关于鸟星、大火星等等记载，由此又可证上述文献记载的正确。正因此，既然在商代就有了二十八宿中的一些名称，而经过1000多年到战国早期出现了二十八宿的完整体系又有什么不可呢？怎么又能因此而把整个墓的时代往后拉呢？若因此而往后拉显然又是很荒谬的。这样用二十八宿的出现来论证曾侯乙墓的时代也是帮不了他们的忙的。"（郭德维《随县曾侯乙墓的年代——与曾昭岷、李瑾同志商榷》，载《武汉师

范学院学报》1980年1~2期合刊）

⑧参见邵学海《打开曾侯乙墓》，湖北美术出版社2003年出版。

⑨关于天子所用礼器是否九鼎八簋，诸侯墓中出土九鼎八簋，是否就一定是僭越天子之礼的问题，学术界有不同看法。原中国历史博物馆馆长俞伟超在论证所谓"诸侯用大牢九鼎"时，云："《周礼·天官·膳夫》：'王日一举，鼎十有二，物皆有俎。'郑玄注：'鼎十有二，牢鼎九，陪鼎三。'《国语·楚语下》韦昭注：'举，人君朔望之盛馔。'这里所谓的'王'，当为东周时期周天子的泛称。此时，周天子的用鼎制度自然承自西周古制。但《春秋·掌客》所载'诸侯之礼'又谓凡五等爵皆'鼎、簋十有二'。郑玄亦云：'鼎十有二者，饪一牢，正鼎九与陪鼎三。'这表明当时的诸侯已经僭越天子之礼。"（俞伟超《周代用鼎制度研究》，载《先秦两汉考古学论集》，文物出版社1985年出版）

对于俞氏的说法，史家李学勤表示不敢苟同，并认为各路诸侯并没有僭越所谓天子之礼。李氏在列举了湖北京山苏家垅、安徽寿县西门蔡昭侯大墓、河南辉县琉璃阁墓、湖北随县擂鼓墩一号与二号墓、河北平山县中七汲村一号墓与六号墓等出土九鼎的多座东周墓葬材料后，得出了如下结论："由这些确定的事实，知道东周时的诸侯墓都用九鼎列葬，与何休所说的七鼎不合。对于这一现象，不少文章认为是当时'礼崩乐坏'造成的僭越现象，可是像蔡昭侯或战国时的随侯，实已沦为大国下属，连保持独立的地位都自顾不暇，恐不能僭用天子之礼。平山中七汲一号墓的中山王，自命维护礼制，尊奉天子，却也使用九鼎。因此，天子的用鼎数恐仍应以《周礼》为准，是十二件鼎。"又说："《周礼·膳夫》云：'王日一举，鼎十有二，物皆有俎。'这是说天子膳食用鼎数为十二，不难推想其随葬之鼎也当有十二件之数。"（李学勤《东周与秦

代文明》，第十六章，文物出版社1984年出版）

李氏这一观点在得到部分人支持的同时，也引来了一片反对之声。湖南学者刘彬徽颇具湖南人火辣风格地直白道，所谓的"周天子之礼为鼎十二配簋十，目前尚未发掘周王墓，不能证实，无从判断"。（刘彬徽《楚系青铜器研究》，第501页，湖北教育出版社1995年出版）

中国社会科学院考古研究所研究员王世民对这一现象做了客观论述："应该承认，在现有资料条件下系统研究两周时期礼器制度的发展，存在两个不可克服的困难，一是对西周前期的情况所知甚少，再是天子享用的礼器组合尚无实证，这不可能不对正确地判断问题有较大的妨碍。"又说："李学勤同志在《东周与秦代文明》一书中明确表示：'天子的用鼎数恐怕仍应以《周礼》为准，是十二件鼎。'这个意见颇有道理，值得认真探讨。《周礼》所见礼仪制度中的常数是十二、九、七、五，而天子用十二之数。"最后，王世民说："当然，在考古发现未能鉴别其可靠程度以前，仍是理想化成分较大的儒家礼说，暂时尚难同目前发现的可靠考古资料等量齐观，也就不能据以进行上下对比，肯定或否定天子之礼遭到僭越的具体情况。"（王世民《关于西周春秋高级贵族礼器制度的一些看法》，载《文物与考古论集》，文物出版社1986年出版）

曾侯乙墓发掘的主持者谭维四认为："这个问题还有待进一步探索，也许真的要待周天子墓被发掘后，有了可靠的地下考古材料来证实的时候，才有可能得出较为合理有根有据的结论，取得较为一致的意见。"（谭维四《曾侯乙墓》，文物出版社2001年出版）

⑩据美术史家、青铜器研究专家、湖北省社会科学院楚文化研究所研究员邵学海考证，中国的失蜡法铸造技术，有迹象表明起源于古代长江以南的越人，越人的原始冶铸工艺失绳法，是失蜡法出现的嚆矢。新西兰汉学家巴纳教授曾经考察中

第十一章 穿越历史的迷雾

国南方早期青铜遗物，他发现一些容器的绳纹提梁并无分范的痕迹，有些器耳却遗留有粗大的纤维，由此他认为这些提梁是以绳状物为模，再用耐火材料包裹，接着焚去模料，清除灰分，遂浇注成型的。巴纳称这种工艺为失绳法，并判断这些器物可早到春秋初年或西周末年。这意味着以失绳法为前驱的失蜡法，在这个历史时期可能出现了。

邵学海认为，失绳法，或称焚失法，与失蜡法同属可失性模法工艺，两者相比，原理一致，只是所失材料不同。现藏上海博物馆和湖南长沙博物馆商代晚期两件卣，是已知最早的焚失铸件，其上提梁也是用焚失法铸造的。用焚失法铸造的器物还见于安徽铜陵出土的三件铜甗之提梁，其上纤维痕迹也非常清晰。焚失铸造工艺南北方都有应用，但已知的南方要多些，就概率而言，失蜡铸造技术最早出现在长江中游就不会是偶然的现象。

邵学海还表示：曾国的匠师能铸造出类似尊盘这样非常复杂的青铜器，除了失蜡工艺的成熟，还须分铸技术配套，而分铸成型所包括的先铸法和后铸法，长江中游在商代已经具备，江西新干大洋洲的青铜器，有相当一部分应用了这些技术。古代南方的越人为失蜡法的出现，提供了一套完备的技术条件。就像美军机械师受到云南乡间作坊铸造手艺的启示，从而发明了铸造螺旋桨的新技术一样，没有越人的焚失铸造，曾侯乙尊盘的装饰艺术，则很难达到我们现在见到的神采风韵，华丽、壮观、完美无缺的艺术境界。而模的可失性工艺的演变，恰似人类文化演进的一个缩影，它是由世界各个民族接力地，逐渐由低级推向高级的。（参见《打开曾侯乙墓》，邵学海著，湖北美术出版社2003年出版）

⑪《考工记》一书未题明成书年代、国别和作者姓名，长期以来，学术界对它有不同看法。汉代郑玄注《考工记》时，只在标题下写了"此前世识其事者记录以备大数尔"之句，并

未透露其他信息。唐孔颖达作疏时以为是西汉人作，贾公彦认为是先秦之书。清代学者江永认为是"东周后齐人所作"。及至今日，争鸣不休，形成了多家观点。但就目前情形看，多数学者认为，《考工记》是齐国官书，作者为齐稷下学官的学者，该书主体内容编纂于春秋末至战国初，部分内容补于战国中晚期。今天所见《考工记》，是作为《周礼》的一部分流传下来的篇章。《周礼》原名《周官》，分别由"天官""地官""春官""夏官""秋官""冬官"六篇组成。西汉时，"冬官"篇佚缺，河间献王刘德取《考工记》补入。刘歆校书编排时改《周官》为《周礼》，故《考工记》又称《周礼·考工记》。

⑫阮元《揅经室集》卷五，引《中国兵器史稿》，周纬著，百花文艺出版社2006年出版。

⑬参见《燕京学报》第五期，1929年6月。

⑭⑲郭沫若《殷周青铜器铭文研究·说戟》，人民出版社1954年出版。

⑮⑯⑱㉓引周纬《中国兵器史稿》，百花文艺出版社2006年出版。

⑰⑳参见郭宝钧《戈戟余论》，中央研究院历史语言研究所1936年出版。

㉑《周礼·夏官司马·司戈盾》郑玄注："殳如杖，长寻有四尺。"《广雅·释器》："殳，杖也。"均指棍。考古发现，山东沂南东汉墓画像石和河南偃师东汉墓壁画中的伍伯，右手执便面（扇），左手提的就是一根同棍一样的殳。这个画像恐怕与事实有误，不足为信，既然是皇家卫队的仪仗，总得有种样子和讲究，不可能就是一根普通的棍子。湖北云梦睡虎地秦简《法律答问》中两次说到"殳梃"，并有"邦客与主人斗，以兵刃、殳梃、拳指伤人，以布"和"小牲畜入人室，室人以殳梃伐杀之"的记载。同时明确地解释说："何为梃？木

可以伐者为梃。"既然木棍做梃可以击，那么"殳梃"显然是梃冒金属首的殳。汉代天子出行，执金吾 "职主先导，以御非常"（《汉书·百官公卿表》注），其所执之 "金吾"就是两头饰金的无刃铜殳做仪卫用。东汉刘秀青年时代曾立下过 "当官当作执金吾，娶妻当娶阴丽华"的志向，这个 "执金吾"就是为帝王出巡手执 "金吾"开道的卫士头领，阴丽华则是刘秀邻村的一个姑娘。后来阴差阳错，刘氏不但如愿以偿娶了阴丽华，还居然推翻了王莽政权当了皇帝。世间的事就是如此不可思议。

㉒程欣人《古殳浅说》，载《江汉考古》，1980年2期。

㉔《寿县蔡侯墓出土遗物》，安徽省博物院编著，中科院考古研究所编辑，科学出版社1956年出版。曾侯乙墓出土的七件殳头，除一件有带刺球的铜箍外，其余六件皆有带花球的铜箍，形同寿县蔡侯墓之"Ⅱ式矛"。

至于寿县蔡侯墓的墓主与年代，学界意见不一。陈梦家、孙百朋认为墓主是蔡昭侯，唐兰认为是蔡成侯，郭沫若认为是蔡声侯。但无论哪一种说法，蔡侯墓的年代皆在公元前5世纪前半期这一范围之内，由此说明早在这一时代，殳已流行。（参见程欣人《古殳浅说》，载《江汉考古》1980年2期）

㉕《安徽淮南市蔡家岗赵家孤堆战国墓》，安徽省文化局文物工作队，载《考古》1963年4期。

㉖参见夏鼐、殷玮璋《湖北铜绿山古铜矿》，载《考古学报》，1982年第1期；《湖北铜绿山春秋战国古矿井遗址发掘简报》，铜绿山考古发掘队，载《文物》1975年第2期。

第十二章 豪华的地下乐宫

旷世绝响

旷世绝响

琴声飞扬的年代

当大型青铜礼器与生活用具物放入墓室后，按照摆放程序推断，继之放入的是一批中小型乐器。

现场发掘记录显示，考古人员在中室内除发现一架由65件组成的大型编钟外，还发现编磬一架，有磬32件，鼓3件，瑟7件，笙4件，排箫2件，篪2件，共计115件。出土时，基本保持下葬时陈放的位置。瑟、笙、箫（排箫）、篪和两件小鼓虽因椁室内积水漂动有所移位，但大体上仍可看出当时被列于钟、磬、建鼓所构成的长方形空间之内。整个中室三面悬金石，中间陈丝竹的场景，与该室沿东壁陈放的尊盘、鉴缶和联禁大壶等礼器，以及东室内的墓主之棺相对应，从而展示了一个规模宏大的宫廷乐队的基本建制与奏乐时的大体布局。

除中室这一宏大场面的布置，在墓主安寝的东室也陪葬了部分乐器，计有瑟5、琴2、笙2、鼓1，共10件。出土时虽因积水流动偏离了原来的位置，但多数仍集中在墓主棺东侧，可看出下葬时的大概方位。仅有两件瑟漂离较远，几乎漂到了墓室的东端。此室的乐器配备似展示了寝宫乐队的建制，乐人们是专门在寝室中为君王演奏取乐的。

编磬（青铜磬架为原件，石磬块为复原件）

发掘报告特别显示，编磬出土时，因该处恰在盗洞之下，被盗墓者截断的椁板盖板与上面塌下的填土、石块，将大部分编磬掩埋。清去覆盖的积压物发现，磬的横梁中部、上层梁端的龙角以及西部的圆立柱已被砸断，多数磬块因此受损，几件完整的磬块也因挤

第十二章 豪华的地下乐宫

压和积水浸泡，表面有不同程度的腐蚀，有些磬块甚至碎成粉末状，仅在泥土中留下了形迹或碎末，无法提取。庆幸的是，横梁和立柱虽断，因有淤泥的支撑，全架仍保持着原来的结合形式。磬块虽损，仍保持着当年的悬挂方式和排列关系。复原后可知，整个磬架悬挂磬块32件。在最底层支撑整个磬架的是两个龙首、鹤颈、鸟身、鳖足统于一体的青铜怪兽，各重24.8公斤。不知是何原因，东边怪兽的舌头不知去向，清理时未发现遗物。据发掘人员推断，一种可能是被盗墓贼取走，二是原本便缺失，三是下葬时趁混乱之机被人掠走，而最后一种可能性最大。

在完整或残破的磬块中，有刻文和墨书共计708字，所有刻文显然都是在磬块磨制完成后所刻的。其内容可分为三类：一是编号，二是标音，三是乐律关系，这是继编钟铭文之后在音乐学上又一个了不起的发现。尽管编磬没有像编钟那样保留着原来的音响，多数磬块已无法击奏，少数完整者也不能发出乐音，但仍可以看到大多数磬块的外形。那依然如旧的编悬形式和可与钟铭相通的整句成段的刻文，以及保存完好的击奏工具和磬匣等等，为考古人员探寻其昔日的音容提供了指南。当出土的编磬运往武汉后，谭维四等馆领导人特邀全国有名望的专家前往鉴定和对岩相进行分析。结果证明，这批磬料主要由石灰石构成，仅有极少数大理石。用石灰石制磬是古代的一种传统，殷墟妇好墓等晚商石磬和湖北江陵战国楚墓出土的彩绘磬，均是石灰石和"青石"质。《山海经》里曾有多处提到"磬石""鸣石"，研究专家

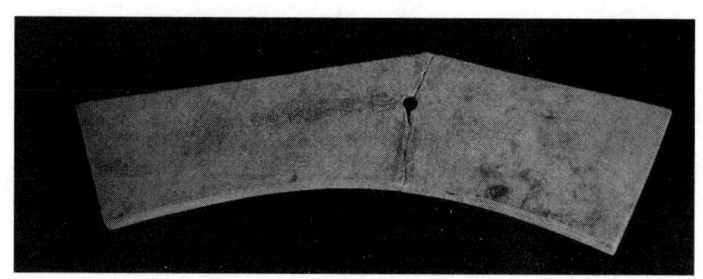

墓中出土的石磬

认为当指类似岩料。又据石料上的三叶虫化石，可推知这批磬料的大体年代属于寒武纪和奥陶纪。偌大一个时间范围内发育的石灰岩在全国分布甚广，但就当时的曾国来说，制作石磬的工匠不会舍近求远，必然会就近取材。因而当湖北省博物馆准备复制这套石磬时，谭维四建议查考文献，尽可能以随县为中心向外寻找。想不到在文献中还真有这么一条记载，《晋书·五行志》："永康元年（公元300年），襄阳郡上言，得鸣石，撞之，声闻七八里。"

根据这条线索，湖北省博物馆研究人员在距随县100余公里的今襄樊市（襄阳市）郊区一个盛产石灰的地方，寻觅了三天，果然找到了与曾侯乙墓出土编磬相同的理想的磬料。后来在音乐家冯光生等人努力下，将开采的石灰石进行加工打磨，制成编磬，音色纯净，优美动听，与宏大的编钟合奏，极其相配。在演奏时，编磬的奏者面向观众席地坐在架后，双手各执一槌。因磬块直垂，敲击点在侧面，故运槌不能上下起落，而应呈一定斜度。双槌可以单击、双击、轮击，亦可由小磬（高音）向大磬刮奏，将槌放在两磬之间左右摇击，得到颤音的效果。石磬与编钟配合，整个演奏大厅金石齐鸣，铿锵清脆的声音伴随着优美的旋律起伏波动，令人陶醉。

磬的各部位名称

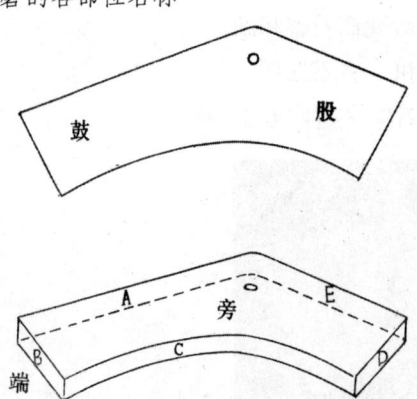

由《中国大百科全书·音乐舞蹈卷》可知，至少有21种真正优秀的中国乐器失传了。这本书上说古代有一种特别大的鼓，叫"晋鼓"，在演奏大型音乐作品时应用，特别气派与提神，至于这种鼓到底是什么样子的，众说纷纭，难以窥其真面目。古代文献《周礼》谓"鼓长寻有四尺。"寻乃古代长度单位，一寻等于八尺，寻有四尺，当为一丈二尺。如此宽大的鼓实在是神奇得很，有人认为这么

第十二章 豪华的地下乐宫

大的鼓实在不可思议，它是用什么皮做成的，如何敲击？有研究者认为，很可能此鼓就是曾侯乙墓中出土的建鼓，鼓面本身并不大，只是立柱之类的东西加长罢了。

摆放在中室南部的四件鼓，分别为建鼓、扁鼓、悬鼓。而以南半部靠东壁处以单柱竖立的建鼓最为庞大耀眼，摆放的位置也最为重要，惜发掘时疏忽大意，没有及时用支撑物支撑，致使鼓柱因水位的下落而折断，成为一大憾事。

折断的建鼓

对于建鼓的敲击方法，考古人员通过曾侯乙墓西室木棺中出土的鸳鸯漆盒找到了答案。这个后来轰动世界的漆盒，腹部除一面绘有一幅撞钟图外，在另一面还有一幅击鼓舞蹈图，当中以一兽为座，上树一建鼓，一旁绘一似人非人、似兽非兽的乐师，双手各持一鼓槌，正在轮番击鼓。另一旁绘一高大武士头顶高冠，腰佩宝剑，身着广袖，随着鼓声正在翩翩起舞。画师寥寥数笔，击鼓者的形象就活灵活现地呈现在人们面前。这一幅图画，为建鼓乃乐器之一和其正确敲击方法提供了有力的佐证。

与建鼓同出的十弦琴、五弦琴、排箫和篪等乐器，但由于历史的某种原因，久已失传，现代人类只能在历史典籍上见到它们的名字，有的甚至连名字都被遗忘了，更不要说其形状和曲调了。

鸳鸯盒右侧腹部描绘的击鼓舞蹈图

在当今乐坛，当说到排箫的时候，很容易让人联想到西洋的排箫，有好多排箫的音乐带，流行于世界各国并被音乐发烧友所喜爱。西洋的排箫还有个别名叫潘管（Pandeanpipe），又称"绪任克斯"（Syrinx）。据希腊神话，这个"潘"是个牧神，长着一个羊的脑袋，两只山羊

381

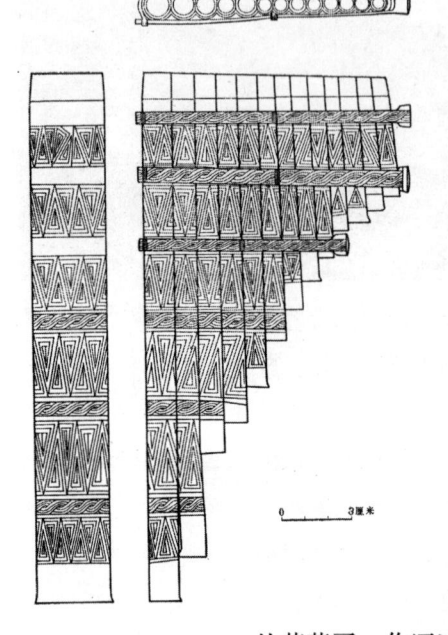

墓中出土的排箫
图示

腿，还有两只山羊的犄角，搭配不协调，丑陋难看。就是这样一个丑八怪，也在做爱情梦，他暗中恋上了河神的女儿绪任克斯，但美丽的姑娘并不喜欢既无德、无才又无耻的"三无人员"小潘，恋爱自然无果。想不到这个小潘一看软的不行，索性摆出无耻的嘴脸动起硬来，并以猎狗逐兔的战略战术，对这位女神采取了强硬行动。女神绪任克斯一看小潘疯狂地向自己扑来，撒腿就跑，小潘在后边紧追不放，眼看就要被追上了，女神的父亲河神发现后前往搭救，他喊了一声，念了一个咒语，绪任克斯立刻进入河中变成了一丛芦苇。按老河神的想法：我的女儿都变成一丛芦苇了，你还追什么，追上又能怎么样呢？你应该放弃邪念，不再妄为了吧。想不到小潘是个心狠手辣的无赖仔，他冲入河中恨恨地把芦苇折断，上得岸来，又把一根根的芦苇用绳子系在一起，一共七根，有长有短，这样就做好有七个音符的一个排箫。小潘拿着排箫迎风跑到奥林匹亚山上吹起来，排箫发出了呜呜咽咽的声音，似是绪任克斯的呼唤和低泣，这就是潘管的来历。这个故事的寓意，是在说小潘终究还是占有了女神绪任克斯，显然带有强悍、霸道与掳掠的味道。后来潘管流传开来，欧洲及南美均有此乐器，罗马尼亚及匈牙利民间尤为流行，形制不一，从最早的七管，已发展至二十余管，它音色独特，音量变化不大，适于演奏抒情乐曲。

中国的排箫比西洋人的排箫历史要悠久得多。相传黄帝命伶伦作乐律，编竹制作排箫以来，这一乐器就以其得天独厚的地理优势，占据了重要位置。虽然石、陶、金属等都可作为制排箫的材料，但音质最纯正的还要数竹制品。古

第十二章 豪华的地下乐宫

今中外的排箫大多数为竹制品，而中国是世界竹类植物的发源地，素有"世界竹子之乡""竹子王国"的美誉。全世界竹类植物约70多属1200多种，中国占50多属900多种。中国至今仍是世界竹类植物最大分布中心，其竹子种植面积、产量及竹文化都居世界首位，这也为制作排箫提供了丰富材料。因而中国的排箫也有一个别名，叫比竹。

比竹之名，除了自身材料由竹构成外，还有一个原因就是中国的排箫小的由16支组成，大的23支，这样一个规模和形制，就比西洋排箫的音域大得多，声音也好听得多。从外形看，比竹就是说好多竹子像兄弟一样站在一块儿，亲切交谈。这个情调给人一种四海之内皆兄弟的和谐感觉，比潘管的寓意强多了。可没想到，小潘制出的那个含有复仇加掳掠味道的潘管倒是遍地开花，中国讲求"和为贵"的排箫却失传了。后人只能从一些历史典籍中去寻觅它的踪影，揣测它的相貌。屈原《九歌·湘君》曰："君不行兮夷犹，蹇谁留兮中洲？美要眇兮宜修，沛吾乘兮桂舟。令沅湘兮无波，使江水兮安流。望夫君兮未来，吹参差兮谁思？"此篇为祭祀湘水男神湘君的颂歌。屈原在另一篇《湘夫人》中所赞颂的湘夫人，同为湘水之神，在楚人心目中，与湘君是一对配偶，故两篇颂歌多对唱的词句，描述了他们相互爱慕思恋的故事，抒发了湘夫人思念湘君那种临风企盼，因久候不见湘君依约赴会而产生怨慕神伤的感情。旧说或谓湘君即舜，湘夫人即舜之二妃娥皇、女英，是因舜死于苍梧的传说而附会。

屈原《九歌》湘君图（〔明〕萧云从作）此篇为祭祀湘水男神的颂歌，传说湘君即舜，湘夫人即舜之二妃娥皇、女英，是因舜崩于苍梧的传说而附会

383

屈原在歌中所咏的"参差"，即别号比竹的排箫，因其形状如凤鸟的翅膀参差不齐，故又名参差，成语"参差不齐"就来自这种乐器的意象。但"参差"究竟何所指，形若何？音如何？汉代石刻、魏晋造像甚至隋唐壁画中尚能见其形，但难闻其声，再往后则是形迹难觅，没有人说得清楚了。清代的时候也有一种号称排箫的乐器出现，但长管在两边，短管在中间，形似双翼，形状与先秦的排箫不合，显然是清人凭着自己的想象制造出来的一个"另类"。曾侯乙墓排箫的出土，使世人终于看到了它本来的面目。两件排箫，正是由参差不齐的13根竹管并列缠缚而成，在未脱水的情况下，其中一件有七八个箫管能够发音，可以听出不是按十二律及其顺序编列，由之构成的音列至少已是六声音阶结构。这种形制的排箫和古壁画、石雕中所见形象一致，并与今天仍在东欧舞台上演奏的排箫相同。中国先秦编管乐器如排箫者有称为"籁"，至今罗马尼亚的排箫名"Nay"可能不无关系，或者东欧的排箫正是由中国传播过去的。就在曾侯乙墓发掘两年后，河南淅川下寺春秋楚墓又出土了一件石排箫，形制与曾侯乙墓出土的竹排箫完全相同，再一次证明了先秦排箫的形制，廓清了历史迷雾。当世人听到2000多年前的实物吹奏出的乐音，见多识广的音乐界专家大腕如黄翔鹏者亦称赞为"人间的奇迹"。

20世纪30年代，在殷墟出土的商代甲骨文中，考古学家发现一个字恰似丝弦张附在木器上，经释读，原来是一个"乐"字，这个"乐"字就是古琴的象形，由此说明琴的历史已经十分久远了。先秦典籍中关于音乐的故事，有许多都涉及琴，如"高山流水""楚囚南冠"，以及"伯牙鼓琴，而六马仰秣"等等。现在武昌仍存的鼓琴台、断琴口以及俞伯牙、钟子期的故事，构成了考古学上的一个间接的历史证据。

历代文献关于伯牙的记载颇多，要说最早的，当数荀况的《劝学》篇："昔者瓠巴鼓瑟，而沉鱼出听；伯牙鼓琴，而六马仰秣。"意思是说伯牙其人音乐演奏得生动美妙，只是用了夸张的文学手法来加以渲染和比喻。稍后的《吕氏春秋》和《列子》，伯牙与钟子期的故事记载得较为详细，一直为后世所传诵。《吕氏春秋·本味篇》载：伯牙鼓琴，钟子期听之，方鼓琴而志在泰山，钟子期曰："善哉乎鼓琴！巍巍乎若泰山。"少时而志在流水，钟子期曰："善哉鼓琴，洋洋乎若流水。"钟子期死，伯牙摔琴绝弦，终身不复鼓琴，以为世无足复为鼓琴者。

《琴操》《乐府解题》记载有伯牙学琴的故事，后世文人墨客在此基础上加以增色铺排，使故事更具戏剧性和悲剧意味。这个故事的中心思想和大意是：伯牙原姓俞，名瑞，字伯牙，春秋战国时楚国郢都（今湖北荆州）人。伯牙从小非常聪明，天赋极高，又很喜欢音乐，拜当时很有名气的琴师成连为老师。学习了三年后，伯牙琴艺大长，成了当地颇有名气的琴师。但是俞伯牙常常感到苦恼，因为自己在艺术上还达不到更高的境界。伯牙的老师成连知道了他的心思后，便说："我已经把自己的全部技艺都教给你了，而且你学习得很好。至于音乐的感受力、悟性方面，我自己也没学好。我的老师万子春是一代宗师，他琴艺高超，对音乐有独特的感受力。他现住在东海的一个岛上，我带你去拜见他，你跟着他继续深造，你看好吗？"俞伯牙闻听大喜，连声说："好！"

师徒二人准备了充足的食品，乘船往东海进发。一天，船行至东海的蓬莱山，成连对伯牙说："你先在蓬莱山稍候，我去接老师，马上就回来。"说完，成连划船离开了。过了许多天，老师没回来，伯牙很伤心。他抬头望大海，大海波涛汹涌。回首望岛内，山林一片寂静，只有鸟儿在啼鸣，像在唱忧伤的歌。伯牙触景生情，有感而发，不禁仰天长叹，即兴弹了一首曲子。曲中充满了忧伤之情。弹着弹着，伯牙心中豁然一亮，感慨地说："先生移我情矣！"于是创作了《水仙操》，遂成一代杰出的琴师。回到家乡后，伯牙的名声比以前更加响亮，只是真心能听懂《水仙操》这首曲子的人一个也没有，这又令他十分苦恼。

有一次，俞伯牙乘船沿江旅游，来到汉阳，船停在一座山坡下，伯牙面对滚滚江水弹起"高山流水"的曲子，正弹在兴头上，一根主弦陡然绷断。伯牙一怔，觉得此弦断得蹊跷，必有知音到来，这个人就是钟子期。相传钟子期乃春秋楚国（今湖北汉阳）人，是一个头戴斗笠、身披蓑衣、背着担、拿板斧整日靠砍柴谋生的樵夫。他听到俞伯牙弹奏的"高山流水"，心合琴声跳，斧随琴声舞，在山中上下左右折腾起来。正舞得起劲，手中的板斧猛地将一根大树枝劈断，心有灵犀的伯牙弹奏的主弦随之"咔嚓"一声断为两截。俞伯牙抬头望望山中密林，会意地大声感叹道："为何荒野回声大？"山林中伸出一个黑不溜秋的脑袋，钟子期高声回答："只因山高流水长！"伯牙重整断弦，再弹一曲，子期合唱："美哉洋洋乎，意在高山！"伯牙心领神会，于兴奋中又弹一曲。子期急奔下山，隔船赞唱："美哉汤汤乎，志在流水！"伯牙一听，忙起身下船上山，把子期恭恭敬敬地请到船上，既佩服又激动地说："这个世界上只有你才懂得我的心声，你真是我的知音呵！"于是两个人结拜为生死之交。二人在船上谈音论律，一连三天三夜不觉困乏。因子期惦念家中80岁的老母，第四天黎明与伯牙洒泪相别。二人约定，待明年中秋佳节，二人再来此地相会。

第二年，俞伯牙如约来到了汉阳江口，可是他等啊等啊，怎么也不见钟子期前来赴约，于是他弹起琴来召唤这位知音。过了好久，仍不见子期前来赴约。第二天，俞伯牙来到山下一个小村子，向一位老人打听钟子期的下落。老人告诉他，小钟年初已不幸染病去世了，临终前，他留下遗言，要把坟墓修在江边，到八月十五那一天，好听俞伯牙的琴声。

听了老人的话，俞伯牙悲痛万分，泪流满面。他按照老人的指点，来到钟子期坟前，凄楚地弹奏起了"高山流水"。弹罢，俞伯牙长叹了一声，悲伤地说："我唯一的知音已不在人世了，这琴还弹给谁听呢？"言毕，他挑断了琴弦，把心爱的瑶琴摔在一块青石上，"砰"的一声摔个粉碎。从此，伯牙与琴绝缘，再也没有弹过琴。

两位"知音"的深情厚谊感动了后人，当地百姓把当年伯牙江边鼓琴觅知音的地方起名为古琴台；把伯牙摔琴谢知音的地方，起名为琴断口；把钟子期的家乡集贤村，起名为钟家台，并为钟子期修缮了坟墓，供人凭吊。

钟子期墓历经千年安然无恙，官府不断调拨银两派人修葺，清光绪十五年（1889年），汉阳知县华某曾专程前往吊唁并立碑纪念，民国时期尚存。新中国成立之后，随着"破四旧"与"文化大革命"等一连串运动，子期墓被掘，石碑被砸烂捣毁。疯狂过后，当地官府与百姓又在子期与伯牙相遇的地方，筑起了一座古琴台，以示对这对"知音"的缅怀纪念。直至今天，人们还常用"知音"来形容朋友之间的情谊。

据音乐专家考证，当年俞伯牙所弹之琴，应是瑶琴，秦汉之后这种瑶琴在官府与民间还很普及，南宋著名抗金将领岳飞在他创作的词《小重山》中曾提到过这种乐器。词曰：

昨夜寒蛩不住鸣，

惊回千里梦，已三更。

起来独自绕阶行。

人悄悄，帘外月胧明。

白首为功名。

旧山松竹老，阻归程。

欲将心事付瑶琴。

知音少，弦断有谁听？

这是岳飞在主和派的压力下，被迫退兵后于悲愤之中所作的第一首词，始见于岳飞的孙子岳珂（公元1183—1234年）所编《金陀粹编》，宋以后一直流传。岳飞创作这首词，自然是以俞伯牙、钟子期的历史故事为依托，来抒发弦断无人听的满腔抗战爱国的忠愤和境遇之尴尬。岳氏之词虽不能确切地表明瑶琴在南宋还普遍流传着，但至少可以说明这一时代的人还能目睹其形状，耳闻其音律。宋之后，瑶琴作为一种乐器渐渐淡出了人们的视野而不为人知了。在曾侯乙墓发掘前，长沙马王堆三号墓出土过西汉的七弦琴。曾侯乙墓出土的类似琴为十弦，比汉代的琴多了三弦，据专家推断，两者可能有一定的渊源关系，但这个渊源和具体的发展脉络难以搞清。

绝响

曾侯乙墓出土的五弦琴，《史记·乐书》里曾经提道："昔者舜作五弦之琴，以歌南风。"《通礼纂》也提道："尧使无勾作琴五弦。"这个五弦琴恐怕比瑶琴失传得还要早，曾侯乙墓发掘前，世人并不知五弦琴是什么样子，发掘之后，学术界对其定名仍有不同看法。

从出土实物看，器为木质，形若长棒，首段近方，尾段近圆，全长115厘米，出土时弦已朽烂无存，琴身首起长52厘米为一狭长形内空的音箱，周身以黑漆为地，底板、侧板均以朱、黄两色描以精细缛丽的彩绘。有专家认

出土的五弦琴

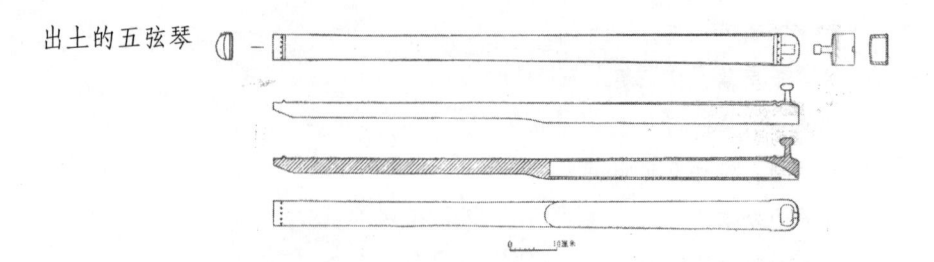

为这件乐器与文献记载中先秦一种名叫"筑"的乐器相仿，应该称为"筑"。《说文解字》注："筑，以竹（击之成）曲，五弦之乐也。从竹，从巩。巩，持之也。竹亦声。"在曾侯乙墓发掘之前的长沙马王堆三号墓中，出土了一件通体髹黑漆的器物，此器长31.3厘米，形如四棱长方木棒，首部的蘑菇形柱上，还残存缠绕着的弦丝。首尾两端各嵌一横排竹钉，能张5条弦。此为何物？在发掘现场的考古学者如睹天外之物，不辨牛马，没有一人能说出它的名字，更不知其从哪里来，最后到了何处。因而在编写的《长沙马王堆二、三号汉墓发掘简报》中，避而不谈，编写者眼中视同没有，或者一块拿不上台面的烂木头而已。许久之后，有音乐学家根据这座墓葬随葬品清单的记载，认为是一件久已失传而又极其宝贵的古代乐器——筑。

长沙马王堆一号汉墓出土黑地彩绘漆棺上面虚纹画中一怪兽弹瑟图

随着研究的不断深入，学者们在长沙马王堆一号汉墓黑地彩绘棺上，发现一只怪兽在弹击一件乐器，所绘之器与出土的筑形状相同。至此，当年参与发掘的考古人员才恍然大悟，原来这个怪兽所击的东西就是筑。

筑在战国、秦汉时期是非常有名的乐器。秦汉古籍中有很多关于它的记载。《史记·刺客列传》载："荆轲既至燕，爱燕之狗屠及善击筑者高渐离。荆轲嗜

酒，日与狗屠及高渐离饮于燕市。酒酣以往，高渐离击筑，荆轲和而歌于市中，相乐也。已而相泣，旁若无人者。"当荆轲受燕太子丹之命，怀揣地图与匕首赴秦国欲搞刺杀秦王的恐怖活动时，燕太子丹与知其事者，"皆白衣冠以送之。至易水之上，既祖，取道，高渐离击筑，荆轲和而歌，为变徵之声，士皆垂泪涕泣。又前而为歌曰：风萧萧兮易水寒，壮士一去兮不复还！复为羽声慷慨，士皆瞋目，发尽上指冠。于是荆轲就车而去，终已不顾"。祖，是一种祭奠路神的仪式，古人出远门时常有这种仪式，以图平安顺利。颜师古曰："祖者，送行之祭，因设宴饮焉。"于是后世亦称为人饯别的酒宴曰"祖饯"或"祖宴"。取道，是上路之意。变徵之声，是指变换音调。古代乐律分为宫、商、角、变徵、徵、羽、变宫七调，大致相当于今之CDEFGAB七调。变徵，即F调，此调韵味苍凉，悲惋凄切；羽声，相当于今之 A调，此调韵味激昂慷慨，令人热血喷涌，具有极强的蛊惑力与煽情效果。

角虚击筑图

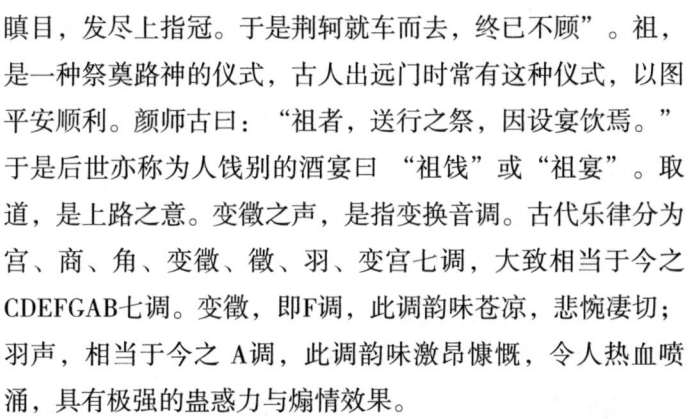

荆轲抵秦国，刺杀秦王事败，被剁成肉饼，燕太子丹与他的国家随之招来了身死国亡之祸，燕王喜被掳。

《史记》载："其明年，秦并天下，立号为皇帝。于是秦逐太子丹、荆轲之客，皆亡。"又说："高渐离变名姓，为人庸保，匿作于宋子。久之，作苦，闻其家堂上客击筑，彷徨不能去。每出言曰：'彼有善有不善。'从者以告其主，曰：'彼庸乃知音，窃言是非。'家丈人召使前击筑，一坐称善，赐酒。而高渐离念久隐畏约无穷时，乃退，出其装匣中筑与其善衣，更容貌而前。举坐客皆惊，下与抗礼，以为上客。使击筑而歌，客无不流涕而去者。宋子传客之。闻于秦始皇，秦始皇召见。人有识者，乃曰：'高渐离也。'秦皇帝惜其善击筑，重赦之，乃矐其目，使击筑，未尝不称善。稍益近之。高渐离乃以铅置筑中，复进得近，举筑扑秦皇帝，不中。于是遂诛高渐离，终身不复近诸侯之人。"

这个故事在司马迁笔下可谓一波三折，离奇诡异，险象环生，犹如一部惊悚小说，令人读之头皮发麻、心惊肉跳。想不到当荆轲的一帮狐朋狗友在秦王朝强大压力下四散逃亡之时，高渐离却化装打扮，摇身一变成了宋子之庸保，也就是今河北省赵县东北一大户人家的仆佣。一连串的因缘际遇，使高渐离阴差阳错地当上了秦始皇的私人乐手，且在被人认出的险境中，免于一死却又被熏瞎了眼睛。读史至此，真为高氏之不幸而痛切扼腕，怅然太息。同时也可看到筑作为一种乐器，在当时是何等地重要和流行，其身份地位如此之高贵，可谓在百乐中独树一帜，倍受帝王将相与贵族士大夫宠爱，否则秦始皇不会冒生命危险专门听仇敌高渐离为其击筑作歌。当然，高氏击筑的技艺之超群也是一个重要方面，只是这对昔日的冤家相聚，最终演绎了一场令世人不忍闻见的人生悲剧。

秦亡之后，作为乐器的筑并没有随着战争的烽火硝烟而消失，汉代人对击筑的爱好程度有增无减。汉高祖刘邦统兵于淮北战场击败叛乱的劲敌英布后回到故乡，在召集父老乡亲的盛大宴会上，以复杂的心境亲自击筑，令青壮年与他一起高歌："大风起兮云飞扬，威加海内兮归故乡，安得猛士兮守四方……"史载，高祖的姬妾戚夫人也是一位击筑高手，刘邦常令戚夫人击筑，自己唱歌，每次演奏完毕，总是泪水涟涟，难以自制。

汉之后，筑作为一种乐器渐渐没落并逐渐失传了，《中国大百科全书》说因为筑失传得太久，它是什么形制，什么构造，如何演奏，后人都不知道，就连它是几根弦也不知道了。马王堆汉墓出土的筑与曾侯乙墓出土之筑形状相同，但有些专家认为，曾墓出土的这种乐器形体狭长，岳山低矮，不便"以竹击之"，因而认为不是筑。经此反对，《曾侯乙墓发掘报告》的撰写者也就不敢轻言定名，按这种乐器上面张有五弦，且又近属琴类，暂且以"五弦琴"而名之。悲夫！

曾侯乙墓发掘以前，湖北江陵、河南信阳、湖南长沙楚墓中，共出土过14件瑟，但均有残缺。唯马王堆出土过两件汉代瑟，一件残缺，一件保存完好。想不到曾侯乙墓竟一次性出土了春秋时代的瑟达12件（中室7件，东室5件），同出瑟柱计1358枚。而且年代早，制作也较其他墓葬所出更精美。这12件瑟尽管形制不太相同，但均为25个弦孔，这说明古代的瑟就是二十五弦，至少从东周以来即如此。

瑟作为中国古老的乐器，相传为伏羲所制，并创作有《驾辩》歌，供民传唱。后来，湘灵鼓瑟的故事在民间流传不绝。湘灵即指湘水女神湘妃，传说她为尧女舜妻，舜南巡崩于苍梧，湘妃闻之，十分悲痛，前去寻夫。抵九嶷山，鼓瑟而寄托哀思，其悲伤的泪水滴在竹上，立即化成斑块，后来人们称其斑竹为"湘妃竹"。毛泽东诗词《七律·答友人》前四句："九嶷山上白云飞，帝子乘风下翠微。斑竹一枝千滴泪，红霞万朵百重衣。"即借用屈原《九歌·湘夫人》的故事。"帝子乘风下翠微"，显然是由《九歌·湘夫人》首句"帝子降兮北渚"变化而来。"斑竹一枝千滴泪"更是对湘夫人思念夫君之情的艺术再现。

古人认为瑟含有"洁"之意，弹瑟可以清心。在春秋战国时代，鼓瑟吹竽曾风靡一时，司马迁在《史记·苏秦列传》中，曾对齐国国都临淄做了如下描绘："其民无不吹竽鼓瑟，弹琴击筑，斗鸡走狗，六博蹋鞠者。"这说的是战国年间事，而吹竽鼓瑟的风气，直到秦汉仍很流行，《史记》载，一次，中郎将张释之随从文帝巡视霸陵。霸陵是文帝刘恒为自己修建的陵寝，这里山清水秀，景色宜人。文帝走到霸陵的北侧，极目远眺，指着东方对从行的慎夫人说："这就是通往邯郸的路呵！"因为慎夫人是邯郸人，所以文帝才对她这么说。说完后又命令慎夫人鼓瑟，自己和着瑟声歌唱起来，情绪很是凄惨悲伤。一曲未了，文帝回过头来对着群臣说："唉！用北山的石头做椁，用切碎的苎麻丝絮充塞石椁缝隙，再用漆粘涂在上面，哪里还能打得开呢？"在身边的近侍都说："对的。"张释之走上前去说道："假若里面有了引发人们贪欲的东西，即使封铸南山做棺椁，也还会有缝隙；假若里面没有引发人们贪欲的东西，即使没有石椁，又哪里用得着忧虑呢？"文帝听罢，称赞他说得好，不久就任命释之做了廷尉。这个故事主要叙述了张释之的才华和忠勇，但从另一个侧面可以看出，瑟在当时宫廷乐器中的重要地位以及非同寻常的艺术感染力。

《后汉书·蔡邕传》中有一故事，说的是蔡邕在陈留县做官时，于一个夏日赴友宴，宴所设在庭院树下，并有器乐相伴。过了一些时候，屏后的瑟音由平和清丽渐渐转为激昂。未久，气势更加高亢而含有杀意。蔡氏大骇，怕遭不测之祸，拟溜之乎也。主人见状问之，蔡氏直说原委，主人立即到屏后诘问鼓瑟者何以如此。乐手说弹奏中,忽见一螳螂欲捕鸣蝉,心中焦急不安,故形之于指。邕听罢即幡然醒悟。可见古人所谓弹瑟清心之说,也是要分不同的场合与环境的,若环境不济,不但引起弹者与听者的悲伤忧愁,还可能造成四面出击、八面刀枪、十面埋伏的恐怖悬疑效果,可谓与"清心"背道而驰也。

据考证,汉末之时,蔡邕所听之瑟已渐趋没落,至公元4世纪的南北朝时期(350年左右),一种曲颈琵琶由印度翻越喜马拉雅山,开始向东土流传,经过约250年的漫长历程,至隋唐时期在中国宫廷于一些贵族家庭和宴乐场所盛行开来,且风头劲健,深受王公贵族与士大夫的喜爱。到了盛唐时候,这种曲颈琵琶已从百乐中脱颖而出,成为举国喜爱的新贵,著名文学家白居易所作《琵琶行》,即是其一见证。不过,瑟的地位虽然衰微了,但在民间还继续流传。比白居易晚出生41年的晚唐诗人李义山(李商隐)曾有一首《锦瑟》诗流传后世,诗曰:

锦瑟无端五十弦,一弦一柱思华年。
庄生晓梦迷蝴蝶,望帝春心托杜鹃。
沧海月明珠有泪,蓝田日暖玉生烟。
此情可待成追忆,只是当时已惘然。

如同李义山其他诗的一贯风格,此诗寓意非常晦涩,或言即时之事,事既不可考,则其意亦不可具凭个人感性理解而已。钱锺书说李氏"想少情多",这首诗乃李氏悼亡妻之作或许是可信的。有人认为,开首以瑟弦五十折半为二十五,隐指亡妇华年25岁。这话未免有牵强附会之嫌,但首联哀悼早逝之物事却是真实的。

据说,最初伏羲制造的瑟是50根弦,他叫素女鼓瑟,因感于过分悲哀伤感,遂将瑟摔为两半,即成为后来人们看到的二十五弦。这个传说或李义山已有所闻,故有五十弦之说。李氏诗中所说的锦瑟,当指装饰华美的瑟。无端,当指犹何故,毫无缘由地,此处有嗔怪之意。五十弦,当是李义山的托古之词。作者的原意,是说锦瑟本应是二十五弦,为何无缘无故地搞了个五十弦?至于是谁无端制造是非,则难以考证。有学者认为锦瑟

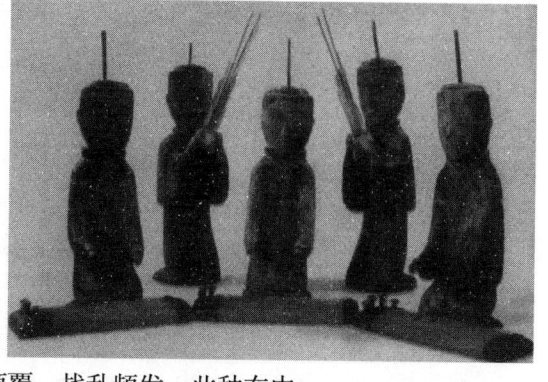

第十二章　豪华的地下乐宫

繁弦二十五，五十弦者，乃尽绝也，夫瑟之为声，一弦一柱乃可发之。弦柱之意，或在合和也。调音鼓瑟，或暗喻华年韵事，而今柱断弦绝，难再续矣。李氏半生漂泊，窘于党争，中年寥落，感而为此。

　　李义山写这首悼亡诗之后不久，随着晚唐中枢失灵，大厦倾覆，战乱频发，此种在中国民乐史上流行了四五百年的明星乐器，终于湮没无闻，至宋时，世人已不知其音容笑貌了。如果说马王堆汉墓出土的瑟，让世人重新一睹汉代瑟的风采，那么，曾侯乙墓出土的十二件瑟，则让世人追溯到春秋时代瑟的原貌。尽管与遥远的夏商还有一段距离，但至少可以证明，在东周时期，瑟的形体和音律就已固定，以后几乎没有什么变化，此点在马王堆汉墓中出土的瑟可以看到。至于其演奏姿势和方法，曾侯乙墓出土的实物和资料似无明确记载与图示，但从马王堆一号墓北边箱出土三件鼓瑟木俑和黑地彩绘棺头档的鼓瑟图像中可知。鼓瑟俑席地而坐，瑟横陈膝前，两手掌心向下，大指屈掌心，食指内勾，两指呈环状，其余三指则微屈，两手食指同时做抹弦之势。黑地彩绘棺上画一怪兽角虚，将瑟斜靠膝上，另一端着地，右手弹膝上一端的弦，左手按瑟面中部的弦。此两种弹法，在汉画像石中亦能看到。后人研究认为，瑟演奏指法有擘、托、抹、挑、勾、剔、打、摘、拂、厉

长沙马王堆一号汉墓出土的五人乐队，其中三人鼓瑟，可见当时瑟乐正盛行

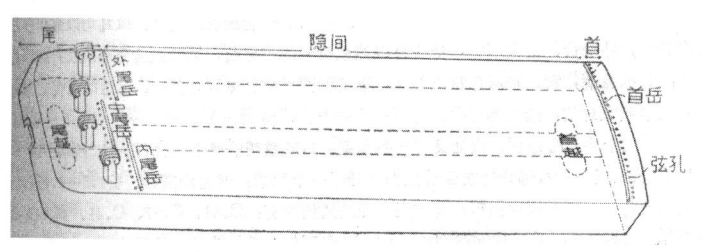

瑟各部位的名称图示

等，即用拇指、食指或无名指，或单弹一弦，或连弹数弦。因有了马王堆与曾侯乙墓出土之瑟，一个湮灭遁失千年的谜案算是解开了。

根据曾侯乙墓出土的乐器，可以推算出墓主乐队的规模，这便是：演奏编钟者5人，演奏编磬1人，擂击建鼓、悬鼓、手鼓的乐师至少2～3人；12件瑟12人弹奏，6件笙需6人吹奏，篪和箫各需1～3人，弹奏五弦琴、十弦琴各1人，合计33人。若加上相伴的舞蹈歌唱演员，曾侯乙"歌舞团"的总人数当在40人以上，大体符合诸侯"六佾"的礼制。不过与当年的齐宣王乐队比起来，曾侯乙乐队的人数要少得多，但是齐宣王喜好单一乐器一齐上阵演奏，南郭先生才有混迹其间"滥竽充数"的机会。曾侯乙则追求八音的和谐，每一种乐器都要发挥一定水平以相互配合，"滥竽"不可能有充数的机会。两者相比，演奏的难易，品位的高下，就不言而喻了。

需要特别说明的一点是，尽管中国各地包括曾侯乙墓考古发掘中，出土了为数不少的古代失传乐器，但这些乐器的出土并不意味着中国古代的音乐的复活。古代中国音乐本身早已失传而不能为继，其中一个致命原因是没有记谱法。假如当时产生了像现代这样的记谱法，一代人死去了，战乱之后，被破坏和遗失的音乐还可以重新恢复，尽管没有录音，但有乐谱存在，就可以复活先民创造的原始音乐。可是几千年来，中国没有记谱法，一直到三国的时候，有了文字谱，只是这种谱属于一种提示，不能照着演奏。因而要翻译是根本不可能的。一种乐器不能演奏曲子，乐器本身就成为死乐器，很快跟着湮没了。比如筑，尽管长沙马王堆汉墓与曾侯乙墓已有出土实物，可现代人并不知道怎么奏，奏什么，奏什么调合适。就如同曾侯乙墓出土的编钟一样，只能弹奏《东方红》《草原上升起不落的太阳》《欢乐颂》这类流行歌曲，但2000多年前的编钟所奏音乐并不是这样的，其他失传乐器像笛子、古琴、古瑟、古筝等等，道理同样如此。因而可以说，现代考古发掘出土的和继续在乐坛流传着的古代乐器，在真正意义上也已失传了。要追溯中国古代音乐真正大规模毁灭和失传的历史断层，应是蒙古大军灭南宋之后。在这个时候，词乐，中华民族最后一次大的音乐运动，至此完结，闻名于世的乐器湮没于历史的烟尘之中，优美的乐曲成为世间最后的绝响。那是1279年间的事，世界格局中一代音乐巨人巴赫还要等406年之后诞生，莫扎特要在477年之后，贝多芬的诞生更是要向后排在521年之后。呜呼！[①]

脸上涂着血污的人

青铜重器和各种乐器全部放入墓室后，接着进行的一项最牵动人心的活动，就是如何将21名女人弄死，作为陪葬品装殓入棺，抬入墓坑为主人殉葬。

曾侯乙墓发掘后，谭维四、舒之梅曾撰文对这一事件做过如下论述：

马克思主义告诉我们，古往今来的一切剥削阶级，其共同的本性，就是残酷剥削和压迫劳动人民，擂鼓墩一号墓又为我们提供了一个生动的例证。这座墓的主人是曾侯乙，即曾国一名叫乙的君主，是战国早期一个诸侯国的封建头子。墓内放置的几千件随葬器物，都是劳动人民辛勤劳动的成果，封建统治阶级不仅生前占有享用，死后还要带进坟墓，充分暴露出他们的骄奢淫逸和对劳动人民的残酷压榨。更有甚者用人殉葬，这座墓殉葬了21人，经科学工作者对其骨架的研究鉴定，全是青少年女性，年龄最大者约25岁，最小者仅13岁左右。

人殉制度，起源于原始社会末期，盛行于殷商西周奴隶社会，当时一个奴隶主死了，往往要杀殉或生殉（活埋）奴隶几十人，多者数百人，殉者不是身首异处，就是颈上戴有枷锁，身上缠有绳索。擂鼓墩一号墓的21名殉葬者，骨骼齐全，未见刀砍斧伤痕迹，而且还都有一具彩绘木棺，内有木梳、木篦、玉环之类的少量随葬品。结合有关文献推测，封建统治阶级对这些殉者，很可能是采用"赐死"的办法，即用欺骗手段，迫使她们为墓主人殉葬的。从形式上看，这种殉葬方式似乎较殷商、西周时代文明一点，但本质上其对殉者的压迫之惨，并没有两样。

上述规模庞大的墓坑和木椁，几千件随葬器物，21具无辜殉者的累累白骨，都是对封建统治阶级残酷压迫剥削劳动人民的血泪控诉，是我们向人民群众宣传历史唯物主义，进行阶级教育的生动教材。[②]

用句套话说，由于阶级和历史的局限，谭、舒二人的文章显然有点唯马列主义马首是瞻的味道，但若把曾侯乙这具臭皮囊与相伴的21具白骨、黑骨抬出来，拿到阳光底下晒一晒，作为阶级教育的生动教材，或者说作为历史上曾存在过的残酷的人殉制度这一事实的见证，还是可信并且非常具有现实教育意义的。

据文献记载，活着的人为死去的人殉葬，谓之"人殉"。这一现象在古代的许多地方都曾存在过，尤以亚洲为重，埃及、西亚两河流域、印度、日本和中国皆然。至于这种制度的形成是人种使然，还是社会环境等因素所决定，史家说法不一，争论也一直没有平息，但作为这一酷烈的事实却是铁板钉钉、毋庸置疑的。

中国的人殉从什么时候开始，又是怎样的一种形式，典籍多有记载。《左传·成公二年》说："宋文公卒，始厚葬，用蜃炭，益车马，始用殉。"正义引郑玄注："杀人以卫死者曰殉，言殉环其左右也。"《墨子·节葬下》说："天子杀殉，众者数百，寡者数十，将军大夫杀殉，众者数十，寡者数人。"《史记·秦本纪》载："武公卒，葬雍平阳，初以人从死，从死者六十六人。"又说："缪公卒，葬雍，从死者百七十七人。"

田野考古发掘的事实让世人看到，宋文公"始用殉"的记载并不可靠，这种恶习早在原始社会末期的龙山文化（公元前20世纪左右）和齐家文化（公元前17世纪左右）时期就已出现。甘肃武威皇娘娘台遗址、永靖秦魏家遗址的齐家文化氏族公共墓地中都曾发现女子为男子殉葬的合葬墓，考古学界公认这是中国已知最早的杀妻（妾）殉葬墓。

那么殉葬的女人或男人是以怎样的方式赴死而作为祭品埋葬的呢？史籍记载和考古发掘证明，有的被活埋，有的被杀后整体埋葬或肢解后埋葬，有的被活活饿毙，有的被强迫上吊自杀，其方式多种多样，令人闻之心寒，望之惨不忍睹。抛开氏族群落的殉葬不谈，仅以发掘证实的夏商周三代及其之后的各个朝代，大体可以看出古代中国殉葬制度残忍酷烈的一个轮廓。

1957年，著名考古学家徐旭生在河南偃师二里头村发现了一处古代遗址，在相当长的一段时期内被认为是商朝第一位王——商汤所居的都城西亳。直到2000年夏商周断代工程结题时，才定为夏代遗址，但具体是哪个王的都城，未能确定。这个遗址自1959年由中国科学院考古研究所人员发掘，其后一直未停，随着揭露面积的不断扩大和出土遗物的增多，遗址的形制和性质逐渐清晰，而人殉的事实也随之得以揭露。在已发掘的灰层和灰坑中，考古人员发现人殉墓葬数百座，人骨或身首异处，或双手被缚，或一手反折

第十二章 豪华的地下乐宫

于背后，或两手上举过头。另有一些零星的人头和肢骨，想是被刀砍或活埋的。据发掘人员分析，这些惨遭杀害之人，应当是奴隶。③

在紧接夏代二里头遗址之后的大型遗址中，最令人瞩目的是1950年发现的郑州商城和1983年发现的偃师商城（距二里头遗址6公里）。据夏商周断代工程研究成果显示，二者皆为商代都城，或相当于都城的政治地位，始建年代不相上下，应为商代建城的开始。1955年，郑州商城在考古发掘中始见殉葬坑和殉葬墓，在一个编号为171的坑中，考古人员发现了两具人骨，又有一个人头及两只腿骨。人骨双手反绑，手指骨、手臂骨和脚趾骨全被砍掉。此举令发掘者发出了"奴隶主对奴隶们的杀害，就是如此地残忍"的感叹。④

继郑州商城与偃师商城之后，最著名的商代遗址便是位于河南安阳小屯及其周边地区的殷墟。史料明确记载，这是"自盘庚迁殷至纣灭，二百七十三年"的商代都城所在地。从1899年发现了著名的甲骨文，到1928年由国民政府中央研究院史语所对殷墟正式发掘，在80年的历史进程中，发掘工作除抗战时期外，基本上没有停止，整个殷墟的面貌已基本弄清。此处真不愧是举世瞩目的世界级大型遗址，除

商代统治阶级用奴隶做人牲的场景

397

几十万片甲骨和大量青铜器等物出土,就殉葬情形而言,亦惊心动魄,举世闻名,为中国和世界历史所罕见。1934年至1935年,由中央研究院史语所考古学家梁思永主持,于洹北侯家庄西北冈殷代王陵区发掘了10座大墓,其中1001号大墓,虽遭多次盗掘破坏,但仍然在墓底、墓道等处发现杀人殉葬者共达225人之多。据推测,整个墓内殉葬的奴隶可能超过四百人。考古人员通过细致的观察研究,推断出当时杀殉的步骤是:当墓坑墓道填土工作进行到一定程度的时候,双手被绑的奴隶们就一队一队按顺序被牵到墓道之中,面向墓坑,并肩东西成排跪下。刽子手从一头到另一头,次序砍杀。被杀者倏忽间人头落地,躯体向前扑倒,成为俯身姿态,随之为填土所埋。填土一至二层后,再按原样杀殉一些奴隶填埋。如此往复循环,直至砍杀到一定数量为止。经骨骼鉴定,被杀的奴隶多数都未成年,一般在十几岁左右,有的只有几岁,更小的连天灵盖都还没有长满。⑤较之1001号大墓,发掘时,殷墟其他各墓破坏得更加厉害,但无一例外地都有人殉。少则几人,多则几十人,如1550号大墓,中心腰坑殉葬一人一狗,墓室四角4个小墓坑,各殉葬一人,北

殷墟大墓殉葬的人头骨(台湾"中研院"史语所提供)

第十二章　豪华的地下乐宫

墓道口，又殉葬10具一排的人头骨数列，共计残存殉葬的奴隶有几十人至上百人之多。从现场情形看，这些殉葬的奴隶，多数身首砍断，有的只剩肢体，有的只剩头颅，有的双手背缚，有的抱手蜷腿，有的张口弯头，悲惨之状令人不忍目睹。在殷墟大墓区东部，考古人员揭露附属小墓1242座，多有殉人，估计总数将近2000。

在殷墟小屯北地，靠洹河的弯曲部位，是商王朝举行祭祀的地方，从考古揭露的25个土坑看，共祭用62只羊，74只狗，97个人。用作祭祀的奴隶年龄不等，小孩为完整躯体，成人皆杀头。杀头后，人骨呈俯身状，头与颈完全脱离。有的被砍头后留有下腭，有的脊椎骨上还带有腭骨和颈骨。有的呈仰身状，头部仅被砍去上部，下部还连在颈上。被砍的地方，有的在鼻部，有的在眉际，刀砍的痕迹，还清楚可见。对于此种情形，考古人员做过各种研究和猜测，有的人认为可能是刽子手偷懒耍滑，或者太不把这些奴隶的生死放在眼里，如同砍杀一条狗一样随便，有的人认为是在砍头的一刹那，出于本能反应，奴隶的头发生了颤动，刀走偏锋，从鼻子处掠过。在刽子手或主持祭祀的贵族看来，反正被杀者已脑浆迸裂，仆地而亡，也就不再计较是从颈上还是颈下开刀了。据参加发掘的考古人员胡厚宣说，小屯殷王的宫殿宗庙地区，截至20世纪70年代，已发现人祭738人，倘若把残墓复原，数量将达千人以上。如果把其他各地的商代遗址人殉人祭的发掘数目加以统计，确切的人数达到3684人。除殷墟之外，其他商代墓葬也发现人殉现象，如河北藁城台西商代前期的一号墓，"在西阶上殉葬未成年女孩儿一人，两腿相交，两臂上屈，似是捆绑所致"。这个姿势，显系被活埋而形成。假如这些考古发掘的墓葬在此前不被破坏的话，殉葬者可能多达四五千人。这个数字仅是田野考古工作者地下发掘所见，至于从甲骨文字所见殷代人祭的情况，将大大超过此数，更加令人惊骇。对此，作为考古学家兼甲骨学者的胡厚宣曾专门著文做过说明：截至20世纪70年代初，在已发现的甲骨文里有关人祭，以殷代武丁（公元前1250—前1192年）在位的51年[⑥]为最多。在所见1006条卜辞中，祭用9021人；另有531条未记人数，一次用人最多的是500个奴仆，这里所说的仆就是奴隶。武丁之后，祭用人最多的是廪辛、康丁、武乙、文丁[⑦]，计有卜辞688条，祭用3205人，另有444条未记人数，一次用人最多的是200人。

殷墟大墓殉葬的人骸骨（台湾"中研院"史语所提供）

在所见殷墟卜辞中，有一条为"不其降凸千牛千人"。有甲骨文学者认为，千牛千人也是一种祭祀，即杀掉了一千头牛，一千个奴隶。日本立命馆大学汉学家白川静教授对此有不同看法，认为这是以牢闲养兽备供牺牲挑选的仪礼。

对这一说法，胡厚宣表示赞同，卜辞的意思是以闲牢把千人与千牛一道关起来，以备他日举行祭祀时挑选牺牲之用。这些奴隶最终会被杀掉是肯定的，但不是卜辞记载的一次性人头落地，就如同树上的柿子，有的要一两个月，有的要用更多的时间才落下。这些成千上万用作祭祀牺牲的奴隶，有男有女，有臣有妾，有姬有婢。被关者或被押赴断头台者，或戴枷锁，或双手背缚，或用手勒发，或以绳引牵；或焚烧，或土埋，或割裂，或用手抑制；或被剁成肉酱，盛在豆中；或用钻镟，取其脑浆；或杀人而以其血祭，或斫伐而取其头颅。有的奴隶头被砍下，随着喷出的淋淋鲜血一同被掩埋，直到几千年后发掘时，斑斑血迹仍清晰可见。真可谓"断头台上凄凉夜，多少同俦唤我来"。从卜辞上看，有刻画奴隶的象形字，像被击仆倒，刨坑活埋，张口呼号，做竭力挣扎之状；也有的被砍下头后，还要在头骨上刻以铭辞。胡厚宣说，这些卜辞中的人祭，与地下考古发现互相印证，结果完全相符。种种凄惨形象，触目惊心，令人发指。当年鲁迅先生曾言："我向来是不惮以最坏的恶意来推测中国人的,然而我还不料,也不信竟会下劣凶残到这地步。"但是他们却"居然昂起头来,不知道个个脸上有着血污"。(《记念刘和珍君》)此话虽说的是鲁迅那个时代的中国当局和当局豢养下披着警察外衣的鹰犬,但读罢此语,似乎又让人回到了遥远的商代和商代的殉人现场。

21位女人之死

商代如此,作为承接了夏商两代道统的周代,人殉制度又是如何呢?《西京杂记》卷六记载:"幽王(周幽王)冢甚高壮,羡门既开,皆是石垩,拨除丈余深,乃得云母深尺余。见百余尸纵横相枕藉,皆不朽。唯一男子,余皆女子,或坐或卧,亦犹有立者,衣服形色不异生人。"周幽王是西周最后一位天子,也就是宠爱妖女褒姒而不惜以烽火戏弄诸侯,最终失国的那一位臭皮囊。最后一位尚且如此,前面的君王也不会好到哪里去,由此可推知整个西周的殉葬尤为猖獗。

关于东周时代的人殉人祭,地下已被发现的遗存不多,但依然存在。如安徽寿县的蔡侯墓,属于春秋时期,1955年发掘时,考古人员在墓底东南角,发现殉葬一人。又《左传·文公六年》载:"秦伯任好卒,以子车氏之三子奄息、仲行、鍼虎为殉,皆秦之良也。国人哀之,为之赋《黄鸟》。"诗曰:

> 交交黄鸟,止于棘。
> 谁从穆公?子车奄息。
> 维此奄息,百夫之特。
> 临其穴,惴惴其栗。
> 彼苍者天!歼我良人!
> 如可赎兮,人百其身!

穆公,即春秋时秦国之君,名任好,卒于周襄王三十一年(公元前621

旷世绝响

陕西凤翔秦公一号
大墓

年），以177人殉葬。从，即从死之意，也就是殉葬。子车奄息，子车是氏，奄息是名。一说字奄名息。夫，男子之称。特，匹。这句是说奄息的才能可以与一百个男人匹敌。穴，指墓圹。

这首诗译成现代白话，便是：黄雀叽叽，在酸枣树上息。谁跟穆公去了？子车家的奄息。说起这位奄息呵，一人能把百人敌。走近了他的坟墓，忍不住浑身哆嗦。苍天呵苍天！我们的好人一个不留！如果准我们赎他的命，哪怕是用一百个人也可以。

此诗被编选于《诗经·秦风》中，它无疑是一首挽歌，全诗共三章，分挽三位杰出的良才，每章末四句是诗人的哀呼。见出秦人对于三良的惋惜，也见出秦人对于暴君的憎恨。

秦穆公死后不过一百年，社会发生了剧烈变革，人殉制度开始引起非议并产生动摇。春秋时代的孔子曾站出来公开反对殉葬制度，既反对以活人殉葬，同时也反对以活人生前占有的珍贵器物随葬，直至反对用仿真人的木俑殉葬。按照这位圣人的说法，人鬼殊途，并不能同归，完全没有必要浪费财物，甚至损害人的生命。入葬的时候，只要用泥巴做个小车，用稻草扎个小人作为冥器殉葬就可以了，但用逼真毕肖的木偶人殉葬就会走上邪恶之道。因为用逼真毕肖的木偶人，与用活人殉葬几乎相同，是对活着的人的大不敬。后来的孟子在与梁惠王对话时也曾提到这一问题，他说："仲尼曰：'始作俑者，其无后乎！'为其象人而用之也，如之何其使斯民饥而死也。"孟子的话明显反对统治者不顾人民大众的死活，甚至把人民置于水火之中而不顾，竟活活把人饿死。他把饿死与殉人相提并论，是对这两者的双重憎恨。孟子在世的时候，距秦穆公也不过两百余年。在这一二百年时间里，整个社会的确发生了巨大变革，也就是马列主义学派的历史学家们经常挂在嘴上的奴隶制处于崩溃之中，先进的封建阶级登上历史舞台的转折时期。较之孔子，在社会政治问题上孟子的言辞更加犀利而鲜明，他宣称："君之视臣如手足，则臣视君如腹心；君之视臣如犬马，则臣视君如国人；君之视臣如土芥，则臣视君如寇仇。"（《孟子·离娄下》）。至于对一般的臣僚，孟子更不以为然——"今之所谓良臣，古之所谓民贼也"（《孟子·告子下》）。孟子自称"吾善养吾浩然之气"（《孟子·公孙丑上》），"富贵不能淫，贫贱不能移，威武不能屈"（《孟子·滕文公》），此番言论，颇有点"指点江山，激扬文字，粪土当年万户侯"的英雄气概。正是因了这样的气魄、学识和人格魅力，举国有识之士纷纷响应支持，有的甚至不惜身家性命为之阻谏呼号，延续了几千年的人殉制度终于得到了一定程度的扼制。

据《礼记·檀弓下》记载，有一个叫陈乾昔者，临死时嘱咐兄弟和儿子一定要给他造一口大棺材，并让两个婢女一边一个夹着他殉葬。陈氏死后，他的儿子对老子的遗嘱并不以为然，说："以殉葬，非礼也，况又同棺乎？"意思是，用女人殉葬就已经是非礼了，你想让她们二人夹着你一起睡觉，想得倒美，没门！于是乃罢。这位儿子招呼几人，将他老子那具臭皮囊放于一个木棺中草草埋葬了事。

《礼记·檀弓下》还记述过这样一个故事：齐大夫陈子车外出途中死亡，妻子和总管认为是跟随的人没照顾好他而死掉了，遂商定用这几个人殉葬。子车的弟弟子亢听罢，心中不快，认为这对狗男女平时就勾勾搭搭、眉来眼去的，很不正经，说不定已暗中勾搭成奸。气恼之下，对他们说："如果我哥哥在阴间需人侍候的话，没有比他的妻子和总管更合适的人了，殉人的事要么就拉倒告吹，如果一定要坚持，我就准备用你俩这对狗男女生殉。"对方一听，心生恐惧，不敢嘴硬，此事便不了了之。陈子亢即孔子的学生陈亢，由他的事例说明，当中国的历史进入春秋末年的时候，至少知识分子阶层已经觉醒并认为人殉是非礼和不人道的了。陈亢与陈乾昔之子的论点颇有些相似之处，据专家推测，二陈可能是同时代人。

春秋之后，人殉制度基本废除，大多数贵族改用木制或泥制人形偶像殉葬。战国时的秦国在献公元年（公元前384年）曾正式下令废止人殉。但是到了公元前221年秦统一六国后，殉葬制度又一次死尸复活，令人不寒而栗。《史记·秦始皇本纪》载，秦始皇帝死后，"二世曰：'先帝后宫非有子者，出焉不宜。'皆令从死，死者甚众。葬既已下，或言工匠为机，臧皆知之，臧重即泄。大事毕，已臧，闭中羡，下外羡门，尽闭工匠臧者，无复出者。"从这段文字看，不只一大批后妃宫女从死，由农村进城参与陵寝建设的民工也无一幸免，皆稀里糊涂地成了秦始皇帝的殉葬品。

秦亡之后，除边远地区强制妇女殉葬外，殉葬作为一种制度已趋湮灭。据《三国志·吴书》载：三国时吴将陈武战死，孙权破例下令以陈爱妾殉葬。吴亡，这一"恩典"即遭到指责："权仗计任术，以生从死，世祚之短，不亦宜乎！"将孙权这一做法同吴国短祚的命运联系起来，可见时人对殉葬这一做法已是深恶痛绝了。

按这一思想观念传承下去，本应不会再出现殉葬这一逆历史潮流而动的惨剧，但几个朝代的攻伐轮换之后，想不到当江山社稷落到一个叫花子与和尚出身的朱元璋手中时，早已成为腐尸的殉葬制度再度从阴间冒将出来，随着南京城荡漾的血水泪滴，重返大明王朝的舞台。

洪武二十八年（公元1395年），朱元璋的次子秦王朱樉死，以两名王妃殉葬，自此，潘多拉魔鬼的盒子又一次启封。朱元璋本人死后，亦有嫔妃、宫女陪葬孝陵。《明史·太祖本纪》载，洪武三十一年（公元1398年）闰五月初十，"（朱元璋）崩于西宫，年七十有一。"长孙朱允炆继大位，史称建文帝。新皇帝遵遗诏，凡太祖没有生育过的后宫妃嫔，皆令殉葬，另有若干宫女从死。具体殉葬是多少人，史上并无确切记载。据明末人毛奇龄所著《彤史拾遗记》载："太祖以四十六妃陪葬孝陵，其中所殉，惟宫人十数人。"殉葬的步骤不再像商周时期直接拉到墓地砍头活埋，因为时人确信被砍头者的鲜血会玷污主子的灵魂，使之在阴曹地府内感到不爽，便改弦更张，用"文明"的方法干净利索地处死。具体操作方法是，临刑前于宫内摆设宴席，请这些妃嫔们盛装打扮后赴宴。宴罢便被带到指定的殿堂内，由太监分别架上木床，将头伸进预先拴好的绳套中，太监撤去木床，一个个年轻的生命就此消亡。

朱元璋的四子朱棣在夺得侄儿建文帝的政权登上大位后不久，即在北京昌平建造十三陵首陵——长陵地宫。据文物专家王秀玲考证，朱棣死后有七名妃嫔为其殉葬。当时有一个朝鲜籍妃子也在被指定殉葬之列，这个妃子明知自己将死，心有不甘又无力抗争，当她被太监架上木床，将要把头伸进帛套的刹那间，猛地回首呼唤自己的乳母金黑："娘，吾去！娘，吾去……"其凄惨之状和悲恸之声，连监刑的太监都潸然泪下。少顷，太监将其头颅强行按进帛套中，抽掉木床，韩氏挣扎了几下便绝气身亡。金黑是韩氏从朝鲜带来的乳母，后来被放回故国，把这段详情说出，被朝鲜文献《李朝实录》记载下来，始为世人所知。

除朝鲜史籍外，清人查继佐在《罪惟录·陵志》中也曾有"代宗崩后，……诸妃嫔唐氏等，初俱赐红帛以殉"。的记载。代宗即朱元璋之后明朝第七位皇帝景帝朱祁钰，死后葬入北京金山（南按：未入葬昌平十三陵，其因较复杂，主要是与他篡党夺权、自当皇帝、废太子等重大事件有关），清初学者顾炎武在《昌平山水记》中亦有明代皇室君王死后，由其后妃"俱赐丝帛自尽以殉葬"的简短记载，具体殉葬人数不详。有典可查的是，直到天顺八年（公元1464年）正月，《稗事汇编》记载，明英宗临崩时说："用人殉葬，吾不忍也。此事宜自我止，后世勿复为。"这位皇帝在其他事情上稀里糊涂，弄得鸡飞狗跳朝野上下不得安宁，但在殉葬问题上可谓是英明之主，未愧对"英宗"之称号。由于他的良心复现，明初以来由叫花子皇帝朱元璋重启肇端的嫔妃殉葬制度就此废除。这一点，从后来已发掘的明代万历皇帝陵寝地宫中可以得到证实。

明亡之后，这一制度在清朝初年又出现过一个小小的反复。天命十一年（公元1626年），68岁的努尔哈赤病死，令大妃阿巴亥殉葬，诏曰："俟吾终，必令殉之。"阿巴亥为了保全几个儿子，盛装自尽，年仅37岁。实际上，除了阿巴亥以外，努尔哈赤生前的四位宫女也一块儿殉葬了。

据传，在清圣祖玄烨之前的清世祖福临、清太宗皇太极，与努尔哈赤一样,死后都有活人殉葬。一直到康熙年间,御史朱斐针对此恶习上书曰:"屠残民命,干造化之和。僭窃典礼,伤王制之巨。今日泥信幽明,惨忍伤生,未有如此之甚者。夫以主命责问奴仆,或畏威而不敢不从,或怀德而不忍不从,二者俱不可为训。且好生恶死,人之常情,捐躯轻生,非盛世所宜有。"或许这个反对意见起了作用,或由于其他更复杂的原因,康熙十二年(公元1673年),开始明令禁止八旗包衣佐令以下的奴仆随主殉葬。从此,帝王死后的殉葬制才算真正退出中国历史舞台。

透过几千年漫长而惨烈的人殉事例与制度,真让人生发出鲁迅先生在看到明代"以剥皮始,以剥皮终"的黑暗政治和残酷刑罚之后所生发出的感慨:"自有历史以来,中国人是一向被同族和异族屠戮,奴隶,敲掠,刑辱,压迫下来的,非人类所能忍受的楚毒,也都身受过,每一考查,真教人觉得不像活在人间。"(《且介亭杂文·病后杂谈之余》)

尽管不像活在人间而像是活在地狱之中,也还要活下去。活着就是为了活着,无他。只是每个人活法不同,死法也各异罢了。曾侯乙墓的墓主与殉葬的21名女性即是这一活命哲学的生动注释。

曾侯乙墓陪葬者生前的身份,从其所用葬具、在椁室内的陪葬位置、与墓主木棺及墓内随葬文物的关系等方面分析,东室的8位,因与墓主人葬在同一室内,当为曾侯乙的近侍妃妾或宫女。其中6位在主棺之东,木棺呈一字式平行排列,所有木棺制作较讲究,内面均髹黑漆,有一具表面髹红漆,余均黑漆为地绘红彩。髹红漆者体积最大,放置居中,可能为墓主的爱妃。其余5位可能为近侍妃妾。主棺之西的两具木棺,位于东室通向中室的门洞旁,与狗棺为伍,生前地位应比前6位要低,有可能为墓主人生前的近侍宫女。结合秦始皇帝入葬的情形,殉葬者身份大致如此。至于西室的13位陪葬者,皆为棺葬,但年龄较小。此室除了13具陪葬棺,别无他物,据此推断,很可能是墓主人生前的歌舞乐伎,或称乐舞奴婢。类似的以乐舞奴婢殉葬之事,史籍亦有记载,例如,《汉书·赵敬肃王传》中有彭祖的后人胶王元"病先令,令能为乐奴婢从死。迫胁自杀者凡十六人"。

通观曾侯乙墓21位殉者,其遗骨鉴定既未见刀砍斧伤和被毒杀的痕迹,又入殓于髹漆彩绘木棺内,且有衣衾或竹席包裹,还有些许器物随葬,包括谭维四、郭德维等学者们认为,极有可能是采取赐死的办法来殉葬的。即每

第十二章 豪华的地下乐宫

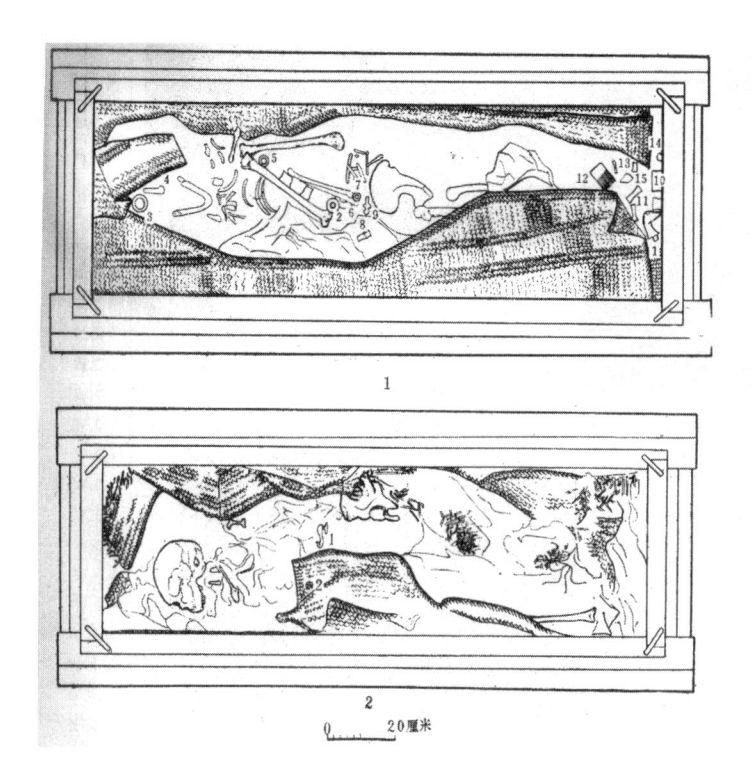

棺内人骨与随葬器物图

人先赐以红色绸带，命其自缢身亡后入殓于棺，然后随墓主一同埋入坟墓。这些死者大多数被迫从死，从出土的尸骨形态仍可想象她们当年惨死的情景是何等地凄凉。

发掘显示，墓坑西室与中室隔墙中段有约50厘米的四方小洞一个，与中室相通。而中室、北室各室之间都有一四方小洞相通，这是为了便于曾侯乙在阴间宫殿寻花问柳而特别设置的。颇令人感慨的是，在靠近东室通中室门洞的地方，还放置有一具殉狗棺。狗棺比陪葬的殉人棺小，没有施彩，棺盖上却放有两件石璧。显然，这是墓主生前的一只爱犬，死后仍守候在墓主的足下，并为其守门看户。由此更可以看出，这些陪葬的少女，在墓主及其家族眼中，也不过相当于一条母狗罢了。

发掘中还可看到，墓主外棺北侧下部留有一个小门，内棺的足档描画了一个窗框，这里是曾侯乙的安息之所。很显

407

墓主外棺北侧右下留有一个小门，显然，这是为曾侯乙灵魂出入而设的通道

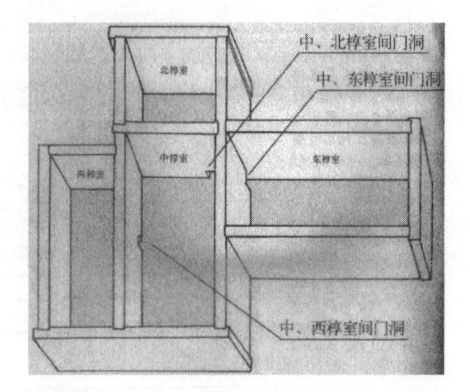

曾侯乙每个椁室之间，都有一个门洞以连通两个空间，这大概是为方便曾侯乙的灵魂徜徉地宫而设

然，在这位君主有了兴致，希望邀游天国的时候，小门和窗框是他灵魂出入的通道，他的家人和臣民在这点上想得非常周到，可谓关怀毕至。曾侯乙在另一个世界里绝不会有行动不便的感觉，无论是东室的近侍宠妾，还是西室的歌伎少女，她们生前为主子服务，死后仍然要尽职尽责。她们的棺上都绘有类似主棺的窗格，就是随时准备听候主人的召唤，随通道而出入服侍。特别值得一提的是，西室二号棺中20岁的少女，或许是个乐舞领班，或许有特殊的身份，她的鸳鸯盒可作为一个象征。这件美丽奇特的鸳鸯盒与少女一起随葬，用意何在？按发掘者郭德维推断，鸳鸯盒显然是这位少女生前所喜爱之物，埋葬时，考虑到她生前的喜好或遗愿，将这件艺术品做了她的陪葬品。自然界中的鸳鸯总是成双成对地生活着，人们常用来比喻恩爱的恋人，此女怀抱鸳鸯伴其生前身后，是否在婚恋上有什么隐秘？这件器物是曾侯乙赏赐，还是她本人所置，或许是心上人暗中赠送，以此作为定情的信物？如果真的是定情之物，只能随着这一破碎的爱情之梦，共同被殉葬于幽幽地宫之中。每猜想至此，不禁令人想起鲁迅先生对生民之多艰的哀哭与愤言："所谓中国的

文明者，其实不过是安排给阔人享用的人肉的筵宴。所谓中国者，其实不过是安排这人肉的筵宴的厨房。"（《灯下漫笔》）信也。

曾侯乙的归宿

就在曾侯乙治丧委员会于匆忙繁缛中，向国都郊外的墓坑投放青铜礼器、各种乐器，软硬兼施，威逼利诱，迫使21位宫女姬妾、歌舞乐人或喝毒药，或上吊自杀之时。阴风阵阵，满城萧瑟曾国首都，外宾接待组的治丧人员也开始频繁而友好地接待着来自国外与盟友赠送的吊唁礼物。

从曾侯乙墓出土的240枚竹简共6696字中可以看到，除了兵甲类的登记，就是参加葬仪的车马及馈赠者的清单。其中记载曾侯乙死后，馈赠车马的人有王、太子、令尹、鲁阳公、阳城君、平夜君、郯等。据裘锡圭释读考证，鲁阳公和阳城君都是楚邑君的名称，平夜即平舆，郯当读为养，这两地都是楚邑。王、太子、令尹当是指楚国的王、太子和令尹。曾人对楚王等人如此称呼，反映出曾国与楚国的王公贵族有着密切的关系，同时也从另一个侧面看出，这时的曾侯已经完全附属于楚，其实际地位大概跟鲁阳公、阳城君差不多了。

简文里所说丧仪用车所驾之马的记录，大部分马名上有赠马者之名，而赠马者显然不属于曾楚两国之人，只有"宋司城"和"宋客"。他们赠马助曾侯之丧，也许是出于私人关系，并不代表国家。这个记载向后人透露了一个秘密，即当时曾国很可能已经不能越过楚国而跟其他国家直接发生外交关系了。

裘锡圭还从简文中发现了一个特别现象，简文中记载了一些御车者的名字，其中有的人是有官衔的，如宫厩尹、宫厩令、新官令、右令、左令、邻连敖、陵连敖等。这些御车者按理说都应该是曾侯乙自己的属下，但是他们的官名却多与楚国相同。例如，楚有宫厩尹、左令、连敖等，在荆门包山二号墓楚简6号简文中，即有"新官连敖"的记载。又，秦汉之际楚地反秦将领有很多人当过连敖这一官职，这在《汉书·功臣表》中都有记载。由此可见，连敖无疑是楚国官名。在简文所记的赠马者中间，还可以看到更多楚国类型的官名，例如左尹、右尹、大攻、新造尹、宫厩尹、太宰、少师、左司马等等。联系御车者与赠马者的关系，此处似乎出现了一个悖论，从官名上看，左尹、右尹等人似乎是楚国官员，但是宫厩尹这个官员，既是赠马者，又是御车者，按理说应该是曾侯乙的臣属。由此推断，左尹、右尹等人为曾侯乙之臣的可能性为大。如果这个推断成立，此时的曾国不但附属于楚，就连国内的官名也与楚国非常接近了。也就是说，当历史进展到战国初年，这个由周王朝分封的名为曾的姬姓国家，实际上已完全沦为楚国的附庸了。

简文还明确告诉发掘者们，曾侯乙死后，他人所赠之车共26乘，自备之车共43乘，总数为69乘。另外有他人赠送和自备之马超过200匹，由于竹简出土时已残损，原来的数字难以精确统计，估计更大一些，因为墓中所出的戈头、殳等兵器以及箭镞都多于简文所记的数量。但墓中只有车马兵器而没有车马，按裘锡圭的说法，从《周礼》等书有关记载来看，简文所记的车马大概多数不会用来从葬，特别是像曾侯乙这种身份的君主，很可能有一定数量的车马埋在墓外专门设置的车马坑之中。惜发掘前墓地周围已遭到严重破坏，墓坑附近曾有车马兵器发现，当时未经发掘，详情已无法查明。⑧

当各种入葬事宜基本就绪后，在整个葬仪中最为重要的高潮大幕开启了——这便是死者曾侯乙进入墓室前的最后一道程序。按照当时的葬制和礼数，先是有专门人士为曾侯乙香汤沐浴，而后梳洗打扮，穿衣戴帽。帽子当然只能是一个，但衣服要穿多重，且是最为华丽珍贵的丝织品。与此同时，在衣内衣外的尸体四周，有规律地放置大小、形制不同的玉器、珠饰、骨角饰和少量金器等物。如玉梳置于头部，金带钩、玉首铜匕置于腰部，其他玉制饰件分别系于衣服和盖于面部，或放于适当的部位。放于死者脸部者，称为"缀玉面罩"；系于衣服者，谓"缀玉衣服"。最具特色的是用玉石雕刻了几十件小动物，分别置于死者的七窍和肛门与生殖器上，置于口中者则谓玉琀，塞于口、鼻、耳、肛门与生殖器者叫玉塞。

搞这套行头，主要有两个由头，一是来自儒家"比德于玉"的思想，《礼记·玉藻》有云："君子无故，玉不去身，君子于玉比德焉。"从先秦到汉代，天子、王侯等贵族由先前佩玉发展到死后直接以玉衣作为葬服。第二个也是最主要的原因是，当时的人迷信玉器能保护尸体不朽，所谓"金玉在九窍，则死者为之不朽"。汉武帝时学黄老之术的杨王孙对春秋之际盛

第十二章 豪华的地下乐宫

行的"不朽论"加以发挥,并放言:"口含玉石,欲化不得,郁为枯腊,千载之后,棺椁朽腐,乃得归土,就其真宅。"鼓吹的结果是许多人上当受骗,不惜血本、劳民伤财地用玉片制成玉衣玉服,结果尸体还是化成了灰烬,从已发掘的满城汉墓、南越王墓等多座君王墓葬中都得到了证实。

曾侯乙的尸体尽管没有套上完整的玉衣,但周边零零碎碎的玉块、玉片、玉琮、玉璞等也够花哨的了。尤其口中的玉琀格外富有特色,共有21个玉制动物拥挤于死者口中。其中玉牛6、玉羊4、玉猪3、玉狗2、玉鸭3、玉鱼3,可谓"六畜"俱全。当发掘人员把曾侯乙尸体从棺椁中抬出进行清理时,这些小动物仍含在墓主的口中。当然,一个人的口内含有如此多的动物,可知其物形体不可能太大,最大者比黄豆略长,最小者与绿豆、稻米相若。尽管形体如此之小,但每一件做工却极为细腻,雕琢精致,形象逼真,栩栩如生。如狗做后倾状站立,前肢微屈,臀高于肩,抬头张嘴,一副昂首吠叫,咄咄逼人的气势。其他的如牛、羊、猪等,皆憨态可掬,一副温驯的姿态。据考古人员推断,曾侯乙口中放置这些玉雕牲畜的目的,除了保护尸体永垂不朽之外,还有"六畜丰盛",希望死者在地下阴间继续享用之意。

《墨子·节葬下》说:"此存乎王公大人有丧者曰:'棺椁必重,埋葬必厚,衣衾必多,文绣必繁,丘陇必巨……然后金玉珠玑比乎身,纶组节约,车马藏乎圹,又必多为屋幕、鼎、鼓、几梴、壶滥、戈、剑、羽旄、齿革,寝而埋之,满意若送从。'"又《吕氏春秋·节丧篇》说:"国弥大,家弥富,葬弥厚,含珠鳞施,夫玩好、货宝、钟、鼎、壶、滥、舆、马、衣、被、戈、剑不可胜其数,诸养生之具,无不从者,题凑之室,棺椁数袭,积石积炭以环其外。"若把曾侯乙墓的实际情况与文献记载对照,两者的情况几乎完全相同,甚至有过之而无不及。先秦殉葬制度分等级而行,曾侯乙墓殉人21个,殉狗一只,规格已行同天子之礼,属于严重"超标"行为。但既然普天之下已是"礼崩乐坏"的局面,也就各显神通,顾不得许多了。

当一切收拾停当,开始入殓,即把死者放入早已备好的内棺,在一片哀号哭叫声中,棺盖合上,抬入外棺,封闭,准备起运。

如何把铜木结构、重达6吨的双重套棺运往墓地,这是曾侯乙治丧委员会人员必须要提前周密考虑的重大问题,外棺盖四周镶嵌的牛鼻形铜钮,当是专门为拴系绳索所设置的构件。当曾侯乙墓发掘时,吊出的外棺向室内运送过程中，使用的方法就是传统的滚木。即先在外棺的铜足底部放厚木板，厚木板下用几根粗于碗口的圆木当滚筒，用人力以绳索拉动，棺在力的作用下渐渐前行，终被拖入室内。当年曾侯乙出殡运送这具套棺，很可能就采用这种办法，在棺上套绞索，用几十或上百的人力来拖拽。当然，必须提前修好通往墓地的道路，做到平坦宽敞无障碍，这一点并不困难。

可以想象的是，曾侯乙出殡的那天，从曾国都城到擂鼓墩墓地，四方百姓怀着复杂迷茫又有些失落的心情一层层站立路旁，东张西望欲瞧个稀奇。一骑马队冲出城门，身后紧随着高举刀枪戟殳的武士，滚滚尘土中，鼓声齐鸣，喇叭呜咽，白色的灵幡迎风飘荡，一具巨大的棺材在数百人拉动下缓缓前移。棺后是一群披麻戴孝，哀号不绝的亲属与各色臣僚侍从。巨大的漆棺在汗水流淌与泪水飞溅混合的肃穆哀苦气氛中终于到达擂鼓墩墓地。在一阵手忙脚乱、大呼小叫的折腾之后，架在墓坑之上的巨大套棺随着一根绞索突然断裂，"咕咚"一声摔入墓坑东室之内，半尺长的铜钮利剑一样斜插入墓壁椁板之中，严丝合缝的棺盖板随着棺身下沉的重力"咔嚓"一声被撕破，裂开了一道拳头般粗细的大口子。面对这一突然而至的凶相，哀号之声顿绝，现场鸦雀无声，一片死寂。众人惊恐又莫知奈何，主持者已是全身筛糠，面如死灰，汗如雨下。少顷，当主持者于惶恐不安中企图指挥众人以最快的速度将这个庞然大物"改邪归正"时，所有的人出尽招数，用尽力气，但斜趴在坑中的巨棺已如泰山压顶，岿然不动。无奈之下，曾侯乙的亲族与重臣只好决定放弃，就此掩埋。于是，上百人开始按照原计划开始行动。在把所有该放置的小件陪葬物放置完毕，而后于墓坑之上加封椁盖板，铺竹席，丝绢与竹网，再用6万多公斤的木炭铺填于椁顶与椁壁之间，最后覆土掩埋加固。当这一切做完后，曾侯乙墓的地下宫殿已完全封闭于山冈旷野之中，春秋晚期一个诸侯国的秘密就这样悄然消失在历史视野之外。[⑨]

正应了福无双至，祸不单行的古训，外棺的开裂与倾斜为尸体的腐烂埋下了祸端，令曾侯乙阴魂与家族人员都意想不到的是，另一场灾祸随之而来。这个深入山冈地表以下13米的墓坑，内椁底板直接建在坑底岩石上，没有像椁顶和椁墙四周那样填埋木炭或白膏泥并加以夯实，只有中室局部椁底做过类似努力。这一明显对尸体防腐构成巨大威胁的重要缺陷，是由于时间仓促来不及施行，还是设计者眼见坑底岩石干燥无水，而自以为是地认为万事大吉？或许由于墓主家族产生内讧，各自争抢财产与权力，矛盾激化，而只顾眼面之事，顾不得棺下情形？

总之，一根又一根的宽厚木质椁板直接铺在了坑内的岩石之上，而墓坑的位置正处于风化岩石地质带上，红色的岩石具有透水性。墓坑四周岩石本身和地下都含有大量水分，且擂鼓墩山冈地下水又埋藏较浅，最浅处埋深小于0.5米。也就是说，当曾侯乙梳洗打扮，进入幽暗的地下宫殿，准备在阴间这个小型世界好好安息享乐一番之时，墓底和坑壁四周开始通过微小的空隙向坑内渗水，且以每昼夜2～3立方米的速度推进。约经过242个昼夜，墓坑内的水位已涨至2.19米，这正是墓主外棺的高度。

假如棺椁下葬时没有开裂倾斜，曾侯乙尚可一如既往地躺在棺内，优哉游哉地过他阴间的钟鸣鼎食的生活，做着一个个桃色美梦。很不幸，棺盖撕裂，缝隙难填，从地下与四壁悄然无声漫过来的冷水，先是探头探脑蛇一样一缕缕地钻入棺内，继之凛冽的激水"哗"的一声翻棺而过，呈瀑布状涌跌入棺内，很快将相当于卧室的内棺包围，惊恐中的曾侯乙急忙探身察看，发现寝室之外已是水漫金山，将自己围困于室中。欲想翻身冲出内室，无奈早已被冰凉的大水所困，动弹不得，曾侯乙只好望水兴叹，自认前世为所欲为，无法无天，作孽太多，遂把自己那具酒肉充塞的臭皮囊蜷缩于内棺一角，不再动弹。⑩

当坑内地下涌出的水流上升到2.2米之时戛然而止，且永久停留在这一水平线上，这个高度仅比墓主外棺高出0.01米。阴间之事如此之巧，曾侯乙所受惩罚如此之妙，仿佛是一只被绳索拴住头发梢的吊死鬼，在晃悠中慢慢饿毙。而曾侯乙的臭皮囊也将在凛冽的清水浸泡中，一点点腐朽成泥。所谓"善有善报，恶有恶报，不是不报，时候未到，时候一到，自然全报"。是也！而阎王殿内各司室的主持者们如此审事之明，执法之严，惩罚之巧妙，出乎阳间众生之预料，令人拍案叫绝。⑪

100多年后，身穿老鼠衣的盗墓贼在月黑风高之际，掘开了曾侯乙墓穴，凿断了椁板并捞取了少量器物。继之，大雨来临，水流顺洞灌泄而下，墓坑积水暴涨一米多，直至升至椁盖板将整个墓坑全部浸泡为止。污泥浊水的进入和水位上升，加剧了曾侯乙那具臭皮囊的腐烂。

又是2000多年过去了，现代考古人员打开墓穴，进入棺内，看到了一堆被浸泡成黑黄色的碎骨。一扇埋藏在尘烟雾霭中的历史之门由此开启，湮没千年的秘密得以揭开，曾侯乙墓葬发现发掘的故事就此结束。

2007年5月21日—9月3日一稿

2008年1月16日—3月31日二稿

2009年4月29日—5月3日三稿于北京亚运村

注释：

①部分乐器的释读，来源于李春《在孤岛上我发现了一个惊人的事实》，载《孤岛访谈录》，黄集伟编著，作家出版社1998年出版。

②谭维四、舒之梅：《随县擂鼓墩一号墓发掘的重要收获》，载《湖北日报》1978年10月3日。

③《1959年河南偃师二里头遗址发掘简报》，中国科学院考古研究所洛阳队，载《考古》1965年5期。

④《郑州第5文物区第1小区发掘简报》，河南文化局文物工作队第一队，载《文物参考资料》1956年5期。

⑤胡厚宣：《中国奴隶社会的人殉和人祭》，载《文物》1974年7期。下同。

⑥引夏商周断代工程公布数字，原胡氏引为公元前1339—前1281年不确。

⑦据夏商周断代工程成果，几位王加在一起共五六十年。

⑧1999年，在曾侯乙墓西侧开掘明沟时，发现了陪葬坑。经考古人员发掘，在一排五个陪葬坑中，坑口深度距地面仅15～60厘米，坑口一般长4.3～6.1米，宽4.1～5.8米，位置与曾侯乙墓呈对应关系，坑内结构规整，皆属于人工开凿，观察其规律，应是一次性开凿的。据考古发掘人员在报告中说：

第十二章 豪华的地下乐宫

"K1—K5南北排成一列,基本处于同一中轴线之上,主向均为北微偏东,与曾侯乙墓方向完全一致。此排陪葬坑位在曾侯乙墓正西,位置与曾侯乙墓恰好对应……从坑的形制和各坑包含物看,这些坑作为陪葬坑的性质是无疑的。"(张昌平《曾侯乙墓陪葬坑发掘记》,载《神奇的擂鼓墩》,随州市政协学习文史资料委员会编,2002年印刷出版),惜毁坏严重,无法做更详细的研究。

五个坑中,被定为K1的坑共清理出青铜构件460余件,主要属于储存战车的车库及修理战车用的工具,其余四坑因破坏严重,青铜器物出土稀少,只有几十件陶器出土。五处陪葬坑的下葬年代为战国早期,即与曾侯乙墓同时代。不过就陪葬坑出土的器物而言,与曾侯乙简文中记载的车马器物的数量、形状仍不能契合。据发掘者分析推断,在曾侯乙墓四周,皆有陪葬坑,如果一一清理发掘,或许会有一个令人惊喜的结果。

⑨1981年7月30日,驻擂鼓墩空军雷修所工程师刘秀明在召集民工于院内挖坑准备栽电线杆时,于地下80多厘米处挖出了铜鼎、盘、缶等九件青铜器物。经考古人员前往勘察,认定是一个古墓,遂定为擂鼓墩二号墓。钻探发现,此墓中部有一条两米多长的扰乱沟,可能早年被盗,但扰乱范围较小,墓内仍残留大量珍贵文物。报告后,由省、地、县三家考古人员郭德维、刘彬徽、陈中行、冯光生、王少泉、曾宪敏、李祖才、王世振、左德田、王新成、黄建勋、黄敬刚、张德珍等予以发掘。

据发掘报告说:"经考古专业人员的调查和钻探,认定此处为战国墓葬无疑。残存墓口长为7.3米,宽6.9米,残存深度仅为1.4米,为岩坑竖穴木椁墓,东距曾侯乙墓仅102米。"又"墓底为正方形,边长为6.2米。墓底还填有约20厘米的青膏泥。墓内棺椁已腐烂,椁内有棺痕二具,大小各一具,应是一主棺和一陪葬棺。主棺内留有人牙三枚,陪葬棺内留有人牙一

415

枚。经科学清理后，出土遗物包括青铜礼器、乐器、容器、其他杂器、车马器、陶器、玉石器等类，共计2770件。这是继曾侯乙墓之后又一重大发现，位居随州发现大型墓葬第二位，因而定为擂鼓墩二号墓"。（此前发掘的曾侯乙墓定为一号）在出土的24种70余件青铜礼器中，最为著名的是出土了9件升鼎、8件簋，号称"九鼎八簋"，此标准已达到了天子的礼数。同时出土编钟36件，其音律与曾侯乙编钟相通，被称为曾侯乙编钟的"姊妹钟"，与曾侯乙编钟合称为"百钟"。还出土了编磬12件，数量仅次于曾侯乙墓。结合其他出土文物，考古人员推断该墓墓主是一位诸侯。

又从墓主残存骨架等发掘物分析，很可能是曾侯乙的妻子。下葬年代为战国中期的中段，约公元前4世纪中叶，晚于公元前400年。从二号墓规模和出土文物规格、数量等分析判断，已大不如曾侯乙墓，这表明在二号墓下葬时，曾国已十分衰弱了，显示出临近覆灭的迹象。那么，曾国是否就在二号墓下葬不久就灭亡了呢？考古发掘证实，的确如此。

史载随国"终春秋之世犹存"，"其后不知为谁所灭"。近世研究者只大致推断在战国后期灭于楚，惜无可靠的依据来证明其说。

1997年，随州市擂鼓墩文物管理处对擂鼓墩古墓群进行了调查、勘探，发现方圆四平方公里的保护范围内共有四个墓区八处墓地，皆分布有东周时代的墓葬，其中有与曾侯乙墓规模相仿的大型冢墓，也有成片分布的中小型岩坑竖穴墓。能判断时代的一个标志是：在已探明的吴家湾等三处墓地分布的中小型墓葬，皆远离大型冢墓而自成一体，明显不属于某一冢墓的陪葬墓。考古学家、擂鼓墩墓群的主要勘察者王新成对作者说："从已探明的吴家湾、蔡家包等墓地中小型墓葬的遗物来看，这些墓葬年代跨度不大，都属于战国中晚期墓葬。这进一步说明，它们的年代都应在曾国灭国之后，因为在曾国国君陵

416

园之内不可能同时出现与陵园性质无关的墓葬。"又说:"这些中小型墓葬陶礼器的基本组合为鼎、簋、壶,铜兵器中常见剑、戈等,其中剑身形制与江陵一带所出楚式剑完全相同。在葬俗上出现了过去曾国墓葬所未见过的墓道。这些说明中小型墓葬应当属于楚墓的范畴,而这批墓葬的代表人应当是楚灭曾后的曾国遗民的墓地。"

另据湖北省文物考古研究所副所长张昌平推断:"这些不带土冢的中小型墓葬,不附属于大型墓冢,其社会及文化属性能在曾国被灭之后的楚墓范畴。《水经注·鄢水》有随国'楚灭之也'的记载,正与这一现象吻合。但这批墓葬所代表的人们共同体却应当是灭国之后的曾人。"(张昌平《擂鼓墩墓群的再发现》,载《神奇的擂鼓墩》)

据推断,擂鼓墩墓群这些中小型墓葬的年代在战国中期晚段,而二号大墓的年代在战国中期中段,因而可以说,当二号墓的墓主,这个推断中的曾侯乙夫人下葬不久,曾国便彻底亡于楚了。

⑩曾侯乙墓发掘总指挥谭维四说:"曾侯乙本人不仅是个音乐爱好者,而且还是一个音乐家,否则,他的后人就不会把均钟(定律器)及两件瑟坯放在他的身边而带入坟墓了,他本人也就不会一反常制在编钟编磬上不铸纪功铭文而铸刻大量乐理乐律铭文了。"(《曾侯乙墓》第119~120页,谭维四著,文物出版社2001年出版)此话恐怕未必,以上理由自是不能说明曾侯乙就是音乐家。就像拥有三宫六院七十二妃的皇帝,不能称为爱情专家;而以酒为池,与臣僚们趴在池边牛饮的商纣王,不能称为美酒鉴赏家一样。根据"卑贱者最聪明,高贵者最愚蠢"理论,要说他是蜀国刘禅或是隋炀帝一样的荒唐人物也未可知。

⑪谭白明:《曾侯乙墓墓坑木椁脱水工程解开历史谜团》,载《神奇的擂鼓墩》,随州市政协学习文史资料委员

会编，2002年印刷（内部出版发行）。根据当年达成的协议，1998年，湖北省博物馆联合几家科研单位人员，对随县曾侯乙墓坑内遗留木椁进行脱水保护，以便对外开放，搞旅游活动。借此机会，科研人员对坑内积水问题进行了科学测验，从而解开了一系列历史之谜。勘探与检测标明，因地下水位高于墓坑，在重力作用下，坑壁四周的地下水就会不断渗流于墓坑，直至与地下水持平。从当年残留在椁墙的水锈痕迹看，水深约2.2米即可达到饱和与持平状态。通过对墓坑进行抽水试验，即抽干墓坑中的积水，观察墓坑水位的涨落变化，从而得出墓坑周围补充进墓坑的水量是每昼夜2～3立方米，而墓坑的容积为475立方米，按每昼夜2立方米的流量计算，将475立方米的空间注满水，只需237.5个昼夜便可完成。当墓坑被盗掘后，因上部雨水灌入坑内，使坑内的水位再度上涨，直至升到椁盖板为止。困惑了考古学家20年的不解之谜至此得以解开。

主要参考文献

著作

傅举有著，《不朽之侯——马王堆汉墓考古大发现》，浙江文艺出版社，2002年。

郭德维著，《礼乐地宫——曾侯乙墓发掘亲历记》，四川教育出版社，1996年。

司马迁著，《史记》，韩兆琦评注，岳麓书社，2004年。

湖北省博物馆编，《曾侯乙墓》（上、下），文物出版社，1989年。

湖北省博物馆编，《曾侯乙墓文物艺术》，湖北美术出版社，1992年出版。

湖北省博物馆编，《曾侯乙墓文物珍赏》，湖北美术出版社，1995年。

彭卿云主编，《回忆王冶秋》，文物出版社，1995年。

邵学海著，《打开曾侯乙墓》，湖北美术出版社，2003年。

随州市政协学习文史资料委员会，《神奇的擂鼓墩》，2002年印刷发行（内部参考）。

王学理著，《秦俑专题研究》，三秦出版社，1994年。

谭维四著，《20世纪中国文物考古发现与研究丛书·曾侯乙墓》，文物出版社，2001年。

谭维四著，《中国重大考古发掘记·曾侯乙墓》，北京三联书店，

2003年。

谭维四著，《乐宫之王——曾侯乙墓考古大发现》，浙江文艺出版社，2002年。

张正明著，《楚史》，湖北教育出版社，1995年。

张福利主编，《中国古代兵器》，陕西人民出版社，1995年。

周纬著，《中国兵器史稿》，百花文艺出版社，2006年。

论文

程欣人，《古殳浅说》，载《江汉考古》1980年2期。

陈祖全，《耒耜浅谈》，载《江汉考古》1980年2期。

陈振裕、梁柱，《试论曾国与曾楚关系》，载《考古与文物》1985年6期。

鄂兵，《湖北随县发现曾国铜器》，载《文物》1973年5期。

方秀珍，《曾侯乙墓乐悬与周代礼制》，载《江汉考古》1991年3期。

方酉生，《有关曾侯乙墓的几个问题》，载《武汉大学学报》（社会科学版）1981年6期。

郭德维，《随县曾侯乙墓的年代——与曾昭岷、李瑾同志商榷》，载《武汉师范学院学报》1980年1~2期合刊。

郭沫若，《关于鄂君启节的研究》，载《文物参考资料》1958年4期。

高崇文，《东周楚式鼎形态分析》，载《江汉考古》1983年1期。

何洁，《从曾器看随史》，载《江汉考古》1988年3期。

后德俊，《从冰（温）酒器看楚人用冰》，载《江汉考古》1983年1期。

黄盛璋，《再论平山中山国墓若干问题》，载《考古》1980年5期。

胡厚宣，《中国奴隶社会的人殉和人祭》（上、下），载《文物》1974年7期。

李学勤，《曾国之谜》，载《光明日报》1978年10月4日。

李学勤，《曾侯戈小考》，载《江汉考古》1984年4期。

刘先枚，《春秋战国时期人殉制度的演变》，载《江汉论坛》1985年8期。

刘彬徽、王世振，《曾国灭亡年代小考》，载《江汉考古》1984年4期。

裘锡圭，《谈谈随县曾侯乙墓的文字资料》，载《随县曾侯乙墓发掘简报与论文汇编》，湖北省博物馆编，1979年7月。

舒之梅、刘彬徽，《论汉东曾国为土著姬姓随国》，载《江汉论坛》1982年1期。

舒之梅、程欣人，《楚国大事年表简稿》，载《江汉考古》1980年1期。

文必贵，《楚郢都刍议》，载《江汉考古》1982年2期。

吴郁芳，《曾侯乙与随国考》，载《江汉考古》1996年4期。

王人聪，《关于曾侯乙墓的年代》，载《江汉考古》1985年2期。

徐扬杰，《关于曾国问题的一点看法》，载《江汉论坛》1979年3期。

夏鼐，《从宣化辽墓的星图论二十八宿和黄道十二宫》，载《考古学报》1976年2期。

夏鼐、殷玮璋，《湖北铜绿山古铜矿》，载《考古学报》1982年1期。

曾昭岷、李瑾，《随县擂鼓墩一号墓年代、国别问题刍议》，载《武汉师范学院学报》1979年4期。

曾昭岷、李瑾，《随县擂墓断代补论——兼答郭德维君》，载《武汉师范学院学报》1982年2期。

曾昭岷、李瑾，《曾国和曾国铜器综考》，载《江汉考古》1980年1期。

张昌平，《曾国为缯——随说》，载《江汉考古》1994年4期。

周永珍，《曾国与曾国铜器》，载《考古》1980年5期。

郑杰祥，《河南新野发现的曾国铜器》，载《文物》1973年5期。

张振新，《曾侯乙墓编钟的梁架结构与钟虡铜人》，载《文物》1979年7期。

张昌平，《关于擂鼓墩墓群》，载《江汉考古》2007年1期。

湖北省博物馆，《湖北枣阳县发现曾国墓葬》，载《考古》1975年

4期。

河南省博物馆、新野县文化馆，《河南新野古墓葬清理简报》，载《文物资料》1978年2期。

湖北省博物馆，《湖北京山发现曾国铜器》，载《文物》1972年2期。

湖北省荆州地区博物馆，《江陵天星观1号楚墓》，载《考古学报》1982年1期。

《文物》，特刊第47期（内部刊物），文物出版社1978年8月5日。

《笔谈〈湖北随县曾侯乙墓出土文物展览〉》，载《中国历史博物馆馆刊》1980年2期。

湖北省博物馆档案室所藏相关发掘记录、文件、简报、报刊等有关资料。

后 记

在本书采访和写作中，得到了湖北省博物馆、襄樊市博物馆、随州市博物馆、随州擂鼓墩文物管理处等单位领导的大力支持与协助并提供相关图片，在此表示谢意。特别向以上单位与相关专家谭维四、潘炳元、杨定爱、郭德维、张翔、李祖才、刘柄、熊存旭、周永清、余义明、程彦召、黄建勋、王新成、张华、王家贵、王永谦，以及中国社会科学院考古研究所研究员王世民先生表示感谢。因水平有限，错误与不足在所难免，请各位方家给予指正，具体指教内容可发至岳南电子信箱：yuenan_999@sina.cn

岳南

2009年6月13日